शिखर भारतीय महिलाएँ

शिखर भारतीय महिलाएँ

प्रकृति राय

ज्ञान गंगा, दिल्ली

प्रकाशक : ज्ञान गंगा, 2/42, अंसारी रोड, दरियागंज, नई दिल्ली–110002
सर्वाधिकार : सुरक्षित / संस्करण : 2024 / मूल्य : पाँच सौ रुपए
मुद्रक : आर–टेक ऑफसेट प्रिंटर्स, दिल्ली ISBN 978-93-80183-89-3

SHIKHAR BHARATIYA MAHILAYEN
by Prakriti Rai ₹ 500.00
Published by **GYAN GANGA**
2/42, Ansari Road, Daryaganj, New Delhi-110002

दुनिया की आधी आबादी को,
जिन्होंने सभ्यता के विकास का पहिया बन
आकाश की बुलंदियों छुआ।

प्रस्तावना

हमारी प्राचीन संस्कृति में स्त्रियों का अत्यंत महत्त्वपूर्ण स्थान रहा है। उन्हें शक्ति और गौरव का प्रतिरूप माना गया है। इस सच्चाई का प्रमाण हमारे धर्मग्रंथों एवं पौराणिक कथाओं में पाया जा सकता है। हम देवी दुर्गा, लक्ष्मी, सरस्वती एवं अनेक अन्य देवियों की पूजा-अर्चना करते हैं। इससे पता चलता है कि भारतीय सभ्यता में स्त्री स्वरूप का कितना सम्मान किया जाता था।

रानी दुर्गावती ने मुगल सम्राट् अकबर के सेनापति आसफ खान के साथ एक युद्ध में अपनी जान गँवाने से पहले, पंद्रह वर्षों तक राज्य किया। शिवाजी की माता जीजाबाई को महारानी इसलिए बनाया गया क्योंकि उनमें एक महान् योद्धा एवं योग्य प्रशासक के गुण थे। मीराबाई भक्तिकाल की अत्यंत प्रभावशाली विभूतियों में से एक थीं।

झाँसी की रानी लक्ष्मीबाई ने सन् 1857 में अंग्रेजों के खिलाफ बगावत का झंडा बुलंद किया। अवध की शासक बेगम हजरत महल ने भी सन् 1857 के विद्रोह का नेतृत्व किया। उन्होंने अंग्रेजों के साथ सौदा करने से इनकार कर दिया और बाद में भागकर नेपाल चली गईं।

अरुणा आसफ अली, कस्तूरबा गांधी, एनी बेसेंट, विजयलक्ष्मी पंडित, सुचेता कृपलानी, दुर्गा भाभी आदि ने अन्य अनेक देशभक्त भारतीय महिलाओं की भाँति स्वतंत्रता-संग्राम में सक्रिय रूप से भाग लिया।

स्वतंत्र भारत में इंदिरा गांधी, सोनिया गांधी, मीरा कुमार और सुषमा स्वराज जैसी महिलाओं ने राजनीति के क्षेत्र में अपने प्रभुत्व का परिचय दिया। अरुंधति राय और मेधा पाटकर जैसी सक्रिय महिलाएँ अन्याय के विरुद्ध सड़कों पर निकल पड़ीं।

महाश्वेता देवी, अनीता देसाई, महादेवी वर्मा और अमृता प्रीतम जैसी लेखिकाएँ भी पुरुषों से किसी भी मायने में पीछे नहीं रहीं।

खेलों में पी.टी. उषा, साइना नेहवाल, सानिया मिर्जा और कर्णम मल्लेश्वरी ने अपने उत्कृष्ट प्रदर्शन से विश्व को चौंका दिया और भारत का सिर गर्व से ऊँचा किया।

किरण बेदी और कल्पना चावला जैसी लब्ध-प्रतिष्ठि महिलाएँ न केवल स्त्रियों के लिए, बल्कि पुरुषों के लिए भी प्रेरणास्रोत हैं।

21वीं शताब्दी में भारत को एक युवा राष्ट्र माना जाता है और युवा भारत की महिलाएँ फैशन डिजाइनर, आंतरिक सज्जाकार, निर्यातक, प्रकाशक, वस्त्र निर्माता के रूप में उल्लेखनीय प्रगति कर रही हैं साथ ही अर्थव्यवस्था में सक्रिय योगदान देने के और भी नए-नए अवसर तलाश रही हैं। प्रचार माध्यम के व्यापक विस्तार के फलस्वरूप महिलाओं को अपनी क्षमताओं, अपने अधिकारों और अपने आस-पास की वास्तविक दुनिया के बारे में भी नित नई जानकारी प्राप्त हो रही है। काँच के घरौंदे चटक रहे हैं और स्त्रियाँ बाहर निकलकर जीवन के हर क्षेत्र में कदम बढ़ा रही हैं। सरकार के प्रयासों के कारण और गैर-सरकारी संगठनों (एन.जी.ओ.), समाज कल्याण संगठनों और ऐसी ही अनेक संस्थाओं द्वारा किए जा रहे अच्छे कार्यों के फलस्वरूप सामाजिक परिस्थितियों में बहुत सुधार नजर आ रहा है। अनेक निजी कंपनियों द्वारा भी महिलाओं का स्तर उठाने संबंधी प्रयासों में गहरी रुचि दरशाई जा रही है और उसके परिणाम बहुत उत्साहवर्धक हैं।

इसमें कोई संदेह नहीं कि भारत आज महिलाओं के इतिहास में महान् क्रांति के मध्य में है। सर्वत्र इसके प्रमाण मौजूद हैं। संसद् में, न्यायालयों में और सार्वजनिक स्थानों में महिलाओं की आवाज अधिकाधिक सुनाई देने लगी है। करीब एक सदी पहले पश्चिम बंगाल में स्त्रियों को जहाँ अपने कुछ मूल अधिकारों व मतदान के अधिकार के लिए भी संघर्ष करना पड़ता था, वहीं भारत के संविधान में स्त्रियों को आरंभ से ही समान अधिकार देने की व्यवस्था की गई।

महिलाओं ने न केवल कार्यक्षेत्रों में अपनी जगह बनाई है, बल्कि वे शासन-व्यवस्था में भी भाग ले रही हैं। हाल के वर्षों में महिलाओं की राजनीतिक हिस्सेदारी बढ़ाने के लिए कुछ विशेष प्रयास किए गए हैं। महिलाओं को पंचायती राज व्यवस्था में प्रतिनिधित्व दिया गया है, जो उनके राजनीतिक सशक्तीकरण का संकेत है। ग्राम परिषद् स्तर पर अनेक निर्वाचित महिला प्रतिनिधि हैं। केंद्र और राज्य स्तर पर भी महिलाएँ बहुत आगे बढ़ रही हैं। महिला आरक्षण नीति संबंधी विधेयक पारित हो जाने पर राजनीति में स्त्रियों की सक्रिय हिस्सेदारी और मजबूत हो जाएगी।

भारतीय महिलाओं ने साबित कर दिया है कि वे हर स्त्री के सपनों को साकार करने में पूर्णतया समर्थ हैं, फिर भी उन्हें भारतीय पुरुषों के मन में समान दरजा हासिल करने की दिशा में अभी लंबा रास्ता तय करना है।

इस पुस्तक में जिन महान् महिला हस्तियों का संक्षिप्त जीवनवृत्त दिया जा रहा है, उससे स्पष्ट हो जाता है कि समय बदल रहा है और स्त्रियाँ अब पुरुषों के युगों पुराने स्वेच्छाचारी आधिपत्य को स्वीकारने के लिए कतई तैयार नहीं हैं।

अनुक्रमणिका

अंजली भागवत

निशानेबाजी जैसे खेल में अंजली भागवत की उत्कृष्ट उपलब्धियों ने युवतियों को इस खेल की ओर आकृष्ट किया है। खेल की जिस विधा को परंपरागत रूप से पुरुषों का खेल समझा जाता है, उस खेल में अंजली ने अपनी श्रेष्ठता का परिचय दिया है और आज वे उच्चकोटि की शूटर (निशानेबाज) बन गई हैं।

5 दिसंबर, 1969 को मुंबई में जनमी इस 'भारतीय शूटिंग क्वीन' का पालन-पोषण एक मराठी परिवार में हुआ। शूटिंग अर्थात् निशानेबाजी की प्रतियोगिता में उनका नाम पहली बार उस समय प्रकाश में आया, जब वे नेशनल कैडेट कोर (एन.सी.सी.) में एक कैडेट के रूप में प्रशिक्षण प्राप्त कर रही थीं। संजय चक्रवर्ती के मार्गदर्शन में अंजली ने सन् 1990 में पहला राष्ट्रीय खिताब जीता और उसी समय से वे लगातार प्रगति की ओर कदम बढ़ाती रही हैं। सन् 1992 में अंजली ने 'श्री शिव छत्रपति पुरस्कार' जीता और फिर 'महाराष्ट्र गौरव पुरस्कार' तथा अगले वर्ष 'वसंत राव नायक प्रतिष्ठान पुरस्कार' प्राप्त किया।

अपने देश को गौरव दिलाने का पहला अवसर अंजली को सन् 1995 में मद्रास में आयोजित 'एस.ए.एफ. गेम्स' में प्राप्त हुआ। भारत ने एयर राइफल (टीम) में कांस्य पदक जीता और स्पोर्ट्स 3-पोजीशन मुकाबले में रजत और स्वर्ण—दोनों पदक हासिल कर लिये। 'साउथ एशियन फेडरेशन (एस.ए.एफ.) चैंपियनशिप' प्रतियोगिताओं में उनकी सफलता का सिलसिला बरकरार रहा, जब भारत ने एयर राइफल (टीम) में एक स्वर्ण पदक प्राप्त किया और स्पोर्ट प्रवृत्त प्रतियोगिता में पुनः रजत एवं स्वर्ण पदक जीते।

इस कुशल निशानेबाज ने सन् 1999 में नेपाल में आयोजित 'एस.ए.एफ. गेम्स' में भारतीय टीम के साथ उस समय एक नया कीर्तिमान स्थापित किया, जब उन्होंने एयर राइफल (टीम) और स्पोर्ट्स 3-पोजीशन प्रतियोगिता में चार स्वर्ण पदक जीत लिये। स्पोर्ट प्रवृत्त प्रतियोगिता में एक रजत और एक कांस्य पदक हासिल करना सोने पर

सुहागा साबित हुआ। उसी वर्ष अंजली ने ऑकलैंड में आयोजित 'कॉमनवेल्थ चैंपियनशिप' मुकाबलों में तीन स्वर्ण पदक (एयर राइफल और स्पोर्ट्स 3-पोजीशन) जीतकर नए रिकॉर्ड बनाने का सिलसिला जारी रखा। उन्होंने सन् 1999 में सिडनी में आयोजित 'ओसियाना चैंपियनशिप स्पर्धा' में भी एक स्वर्ण पदक प्राप्त किया।

सन् 2000 अंजली के लिए चरमोत्कर्ष का वर्ष था। 'सिडनी ओलंपिक्स' में अंजली ने अंतिम क्षणों में अपना करतब दिखाया। स्पर्धा के अंतिम दौर में पहुँचनेवाली दूसरी भारतीय महिला बनने का गौरव प्राप्त करने के लिए साहसी प्रयास किया और सातवाँ स्थान पाया। चेक रिपब्लिक में आयोजित 'ग्रैंड प्रिक्स प्रतियोगिता' और मलेशिया में आयोजित 'एशियन चैंपियनशिप' निशानेबाजी में भारत की अव्वल नंबर की इस महिला ने एक रजत पदक प्राप्त किया। उस वर्ष रिकॉर्ड-तोड़ प्रदर्शन के लिए अंजली भागवत को 'अर्जुन पुरस्कार' से सम्मानित किया गया।

सन् 2001 में इंग्लैंड में आयोजित 'कॉमनवेल्थ चैंपियनशिप' मुकाबलों में अंजली ने दो स्वर्ण पदक और स्पोर्ट्स 3-पोजीशन मुकाबलों में एक रजत पदक प्राप्त किया (जो शूटिंग में एक नया रिकॉर्ड था)।

सन् 2002 में अंजली ने 'मैनचेस्टर कॉमनवेल्थ गेम्स' 2002 में 10 मीटर एयर राइफल और 50 मीटर राइफल 3-पोजीशन मुकाबलों में चार स्वर्ण पदक हासिल करके अपनी कीर्ति का इतिहास रचना शुरू कर दिया। 'आई.एस.एस.एफ. रेटिंग' के अनुसार वे जून में महिलाओं की 10 मीटर एयर राइफल स्पर्धा में विश्व में पहला स्थान पानेवाली प्रथम भारतीय शूटर बन गईं। अंजली ने म्यूनिख 2002 में 'वर्ल्ड कप' निर्णायक मुकाबलों में 399/400 अंकों के साथ रजत पदक जीतनेवाली पहली महिला होने का गौरव प्राप्त किया। उन्होंने म्यूनिख में एयर राइफल में पुरुषों एवं महिलाओं के मिश्रित मुकाबलों में 'आई.एस.एस.एफ. चैंपियन ट्रॉफी-2002' जीत ली, जिसे पाने का सपना हर कोई देखता है। सिडनी वर्ल्ड कप-2002 में 397/400 के स्कोर के साथ उन्होंने एक रजत पदक प्राप्त किया।

वर्ल्ड कप में 399/400 अंक प्राप्त करके और सन् 2002 में अटलांटा (यू.एस.ए.) में एक रजत पदक जीतकर अंजली ने अपना प्रदर्शन और बेहतर किया। इसके साथ ही सन् 2004 में एथेंस में होनेवाले ओलंपिक मुकाबलों में जाने के लिए अपना स्थान पक्का कर लिया। अंजली ने 'यूरोपियन सर्किट-2002' में सर्वाधिक पदक जीते—4 स्वर्ण, 7 रजत और एक कांस्य। जनवरी 2002 में हेग (हॉलैंड) में आयोजित 'डेन हेग एयर वेपॅन चैंपियनशिप' में उन्होंने विश्व रिकॉर्ड की भी बराबरी कर ली।

उत्कृष्ट सफलताओं के सम्मान में अंजली को सन् 2002-2003 में भारत के उच्चतम खेल पुरस्कार 'राजीव गांधी खेल रत्न अवार्ड' से सम्मानित किया गया, जो

उन्हें और तीव्र महिला धावक के.एम. बीनामोल को संयुक्त रूप से प्रदान किया गया।

सन् 2003 में अफ्रीकी-एशियाई खेलों में, अंजली ऐसी पहली भारतीय महिला थीं जिन्होंने स्पोर्ट्स 3-पोजीशन और एयर राइफल प्रतियोगिताओं में क्रमश: एक स्वर्ण तथा एक रजत पदक जीता। सन् 2004 में 'एथेंस ओलंपिक' में अंजली 8वें स्थान पर रहीं। उन्होंने सन् 2008 में 'बीजिंग ओलंपिक' में भी भारत का प्रतिनिधित्व किया, हालाँकि इस बार वे कोई पदक नहीं जीत सकीं।

अंजली ने अंतरराष्ट्रीय प्रतिस्पर्धाओं में सन् 2011 तक 28 स्वर्ण, 22 रजत और 6 कांस्य पदक जीते और अंतरराष्ट्रीय मुकाबलों में 13 बार नए रिकॉर्ड बनाए। उन्होंने राष्ट्रीय प्रतियोगिताओं में भी 8 नए रिकॉर्ड बनाने के साथ-साथ 54 स्वर्ण, 35 रजत एवं 14 कांस्य पदक प्राप्त किए। 'कॉमनवेल्थ गेम्स' में 10 मीटर एयर राइफल और स्पोर्ट्स राइफल 3-पोजीशन में उनका रिकॉर्ड आज भी कायम है।

□

अंजू बॉबी जॉर्ज

अंजू बॉबी जॉर्ज ने सन् 2003 में पेरिस में आयोजित वर्ल्ड एथलेटिक्स चैंपियनशिप में लंबी कूद में कांस्य पदक प्राप्त कर एक नया इतिहास रच दिया। इस सफलता ने उन्हें ऐसी पहली भारतीय एथलीट होने का गौरव प्रदान किया, जिसने किसी 'वर्ल्ड एथलेटिक्स चैंपियनशिप' में कोई पदक हासिल किया हो। अंजू ने 6.70 मीटर लंबी कूद लगाकर विश्व स्तर की क्रीड़ा-प्रतियोगिता में यह कांस्य पदक पाया।

अंजू का जन्म 19 अप्रैल, 1977 को चंगनास्सेरी, केरल के चीरनचिरा कोचुपरंबिल परिवार में हुआ था। उनके पिता का नाम के.टी. मार्कोस और माता का नाम ग्रेसी है। उन्हें एथलेटिक्स में आने के लिए उनके पिता ने प्रेरित किया और कोरुर्थाड स्कूल में उनके प्रशिक्षक मि. थॉमस ने एथलेटिक्स में उनकी रुचि को काफी बढ़ावा दिया। उन्होंने सेंट ऐन हाई स्कूल और सी.के.एम. कोरुर्थाड स्कूल में शिक्षा ग्रहण की और विमला कॉलेज से स्नातक की उपाधि प्राप्त की। सन् 1991-92 में उन्होंने स्कूल एथलेटिक प्रतियोगिता में 100 मीटर बाधा एवं चौकी दौड़ (हर्डिल ऐंड रिले) में पहला और लंबी कूद तथा ऊँची कूद स्पर्धाओं में द्वितीय स्थान प्राप्त किया और वे 'महिला चैंपियन' बन गईं। अंजू की प्रतिभा पर उस समय लोगों का ध्यान गया, जब उन्होंने राष्ट्रीय स्तर पर स्कूल के खेलों में 100 मीटर की बाधा दौड़ और 4 x100 मीटर रिले में तीसरा स्थान पाया। कॉलेज में पढ़ाई के दौरान वे कालीकट विश्वविद्यालय की चैंपियन थीं।

यद्यपि उन्होंने शुरुआत हेपटैथलॉन (सात प्रकार की क्रीड़ा-प्रतियोगिता) से की थी, लेकिन बाद में उन्होंने लंबी कूद प्रतियोगिताओं पर अधिक ध्यान देना शुरू कर दिया और सन् 1996 में 'दिल्ली जूनियर चैंपियनशिप' में लंबी कूद का पदक जीता। सन् 1999 में अंजू ने 'बंगलौर फेडरेशन कप' में तिहरी कूद में राष्ट्रीय रिकॉर्ड बनाया और नेपाल में आयोजित 'साउथ एशियन फेडरेशन गेम्स' में रजत पदक प्राप्त किया।

सन् 2001 में अंजू ने लंबी कूद में 6.74 मीटर की दूरी दर्ज कराकर अपना ही

रिकॉर्ड बेहतर किया, जो तिरुवनंतपुरम में नेशनल सर्किट मुकाबलों में आज तक उनके नाम सर्वश्रेष्ठ कीर्तिमान है। उसी वर्ष उन्होंने लुधियाना राष्ट्रीय खेलों में तिहरी कूद और लंबी कूद में स्वर्ण पदक प्राप्त किया। अंजू हैदराबाद राष्ट्रीय खेलों में भी उत्कृष्ट प्रदर्शन के कारण छाई रहीं और मैनचेस्टर-2002 के 'कॉमनवेल्थ गेम्स' में 6.49 मीटर की लंबी कूद लगाकर उन्होंने न केवल कांस्य पदक जीता बल्कि उन खेलों में कोई पदक पानेवाली पहली भारतीय महिला होने का गौरव भी प्राप्त किया। उन्होंने 'बुसान एशियन गेम्स' में भी स्वर्ण पदक प्राप्त किया। 'विश्व खेलकूद प्रतियोगिता' में उनकी उच्चस्तरीय सफलता के बाद भारत सरकार ने उन्हें प्रतिष्ठित 'अर्जुन पुरस्कार' (2003) प्रदान किया, जो स्पोर्ट्स के मैदान में उत्कृष्ट कीर्तिमान स्थापित करनेवाले खिलाड़ियों को दिया जाता है।

अंजू अब विश्व में छठे स्थान पर हैं। अंजू ने दो वर्ष की अल्पावधि के अंदर इतनी कड़ी मेहनत और जबरदस्त तैयारी की कि जहाँ सन् 2001 में वे 61 वें स्थान पर थीं, वहीं सन् 2003 में वे छठे स्थान पर पहुँच गईं।

उनकी सफलता का श्रेय उनके पति और कोच बॉबी को जाता है, जिनसे अंजू बहुत प्रभावित थीं और जिन्होंने अंजू को अपनी क्षमता का पूरा-पूरा उपयोग करने और अपने लक्ष्य तक पहुँचने में बहुत मदद की। बॉबी, एक मैकेनिकल इंजीनियर हैं और तिहरी कूद में स्वयं भी नेशनल चैंपियन रह चुके हैं। उन्होंने अंजू का पूर्णकालिक प्रशिक्षक बनने की खातिर सन् 1998 में अपना कॅरियर त्याग दिया। वे एक प्रतिष्ठित परिवार से हैं और विख्यात वॉलीबॉल खिलाड़ी जिम्मी जॉर्ज के छोटे भाई हैं। अंजू और बॉबी—दोनों इस बात को भली-भाँति समझते थे कि विश्व स्तर के मुकाबलों में हिस्सा लेने के लिए अंतरराष्ट्रीय स्थितियों से अवगत होना अनिवार्य है। यही कारण था कि उन्होंने आवश्यक प्रबंध किए और विश्व एथलेटिक्स मुकाबलों से पहले एक विश्व रिकॉर्ड होल्डर, माइक पॉवेल से प्रशिक्षण प्राप्त किया। इस प्रशिक्षण से उन्हें तकनीकों की महत्त्वपूर्ण जानकारी हासिल हुई।

अंजू और बॉबी जॉर्ज—दोनों सीमा-शुल्क विभाग में काम करते हैं और बेंगलुरु में बस गए हैं। अंजू ने सन् 2005 में 'आई.एस.एफ. वर्ल्ड एथलेटिक्स' फाइनल में भी एक रजत पदक प्राप्त किया। इस प्रदर्शन को वे अपना सर्वश्रेष्ठ प्रदर्शन मानती हैं। उन्होंने सन् 2004 में 'एथेंस ओलंपिक' में भी हिस्सा लिया, लेकिन कोई पदक हासिल नहीं कर सकीं। सन् 2008 में आयोजित 'बीजिंग ओलंपिक' में भी उन्होंने शिरकत की, लेकिन वहाँ भी वे महिलाओं की लंबी-कूद स्पर्धा के लिए अपनी दावेदारी सिद्ध करने में सफल नहीं हो सकीं, क्योंकि उनके तीनों प्रयास विफल हो गए।

अंजू की असाधारण प्रतिभा और राष्ट्रीय, क्षेत्रीय एवं अंतरराष्ट्रीय चैंपियनशिप

मुकाबलों में उनके लगातार शानदार प्रदर्शन के आधार पर भारत में उन्हें कई प्रतिष्ठित पुरस्कार मिल चुके हैं। अंजू बॉबी जॉर्ज को भारतीय खेल-कूद के इतिहास में सदैव एक अत्यंत सफल एथलीट के रूप में जाना जाता रहेगा। अंजू द्वारा जीते गए प्रमुख पुरस्कार इस प्रकार हैं—सन् 2002 में 'राजीव गांधी खेलरत्न पुरस्कार', सन् 2003 में 'अर्जुन अवार्ड', सन् 2004 में 'पद्मश्री' और सन् 2001 एवं 2002 में राष्ट्रीय खेलों में 'सर्वश्रेष्ठ महिला एथलीट' का खिताब।

□

अनुष्का शंकर

अनुष्का शंकर एक उभरती सितार वादिका हैं। वे प्रख्यात सितार वादक पं. रवि शंकर की शिष्या और बेटी हैं।

अनुष्का का जन्म सन् 1982 में लंदन में हुआ। उनके जीवन के शुरुआती वर्ष लंदन और दिल्ली में बीते। 13 साल की उम्र में उन्होंने अपना पहला प्रदर्शन दिल्ली में किया। इसके बाद वे एनसिनिटा चली गईं, जहाँ 1999 में उन्होंने स्नातक किया।

इस बीच वे बराबर अपने पिता के साथ सितार वादन में शिरकत करती रहीं। उनके कई रिकॉर्ड्स भी जारी हुए। सन् 1998 में उनका पहला एकल एलबम 'अनुराग' जारी हुआ। दो साल बाद उन्होंने 'ग्रैमी' के लिए नामांकित 'लिव एट कारनेजी हॉल' जारी किया। उनका स्टेज कैरियर बड़ा व्यापक है। उन्होंने दुनिया के सभी प्रमुख मंचों पर अपने सितार वादन का प्रदर्शन किया है।

अनुष्का शंकर का कैरियर संगीत तक ही सीमित नहीं है। सन् 2002 में उन्होंने 'बापी, द लव ऑफ लाइव' नामक पुस्तक प्रकाशित की, जो एक चित्रात्मक जीवनी है और उनके पिता रवि शंकर को समर्पित है। उन्होंने फिल्मों में भी अभिनय किया है। सन् 2003 में उन्होंने 'डांस लाइक ए मैन' फिल्म में अभिनय किया, जिसमें उन्होंने एक युवा भरतनाट्यम नर्तकी की भूमिका की है।

अनुष्का शंकर अभी अपने कैरियर की उड़ान पर हैं। उन्हें अभी काफी दूर तक जाना है और सितार वादन में भारत का नाम रोशन करना है।

□

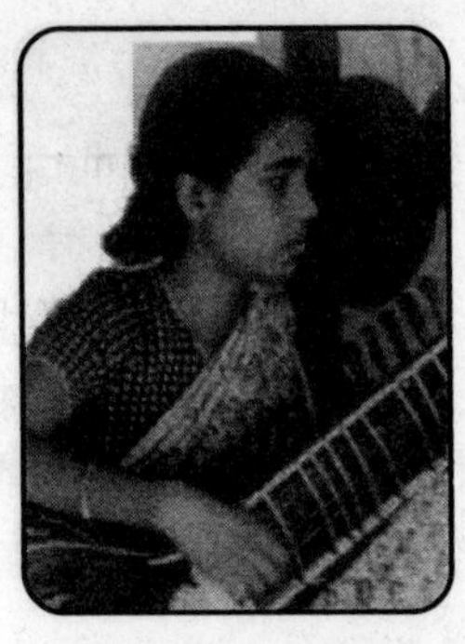

अन्नपूर्णा देवी

भारत में शास्त्रीय संगीत-शैली में सुरबहार या मंद्र सितार की वे इकलौती महिला संगीतज्ञ थीं। संगीत के महान् विद्वान्, श्रद्धेय अलाउद्दीन खान की बेटी अन्नपूर्णा देवी ने विख्यात सितारवादक पंडित रविशंकर से विवाह रचाया, जो उनके पिता के शिष्य थे। हालाँकि अन्नपूर्णा देवी ने शास्त्रीय संगीत को कभी अपना पेशा नहीं बनाया और आज तक उन्होंने कोई म्यूजिक एलबम रिकॉर्ड नहीं कराया है, फिर भी उन्होंने पर्याप्त आदर-सम्मान अर्जित किया है और सब लोगों का प्यार पाया है।

अन्नपूर्णा देवी का जन्म सन् 1926 में मध्य प्रदेश के छोटे से शहर मैहर में हुआ था। उनका पहला नाम रोशनारा खान था और शास्त्रीय संगीत शैली में सुरबहार या मंद्र सितार की वे एकांतिक संगीताचार्य थीं। उनके पिता उस्ताद अलाउद्दीन खान, जो उनके गुरु भी थे, मशहूर 'सेनिया मैहर घराना' अर्थात् 'सेनिया मैहर स्कूल' के संस्थापक थे और उन्हें 20 वीं सदी की भारतीय शास्त्रीय संगीत परंपरा में एक चमत्कारिक हस्ती माना जाता था।

अन्नपूर्णा देवी के चाचा फकीर आफताबुद्दी खान और उस्ताद अयात अली खान को भी उनके अपने मुल्क बँगलादेश में सुप्रसिद्ध संगीतकार का दरजा प्राप्त था। अन्नपूर्णा देवी के भाई अली अकबर खान को भारत में विद्यमान सर्वश्रेष्ठ सरोदवादकों में से एक माना जाता है, जबकि उनके पति सितारवादक पंडित रविशंकर का नाम भारत के साथ-साथ पश्चिम में अत्यंत लोकप्रिय भारतीय शास्त्रीय संगीतज्ञों में शामिल है।

अन्नपूर्णा देवी ने अपने पिता के मार्गदर्शन में संगीत की शिक्षा पाई और कुछ ही वर्षों के अंदर वे 'मैहर घराने' की एक निपुण सुरबहार संगीतज्ञ बन गईं। फिर उन्होंने अपने पिता के कुछ शिष्यों, जैसे कि पंडित निखिल बनर्जी और उस्ताद बहादुर खान को संगीत की शिक्षा देनी शुरू कर दी। इसी दौरान उस्ताद अलाउद्दीन खान के एक शिष्य रविशंकर को अन्नपूर्णा से प्यार हो गया और उन्होंने अपने गुरु से उनका हाथ माँग लिया।

अन्नपूर्णा देवी ने जब विख्यात भारतीय संगीतज्ञ रविशंकर से विवाह किया, उस समय वे 14 वर्ष की थीं और रविशंकर की आयु 21 वर्ष थी। विवाह के पश्चात् अन्नपूर्णा हिंदू बन गईं। यद्यपि उनकी शादी बड़ी धमाकेदार थी, फिर भी उनका विवाहित जीवन करीब 20 वर्ष ही टिक सका। इस दौरान उन्हें एक पुत्र की प्राप्ति हुई, जिसका नाम है—शुभेंद्र शंकर। एक गुरु की हैसियत से उन्होंने जिन शिष्यों को संगीत की शिक्षा दी, उनमें उस्ताद आशीष खान, सुविख्यात बाँसुरीवादक हरिप्रसाद चौरसिया जैसे उल्लेखनीय नाम शामिल हैं।

1970 के दशक में किसी समय अन्नपूर्णा देवी ने सरोदवादक स्व. वसंत राय की पत्नी कोकिल राय को भी सुरबहार सिखाया था और अब वे सभी लोग अपने वादन कार्यक्रमों के जरिए न केवल अन्नपूर्णा देवी की विरासत को, बल्कि उनके पिता उस्ताद अलाउद्दीन खान की संगीत शैली को भी आगे बढ़ाने में योगदान कर रहे हैं। अन्नपूर्णा देवी ने यद्यपि शास्त्रीय संगीत को अपना व्यवसाय नहीं बनाया है और कोई म्यूजिक एलबम भी रिकॉर्ड नहीं कराया है, फिर भी उन्हें सभी लोगों से बहुत आदर-सम्मान और प्यार मिला है।

संगीत को व्यवसाय के रूप में न अपनाने के बावजूद उन्हें भारतीय शास्त्रीय संगीत के सभी क्षेत्रों में अत्यधिक मान-सम्मान मिला है, विशेषकर भारतीय शास्त्रीय संगीत में उनके अनंत अपार भंडार के लिए और संगीत में 'ध्रुपदी' परंपरा बनाए रखने के लिए।

अन्नपूर्णा को भारत के कुछ अत्यंत प्रतिष्ठित संगीत सम्मान एवं अन्य गौरवपूर्ण पुरस्कार प्राप्त हुए हैं। सन् 1977 में उन्हें 'पद्मश्री' से सम्मानित किया गया। सन् 1991 में 'संगीत नाटक अकादमी अवार्ड' (सार्वजनिक संगीत कलाओं में उच्चतम भारतीय सम्मान) प्रदान किया गया और सन् 1999 में 'देशीकोट्टम' से विभूषित किया गया, जो नोबेल पुरस्कार प्राप्त कवि रवींद्रनाथ टैगोर की 'विश्व-भारती यूनिवर्सिटी' द्वारा प्रदत्त डॉक्टरेट की मानद उपाधि है।

उन्होंने कोई म्यूजिक एलबम रिकॉर्ड नहीं कराया है, लेकिन उनका गायकी के कुछ कार्यक्रमों, जैसे कि राग 'कौशी कांगड़ा' एवं राग खमाज, सुरबहार वादन और पंडित रविशंकर के साथ राग यमन एवं सुरबहार युगलबंदी को गुप्त रूप से रिकॉर्ड किया गया है, जिन्हें उनके पहले (1950 के दशक) के संगीत कार्यक्रमों से लिया गया है।

□

अमृता प्रीतम

पहली सर्वाधिक प्रख्यात पंजाबी कवयित्री और कथा-साहित्य लेखिका के रूप में उनका नाम पंजाब के घर-घर में मशहूर है।

पंजाब की पुत्री अमृता प्रीतम का जन्म 31 अगस्त, 1919 को गुजराँवाला, पंजाब में हुआ था, जो अब पाकिस्तान का हिस्सा है। वे एक स्कूल अध्यापक एवं एक कवि की इकलौती संतान थीं। उनके पिता एक प्रचारक थे, सिख-धर्म के उपदेशक थे। जब उनकी माता का देहांत हुआ, तब वे केवल ग्यारह वर्ष की थीं। माँ के असमय देहांत के बाद वे और उनके पिता लाहौर चले गए (लाहौर तब भारत में था)।

उन्होंने छोटी उम्र से ही लिखना आरंभ कर दिया था। उनका पहला संग्रह जब प्रकाशित हुआ, उस समय उनकी आयु केवल सोलह वर्ष थी। उसी वर्ष उनका विवाह एक संपादक प्रीतम सिंह से हो गया, जिनके साथ उनका लगन बचपन में ही कर दिया गया था। सन् 1947 में देश-विभाजन के समय उन्होंने दिल्ली को अपना दूसरा घर बना लिया और हिंदी में लिखना शुरू कर दिया। हालाँकि इससे पहले वे अपनी मातृभाषा पंजाबी में लिखा करती थीं।

उन्होंने 'पिंजर', 'डॉक्टर देव', 'कोरे कागज', 'उनचास दिन', 'सागर और सीपियाँ', 'रंग का पत्ता', 'दिल्ली की गलियाँ', 'तेरहवाँ सूरज' और 'यात्री' समेत अनेक उपन्यास लिखे। सन् 1961 तक उन्होंने 'आकाशवाणी' (ऑल इंडिया रेडियो) के लिए भी काम किया।

अमृता और उनके पति सन् 1960 में एक-दूसरे से अलग हो गए। उसके बाद उनका लेखन स्पष्टतया अधिक नारीवादी हो गया। उनकी अनेक कहानियों एवं कविताओं में उनकी दुर्भाग्यपूर्ण शादी के कुछ अनुभवों की झलक मिलती है। उनकी कई कृतियों का अंग्रेजी में अनुवाद हो चुका है, जिनमें उनकी आत्मकथापरक कृतियाँ 'ब्लैक रोज' और 'रसीदी टिकट' भी शामिल हैं। उन्होंने अपने अंतिम चालीस वर्षों का अधिकांश

जीवन एक विख्यात कलाकार इमरोज के साथ रहते हुए व्यतीत किया।

लेखन के क्षेत्र में अमृता को अनगिनत पुरस्कार प्राप्त हुए। पंजाबी में वे पहली कवयित्री और लेखिका थीं और सन् 1956 में 'सुनेहे' के लिए साहित्य अकादमी पुरस्कार पानेवाली पहली महिला थीं। सन् 1969 में उन्हें 'पद्मश्री' से सम्मानित किया गया; यहाँ भी उन्होंने पहली पंजाबी महिला होने का गौरव प्राप्त किया। उनकी कृतियों का अनुवाद सभी पूर्वी यूरोपीय भाषाओं के साथ-साथ फ्रेंच, जापानी और डेनिश भाषा में भी हो चुका है। मिशिगन स्टेट यूनिवर्सिटी से प्रकाशित एक त्रैमासिक पत्रिका 'महफिल' का एक अंक उनके लेखन-कार्य के संबंध में प्रकाशित हुआ।

सन् 1973 में उन्हें भारत का द्वितीय उच्चतम नागरिक पुरस्कार 'पद्मविभूषण' प्रदान किया गया। सन् 1982 में उन्हें 'कागज ते कैनवास' के लिए भारत का उच्चतम साहित्यिक पुरस्कार 'ज्ञानपीठ पुरस्कार' देकर सम्मानित किया गया। सन् 1983 में उन्हें दिल्ली, जबलपुर और विश्वभारती विश्वविद्यालयों ने 'डॉक्टर ऑफ लिटरेचर' की मानद उपाधि प्रदान की। अपने खराब स्वास्थ्य के बावजूद उन्होंने बहुत वर्षों तक लिखना और पंजाबी में प्रकाशित एक मासिक पत्रिका 'नागमणि' का संपादन करना जारी रखा।

भारत के कुछ प्रमुख फिल्म-निर्माताओं ने अमृता प्रीतम द्वारा लिखित पुस्तकों पर कई फिल्में भी बनाई हैं। उनकी एक पुस्तक पर बनाई गई फिल्म थी 'डाकू' (1976), जिसका निर्देशन बासु भट्टाचार्य ने किया था। उनके उपन्यास 'पिंजर' पर भी चंद्रप्रकाश द्विवेदी ने एक हिंदी फिल्म बनाई, जिसे पुरस्कार भी मिला।

बहुत समय तक अस्वस्थ रहने के बाद 31 अक्तूबर, 2005 को 86 वर्ष की आयु में अमृत प्रीतम का देहांत हो गया। उनकी एक बेटी है कुंडल, बेटा है नवराज और एक पोता है अमन।

□

अमृता शेरगिल

अमृता शेरगिल की गणना पूर्व औपनिवेशिक युग के अत्यंत प्रभावशाली एवं गुणी भारतीय कलाकारों में की जाती है। पेरिस में लगनेवाली ग्रैंड सेल में एक एसोसिएट के रूप में चुनी गईं वे न केवल सबसे युवा कलाकार थीं बल्कि एकमात्र एशियाई कलाकार भी थीं। अमृता शेरगिल के चित्रों में पश्चिमी चित्रकला पद्धतियों की स्पष्ट झलक मिलती है। उनके बनाए चित्रों में उनके गहन मनोभाव एवं रंगों का बोध परिलक्षित होता है। उनके चित्रों को देखकर यह भी महसूस होता है कि उस युवा चित्रकार को भारतीय विषयों की गहरी समझ थी।

अमृता शेरगिल का जन्म 30 जनवरी, 1913 को बुडापेस्ट, हंगरी में हुआ था। वे एक कुलीन सिख, संस्कृत एवं फारसी विद्वान् उमराव सिंह शेरगिल मजीठिया और हंगरी की एक यहूदी ऑपेरा गायिका मेरी अंतोइनेत गॉट्समैन की पुत्री थीं। वे दो बहनों में बड़ी थीं। उनकी छोटी बहन का नाम इंदिरा सुंदरम् (विवाह पूर्व शेरगिल) था, जो समकालीन आर्टिस्ट विवान सुंदरम् की माँ थीं। विवान का अधिकांश बचपन उनके साथ बीता।

सन् 1924 में अमृता ने फ्लोरेंस, इटली में 'सांता अनंसियता' नाम के एक आर्ट स्कूल में दाखिला ले लिया। हालाँकि अमृता इस स्कूल में अधिक समय तक नहीं टिकीं और सन् 1924 में भारत लौट आईं, फिर भी यह सच है कि इसी स्कूल में उनका परिचय इटली के महान् चित्रकारों की कलाकृतियों से हुआ।

सन् 1938 में अमृता का विवाह उनके हंगेरियन मौसेरे भाई डॉ. विक्टर इगान से हो गया। वे दोनों भारत चले आए और सराया, गोरखपुर, उत्तर प्रदेश में अपने पैतृक घर में रहने लगे।

अमृता को पाँच वर्ष की उम्र से ही चित्रकारी का शौक था और आठ वर्ष की आयु में उन्होंने औपचारिक रूप से चित्रकारी करने की शिक्षा लेनी शुरू कर दी थी। सन् 1921 में उनका परिवार भारत में समरहिल, शिमला में जाकर रहने लगा था और उन्होंने

पियानो तथा वायलिन सीखना शुरू कर दिया था। वे जब नौ वर्ष की थीं, इंदिरा और वह शिमला के गेयटी थिएटर में संगीत का कार्यक्रम दिया करती थीं और नाटकों में अभिनय करती थीं।

अमृता की माँ ने बहुत जल्दी उनकी प्रतिभा को पहचान लिया और उन्हें चित्रकारी करने के लिए प्रोत्साहित किया। सोलह वर्ष की हो जाने पर उनकी माँ चित्रकला में उन्हें प्रशिक्षण दिलाने के लिए इटली और पेरिस ले गईं। पेरिस कलात्मक गतिविधि का अड्डा बना हुआ था और सत्रहवीं शताब्दी से लेकर आनेवाले समय में पेरिस ने अनेक ऐतिहासिक कला आंदोलनों को जन्म दिया। वहाँ उन्होंने पहले तो ग्रैंडि शोमियर में पियरे वैलेंट के अंतर्गत और बाद में इकोले डेस ब्यूक्स आर्ट्स में लूसियन साइमन के अधीन प्रशिक्षण प्राप्त किया। उन्हें पॉलसीजेन और पॉल गॉगुइन जैसे यूरोपीय चित्रकारों से और बोरिस ताजलित्सकी तथा अन्य अनेक कलाकार मित्रों और कलाप्रेमियों की संगति में असीम प्रेरणा प्राप्त हुई।

पेरिस में सर्वश्रेष्ठ आर्ट्स स्कूल इकोले डेस ब्यूक्स आर्ट्स में अमृता को महान् चित्रकारों के मार्गदर्शन में अध्ययन करने का सौभाग्य प्राप्त हुआ। वहाँ रहते हुए उन्हें कलादीर्घाओं, संग्रहालयों अर्थात् म्यूजियम, सेल आदि देखने का भी अवसर मिला, जो उनके बहुत काम आया। प्रारंभ में उन्होंने प्रमुख समकालीन एवं प्राचीन चित्रकारों की कलाकृतियों का अध्ययन किया। पेरिस में एक विद्यार्थी के रूप में ज्ञानार्जन करते हुए उन्हें भारत लौटने की उत्कट इच्छा ने कचोटना शुरू कर दिया; क्योंकि उन्हें ऐसा महसूस हो रहा था कि एक चित्रकार की हैसियत से उनके भाग्य का तार कहीं-न-कहीं भारत से जुड़ा हुआ है।

उनके चित्रों में पश्चिमी चित्रकला पद्धतियों का स्पष्ट प्रभाव देखा जा सकता था, विशेषकर वे पद्धतियाँ, जिनका अनुसरण 1930 के दशक के आरंभिक काल में पेरिस के बोहिमियाई समुदायों में किया जा रहा था। 'यंग गर्ल्स' उनकी पहली महत्त्वपूर्ण कलाकृति थी, जो उन्होंने सन् 1933 में बनाई थी और जिसकी वजह से उन्हें पेरिस में ग्रैंड सेल में एक एसोसिएट के रूप में चुना गया था। यह सम्मान पानेवाली वे अब तक की सबसे युवा एवं एकमात्र एशियाई महिला चित्रकार थीं।

सन् 1934 तक यूरोप में रहते हुए अमृता द्वारा किया गया कार्य अधिकतर शैक्षिक प्रकार का था, जिसमें जड़ पदार्थों का चित्रण, नग्न चित्रों का अध्ययन, व्यक्ति-चित्र बनाना और इसी तरह के अन्य कार्य शामिल थे। वे किसी विदेशी पर्यटक के रूप में भारत नहीं आईं, जो भारत के 'अतीव सौंदर्य' और मोहक दृश्यों एवं लुभावनी महक के कारण खिंचा चला आता है, बल्कि एक भारतीय के रूप में, भारतीय भावनाओं से ओत-प्रोत और मन में यह निश्चय लेकर आईं कि इस भूमि को उन्हें अपना घर बनाना है। इस तथ्य

के बावजूद कि उन्होंने पाश्चात्य कला में प्रशिक्षण प्राप्त किया था, भारत की कलात्मक परंपराओं की पूरी समझ उन्हें थी और उन परंपराओं के प्रति उनके मन में गहरा सम्मान था।

शायद भारत लौटने के बाद ही उनकी प्रतिभा को खिलना था। नवंबर 1934 में, जब उन्होंने पहली बार भारत की मिट्टी पर अपने कदम रखे, उनके मन पर उन दुःखी, उदास, निर्धन और कंगाल भारतीयों के चेहरे छा गए, जिन्हें उन्होंने पहले तो शिमला के इर्द-गिर्द देखा, फिर दक्षिण भारत में और अंततः पंजाब में। सन् 1935 के शुरू-शुरू में शिमला में बस जाने के बाद उन्होंने भारतीयों के जीवन विशेषकर दरिद्र लोगों के जीवन को चित्रात्मक रूप में प्रस्तुत करने का महत्त्वपूर्ण निर्णय लिया। उन्हें अच्छी तरह पता था कि निकट भविष्य में उन्हें क्या हासिल होनेवाला है! उन्होंने भारतीय कला परंपराओं को पुनः खोज निकालना शुरू कर दिया और यह सिलसिला उनकी मृत्यु तक जारी रहा।

सन् 1936 में एक कला संग्राहक एवं समीक्षक कार्ल खंडेलवाल ने उन्हें प्रोत्साहित किया कि वे भारतीय जड़ों को खोजने की अपनी उमंग को जारी रखें। बाद में मुगल और पहाड़ी चित्रकला पद्धतियों और अजंता के गुफा चित्रों ने उन्हें अत्यधिक प्रभावित किया। तदनंतर उन्होंने सन् 1937 में दक्षिण भारत का भ्रमण किया और प्रसिद्ध दक्षिण भारतीय चित्र-त्रयी प्रस्तुत की—ब्राइड्स टॉयलेट, ब्रह्मचारी और दि साउथ इंडियन विलेजर्स। उनका भावप्रवण रंगबोध और उनकी भारतीय विषयों के लिए उतनी ही भावप्रवण परानुभूति चित्रों की इस त्रयी में देखी जा सकती है, जिनमें भारतीय लोगों की गरीबी और निराशा को बखूबी दरशाया गया है।

उन्होंने स्वयं यह माना कि अपने कार्य में जो रूपांतरण वे करना चाहती थीं, वह पूरा हो गया और यह भी कि उन्होंने अपनी 'कला का उद्‍देश्य' पा लिया है। वह उद्‍देश्य है—अपने विश्लेषण के माध्यम से भारतीय लोगों के जीवन को अभिव्यक्त करना।

सन् 1938 में उनकी चित्रकला का दूसरा चरण तब शुरू हुआ, जब अमृता अपने पति के साथ उत्तर प्रदेश, भारत में बस गईं। उस समय के उनके चित्रों की भावाभिव्यक्ति भारतीय आधुनिक कला आंदोलन के अग्रज रवींद्रनाथ टैगोर और जामिनी राय के साथ कदम बढ़ाती हुई प्रतीत होती है। सन् 1941 में दोनों पति-पत्नी लाहौर चले गए, जो तब अविभाजित भारत में था और एक प्रमुख सांस्कृतिक एवं कला-केंद्र माना जाता था। वहाँ उनका निवास 23, गंगाराम मैंशंस, दि माल, लाहौर में था। वहाँ उनका स्टूडियो एकदम ऊपर की मंजिल पर था।

उनकी कलाकृतियों को भारत सरकार द्वारा बहुमूल्य 'राष्ट्रीय कला संग्रह' के रूप में मान्यता दी गई है। उनमें से अधिकतर चित्र नई दिल्ली में 'राष्ट्रीय आधुनिक

कलादीर्घा' (नेशनल गैलरी ऑफ मॉडर्न आर्ट) में रखे हुए हैं। अमृता के बनाए एक चित्र 'हिल वीमेन' अर्थात् 'पहाड़ी स्त्रियाँ' को लेकर सन् 1978 में एक 'स्मारक डाक टिकट' जारी किया गया और दक्षिणी दिल्ली में एक सड़क का नाम 'अमृता शेरगिल मार्ग' रख दिया गया।

बहुत से समकालीन भारतीय कलाकारों के लिए प्रेरणास्रोत बनी रहने के अलावा, अमृता के व्यक्तित्व एवं कृतित्व ने 'तुम्हारी अमृता' नामक एक नाटक के मंचन को भी प्रेरित किया, जिसे सन् 1993 में एक मशहूर उर्दू कलाकार जावेद सिद्दकी ने लिखा था। इस नाटक में शबाना आजमी और फारुख शेख ने मुख्य भूमिकाएँ निभाई थीं। उनके बनाए कुछ चित्र निजी कला संग्राहकों के खजाने में भी शामिल हैं। इन कलाकृतियों को हासिल करने के लिए अंतरराष्ट्रीय नीलामियों में बहुत ऊँची बोलियाँ लगती हैं।

लाहौर में रहते हुए अमृता शेरगिल ने 5 दिसंबर, 1941 की आधी रात को अंतिम साँस ली और 7 दिसंबर, 1941 को लाहौर में ही उनका दाह-संस्कार कर दिया गया।

□

अरुणा आसफ अली

भारत के स्वतंत्रता संग्राम में अनेक महिलाओं ने राष्ट्रभक्ति की सच्ची भावना से बढ़-चढ़कर हिस्सा लिया था। उन्हें स्वतंत्रता सेनानी कहा जाता है। उनके अदम्य साहस और उनकी निर्भीकता के कारण ही भारत स्वतंत्रता प्राप्त करने में सफल हुआ। इन शौर्यवान साहसी महिलाओं ने अंग्रेजों के हाथों अनेक यंत्रणाएँ सहीं, उत्पीड़न सहे और शोषण बरदाश्त किए। उन्होंने अपनी अंतिम साँस तक संघर्ष किया। अरुणा आसफ अली उन्हीं स्वतंत्रता सेनानियों में से एक थीं।

अरुणा आसफ अली का जन्म का नाम अरुणा गांगुली था। उनका जन्म 16 जुलाई, 1909 को कालका, हरियाणा के एक ब्रह्म समाजी परिवार में हुआ था। उनके माता-पिता बंगाली थे, जो कालका में बस गए थे। तब कालका अविभाजित पंजाब का एक हिस्सा था।

उनके पिता उपेंद्रनाथ गांगुली का नैनीताल में एक रेस्तराँ था। वे जीवट इनसान थे। वे पूर्वी बंगाल के बारीसाल जिले से आकर संयुक्त प्रांत में बस गए थे। उनकी माँ अंबालिका देवी विख्यात ब्रह्मसमाजी नेता त्रैलोक्यनाथ सान्याल की बेटी थीं, जिन्होंने अनेक लोकप्रिय 'ब्रह्मो भजन' लिखे थे।

सन् 1928 में अरुणा ने एक कांग्रेसी नेता बैरिस्टर आसफ अली से विवाह कर लिया, जो उम्र में उनसे 23 साल बड़े थे। उनके माता-पिता ने इस विवाह का कड़ा विरोध किया, क्योंकि उनका परिवार हिंदू था और आसफ अली मुसलमान थे। इसके अलावा, अरुणा और आसफ अली की उम्र में भी बहुत अधिक अंतर था। आसफ अली पेशे से वकील थे और इलाहाबाद तथा दिल्ली में कांग्रेस पार्टी के नेता थे। चूँकि वह आजादी की लड़ाई में पूरी तरह संलग्न थे, अत: विवाह के बाद अरुणा भी इस लड़ाई में कूद पड़ीं। उनकी कोई संतान नहीं हुई।

अरुणा ने प्रारंभिक शिक्षा लाहौर के 'सेक्रेड हार्ट कॉन्वेंट' में ग्रहण की और फिर नैनीताल में। स्नातक की डिग्री लेने के बाद वे एक शिक्षिका बन गईं। उस समय देश की

परिस्थितियों को देखते हुए महिलाओं के लिए यह अपने-आपमें एक भारी कामयाबी थी। उन्होंने कलकत्ता के 'गोखले मेमोरियल स्कूल' में पढ़ाया।

स्कूल में पढ़ते हुए, शिक्षा पाने के बाद और अध्यापिका के रूप में काम करते हुए भी राजनीति में उनकी कोई दिलचस्पी नहीं थी। आसफ अली के साथ शादी हो जाने के बाद ही अरुणा ने राजनीति में दिलचस्पी लेना शुरू किया। उन्हें महात्मा गांधी और मौलाना आजाद जैसे कांग्रेसी नेताओं से मिलने और अनेक राजनीतिक बैठकों में भाग लेने का भी अवसर मिला। अपने राजनीतिक जीवन में वे 'कांग्रेस सोशलिस्ट पार्टी' के नेताओं—जयप्रकाश नारायण, अच्युत पटवर्धन और राममनोहर लोहिया से भी बहुत प्रभावित हुईं, जिन्होंने उनके राजनीतिक दृष्टिकोण को नई दिशा देने में अहम भूमिका निभाई।

उन्हें पढ़ने का जबरदस्त शौक था। उन्होंने राजनीति शास्त्र, अर्थशास्त्र और मार्क्सवादी साहित्य का गहन अध्ययन किया। वे ब्रिटिश शासन के विरुद्ध अटल संघर्ष की राष्ट्रवादी आवाज और उसकी समर्थक बन गईं। 1930 के दशक में उन्होंने नमक सत्याग्रह, नागरिक अवज्ञा आंदोलन की सार्वजनिक सभाओं को संबोधित किया और अनेक जुलूसों की अगुआई की। ब्रिटिश सरकार ने 'घुमक्कड़ी' के आरोप में उन्हें एक साल के कारावास की सजा दे दी। 'गांधी-इरविन समझौते' पर हस्ताक्षर के बाद राजनीतिक नेताओं को छोड़ दिया गया, लेकिन अरुणा को नहीं छोड़ा गया। उनके पक्ष में हुए जन आंदोलन ने अंततः ब्रिटिश सरकार को उनकी रिहाई के लिए बाध्य कर दिया।

उन्हें रिहा तो कर दिया गया, लेकिन उसके तत्काल बाद सन् 1932 में उन्हें दुबारा गिरफ्तार करके तिहाड़ जेल में डाल दिया गया। इस जेल में उन्होंने राजनीतिक बंदियों के साथ किए जा रहे दुर्व्यवहार के विरुद्ध भूख हड़ताल शुरू कर दी। उनके द्वारा आरंभ किए गए विरोध ने प्रचंड रूप धारण कर लिया। हालात सुधारने हेतु कुछ उपाय करने के लिए अधिकारियों पर दबाव पड़ा। अरुणा को सबसे अलग रखने के उद्देश्य से अंबाला की एकांत कोठरी में बंद कर दिया गया। रिहा होने के बाद अरुणा ने राष्ट्रीय आंदोलन से 10 साल के लिए संन्यास ले लिया।

सन् 1942 में 'भारत छोड़ो आंदोलन' के दौरान उनके जीवन में एक दूसरा मोड़ आया और वे इस आंदोलन का एक बहुत महत्त्वपूर्ण हिस्सा बन गईं। कांग्रेस नेताओं की लगातार धरपकड़ के कारण देश भर में अशांति फैल रही थी, क्योंकि लोगों में ब्रिटिश-विरोधी भावना उग्र होती जा रही थी। अरुणा ने बंबई के गोवलिया टैंक मैदान में ध्वजारोहण समारोह का आयोजन कराया। उनके इस साहसिक कदम से आंदोलन को ताकत मिली।

'भारत छोड़ो आंदोलन' में वे पूर्णकालिक सक्रिय कार्यकर्ता बन गईं। 9 अगस्त,

1942 को बंबई में 'इंडियन नेशनल कांग्रेस' द्वारा 'भारत छोड़ो संकल्प' पारित किए जाने के बाद वे अपने समाजवादी मित्रों के साथ भूमिगत हो गईं, ताकि आंदोलन का संचालन करने के लिए एक गुप्त केंद्र बनाया जा सके। ऐसे केंद्र दिल्ली और कलकत्ता में खोले गए। सन् 1944 में आंदोलन ढह जाने के बाद पुलिस उनकी तलाश में निकल पड़ी। फिर भी वे करीब चार वर्ष तक छिपी रहीं। सरकार ने उनकी संपत्ति पर कब्जा कर लिया और उसे बेच दिया और उनकी गिरफ्तारी कराने के लिए 5000/-रुपए का इनाम भी घोषित कर दिया।

उनकी अस्वस्थता के बारे में पता चलने पर गांधीजी ने उन्हें आत्मसमर्पण करने की सलाह दी, तथापि अरुणा आसफ अली ने तभी आत्मसमर्पण किया, जब 26 जनवरी, 1946 को उनके विरुद्ध वारंट रद्द कर दिए गए।

सन् 1947 में अरुणा को राष्ट्रीय नेताओं के समर्थन से दिल्ली प्रदेश कांग्रेस कमेटी का अध्यक्ष चुन लिया गया, लेकिन उनके उग्र-सुधारवादी विचार स्वातंत्रोत्तर काल में कांग्रेस की राजनीति से मेल नहीं खा सके। वास्तव में वे अपने पति के राजनीतिक विचारों को स्वीकार नहीं कर सकीं। सन् 1948 में वे समाजवादी पार्टी में शामिल हो गईं, लेकिन दो वर्ष के बाद उन्होंने उस पार्टी को छोड़ दिया और 'वामपंथी समाजवादी ग्रुप' (लेफ्ट सोशलिस्ट ग्रुप) बना लिया तथा 'मजदूर संघ आंदोलन' में सक्रिय रूप से दिलचस्पी लेना शुरू कर दिया।

'सोशलिस्ट ग्रुप' सन् 1955 में 'भारतीय कम्युनिस्ट पार्टी' (सी.पी.आई.) में शामिल हो गया और वे उसकी केंद्रीय समिति की सदस्य बन गईं तथा 'ऑल इंडिया ट्रेड यूनियन कांग्रेस' की एक उपाध्यक्ष यानी वाइस-प्रेसीडेंट हो गईं। सन् 1958 में उन्होंने सी.पी.आई. छोड़ दी और फिर किसी भी राजनीतिक पार्टी से संबद्ध नहीं रहीं। सन् 1964 में नेहरूजी की मृत्यु के पश्चात् वे कांग्रेस में लौट आईं, लेकिन फिर राजनीति में कोई सक्रिय हिस्सा नहीं लिया।

अनेक वर्षों तक अरुणा आसफ अली सार्वजनिक जीवन में सक्रिय रहीं। सन् 1958 में हुए चुनाव में उन्हें दिल्ली की पहली मेयर निर्वाचित किया गया। वे अप्रैल 1959 तक दो बार इस पद पर रहीं, फिर उन्होंने इस्तीफा दे दिया। वे 'भारत-सोवियत सांस्कृतिक समिति' (इंडो-सोवियत कल्चरल सोसायटी), 'अखिल भारतीय शांति परिषद्' (ऑल इंडिया पीस काउंसिल) तथा 'नेशनल फेडरेशन ऑफ इंडियन वीमेन' की एक प्रमुख सदस्य बनी रहीं। 'भारत छोड़ो आंदोलन' में उन्होंने बहुत अग्रणी भूमिका निभाई।

सन् 1964 में अरुणा आसफ अली को 'इंटरनेशनल लेनिन पीस प्राइज' और 'जवाहरलाल नेहरु अवार्ड फॉर इंटरनेशनल अंडरस्टैंडिंग' प्रदान किया गया। 29 जुलाई, 1996 को उनकी मृत्यु के पश्चात्, 1997 में उन्हें भारत के उच्चतम नागरिक पुरस्कार

'भारतरत्न' से सम्मानित किया गया। इससे पूर्व सन् 1992 में उन्हें 'पद्मभूषण' प्रदान किया गया था। सन् 1998 में उनकी स्मृति में एक डाक टिकट भारत सरकार द्वारा जारी किया गया। नई दिल्ली में एक सड़क का नाम उनके नाम पर 'अरुणा आसफ अली मार्ग' और सिविल लाइंस क्षेत्र में एक गरीब बस्ती का नाम 'अरुणा नगर' रखा गया। 'ऑल इंडिया माइनॉरिटीज फ्रंट' द्वारा हर वर्ष 'डॉ. अरुणा आसफ अली सद्भावना पुरस्कार' प्रदान किया जाता है।

□

अहिल्याबाई होल्कर

भारत के भिन्न-भिन्न प्रांतों में अनेक महिलाओं ने शासन किया है। भारत में अनेक वीरांगनाएँ और कवयित्रियाँ हुई हैं, लेकिन अपने 30 वर्ष के लंबे शासनकाल में जितना आदर-सम्मान और प्रजा का प्यार अहिल्याबाई होल्कर को प्राप्त हुआ, उतना शायद ही किसी दूसरे के हिस्से में आया हो। उनकी धर्मनिष्ठा, प्रशासनिक योग्यता, जनता के कल्याणकारी कार्यों में उनकी गहन रुचि से हर कोई प्रभावित था। उन्होंने देश भर में तीर्थस्थलों पर व्यापक स्तर पर अद्वितीय निर्माण करवाए। अठारहवीं शताब्दी में मालवा पर उनके शासन को आज भी एक लोक-हितकारी एवं प्रभावशाली शासन का आदर्श उदाहरण माना जाता है।

अहिल्याबाई का जन्म 31 अगस्त, 1725 को महाराष्ट्र के कीउ जिले के चौंडी नामक गाँव में हुआ था। उनके पिता मनकोजी शिंदे प्रतापी धाँगर समुदाय से थे और गाँव के पाटिल थे। उस समय स्त्रियाँ स्कूल नहीं जाती थीं, लेकिन अहिल्याबाई के पिता ने उन्हें पढ़ना और लिखना सिखाया। उनकी माता भी एक बहुपठित एवं धर्मपरायण महिला थीं।

इतिहास के मंच पर उनका आना एक संयोग ही था। किंवदंती के अनुसार, पेशवा बाजीराव की सेना में सेनापति और मालवा प्रांत के सामंत मल्हार राव होल्कर ने पुणे जाते हुए चौंडी गाँव में डेरा डाला और आठ वर्षीय अहिल्याबाई को गाँव में मंदिर की सेवा करते हुए देखा। उनकी धर्मनिष्ठा और उनके चरित्र से वे इतने प्रभावित हुए कि उस लड़की को अपने पुत्र खांडेराव के लिए वधू के रूप में होल्कर प्रांत में ले आए।

अहिल्याबाई के पति सन् 1754 में युद्ध में मारे गए। बारह वर्ष बाद उनके ससुर मल्हार राव की भी मृत्यु हो गई। सन् 1766 से लेकर सन् 1795 में अपनी मृत्यु तक अहिल्याबाई ने मालवा पर शासन किया। मल्हार राव ने उन्हें प्रशासनिक और सामरिक—दोनों तरह के मामलों को सँभालने का प्रशिक्षण दिया था। मल्हार राव ने सन् 1765 में जो एक पत्र उन्हें लिखा था, उससे यह प्रमाण मिलता है कि 18 वीं शताब्दी में सत्ता के लिए लड़े गए प्रचंड

युद्ध के दौरान मल्हार राव को उनकी योग्यता में कितना विश्वास था—

"चंबल पार करने के बाद ग्वालियर चली जाना। वहाँ तुम चार या पाँच दिन रुक सकती हो। तुम्हें अपनी बड़ी तोपें साथ रखनी चाहिए और उनके लिए अधिक-से-अधिक गोला-बारूद की व्यवस्था करनी होगी। कूच पर जाते हुए तुम्हें यह भी सुनिश्चित कर लेना चाहिए कि मार्ग की रक्षा के लिए जगह-जगह सेना चौकियों की व्यवस्था कर दी गई है।"

शासन की बागडोर सँभालने के लिए उन्हें पहले ही तैयार किया जा चुका था। मल्हार राव और अपने पुत्र की मृत्यु के बाद अहिल्याबाई ने पेशवा से याचना की कि प्रशासन की जिम्मेदारी उनके हाथों में सौंप दी जाए। मालवा में कुछ लोगों ने इसका विरोध किया, किंतु होल्कर की सेना में उनके नेतृत्व को लेकर भारी उत्साह था। अहिल्याबाई ने अपने प्रिय हाथी के हौदे के चारों कोनों में चार धनुष और तूणीर लगाकर व्यक्तिगत रूप से उनका नेतृत्व किया था। पेशवा ने मंजूरी दे दी और तुकोजी होल्कर को सामरिक मामलों की जिम्मेदारी सौंपकर अहिल्याबाई ने मालवा पर बड़े ही सुयोग्य ढंग से शासन किया। उन्होंने उस ब्राह्मण को भी पुन: नियुक्त कर लिया जिसने उनका विरोध किया था।

अहिल्याबाई ने कभी परदा नहीं किया बल्कि रोजाना 'जनता दरबार' लगाया और हमेशा हर उस व्यक्ति की बात सुनी, जो अपनी बात उनके कानों तक पहुँचाना चाहता था। उनकी मृत्यु के करीब 40 वर्ष बाद प्रशासक एवं इतिहासकार सर जॉन माल्कॉम ने अहिल्याबाई की क्षमताओं के बारे में बहुत ही उत्साहपूर्वक यह लिखा—

"उनकी सरकार का पहला सिद्धांत यह रहा प्रतीत होता है कि ग्राम अधिकारियों के कार्यों का संतुलित मूल्यांकन किया जाए एवं जमीन मालिकों के जन्मजात अधिकारों को उचित सम्मान दिया जाए। उन्होंने प्रत्येक शिकायत को खुद सुना। यद्यपि वे लोगों की शिकायतों एवं समस्याओं को समाधान हेतु निष्पक्ष एवं मध्यस्थ न्यायालयों और अपने मंत्रियों के पास भिजवा दिया करती थीं, फिर भी लोगों की बात सुनने के लिए वे तत्पर मौजूद रहा करती थीं। न्याय वितरण से संबंधित सभी कड़ियों के बारे में उनका कर्तव्य-बोध इतना मजबूत था कि जब कभी किन्हीं विशिष्ट मामलों में उनसे निर्णय करने की अपील की जाती, वे न केवल धैर्यपूर्वक उन्हें सुनती थीं बल्कि निष्पक्ष रूप से जाँच कराया करती थीं।"

एक समकालीन इतिहासकार स्टीवार्ट गॉर्डन का कहना है कि एक शासक के रूप में उनकी योग्यता का निश्चित प्रमाण यह था कि उनके शासनकाल के दौरान मालवा में उनके राज्यक्षेत्रों पर कोई आक्रमण नहीं हुआ और न ही स्थानीय लड़ाइयों के कारण वहाँ की शांति भंग हुई। हालाँकि आस-पड़ोस में सब जगह युद्ध छिड़े रहते थे। गॉर्डन के अनुसार, "अहिल्याबाई का शासन 18 वीं शताब्दी का सबसे मजबूत एवं टिकाऊ शासन था।"

एक और इतिहासकार माल्कॉम ने लिखा है कि उन्होंने अपने शासनकाल के दौरान

लगभग उन्हीं व्यक्तियों को मंत्री और प्रशासक बनाए रखा, जो शुरू से चले आ रहे थे। अहिल्याबाई की एक प्रमुख उपलब्धि यह थी कि उन्होंने इंदौर का विकास करके उसे एक छोटे गाँव से एक समृद्ध एवं सुंदर शहर में बदल दिया, जबकि उनकी अपनी राजधानी निकटवर्ती महेश्वर में थी, जो नर्मदा नदी के तट पर बसा एक शहर है। उन्होंने मालवा में किले बनवाए, सड़कें बनवाईं, मेलों-उत्सवों का आयोजन कराया और अनेक हिंदू मंदिरों में नियमित पूजा-अर्चना के लिए दान भी दिया। उन्होंने मालवा के बाहर हिमालय से लेकर दक्षिण भारत के तीर्थस्थानों तक फैले विस्तृत क्षेत्र में अनेक देवालयों, घाटों, कुओं, तालाबों और विश्रामगृहों का निर्माण कराया। 'संस्कृति कोश' के अनुसार, उन्होंने जिन तीर्थस्थलों को सजाया-सँवारा, उनमें काशी, गया, सोमनाथ, अयोध्या, मथुरा, हरिद्वार, काँची, अवंती, द्वारिका, बद्रीनारायण, रामेश्वरम् और जगन्नाथपुरी के नाम शामिल हैं। अहिल्याबाई ने खुशी मनाई, जब उन्होंने बैंकरों, व्यापारियों, किसानों और खेती करनेवालों को धनवान होते देखा, लेकिन उन्होंने उस धन-संपत्ति पर कोई कर लगाना या लगान वसूल करना उचित नहीं समझा, क्योंकि उनकी दृष्टि में इसका कोई औचित्य नहीं था। वास्तव में उन्होंने अपने सभी क्रियाकलापों के लिए वित्त-प्रबंध एक खुशहाल एवं समृद्धि-संपन्न भूमि से प्राप्त वैध लाभों से किया।

वे अपनी प्रजा का कितना ध्यान रखती थीं, इस विषय में अनेक कहानियाँ मशहूर हैं। उन्होंने विधवाओं की मदद की, ताकि वे अपने पतियों की धन-संपत्ति अपने पास रख सकें। उन्होंने यह भी व्यवस्था कर दी कि कोई विधवा चाहे तो एक पुत्र गोद ले सकती है। वास्तव में एक उदाहरण तो ऐसा भी है कि जब उनके एक मंत्री ने रिश्वत के बिना गोद लेने की मंजूरी देने से मना कर दिया तो अहिल्याबाई ने स्वयं अपनी जिम्मेदारी पर बच्चा लेकर दे दिया और उसे बहुत सारे कपड़े एवं गहने भी भेंट किए।

सिर्फ एक बार ऐसा हुआ बताया जाता है कि वे भीलों और गौंड जाति के लोगों का झगड़ा शांतिपूर्ण ढंग से और आसानी से नहीं सुलझा सकीं। भील अनेक सीमा-क्षेत्रों में लूट-पाट किया करते थे, लेकिन अहिल्याबाई ने लूट-पाट छुड़ाने और उनके गुजारे के लिए कुछ बंजर पहाड़ी भूमि भीलों को दे दी। उनके क्षेत्र से जानेवाले माल पर कुछ शुल्क वसूलने का अधिकार भी उन्हें दे दिया। माल्कॉम के अनुसार, ''इस मामले में भी उन्होंने उन लोगों की प्रकृति एवं आदतों पर पर्याप्त ध्यान दिया।''

अहिल्याबाई की राजधानी महेश्वर साहित्य, संगीत, कला और उद्योग का केंद्र बन गई। उन्होंने महाराष्ट्र से आए प्रसिद्ध मराठी कवियों मोरोपंत और अनंतफंडी का स्वागत-सत्कार किया और संस्कृत विद्वान् खुशाली राम को भी आश्रय दिया। शिल्पकारों, वास्तुकारों और कलाकारों को उनकी राजधानी में वेतन मिलता था। उन्होंने महेश्वर नगर में एक वस्त्र उद्योग भी स्थापित किया।

उनके एक पुराने स्वामिभक्त सेवक ने माल्कॉम को उनके दैनिक जीवन की कुछ सच्चाइयों से अवगत कराया—पूजा-अर्चना करने के लिए वे दिन निकलने से एक घंटा पहले उठ जाया करती थीं। तत्पश्चात् वे वेद-पाठ सुनती थीं और अनेक ब्राह्मणों को दान-दक्षिणा और भोजन दिया करती थीं। वे शाकाहारी नाश्ता करती थीं; वस्तुतः उनका सारा भोजन शाकाहारी था। नाश्ते के बाद वे फिर प्रार्थना करती थीं और कुछ देर विश्राम करती थीं। दो बजे से छह बजे तक वे अपने दरबार में रहती थीं। धार्मिक अनुष्ठानों और हलका भोजन करने के बाद वे नौ से ग्यारह बजे तक फिर अपने कार्य में व्यस्त हो जाती थीं। उन्होंने सारा जीवन धर्मपरायण रहकर और काम करते हुए बिताया। मद्यपान और मांसाहार से उन्हें परहेज था। वे धार्मिक व्रत रखती थीं। उत्सवों-समारोहों में भाग लेती थीं और लोक-संकट की स्थिति से निपटने के लिए हरसंभव प्रयास करना अपना कर्तव्य मानती थीं। वे शिव की भक्त थीं, यद्यपि वह सभी धर्मों का आदर करती थीं। सभी शाही फरमानों में उनके हस्ताक्षर के साथ 'श्री शंकर' अवश्य लिखा होता था।

इस शूरवीर रानी के बारे में जितनी भी जानकारी उपलब्ध है और उन्होंने अपनी कल्पनाशक्ति एवं परोपकारिता के अनंत प्रमाणों सहित जो कुछ भी पीछे छोड़ा है, उस सबके बावजूद उन्हें वह मान्यता नहीं दी गई है, जिसकी वे वास्तविक हकदार हैं। वाराणसी में विश्वनाथ मंदिर के दर्शनार्थी जानते हैं कि उस मंदिर का सुनहरा गुंबद किसने बनवाया! महाराष्ट्र में एक प्रमुख तीर्थ-स्थान, पंढरपुर जानेवाले दर्शनार्थी उसी रास्ते पर थोड़ी दूर स्थित मंगलवढे होकर गोपालपुर नामक एक स्थान देखने अवश्य जाते हैं, जिसे धार्मिक यात्रियों के लिए ईश्वर की एक बड़ी देन समझा जाता है। ये दोनों स्थान अहिल्याबाई के बनवाए भवनों एवं धार्मिक विरासत के प्रमाण हैं। यह भी कहा जाता है कि उन्होंने वाराणसी से कलकत्ता तक की सड़क और दूसरे कई तीर्थस्थलों के मार्गों की भी मरम्मत कराई।

19वीं और 20वीं सदी के इतिहासकारों, जिनमें भारतीय, अंग्रेज और अमेरिकी भी शामिल हैं, उनका मानना है कि उस समय के मालवा और महाराष्ट्र में अहिल्याबाई होल्कर की छवि एक संन्यासिनी जैसी थी और आज भी है। वे वास्तव में एक राजसी महिला, एक योग्य शासक और एक विशाल-हृदया महारानी थीं।

सन् 1966 में इंदौर के प्रमुख एवं प्रतिष्ठित नागरिकों ने अहिल्याबाई होल्कर की स्मृति के सम्मान में प्रत्येक वर्ष किसी महान् लोकप्रिय व्यक्ति को पुरस्कृत करने का निर्णय किया। पहला पुरस्कार तत्कालीन प्रधानमंत्री द्वारा नानाजी देशमुख को प्रदान किया गया।

□

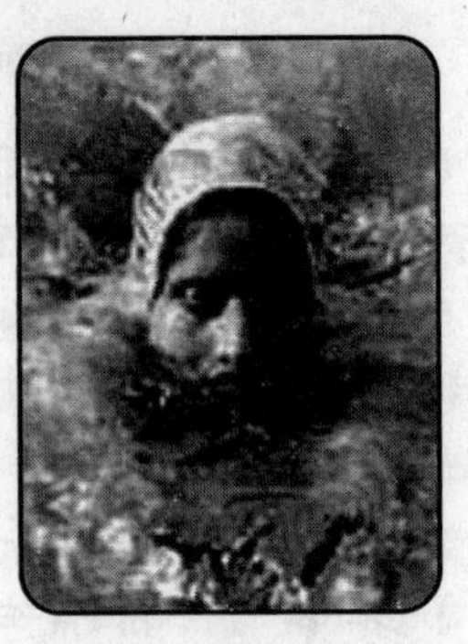

आरती साहा

29 सितंबर, 1959 का दिन। कैंप ग्रिसनेज के सामने का फ्रांसीसी तट। लहरों का निमंत्रण पा एक तरुणी ने छपाक से उसमें प्रवेश किया और थोड़ी दूर पर चलती एक डोंगी के साथ अपनी लंबी तैराकी यात्रा पर निकल पड़ी।

एक घंटे तक मौसम साफ रहा, सागर शांत बना रहा और तैराक युवती मस्ती में लहराती हुई आगे बढ़ती रही। फिर हवा ने एकाएक तेजी पकड़ ली। लहरें मनचाहे ढंग से उसे झुलाने लगीं। विपरीत हवा के थपेड़ों में घिरकर उसके लिए श्वास लेना कठिन होने लगा। उसने डोंगी में बैठे लोगों को सायास बताया कि और तैर पाना कठिन होगा, उसे बहुत कष्ट हो रहा है। तभी एक चमत्कार हो गया। डोंगी में बैठे उसके मैनेजर ने एक मंत्र हवा में उछाल दिया—'करो या मरो।' बस, फिर क्या था। टूटता साहस लौट आया। अंग-संचालन की गति में परिवर्तन कर वह फिर बढ़ चली।

चारों ओर अथाह जल-ही-जल। कड़ाके की ठंड से उसकी हड्डी-हड्डी टूटने लगी। डोंगी में बैठे लोगों को कंबल ओढ़े देख उसे घर के अपने आरामदेह बिस्तर की याद हो आई। उन्हें सैंडविच खाते देख उसे भूख अनुभव होने लगी। सुबह साढ़े पाँच बजे वह जल में कूदी थी। अब शाम के सात बज रहे थे। अंधकार बढ़ चला था। थकान और सर्दी के मारे बेहाल, अधीर और मरणोन्मुख कि फिर वही मंत्र—'करो या मरो', 'घबराओ मत, जीत निश्चित है।' और भूख भाग गई। ठंड के मारे जो खून जमा जा रहा था, उसमें गरमी आ गई। लहरों का उपद्रव घातक न रहकर केवल शरारती बन गया, जिसकी शरारत से निबटना जरूरी था—निहायत जरूरी। अंग-संचालन की गति बदली और तैरने की गति बढ़ चली।

गति बढ़ी तो किनारा भी आ गया। सामने खड़ी भीड़ हर्ष-ध्वनि कर रही थी। तट पर पहुँचकर नियमानुसार 9 गज चलना आवश्यक था। 16 घंटे, 20 मिनट की कठिन यात्रा से तरुणी के हाथ-पैरों में बुरी तरह खरोंचें लगी थीं, जिनमें से खून टपक रहा था।

समुद्र के खारे पानी से सूजकर जीभ दोगुनी मोटी हो गई थी। अंग-अंग टूट रहा था, पर लक्ष्य-प्राप्ति की उमंग में सबकुछ खो गया। कुछ देर पहले स्वयं को खड़े होने में असमर्थ समझनेवाली आकर खड़ी ही नहीं हो गई, 9 गज आसानी से चली भी आई। हर्ष-ध्वनि में उसे लगा जैसे अभी वह उसी रास्ते तैरकर वापस भी जा सकती है। उसका चिर-अभिलषित स्वप्न पूरा हुआ था, फिर थकावट कैसी!

साहस और संकल्प की जीत। भारतीय नारी की महान् विजय। भारत की, बंगाल की एक पुत्री ने इंग्लिश चैनल तैरकर पार कर लिया था। दूसरे दिन सभी समाचार-पत्रों में एक नाम चमक उठा—आरती साहा।

आरती साहा तब केवल चार वर्ष की थी कि चाचा उँगली पकड़कर उसे हुगली नदी में तैरना सिखाने के लिए ले गए। माँ उसे दो वर्ष का छोड़कर चल बसी थीं। पिता ने लड़कों की तरह लाड़-प्यार से पाला-पोसा। चाचा व भाई ने बड़ी लगन से तैराकी के करतब सिखाए और पिता ने उसे बड़ी होकर इंग्लिश चैनल पार करने की प्रेरणा दी। वर्षों तक वह हुगली नदी में गोते लगा-लगाकर उसकी चंचल लहरों से खेलती रही। फिर होश सँभालते ही इंग्लिश चैनल की रट लगाने लगी।

इस महत्त्वाकांक्षा के कारण इंग्लैंड जाने से पूर्व उसका दैनिक जीवन बहुत व्यस्त रहा। रोज सवेरे कॉलेज जाती, वहीं से सीधे स्विमिंग पूल। प्रतिदिन दो घंटे तैरने का अभ्यास करती, फिर शीघ्रता से भोजन आदि निबटाकर दक्षिण-पूर्व रेलवे के कार्यालय में अपने काम पर हाजिर होती। शाम को घर लौटकर फिर पाठ्य पुस्तकों में सिर खपाती। इस तरह पढ़ाई, काम और तैराकी का अभ्यास सब साथ-साथ चलता रहा। लक्ष्य स्थिर कर लिया गया था, फिर आराम कैसा? छुट्टी के दिनों में भी काम करके किसी तरह ध्येय-पूर्ति के लिए आर्थिक साधन जुटाने में लगी रहती।

आरती की लगन देखकर रेलवे के जनरल मैनेजर, दूसरे पदाधिकारियों तथा कार्यालय के साथियों ने भी उसकी पूरी सहायता की। प्रतिदिन के नियमित अभ्यास के बाद आठ घंटे निरंतर तैरने की व्यवस्था हो गई। सफल होने पर कलकत्ता विश्वविद्यालय ने भारत सरकार के पास इंग्लिश चैनल तैराकी प्रतियोगिता के लिए उसके नाम की अनुशंसा भेजी।

फिर एक दिन वह अपने स्वप्न को साकार करने उमंग भरे मन से अपने मैनेजर के साथ विमान द्वारा लंदन और फिर वहाँ से डोवर पहुँच गईं। वहाँ कई दिन तक घंटों लगातार पानी में तैरकर इंग्लिश चैनल को चुनौती देने की तैयारी शुरू कर दी गई। आरती साहा के अनुसार, "वहाँ जो प्रशिक्षण दिया जाता है, उसके अंतर्गत ज्वार-भाटे के समय पानी के खिंचाव में तैरने की प्रारंभिक जानकारी भी दी जाती है। ब्रिटेन व फ्रांस के बीच इंग्लिश चैनल का सबसे संकीर्ण भाग 21 मील लंबा है, पर ज्वार-भाटे में पानी के खिंचाव के कारण 42 मील से कम तैरे बिना काम नहीं चलता। यदि मौसम साफ रहे

तो पानी के उतार के समय तैरना कुछ सरल हो जाता है। लेकिन पानी के खिंचाव या लहरों की गति का कुछ पूर्वाभास नहीं रहता। बाधाएँ न हों तो लंबे फासले का तैराक 20 से 30 मील आसानी से तैर सकता है।''

अपनी तैराकी की विजय-यात्रा के दौरान आरती साहा दो बार केवल इसलिए नहीं घबरा उठी थीं कि कष्ट या कठिनाइयाँ थीं। इसके पूर्व किनारे के पास आकर वह एक बार असफल हो चुकी थीं, इसलिए जब भी वैसा संकट आ घिरता, उनकी हिम्मत टूटने लगती थी। पर 'करो या मरो' के मंत्र ने पिछली असफलता का रंज धो दिया।

असफलता की यह घटना 27 अगस्त, 1959 को घटी थी। चैनल तैराकी प्रतियोगिता में शामिल होने के लिए आरती फ्रांसीसी तट पर केप ग्रिसनेज पहुँचीं। तट पर तैराकी प्रतियोगिता का प्रारंभ देखने के लिए पत्रकार और दर्शक जमा थे। एक तरफ भीड़ का शोर था, दूसरी तरफ सागर की उत्ताल तरंगें। जो डोंगियाँ साथ चलने वाली थीं, उनमें से कइयों का पता नहीं चल रहा था। अशांत लहरों ने नावों को किनारे नहीं लगने दिया था। प्रतियोगी सोच रहे थे कि इस मौसम में प्रतियोगिता स्थगित कर दी जाएगी। तभी उन्हें प्रतियोगिता शुरू होने का संकेत मिल गया।

जिन प्रतियोगियों की डोंगियाँ आ गई थीं, वे पानी में कूद गए। आरती की डोंगी आने में देर हो गई। प्रतियोगिता में पिछड़ जाने के भय से उसने बिना डोंगी की सहायता के पानी में उतरना चाहा कि डोंगी बाद में उसे खोज लेगी, पर रोक दी गई। एक-एक पल युग-सा बीतने लगा। डोंगी आने पर जब वह कूदीं तो 40 मिनट पिछड़ चुकी थीं। अतः कूदते ही तेजी से हाथ चलाने शुरू किए कि ध्यान आया, ऐसे तो वह शीघ्र थक जाएँगी, अतः सामान्य गति से बढ़ने लगीं। इसी बीच डोंगी अदृश्य हो गई तो उन्हें एक चिंता ने आ घेरा। तेज लहरों के कारण वह नाव उलट गई थी। नाविक दल व मैनेजर ने अँधेरे में ही लहरों का सामना कर नाव को वापस पलटा, उसमें से पानी उलीचा और फिर आरती की खोज में आगे बढ़े। थोड़ी देर बाद जब डोंगी आगे-आगे दिशा दिखाती हुई पुनः चलने लगी तो आरती की जान में जान आई।

चारों ओर अथाह जल और घना अंधकार। तैरते-तैरते बचपन की स्मृतियाँ और पिता के शब्द 'इंग्लिश चैनल पार करना या उसी की गोद में विलीन हो जाना' याद आने लगे। प्रभात होने पर उसने जाना कि ग्रेट एंडरसन के वह पास-पास ही तैर रही थीं। थकान बढ़ चली थी और कष्ट भी। जिह्वा को सूजन ने भी परेशान किया। सुबह 10 बजे के लगभग जब डोवर कैसल दिखाई दिया तो यह सोचकर सांत्वना मिली कि बस, अब 5 मील का फासला तय करना ही शेष है। लेकिन समुद्र में भाटे का समय था। पानी के उतार के कारण प्रवाह बिलकुल उनके विपरीत हो चला। ऐसी स्थिति में 2 मील पार करने में 5 घंटे लग गए और आरती बुरी तरह थक गईं। थोड़ी देर बाद हवा में तेजी आई और लहरों

की ऊँचाई बढ़ने लगी। नाव में बैठे व्यक्तियों ने अवरुद्ध कंठ से उन्हें अपना प्रयास छोड़ देने के लिए कहा तो आरती को रोना आ गया, "मेरे देशवासी क्या कहेंगे? सफलता के इतने निकट आकर प्रयास छोड़ दूँ? यह कैसे हो सकता है?"

उसी समय मैनेजर ने बताया कि लहरों के प्रवाह के कारण वह आगे तैरने की बजाय पीछे खिंची चली जा रही हैं, तो हार मान लेने के सिवाय दूसरा चारा न रहा। आत्मग्लानि के मारे गोता लगाकर जल-समाधि लेने की इच्छा जाग्रत् हो उठी कि तभी नाव के मुखिया ने उन्हें पानी के ऊपर खींच लिया। कैसा दुर्भाग्य था! मंजिल केवल 3 मील दूर रह गई थी। इतने समीप आकर हार! वह फूट-फूटकर रोने लगी थीं।

भग्न हृदय लेकर जब मार्गेट लौटीं तो यह जानकर उनके आश्चर्य की सीमा न रही कि महिला प्रतियोगियों में उसे तृतीय पुरस्कार प्रदान किया गया था। खोया हुआ साहस पुनः लौट आया और 29 सितंबर वाले विजय अभियान की तैयारियाँ शुरू कर दी गईं। इस पिछली असफलता की याद ने यदि दो बार उनका हौसला पस्त किया था तो 'करो या मरो' की प्रेरणा भी इसी से मिली, जिसका अंत विजय में हुआ।

आरती साहा, जो अब पत्नी, माँ और गृहिणी हैं, की इस विजय के समाचार ने खेल-कूद, तैराकी, पर्वतारोहण आदि की ओर पग बढ़ाती भारतीय तरुणियों के हृदय में कितनी प्रेरणा का संचार किया, इसका संकेत इन क्षेत्रों में निरंतर बढ़ती हुई संख्या से मिलता है। ऐसी चुनौती देती क्रीड़ाएँ, जो जोखिम से भरी हैं और जिनके लिए असाधारण साहस व धैर्य की अपेक्षा है, यदि आज कोमलांगी और घरेलू कही जानेवाली भारतीय स्त्रियों को अस्वीकार्य नहीं तो आरती साहा जैसी अग्रणी महिलाओं को इसका श्रेय देना ही होगा। उनके इस अद्भुत साहस को भारत सरकार ने 'पद्मश्री' अलंकरण देकर सम्मानित किया था।

□

आशापूर्णा देवी

आशापूर्णा देवी का नाम बांग्ला भाषा में अत्यंत लोकप्रिय एवं ख्यातिप्राप्त लेखक-लेखिकाओं में शामिल है। उन्होंने 170 से अधिक पुस्तकें लिखी हैं। आशापूर्णा देवी का लेखन-संसार उनका अपना निजी संसार नहीं है, बल्कि यह हम सभी के गृह-संसार का एक विस्तार है। उनकी कलम से कोई भी भूमिका, कोई भी पात्र अछूता नहीं रहा है। उनके कलम पकड़ते ही वे सारे-के-सारे पात्र हमारे सामने सजीव हो उठते हैं—कभी एक छोटी बेटी के रूप में, कभी एक किशोरवय लड़की के रूप में और कभी एक नई-नवेली बहू या कभी-कभी एक स्त्री के रूप में—एक ऐसी स्नेहमयी माँ के रूप में—जिसकी कोख में एक नया संसार उदित हो रहा है, कभी एक काकी, चाची, ताई, मामी, मौसी, बुआ के रूप में और कभी बुढ़ाती गृहस्वामिनी के रूप में या कभी एक दादी अथवा नानी के रूप में, या किसी बूढ़ी असहाय स्त्री के रूप में, जो किसी कारागार की कोठरी से समाज में हो रहे बदलाव को देख रही होती है।

आशापूर्णा देवी का जन्म 8 फरवरी, 1909 को हुआ था। उनके पिता हरेंद्रनाथ गुप्त अपने समय के एक प्रसिद्ध कलाकार थे और उनकी माँ, जो एक बहुत ही शिक्षित परिवार से थीं, पुस्तकें पढ़ने की बहुत शौकीन थीं। उत्कृष्ट साहित्य एवं कहानियों की पुस्तकें पढ़ने की उनकी गहरी रुचि का असर आशापूर्णा देवी और उनकी बहनों में भी छोटी उम्र से ही दिखने लगा था।

शुरू-शुरू में उनका बचपन कलकत्ता में वृंदावन बसु गली में एक परंपरागत एवं बहुत ही रूढ़िवादी परिवार में बीता, जहाँ अनेक रिश्तेदार भी साथ में रहते थे। परिवार में उनकी दादी का हुक्म चलता था, जो पुराने रीति-रिवाजों और रूढ़िवादी आदर्शों की कट्टर समर्थक थीं। इसी कारण घर की लड़कियों को स्कूल जाने की मनाही थी। निजी शिक्षकों को सिर्फ लड़कों को पढ़ाने के लिए बुलाया जाता था। बताया जाता है कि बच्ची आशापूर्णा अपने भाइयों को पढ़ते हुए देख उनकी पीठ पीछे बैठकर, सुना करती थी और

इस तरह उन्होंने वर्णमाला सीखी।

स्थान की कमी के कारण हरेंद्रनाथ अपने परिवार को लेकर एक नए घर में रहने चले गए। वहाँ सरोला सुंदरी और उनकी पुत्रियों को जी-भर पढ़ने की आजादी मिल गई। सरोला सुंदरी की पढ़ने की तीव्र लालसा के कारण उस समय के भिन्न-भिन्न पुस्तकालयों से विविध पुस्तकें तथा पत्रिकाएँ बराबर आती रहती थीं। चूँकि फुरसत की कोई कमी नहीं थी और छोटी उम्र से ही बड़ों की पुस्तकें पढ़ने पर बेटियों के लिए कोई पाबंदी भी नहीं थी, आशापूर्णा देवी और उनकी बहनों का किताबों से गहरा रिश्ता जुड़ गया। आशापूर्णा देवी ने कोई औपचारिक शिक्षा नहीं पाई थी, फिर भी वे पर्याप्त रूप से स्व-शिक्षित थीं।

एक और उल्लेखनीय बात है, जो बताना बहुत आवश्यक है। आशापूर्ण देवी जिस दौर में पल-बढ़ रही थीं, वह सामाजिक एवं राजनीतिक अशांति का दौर था। उस समय देशव्यापी जागरूकता का आंदोलन चल रहा था। हालाँकि हरेंद्रनाथ के बच्चों का बाहरी दुनिया से कोई सीधा संपर्क नहीं था, फिर भी वे गांधीजी तथा अन्य राजनीतिक नेताओं के नेतृत्व में देश भर में चलाए जा रहे आंदोलनों के प्रति बहुत संवेदनशील थे और जानते थे कि देश को पराधीनता की बेड़ियों से मुक्त कराने के लिए आंदोलनकारी अपने जीवन की आहुति देने तक को तैयार हैं। इस पृष्ठभूमि में देखा जा सकता है कि उस विशिष्ट संस्कृति को पोषित-प्रोत्साहित करने में भिन्न-भिन्न कारण उत्तरदायी थे, जिस संस्कृति ने आशापूर्णा को बचपन की देहरी लाँघकर युवावस्था में कदम रखते हुए देखा और जीवन के विभिन्न अनुभवों तथा आदर्शों से होकर उन्हें एक निश्चित प्लेटफॉर्म तक पहुँचाया।

आशापूर्णा के अनुसार, वे और उनकी बहनें कविताएँ रचकर और सुनाकर एक-दूसरे से होड़ किया करती थीं। इसके चलते एक असाधारण दृढ़ता उत्पन्न हो गई, जिससे प्रेरित होकर आशापूर्णा ने अपनी एक कविता 'शिशु साथी' के तत्कालीन संपादक राजकुमार चक्रवर्ती को चोरी-छिपे भेज दी। यह सन् 1922 की बात है; आशापूर्णा तब तेरह साल की थीं और कविता का नाम था 'बाइरेर डाक' (बाहर से बुलावा)। वह कविता न केवल प्रकाशित हुई, बल्कि संपादक ने और भी कविताएँ एवं कहानियाँ भेजने का अनुरोध किया। बस यही वह शुरुआत थी, जो आशापूर्णा के लिए कभी न समाप्त होनेवाली लेखन-यात्रा में बदल गई और जिसके कारण साहित्य के क्षेत्र में उनका स्थान चिरस्थायी हो गया।

आशापूर्णा को अनेक इनाम और पुरस्कार मिले। सन् 1976 में 'प्रथम प्रतिश्रुति' के लिए उन्हें प्रतिष्ठित 'ज्ञानपीठ पुरस्कार' देकर सम्मानित किया गया।

घरेलू जीवन की सामान्य दिनचर्या के साथ-साथ आशापूर्णा देवी अपनी दृढ़ इच्छा-

शक्ति के बल पर अपने लिए एक जगह बना रही थीं और उनकी इसी दृढ़ता ने उन्हें सृजनशील साहित्य के संसार में एक विशिष्ट स्थान दिलाया।

जैसाकि पहले उल्लेख किया जा चुका है कि 'बाइरेर डाक' नामक कविता प्रकाशित होने के साथ ही बंगाली साहित्य की एक अत्यंत रचनात्मक एवं मेधावी लेखिका का सितारा साहित्य के आकाश में चमकने लगा, जिसे 242 उपन्यास एवं उपन्यासिकाएँ, 37 कहानी-संग्रह और बच्चों के लिए 62 पुस्तकें लिखने का श्रेय प्राप्त है। उनके द्वारा लिखी गई कहानियों की संख्या 3000 से भी ऊपर है।

आशापूर्णा ने शुरू-शुरू में बच्चों के लिए लिखना आरंभ किया। उनकी पहली बालोपयोगी पुस्तक 'छोटे ठाकुरदास की काशी यात्रा' नाम से 1938 में प्रकाशित हुई और उसके पश्चात् उनके साहित्यिक जीवन में एक के बाद एक प्रकाशन जुड़ते चले गए।

सन् 1937 में उन्होंने पहली बार वयस्कों के लिए एक कहानी लिखी—'पत्नी और प्रेयसी' और यह 'आनंद बाजार पत्रिका' के 'पूजा अंक' में प्रकाशित हुई थी। 'प्रेम और प्रयोजन' उनका वयस्कों के लिए पहला उपन्यास था, जो सन् 1944 में प्रकाशित हुआ।

इस समय से उनकी अंतहीन लेखन प्रक्रिया जारी रही। उनके अधिकतर लेखन में परंपरागत हिंदू समाज में गहरी जड़ें जमाए बैठी लिंग-आधारित भेदभाव की भावना एवं संकीर्णतापूर्ण दृष्टिकोण से उत्पन्न असमानता और अन्याय के विरुद्ध एक जोशभरा विरोध झलकता है। आशापूर्णा देवी की कहानियाँ स्त्रियों को दिए गए उत्पीड़न को उधेड़ती हैं और एक नई सामाजिक व्यवस्था का निर्माण करने की अपील करती हैं। हालाँकि वे पाश्चात्य शैली के आधुनिक सैद्धांतिक नारीवाद का समर्थन नहीं करती। उनकी तीन महान् कृतियाँ—प्रथम प्रतिश्रुति (1964), सुवर्णलता (1966) और बकुल कथा (1974)—समान अधिकार प्राप्त करने के लिए स्त्रियों के अनंत संघर्ष की कहानी कहती हैं।

आशापूर्णा का विवाह सन् 1924 में हुआ, जब उनकी आयु पंद्रह वर्ष थी। उन्हें कलकत्ता को पीछे छोड़कर अपनी ससुराल कृष्णनगर जाना पड़ा, हालाँकि उनका दिल कलकत्ता में बसता था। उनका विवाह कालीदास गुप्ता से हुआ था। इस समय से लेकर उन्हें कई बार जगह बदलनी पड़ी। तीन साल बाद सन् 1927 में सारा परिवार वापस कलकत्ता में आकर बस गया, पहले रमेश मित्र रोड, भवानीपुर में और बाद में बेलटोला रोड स्थित एक अधिक बड़े घर में, जहाँ वे सन् 1960 तक रहे, जबकि उन्हें अपने परिवार के साथ एक अलग फ्लैट में शिफ्ट करना पड़ा, जो गोल पार्क के निकट था। उनके साथ उनका बेटा सुशांत, पुत्रवधू नूपुर और एक पोती थी—सतरूपा। सन् 1967 में उनके परिवार में सतदीपा नाम की एक और पोती आ गई। अंततः सन् 1970 में

कालीदास गुप्ता और आशापूर्णा ने गरिया में 17, कानूनगो पार्क में अपना निजी घर बना लिया, फिर उन्होंने सारा जीवन वहीं बिताया और 13 जुलाई, 1995 को उसी घर में उनका देहांत हुआ।

आशापूर्णा देवी को उनके सशक्त स्त्री पात्रों के लिए जाना जाता है। यह कहा जाता है कि वे न तो असाधारण हैं, न ही 'ईश्वर की कोई विशेष रचना।' तो फिर वे कौन हैं? वे हमारे आस-पड़ोस की बहुएँ हैं, बेटियाँ हैं या माताएँ हैं। वे परदे में ढकी रहनेवाली या हरम में कैदी जैसा जीवन बितानेवाली या घर की गहरी कोठरियों में एकांत जीवन जीनेवाली स्त्रियाँ नहीं हैं। यद्यपि उनकी आवाजों में निश्चयात्मक एवं विश्वसनीय प्रतिरोध की गूँज है, तथापि वे अपनी विभिन्न भूमिकाओं की गरिमा बनाए रखती हैं। कभी-कभी वे पात्र आगे नहीं आते और वे अपने आपसे झगड़ते हैं, लेकिन उनकी लड़ाइयाँ वैयक्तिक नहीं हैं। वे सिर्फ पति, भाई या प्रेमी से नहीं लड़ती, वे पुरुषों के क्रूर संसार से संघर्ष करती हैं।

जब उनका देहांत हुआ, उनकी प्रसिद्धि चरम सीमा पर थी। उन्होंने अपने पीछे साहित्यिक रचनाओं का अकूत भंडार छोड़ा है, जिसके कारण उन्हें अपने सभी पाठकों से खूब मान-सम्मान मिला।

□

आशा भोसले

आशा भोसले भारत की एक लोकप्रिय पार्श्व गायिका हैं। उन्होंने गजल, भजन, शास्त्रीय संगीत, पॉप संगीत, गैर-फिल्मी गीत आदि गायन की सभी विधाओं में अपनी आवाज का जादू बिखेरा है। 1940 के दशक से आरंभ हुआ उनका संगीत-सफर आज भी बदस्तूर जारी है।

आशा का जन्म 8 सितंबर, 1933 को सांगली, महाराष्ट्र में हुआ। उनके पिता दीनानाथ मंगेशकर स्वयं एक अच्छे गायक और नायक थे। उन्होंने छोटी उम्र से ही आशा को शास्त्रीय संगीत की शिक्षा दी। दुर्भाग्य से जब वे 9 साल की ही थीं, उनके पिता का निधन हो गया। उनकी बड़ी बहन लता मंगेशकर को घर चलाने के लिए अभिनय और गायन आरंभ करना पड़ा। बाद में वे लोकप्रिय गायिका बनीं।

आशा का गायन-सफर 1943 में मराठी फिल्म 'माझा बाल' से आरंभ हुआ। सन् 1948 में हिंदी फिल्म 'चुनरिया' के लिए पहला गाना गाकर उन्होंने बॉलीवुड की दुनिया में दस्तक दी। इसके बाद 'संगदिल' (1952), 'अंजाम' (1952), 'अलादीन और जादुई चिराग' (1952), 'परिणीता' (1954), 'बूट पॉलिश' (1954), 'अली बाबा और 40 चोर' (1954), 'देवदास' (1955) आदि हिंदी फिल्मों के गीत गाए।

'सी.आई.डी.' (1956) तथा 'नया दौर' (1957) फिल्मों से उनकी पहचान बनी और देश भर में वे जानी जाने लगीं।

इसी बीच उनके एक गलत कदम ने उन्हें काफी व्यथित भी किया। 16 वर्षीय आशा ने सन् 1949 में अपनी उम्र से 15 वर्ष बड़े अपने प्रेमी गणपतराव भोसले से परिजनों की इच्छा के विरुद्ध विवाह किया और जल्दी ही उसकी प्रताड़ना से पीड़ित हो उसको छोड़ दिया और अपनी माँ के घर लौट आईं। इस दंपती के तीन बच्चे हुए।

इसके बाद आशा ने अपनी गायकी पर ध्यान दिया और हिंदी सहित अनेक क्षेत्रीय भाषाओं के बहुत से गीत गाए और बॉलीवुड में स्वयं को स्थापित कर लिया।

आशा ने बहुत बुरा दौर भी देखा, जब उन्हें बी ग्रेड के गीत गाने को मिलते थे। तीन-तीन बच्चों का पेट भरने के लिए तब उन्हें कोई भी गीत छोटा या हलका नहीं लगता था। फिर उनकी सफल फिल्मों की सूची लंबी होती चली गई। 14 भाषाओं में उन्होंने गीत गाए, जिनमें हिंदी और मराठी के सबसे अधिक हैं। आज तक उन्होंने 20 हजार से अधिक गाने गाए हैं और उनके 4 करोड़ से अधिक रिकॉर्ड बिक चुके हैं। उनके चाहनेवाले पूरी दुनिया में फैले हैं।

उनकी कुछ लोकप्रिय सदाबहार फिल्में हैं—'श्री 420' (1955), 'तुम सा नहीं देखा' (1957), 'मदर इंडिया' (1957), 'तीसरी मंजिल' (1966), 'उमराव जान' (1981), 'रजिया सुल्तान' (1983), 'उत्सव' (1984), 'चाँदनी' (1989), 'लेकिन' (1990), 'बाजीगर' (1993), 'रंगीला' (1995), 'कहो ना प्यार है' (2000), 'देवदास' (2002), 'तीसरी आँख' (2006)।

उनके कुछ लोकप्रिय सदाबहार गीत हैं—

'परदे में रहने दो परदा ना हटाओ…' (शिखर)

'दम मारो दम, मिट जाए गम…' (हरे रामा हरे कृष्णा)

'चैन से हमको कभी जीने तो तूने न दिया…' (प्राण जाय पर वचन ना जाए)

'गरीबों की सुनो वो तुम्हारी सुनेगा…' (दस लाख)

'दिल चीज क्या है आप मेरी जान लीजिए…' (उमराव जान)

आशा के कई पॉप एलबम भी रिलीज हुए हैं। पहला एलबम 'जानम समझा करो' लेसली लेविस के साथ सन् 1997 में रिलीज हुआ, जिसे इसी वर्ष एम.टी.वी. अवार्ड मिला।

उन्होंने देश-विदेश में अनेक स्टेज शो किए हैं और भारत तथा भारतीय संगीत को लोकप्रिय किया है। आज आशा गीत ही नहीं गातीं, व्यवसाय भी करती हैं। दुबई और कुवैत में उनके रेस्टोरेंट भी हैं।

आशा ने आर.डी. बर्मन के साथ कई फिल्में कीं। 'तीसरी मंजिल' (1966) उनकी हिट फिल्म साबित हुई। इसके बाद इस जोड़ी ने 'कारवाँ' (1971), 'अपना देश' (1972), 'यादों की बारात' (1973) आदि फिल्में कीं। यह सफल जोड़ी 1980 में विवाह बंधन में बँध गई। यह बंधन पंचम दा की अंतिम साँस तक चला। इस दंपती के कोई संतान नहीं हुई। पूर्व विवाह से हुई संतानों में आशा का बड़ा बेटा हेमंत पायलट है। पुत्री वर्षा स्तंभ लेखक है और छोटा बेटा आनंद उनका मैनेजर।

जिस प्रकार आशा की उपलब्धियों की सूची लंबी है, उसी प्रकार उनके पुरस्कारों की भी। सात बार उन्हें सर्वश्रेष्ठ पार्श्व गायिका का फिल्म फेयर पुरस्कार मिला है। 'उमराव जान' के लिए सर्वश्रेष्ठ पार्श्व गायिका का राष्ट्रीय फिल्म पुरस्कार मिला। सन्

1989 का मध्य प्रदेश सरकार का 'लता मंगेशकर अवार्ड', 2000 में दादा साहब फाल्के अवार्ड, 2001 में फिल्मफेयर लाइफ टाइम अचीवमेंट अवार्ड, 2002 में बी.बी.सी. लाइफ टाइम अचीवमेंट अवार्ड, फिक्की का 2004 का लिविंग लीजेंड अवार्ड और 2008 में पद्म विभूषण।

आशा भोसले का सफर आज भी जारी है। आशा से बहुत सी आशाएँ आज भी जुड़ी हैं। वे सबकी आशा हैं और उनसे आशा है कि वे सबकी आशाएँ पूरी करती रहेंगी।

□

आशिमा चटर्जी

आशिमा का जन्म 23 सितंबर, 1917 को हुआ था। आशिमा ने कलकत्ता विश्वविद्यालय से 1938 में रसायन शास्त्र में एम.एस-सी. की उपाधि प्राप्त करने के बाद वहीं से पी.के. बोस के निदेशन में डी.एस.सी. की उपाधि प्राप्त की। यह उपाधि अर्जित करनेवाली आशिमा पहली भारतीय महिला थीं।

1940 में उन्होंने महिला कॉलेज, कलकत्ता में रसायन विज्ञान के संस्थापक हेड के रूप में कार्य आरंभ किया। 1944 में वे कलकत्ता यूनिवर्सिटी के रसायन विभाग में मानदेयी प्रवक्ता के रूप में कार्यरत रहीं।

1954 में डॉ. चटर्जी, कलकत्ता विश्वविद्यालय के विशुद्ध विज्ञान विभाग में रीडर के रूप में नियुक्त हुईं, जहाँ वे अंतिम समय तक कार्यरत रहीं। 1962 में वे अति सम्माननीय चेयर, खैरा प्रोफेसर चेयर पर पदासीन हुईं। इस पद पर आसीन होनेवाली वे प्रथम भारतीय महिला वैज्ञानिक थीं। 1972 में यू.जी.सी. से अनुदान प्राप्त एक विशेष प्रोग्राम की को-ऑडनेटर रहीं। यह प्रोग्राम प्राकृतिक उत्पादों की कैमिस्ट्री पर शोध कार्य तथा अध्यापन कार्य को तीव्र गति से आगे बढ़ाने के लिए संकल्पित था। उनके अनवरत प्रयासों के परिणामस्वरूप भारतीय औषधीय पादपों पर शोधकार्य तथा उनसे दवाइयों के निर्माण के लिए एक क्षेत्रीय शोध संस्थान का उनका जीवन भर का सपना पूरा हुआ। वे जीवनपर्यंत इस संस्थान की मानदेयी को-ऑर्डिनेटर बनी रहीं।

उन्होंने मारसीलिया माइनुटा से आयुष-56 नामक एंटी-ऐपिलैप्टिक दवा का सफलतापूर्वक निर्माण किया। इसी प्रकार अनेक औषधीय पौधों से मलेरिया निवारक दवाओं का निर्माण किया। इनमें से अनेक पेटेंटेड दवाइयाँ कई कंपनियों के माध्यम से बिक रही हैं।

डॉ. आशिमा ने औषधीय रसायन में विशेष योगदान दिया है, जिनमें प्रमुख शाखाएँ हैं—ऐल्केलॉयड्स, टरपिनॉइड्स, विश्लेषणात्मक रसायन तथा कार्बनिक रसायन। उनके

चार सौ से अधिक शोधपत्र अनेक राष्ट्रीय एवं अंतरराष्ट्रीय जर्नल्स में प्रकाशित हैं।

डॉ. आशिमा ने कलकत्ता विश्वविद्यालय द्वारा प्रकाशित 'भारतीय वनौषधि' के छह खंडों का संपादन किया तथा सी.एस.आई.आर. द्वारा प्रकाशित 'द ट्रीटिस ऑफ इंडियन मेडिसिनल प्लांट्स' के छह श्रेणियों की प्रमुख संपादक रही हैं।

1960 में वे इंडियन नेशनल साइंस अकेडमी की फैलो चुनी गईं। 1961 में उन्हें शांतिस्वरूप भटनागर पुरस्कार से सम्मानित किया गया। अन्य सम्मानों के अतिरिक्त 1975 में उन्हें पद्मभूषण से सम्मानित किया गया। 1975 में इंडियन साइंस कांग्रेस एसोसिएशन की अध्यक्षा चुनी जानेवाली वे प्रथम महिला वैज्ञानिक थीं। भारत के राष्ट्रपति द्वारा उन्हें राज्यसभा का सदस्य मनोनीत किया गया, जिसे उन्होंने फरवरी 1982 से मई 1990 तक सफलतापूर्वक निभाया। 22 नवंबर, 2006 को आशिमा चटर्जी का देहांत हो गया।

□

एन. राजम्

वॉयलिन मुख्यत: पश्चिमी वाद्य है, किंतु दक्षिण भारतीय संगीत में इस वाद्य की उपादेयता अधिक है या यों कहें कि कर्नाटकी संगीत ने इस वाद्य को एक प्रमुख वाद्य के रूप में अंगीकार किया है। उत्तर भारतीय संगीत में वॉयलिन वाद्य को प्रतिष्ठित एवं लोकप्रिय करने में जिन प्रमुख संगीतज्ञों का अमूल्य योगदान रहा, उसी कड़ी में डॉ. श्रीमती एन. राजम् का नाम आदरपूर्वक लिया जा सकता है। एन. राजम् ने इस वाद्य को गायिकी अंग में ढाला और उनके वादन में जितनी मिठास एवं करुणा की झलक मिलती है, वह अपने में एक अभिनव प्रयोग है। उनके वादन में चमत्कार, लटके-झटके, पांडित्य प्रदर्शन, श्रोताओं को प्रभावित करने के लोकप्रिय तरीके नहीं हैं; अपितु उनके स्थान पर तन्मयता, सरलता एवं कठोर साधना आदि का स्वरूप झलकता है।

एन. राजम् का जन्म सन् 1938 में एर्णाकुलम, केरल के एक परंपरागत संगीतज्ञ परिवार में हुआ। उनके पिता श्री ए. नारायण अय्यर ने कर्नाटक संगीत के क्षेत्र में कंठ संगीत एवं वीणा वादन के श्रेष्ठ ज्ञाता होते हुए भी कठोर अभ्यास एवं अनुसंधान द्वारा तत्कालीन वॉयलिन वादन की तकनीक में महत्त्वपूर्ण कार्य कर उसे आगे बढ़ाया। श्री अय्यर की पाँच संतानें थीं, जिसमें सभी को उन्होंने वॉयलिन की ही शिक्षा दी।

पिता के प्रयास और अपनी लगन के कारण एन. राजम् मात्र चार वर्ष की उम्र से ही वॉयलिन से मधुर ध्वनि निकालने लगीं। नौ वर्ष की उम्र में वह दक्षतापूर्वक वॉयलिन वादन करने लगीं और रेडियो से कार्यक्रम देने लगीं। सन् 1950 में मद्रास संगीत अकादमी द्वारा आयोजित वाद्य संगीत प्रतियोगिता में उन्हें प्रथम पुरस्कार मिला। इस प्रतियोगिता में उनसे पंद्रह साल बड़ी उम्र के कलाकार भी शामिल थे। इसी अवधि में इन्हें श्रीमती एम.एस. सुब्बुलक्ष्मी के साथ विविध संगीत समारोहों में वॉयलिन की संगत करने का भी अवसर प्राप्त हुआ।

पिता से शिक्षा प्राप्त करने के पश्चात् सेंट्रल कॉलेज ऑफ कर्नाटक म्यूजिक के

तत्कालीन प्रधानाचार्य और कर्नाटक संगीत की एक महान् विभूति श्री मूसिरि सुब्रह्मण्यम अय्यर से आगे की संगीत शिक्षा लेने लगीं। कर्नाटक संगीत में प्रवीणता के पश्चात् इनके मन में उत्तर भारतीय संगीत सीखने की जिज्ञासा उत्पन्न हुई। इसी कालक्रम में सौभाग्यवश श्री एल.आर. केलकर, जो उत्तरी संगीत के ज्ञाता थे, मद्रास में रहते उनके संपर्क में राजम् आईं और उत्तरी संगीत की शिक्षा लेने लगीं। कालांतर में वे बंबई आ गईं, जहाँ उत्तरी संगीत के प्रमुख संगीतज्ञों के निकट आने का अवसर प्राप्त हुआ। इन सभी से उत्तरी संगीत की बारीकियों को समझने और सीखने का लाभ उन्होंने उठाया।

कुछ समय बाद व्यक्तिगत छात्रा के रूप में काशी हिंदू विश्वविद्यालय से इंटरमीडिएट परीक्षा देने के निमित्त वे वाराणसी गईं, जहाँ पं. ओमकार नाथ ठाकुर से उनकी मुलाकात हुई। पंडितजी के सौजन्य, विद्वत्ता और पांडित्य से राजम् अत्यधिक प्रभावित हुईं। पहली ही मुलाकात में पं. ओमकार नाथ ठाकुर ने राजम् का वॉयलिन वादन सुना और उन्हें शिष्या के रूप में स्वीकार कर लिया। बंबई में परिवार के साथ रहते राजम् पं. ओमकार नाथजी के समय-समय पर बंबई प्रवास के दौरान संगीत सीखती थीं।

सन् 1959 में काशी हिंदू विश्वविद्यालय से नियुक्ति-पत्र आने के पश्चात् बंबई की सारी गृहस्थी समेटकर एन. राजम् वाराणसी आ गईं। वहाँ पं. ओमकार नाथ ठाकुर के सान्निध्य में संगीत के क्षेत्र में उनकी प्रगति तीव्र गति से होने लगी। नौकरी करते अपनी योग्यता के विस्तार हेतु सतत प्रयत्नशील रहीं।

बनारस हिंदू विश्वविद्यालय से संस्कृत में एम.ए., प्रयाग संगीत समिति, इलाहाबाद से संगीत प्रवीण (एम. म्यूज.) एवं 'भारतीय शास्त्रीय संगीत की हिंदुस्तानी व कर्नाटक प्रणालियों का तुलनात्मक अध्ययन' विषय पर बनारस हिंदू विश्वविद्यालय से पी-एच.डी. की उपाधि प्राप्त की। सन् 1956 में श्रीमती राजम् बनारस हिंदू विश्वविद्यालय के कॉलेज ऑफ म्यूजिक ऐंड फाइन आर्ट्स में लेक्चरर पद पर नियुक्त हुईं। कालांतर में वहाँ के वाद्य विभाग की अध्यक्षा एवं प्रोफेसर के रूप में उनकी पदोन्नति हुई। श्रीमती एन. राजम् को सुरसिंगार संसद्, बंबई से 'सुरमणि' एवं भारत के राष्ट्रपति द्वारा सन् 1983 में 'पद्मश्री' की उपाधि से सम्मानित किया गया।

श्रीमती राजम् के वादन में पं. ओमकार नाथ ठाकुर के गायन की समग्र बारीकियाँ समाहित रहती हैं। जिस प्रकार पंडितजी अपनी गंभीर आवाज में राग की स्थापना करते थे, ठीक उसी प्रकार वॉयलिन पर राग को उठाना, उसकी धीरे-धीरे बढ़त, फिर विलंबित लय में बंदिश के स्थायी एवं अंतरा को बजाना, द्रुत लय में सपाट की तान को प्रस्तुत करना आदि राजम् के वादन की मुख्य विशेषताएँ हैं। वाराणसी में कार्यक्षेत्र के कारण किसी भी संगीतज्ञ का बनारसी ठुमरी के प्रति आकर्षित होना स्वाभाविक ही है। एन. राजम् इससे अछूती नहीं रहीं। अत: उन्होंने वाराणसी के वयोवृद्ध ठुमरी गायक पं.

महादेव मिश्र से ठुमरी की भी शिक्षा प्राप्त की। वह वॉयलिन पर बनारसी ठुमरी, कजरी, चैता एवं लोक-धुनें भी बड़े ही लालित्य के साथ बजाती हैं।

सन् 1972 में एन. राजम् ने पं. ओमकार नाथ ठाकुर स्मारक संगीत संस्था की स्थापना की और इसके निमित्त धन एकत्रित करने के लिए अनेक नगरों में संगीत सम्मेलन का आयोजन किया। उन्होंने सांस्कृतिक शिष्ट मंडलों की सदस्या के रूप में यूरोप, अमेरिका, चीन, सोवियत संघ, जापान आदि देशों की यात्रा की। पेरिस में भारत महोत्सव में श्रीमती राजम् का कार्यक्रम अत्यंत ही प्रशंसनीय रहा। अखिल भारतीय कार्यक्रम के अंतर्गत उनका वॉयलिन वादन कई बार हो चुका है। वर्तमान में वाराणसी से सेवानिवृत्त होकर वे महाराष्ट्र में रह रही हैं। पुत्री श्रीमती संगीता शंकर और भतीजी श्रीमती कला रामनाथ उत्तम वॉयलिन वादिका के रूप में ख्याति प्राप्त कर रही हैं।

□

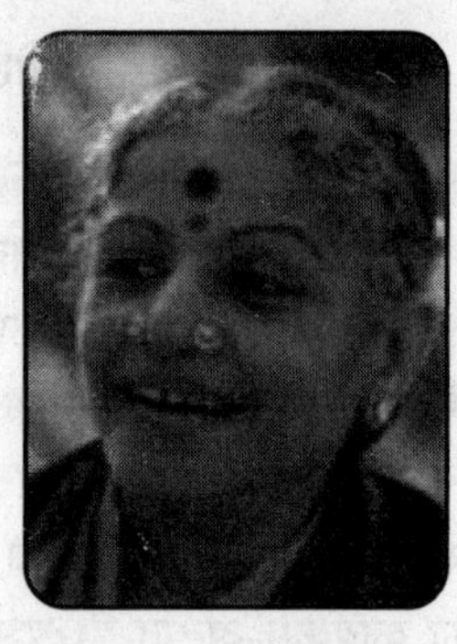

एम.एस. सुब्बुलक्ष्मी

वे कर्नाटक की एक सुविख्यात गायिका थीं और भारत का सर्वोच्च असैनिक सम्मान 'भारत रत्न' पानेवाली प्रथम संगीतज्ञ थीं। वे पहली भारतीय संगीतज्ञ हैं जिन्हें सन् 1974 में एशिया के उच्चतम पुरस्कार 'रेमन मैगसेसे पुरस्कार' से सम्मानित किया गया। इस पुरस्कार के साथ प्रदत्त प्रशस्ति-पत्र में लिखा था, ''श्रीमती एम.एस. सुब्बुलक्ष्मी दक्षिण भारत की कर्नाटकी परंपरा में शास्त्रीय एवं अर्ध-शास्त्रीय गीतों की प्रमुख गायिका हैं, जो गायन में विशुद्ध ज्ञान पर विशेष ध्यान देती हैं।''

एम.एस. सुब्बुलक्ष्मी (जिन्हें सामान्यतया एम.एस. कहा जाता है) का जन्म 16 सितंबर, 1916 को मंदिरों के शहर मदुरै में हुआ था। उनका पालन-पोषण संगीतमय वातावरण में हुआ। उनका पारिवारिक जीवन यद्यपि साधारण एवं मितव्ययी था, तथापि उनकी माँ चाहती थीं कि एम.एस. सुब्बुलक्ष्मी गायन संगीत में औपचारिक शिक्षा ग्रहण करे। दुर्भाग्य से उनके गुरु मदुरै श्रीनिवास आयंगर का कुछ ही समय बाद निधन हो गया। उनकी सांगीतिक प्रतिभा उस समय उद्घाटित हुई, जब 10 वर्ष की आयु में उनका पहला रिकॉर्ड जारी हुआ।

उन्होंने छोटी उम्र से ही कर्नाटक संगीत सीखना आरंभ कर दिया था। कर्नाटक संगीत की शिक्षा उन्होंने सेम्मनगुडी श्रीनिवास आयंगर के संरक्षण में पाई, उसके बाद उन्होंने पंडित नारायणराव व्यास के सान्निध्य में हिंदुस्तानी संगीत सीखा। उन्होंने डॉ. नेदुनुरी कृष्णमूर्ति की छत्रछाया में संस्कृत और तेलुगु की शिक्षा भी ग्रहण की।

उनकी माँ संगीत व्याख्याता थीं और मंच पर नियमित रूप से कार्यक्रम देती रहती थीं। सुब्बुलक्ष्मी ऐसे ही वातावरण में पली-बढ़ीं, जो संगीत शिक्षा के लिए बहुत अनुकूल था। कराइकुडी सांबाशिव अय्यर, मझवरयनेंडल सुब्बरम भावतार और अरियाकुडी रामानुज आयंगर के साथ लगातार बातचीत एवं विचार-विमर्श होते रहने से भी संगीत में उनकी रुचि बढ़ने लगी। सुब्बुलक्ष्मी ने अपना पहला सार्वजनिक कार्यक्रम सन् 1929 में

13 वर्ष की आयु में 'मद्रास् संगीत अकादमी' में प्रस्तुत किया था। इस कार्यक्रम में उन्होंने भजन-गायन किया था। यह अकादमी अपनी भेदमूलक चयन प्रक्रिया के लिए प्रसिद्ध थी और उन्होंने एक छोटी उम्र की लड़की को मुख्य कलाकार के रूप में प्रस्तुत करके परंपरा को तोड़ दिया था। सुब्बुलक्ष्मी के गायन को मंत्रमुग्ध कर देनेवाला बताया गया और उनके अनेक प्रशंसक बन गए तथा संगीत पारखियों एवं समीक्षकों ने भी उनकी भूरि-भूरि प्रशंसा की। अपने इस पहले संगीत कार्यक्रम के बाद वे कर्नाटक संगीत की एक प्रमुख गायिका बन गईं।

वे विवाहोत्सवों में गाया करती थीं। सन् 1932 में उनकी माँ ने मद्रास जाने का निर्णय किया, जहाँ 'एम.एस.' ने एक संजीदा संगीतज्ञ के रूप में अपना जीवन आरंभ किया। उन्होंने फिल्मों में अभिनय करना आरंभ कर दिया और सन् 1945 में बनी फिल्म 'मीरा' में उनके द्वारा निभाई गई मीरा की भूमिका सर्वाधिक स्मरणीय मानी जाती है। सन् 1940 में उन्होंने सदाशिवम् से विवाह कर लिया। उन्होंने विश्व के अनेक नगरों एवं देशों—लंदन, न्यूयॉर्क, कनाडा, सुदूर पूर्व तथा अन्य बहुत से स्थानों पर कार्यक्रम प्रस्तुत किए।

महात्मा गांधी को उनके गाए मीरा के भजन इतने अच्छे लगते थे कि एक बार गांधीजी ने उनसे 'हरि तुम हरो जन की पीर' गाने का अनुरोध किया। 'एम.एस.' ने यह भजन गाने से मना कर दिया, क्योंकि उस दिन उन्हें जुकाम था, लेकिन गांधीजी ने कहा, ''सुब्बुलक्ष्मी, अगर बोलकर ही सुना दे, तब भी मुझे अच्छा लगेगा, बजाय इसके कि कोई दूसरा गाकर सुनाए।'' जवाहरलाल नेहरू भी उनके गायन पर मोहित थे। उन्होंने 'भज गोविंदम्', 'विष्णु सहस्त्रनाम' और 'वेंकटेश्वर सुप्रभातम्' समेत सैकड़ों भजन गाए हैं।

उन्होंने भारत की 'सांस्कृतिक राजदूत' बनकर लंदन, न्यूयॉर्क, कनाडा, सुदूर पूर्व तथा अन्य अनेक स्थानों का भ्रमण किया। कार्नेगी हॉल, न्यूयॉर्क में सन् 1966 में 'यू.एन. दिवस' पर यू.एन. जनरल असेंबली में सन् 1982 में रॉयल अलबर्ट हॉल, लंदन में और 1987 में मास्को में आयोजित 'भारत महोत्सव' में प्रस्तुत उनके कार्यक्रम संगीत-जीवन की बेहतरीन उपलब्धियाँ थीं, जो अब यादगार बनकर रह गए हैं।

'एम.एस.' ने अपनी यौवनावस्था में कुछ तमिल फिल्मों में भी अभिनय किया। उनकी पहली फिल्म 'सेवासदनम्' सन् 1938 में रिलीज हुई थी। एम.एस. सुब्बुलक्ष्मी ने अपने पति की राष्ट्रवादी तमिल साप्ताहिक पत्रिका 'कल्कि' के प्रकाशन हेतु धन जुटाने के उद्देश्य से सन् 1941 में बनी फिल्म 'सावित्री' में नारद की भूमिका भी निभाई। राजस्थानी संत-कवयित्री मीरा के जीवन पर आधारित सन् 1945 में निर्मित महान् फिल्म 'मीरा' में उनकी मुख्य भूमिका थी। मीरा का पात्र उन्होंने इतनी खूबसूरती से निभाया कि

राष्ट्रीय स्तर पर सर्वत्र उन्हें सराहना प्राप्त हुई। सन् 1947 में यह फिल्म दोबारा बनी। एम.एस. सुब्बुलक्ष्मी ने इस फिल्म में मीरा के प्रसिद्ध भजन गाए। इसके संगीत निर्देशक थे दिलीप कुमार राय। बाद में उन्होंने फिल्मों में काम करना छोड़ दिया और पूरी तरह संगीत कार्यक्रमों में व्यस्त हो गईं।

एम.एस. सुब्बुलक्ष्मी को सन् 1954 में 'पद्मभूषण', सन् 1968 में 'संगीत-कलानिधि', सन् 1974 में 'रेमन मैगसेसे अवार्ड', सन् 1975 में 'पद्मविभूषण', सन् 1988 में 'कालिदास सम्मान', सन् 1990 में 'इंदिरा गांधी राष्ट्रीय एकता पुरस्कार' और सन् 1998 में 'भारतरत्न' से सम्मानित किया गया। पति की मृत्यु के पश्चात् उन्होंने सार्वजनिक कार्यक्रम करने बंद कर दिए। 11 दिसंबर, 2004 को उनका स्वर्गवास हो गया।

□

एम. फातिमा बीबी

न्यायमूर्ति एम.फातिमा बीबी भारत की पहली ऐसी महिला हैं जिन्हें भारत के उच्चतम न्यायालय के न्यायाधीश के रूप में नियुक्त किया गया था। उनका जन्म 30 अप्रैल, 1927 को केरल में पठनमथिट्टा में हुआ था। उनके पिता का नाम मीरा साहिब था। उनका पालन-पोषण एक एकल परिवार में हुआ और वे अपनी माँ खदीजा बीबी के साथ रहती थीं।

उन्होंने अपनी स्कूली शिक्षा पठनमथिट्टा में कैथोलिक हाईस्कूल में पाई। उन्होंने स्नातक (बी.एस-सी.) की डिग्री यूनिवर्सिटी कॉलेज, त्रिवेंद्रम से प्राप्त की। इसके अलावा उन्होंने लॉ कॉलेज, त्रिवेंद्रम से बी.एल. की डिग्री भी हासिल की है। एक एडवोकेट के रूप में उनके कॅरियर की शुरुआत 14 नवंबर, 1950 को हुई, जब उन्होंने कोल्लम में स्थित न्यायालय में वकालत करना आरंभ किया। सन् 1958 में उनकी नियुक्ति 'केरल अधीनस्थ न्यायिक सेवा' में मुंसिफ के पद पर हुई।

सन् 1968 में उन्हें अधीनस्थ न्यायाधीश (सबॉर्डिनेट जज) नियुक्त किया गया और सन् 1972 में उन्हें पदोन्नति देकर चीफ ज्यूडिशियल मजिस्ट्रेट बना दिया गया। सन् 1974 में जिला एवं सत्र न्यायाधीश के रूप में उनकी पदोन्नति हुई और जनवरी 1980 में उनकी नियुक्ति 'आयकर अपीलीय न्यायाधिकरण' के एक न्यायिक सदस्य के रूप में हो गई। 4 अगस्त, 1983 को उन्हें उच्च न्यायालय के एक जज के रूप में पदोन्नत कर दिया गया। 14 मार्च, 1984 को वे हाई कोर्ट की स्थायी न्यायाधीश बन गईं और 29 अप्रैल, 1989 को हाई कोर्ट के जज के पद से रिटायर हुईं।

सेवानिवृत्ति के बाद उन्हें न्यायपीठ में वापस बुला लिया गया तथा 6 अक्तूबर, 1989 को उन्हें सुप्रीम कोर्ट का एक जज नियुक्त कर दिया गया। भारत में इस पद पर पहुँचनेवाली वे पहली महिला हैं और विश्व में किसी भी देश के सर्वोच्च न्यायालय के न्यायाधीश के पद पर नियुक्त पहली मुसलिम महिला हैं। 29 अप्रैल, 1992 को सुप्रीम

कोर्ट से रिटायर होने के बाद उन्हें 'केरल राज्य पिछड़ा वर्ग आयोग' का चेयरमैन नामजद कर दिया गया।

सन् 1993 में उन्होंने 'राष्ट्रीय मानवाधिकार आयोग' के एक सदस्य के रूप में काम करना शुरू कर दिया। वे मानव और महिला अधिकारों की कट्टर समर्थक थीं, क्योंकि वे वंचित और पद-दलित लोगों के हितों को बनाए रखने और उनकी रक्षा करने के लिए प्रतिबद्ध थीं। 25 जनवरी, 1997 को उन्हें तमिलनाडु का राज्यपाल नियुक्त कर दिया गया।

फातिमा बीबी ने शादी नहीं की। उस समय उन्हें एक बड़ी दिलचस्प स्थिति का सामना करना पड़ा, जब तमिलनाडु में लोकप्रिय सरकार का गठन करने के मसले पर उन्हें करुणानिधि को वश में करना था। सबसे पहले करुणानिधि ने ही सन् 1977 में फातिमा बीबी को तमिलनाडु का राज्यपाल नियुक्त करने का अनुरोध किया था। अतः जब उन्होंने 25 जनवरी, 1977 को पदभार ग्रहण किया तो उनकी ऐसी कोई राजनीतिक आकांक्षा नहीं थी, जैसी आकांक्षा उनके पूर्वाधिकारी चेन्ना रेड्डी रखते थे।

करुणानिधि के पूरे शासनकाल में फातिमा बीबी ने किसी भी राजनीतिक एजेंडा के बिना अपने संवैधानिक कर्तव्यों का निर्वाह किया, लेकिन मई में विधानसभा चुनावों के बाद खेल के नियम बदल गए। चुनावों में हार का मुँह देखने के बाद डी.एम.के. में उस समय बेचैनी फैल गई, जब फातिमा बीबी ने जयललिता को नई सरकार का गठन करने के लिए आमंत्रित किया। हालाँकि जयललिता अपने खिलाफ भ्रष्टाचार के आरोपों के कारण चुनाव नहीं लड़ सकी थीं।

सुप्रीम कोर्ट की पहली महिला जज फातिमा बीबी ने केरल के पिछड़े वर्ग से उठकर कानून के क्षेत्र में उच्चतम स्थान हासिल किया और वह भी किसी राजनीतिक गॉडफादर के बिना। इसके अलावा वे देश में शोषितों एवं पद-दलितों के बीच शिक्षा को बढ़ावा देने के प्रति समर्पित हैं। मानवाधिकारों और स्त्रियों के हितों के लिए मुहिम चलाए रखना वे अपना कर्तव्य समझती हैं। उनका योगदान राष्ट्र के लिए बहुत महत्त्व रखता है।

□

ए. ललिता

सन् 1937 का भारत! देश में महिलाओं की, विशेषतया विधवाओं की स्थिति की सहज ही कल्पना की जा सकती है। एक ओर एक लंबी अँधेरी राह थी, जिस पर चलने के लिए प्राय: उस समय की विधवाएँ बाध्य थीं—कुटुंबी जनों की सेवा करते हुए और उनके आश्रय में पलते हुए अपमान के घूँट पीने की राह। दूसरी ओर उपर्युक्त परंपरागत राह से हटकर एक राह थी, जिसमें पग-पग पर काँटे थे और बिरले व्यक्ति ही इस पर चल पाते थे; पर जो चल पाते थे, वे एक नई राह बनाते थे। हर युग में ये राहें बनाई जाती हैं, जो पहले धूमिल पगडंडी मात्र होती हैं, पर धीरे-धीरे जब असंख्य कदमों को अपने ऊपर चलाने में समर्थ हो जाती हैं तो उजला पथ बन जाती हैं। भारत की 'पहली महिला इंजीनियर' बनकर श्रीमती ए. ललिता ने ऐसी ही एक नई राह बनाई थी।

ललिता अठारह वर्ष की छोटी सी अवस्था में ही विधवा हो गई थीं। गोद में चार महीने की बच्ची थी। भाग्य ने उनके साथ क्रूर खेल खेला था; पर वे उसके हाथों खेले जाने के लिए नहीं, उससे लड़कर उसे बदलने के लिए बनी थीं। लेकिन इसका श्रेय वे स्वयं न लेकर अपने पिता को देती हैं। उनके अनुसार, ''मेरे पिताजी ने कहा—एक महिला इंजीनियर क्यों नहीं बन सकती? मैं अपनी बेटी को बनाकर दिखाऊँगा। और मित्रों, संबंधियों के विरोधों के बावजूद वे अपने निश्चय पर दृढ़ रहे।''

ललिता का जन्म सन् 1919 में मद्रास में हुआ। पिता श्री पप्पू सुब्बाराव मद्रास इंजीनियरिंग कॉलेज में इलेक्ट्रिकल इंजीनियरिंग के प्रोफेसर थे। अपने आठ भाई-बहनों में ललिता का पाँचवाँ स्थान है। सभी भाई-बहनों ने अपने समय के अनुकूल पर्याप्त शिक्षा पाई। लड़कियों का छोटी अवस्था में विवाह उस समय का रिवाज था। ललिता का विवाह भी पंद्रह वर्ष की उम्र में कर दिया गया था। पर विवाह के बाद भी उनकी

शिक्षा तब तक चालू रही, जब तक कि उन्होंने मैट्रिक पास न कर लिया। सन् 1934 में विवाह हुआ और 1936 तक उन्होंने अपनी शिक्षा पूरी की। फिर समय के अनुरूप मैट्रिक तक की शिक्षा को पर्याप्त समझकर आगे पढ़ना बंद कर दिया। सन् 1937 में उन्होंने लड़की को जन्म दिया और बच्ची जब चार महीने की हुई, उनके पति माँ-बेटी को अकेला छोड़कर चल बसे। एकबारगी उनकी आँखों के आगे अंधकार छा गया; पर उनके अनुसार, "मेरे योग्य पिता ने तुरंत मुझे सँभाल लिया। सभी लोगों ने मुझे डॉक्टर बनने की सलाह दी। मैंने स्वयं भी इसका समर्थन किया, तब महिलाओं के लिए तकनीकी उच्च शिक्षा का केवल यही क्षेत्र खुला था। नए क्षेत्र में जाने का मुझमें शायद साहस न था, न विरोध के खिलाफ खड़े होने का ही। फिर छोटी बच्ची की देखभाल की समस्या थी। मुझे लगता था कि इंजीनियरिंग में मुझे अधिक समय देना पड़ेगा तो बच्ची की उपेक्षा होगी। पर पिताजी ने समझा-बुझाकर मेरा दृष्टिकोण बदल दिया। वे मुझे पहली महिला इलेक्ट्रिकल इंजीनियर बनाने का निर्णय ले चुके थे। उन्होंने मुझे इंटर की परीक्षा दिलाई। फिर बड़ी कोशिश से इंजीनियरिंग कॉलेज के प्रिंसिपल और शिक्षा निदेशक की विशेष आज्ञा प्राप्त कर इंजीनियरिंग में प्रवेश दिलाने में सफलता प्राप्त कर ली। सन् 1940 से मैंने जब कॉलेज में प्रवेश लिया तो न केवल मैं अकेली लड़की थी, इस क्षेत्र में नई होने से सर्वत्र चर्चा का विषय भी थी। सभी लोग देख रहे थे कि मैं इसमें टिक पाऊँगी कि नहीं। इस अजीब सी स्थिति में पहले मैं घबरा उठी। एक बार घर आकर रो दी तो पिताजी ने मेरा उत्साह जारी रखने के लिए एक और प्रयत्न किया। उन्होंने अखबार में एक रिक्त स्थान का विज्ञापन देकर एक अन्य लड़की कुमारी लीला जॉर्ज को भी कॉलेज में प्रवेश लेने के लिए आकर्षित कर लिया, जो बाद में सिविल इंजीनियरिंग में चली गईं। इस प्रकार प्रारंभ में उखड़ते-से दिखाई देनेवाले पैर फिर जम गए और सन् 1943 में मैंने ऑनर्स लेकर इंजीनियरिंग की डिग्री प्राप्त कर ली।"

एक बार साहस के साथ किसी ओर कदम चल पड़ते हैं तो फिर आगे की राह भी स्वयं ही खुलती चली जाती है। श्रीमती ललिता ने इलेक्ट्रिकल इंजीनियर बनने के बाद भूतपूर्व 'ईस्ट इंडिया रेलवे' की लोकोमोटिव वर्कशॉप में एक साल तक एपरेंटिस के रूप में काम कर अनुभव प्राप्त किया, फिर शीघ्र ही उन्हें भारत सरकार के इलेक्ट्रिकल कमिश्नर के कार्यालय में अच्छी नौकरी मिल गई। दो वर्ष तक यहाँ काम करने के बाद उन्होंने पिता की इच्छा पर नौकरी छोड़कर उनके शोध-कार्य में हाथ बँटाया। श्रीमती ललिता के पिता बिजली के जल-तरंग, बगैर धुएँ की भट्ठी तथा कई अन्य वस्तुओं के आविष्कर्ता थे। उनके इस शोध-कार्य में सहायक होकर ललिताजी का ज्ञान और

विस्तृत हो गया। इस बीच उन्होंने लंदन के इलेक्ट्रिकल इंजीनियरिंग इंस्टीट्यूट से डिग्री प्राप्त की, फिर सन् 1953 में उन्हें वहाँ से 'एसोसिएट मेंबर' घोषित कर 'चार्टर्ड इलेक्ट्रिकल इंजीनियर' बना दिया गया। मैंने इस पुस्तक के लिए जब उनसे संपर्क किया था, तब वे श्रीमती ललिता एसोसिएटेड इलेक्ट्रिकल इंडस्ट्रीज, कलकत्ता में कार्य कर रही थीं।

अपने परिवार के 'कैरियर' के बारे में ललिताजी ने कहा, "मेरे पिता, मेरे चारों भाई, मैं, मेरा भतीजा और मेरा दामाद—सभी इलेक्ट्रिकल इंजीनियर हैं।"

क्या भारत में महिला इंजीनियरों के लिए कार्यक्षेत्र व्यापक है? इसके उत्तर में श्रीमती ललिता का कहना था कि उनके अनुमान में अकेले इलेक्ट्रिकल इंजीनियरी में ही देश में इस समय लगभग 150 महिलाएँ काम कर रही हैं। औद्योगीकरण बढ़ने के साथ-साथ धीरे-धीरे कार्यक्षेत्र भी बढ़ता जा रहा है और महिलाओं को भी ऐसे कार्यों के उपयुक्त माना जा रहा है। फिर भी, इन क्षेत्रों में स्त्रियों को नौकरी पाने में अभी कठिनाई है। लेकिन अपने विदेशों के अनुभव से वे कहती हैं कि यह कठिनाई वहाँ भी है, जहाँ अधिक संख्या में महिलाएँ इंजीनियर बन चुकी हैं। दूसरे देशों की स्थिति देखते हुए हमारे यहाँ कम कठिनाई है। साथ ही उनका विश्वास है कि संघर्ष के बावजूद धीरे-धीरे स्थिति में सुधार होता जाएगा।

महिला इंजीनियरों और वैज्ञानिकों की विश्व संस्था की कोई शाखा भारत में नहीं है। फिर भी, उनके निजी संपर्कों के आधार पर उन्हें इस संस्था के सन् 1964 में न्यूयॉर्क में हुए पहले विश्व सम्मेलन में आमंत्रित किया गया था। उन्होंने उसमें भारत का प्रतिनिधित्व किया था। इस सम्मेलन में 35 देशों की तथा संयुक्त राज्य अमेरिका के सभी 50 राज्यों की 500 से अधिक महिला प्रतिनिधियों ने भाग लिया था। भारतीय महिलाएँ केवल 2 थीं—भारत से इलेक्ट्रिकल इंजीनियर श्रीमती ललिता तथा कनाडा से स्वाइल्स इंजीनियर श्रीमती उषा सेनानी, जो भारतीय होकर भी कनाडा में काम करने के कारण वहाँ की प्रतिनिधि होकर आई थीं। संयोग से श्रीमती सेनानी भी बंबई यूनिवर्सिटी की प्रथम महिला सिविल इंजीनियर थीं।

जुलाई 1967 में वैज्ञानिक तथा इंजीनियर महिलाओं की इस विश्व संस्था का द्वितीय विश्व सम्मेलन कैंब्रिज, इंग्लैंड में हुआ था। ललिताजी ने उसमें न केवल भारतीय प्रतिनिधि के रूप में भाग लिया था, वरन् संस्था की सदस्या के नाते सम्मेलन में भारतीय महिलाओं का अधिक-से-अधिक प्रतिनिधित्व बढ़ाने की भी अथक कोशिश की थी। संस्था की गतिविधियों तथा सम्मेलन का परिचय भारत की हर वैज्ञानिक और इंजीनियर महिला तक पहुँचाने का जिम्मा उन्होंने अपने ऊपर ले रखा था। साथ ही उन्होंने सम्मेलन

को भारतीय वैज्ञानिक तथा इंजीनियर महिलाओं की संख्या, उनके कार्यक्षेत्रों के विभाजन आदि के बारे में सही रिपोर्ट देने के लिए आँकड़े भी इकट्ठे किए थे, ताकि निकट भविष्य में संस्था की भारतीय शाखा के निर्माण तथा उसके संचालन में सहायता मिले।

ललिताजी कहती थीं, "भारतीय जनता का जीवन-स्तर उठाने के लिए महिलाओं को अधिक संख्या में विज्ञान और तकनीकी के क्षेत्र में आना चाहिए। इससे उन्हें अच्छे 'कैरियर' तथा देश-सेवा का सुअवसर एक साथ मिलेगा।"

□

एनी बेसेंट

एनी बेसेंट के व्यक्तित्व में ज्ञान, गरिमा, शालीनता और वाक्पटुता का अद्भुत मिश्रण था। इन गुणों के कारण सब उनका आदर करते थे। वे संगठन कला में बहुत कुशल थीं। उनकी पक्की धारणा थी कि शासक-वर्ग में मित्रभाव एवं विनम्रता तथा शासित-वर्ग में गरिमा एवं आत्मसम्मान की भावना होनी चाहिए।

विलियम वुड और एमिली मॉरिस की बेटी एनी बेसेंट का जन्म 1 अक्तूबर, 1847 को आइरिश मूल के एक मध्यम दरजे के परिवार में हुआ था। उनके पिता एक डॉक्टर थे। जब उनकी मृत्यु हुई तब एनी केवल पाँच वर्ष की थीं। उनके पिता ने परिवार के लिए कुछ बचत नहीं की थी। अत: उन्हें गरीबी में दिन काटने पड़े। परिवार के भरण-पोषण के लिए एनी की माँ ने हेरो स्कूल में नौकरी कर ली। उनका कार्य स्कूल के छात्रावास में रहनेवाले बच्चों की देखभाल करना था। श्रीमती वुड के पास एनी की देखभाल के लिए समय नहीं था। अत: उन्होंने अपनी एक मित्र एलन मैरियट को एनी की देखभाल करने की जिम्मेदारी उठाने के लिए राजी कर लिया।

सन् 1866 में उन्नीस वर्ष की आयु में एनी ने सुसमाचारी ऐंग्लिकन पादरी फ्रैंक बेसेंट से शादी कर ली। शादी के कुछ ही समय बाद फ्रैंक लिंकनशायर में सिबसी के पादरी बन गए। वे सिबसी चले गए और वहाँ कुछ वर्षों के दौरान उनके दो बच्चे हुए— डिबी और माबेल, फिर भी उनका विवाह संकट में पड़ गया। उनके बीच पहला झगड़ा रुपए-पैसे और एनी की आजादी को लेकर हुआ। राजनीति ने उनके बीच और दूरियाँ पैदा कर दीं। फ्रैंक एक टोरी था और वह जमींदारों एवं किसानों का हिमायती था। जब एनी ने धार्मिक समागम में शामिल होने से मना कर दिया, तो उनके बीच अलग होने का तनाव उत्पन्न हो गया। कानूनी रूप से अलग हो जाने के बाद एनी अपनी बेटी माबेल को लेकर लंदन चली गई और बेटा डिग्बी अपने पिता फ्रैंक के पास रह गया।

एनी ने अपने वृत्तिक जीवन की शुरुआत लघु कथाएँ लिखने से की। अपने पति से

अलग होने के बाद एनी ने ईसाई धर्म पूरी तरह त्याग दिया और सन् 1874 में वह 'नेशनल सेक्युलर सोसायटी' में शामिल हो गईं। एनी और चार्ल्स ब्रैडलॉग के बीच जल्दी ही घनिष्ठ संबंध बन गए। ब्रैडलॉग उस समय 'नेशनल सेक्युलर सोसायटी' के उग्र सुधारवादी अखबार 'नेशनल रिफॉर्मर' का संपादक और ब्रिटेन में 'सेक्युलर आंदोलन' का नेता था। ब्रैडलॉग ने एनी को 'नेशनल रिफॉर्मर' में काम दे दिया। एक कॉलम लिखने के लिए उसे साप्ताहिक वेतन मिलना शुरू हो गया।

सोसायटी ने उसे एक सार्वजनिक वक्ता के रूप में काम करने की मंजूरी दे दी। विक्टोरिया युग में सार्वजनिक व्याख्यानों को बहुत लोकप्रिय मनोरंजन माना जाता था। एनी एक बहुत प्रखर वक्ता थीं और जल्दी ही उनकी माँग बढ़ने लगी। रेलमार्ग से वे देश भर में इधर-से-उधर भ्रमण करने लगीं। सभी जगह वे रोजमर्रा के अति महत्त्वपूर्ण मुद्दों पर भाषण देतीं और हमेशा तरक्की, सुधार एवं स्वतंत्रता की माँग करतीं। अगले कुछ वर्षों के दौरान उन्होंने विवाह एवं महिलाओं के अधिकार जैसे विषयों पर अनेक लेख लिखे।

सन् 1877 में बेसेंट और ब्रेडलॉग ने 'दि फ्रूट्स ऑफ फिलॉसफी' नामक एक पुस्तक लिखी, जिसमें अमेरिका के संतति-निग्रह (बर्थ-कंट्रोल) प्रचारक चार्ल्स नॉल्टन के पक्ष का समर्थन किया गया था। दोनों को गिरफ्तार कर लिया गया और नॉल्टन की पुस्तक प्रकाशित करने के अपराध में उनपर मुकदमा चलाया गया। अदालत में उन्हें दोषी पाया गया और छह महीने जेल में रहने की सजा सुनाई गई, लेकिन अपील पर निर्णय होने तक उन्हें छोड़ दिया गया। इस अपमानजनक घटना के कारण एनी ने अपने बच्चे भी खो दिए। फ्रैंक की इस दलील को अदालत ने स्वीकार कर लिया कि एनी बच्चों की देखभाल करने योग्य नहीं हैं। उनकी बेटी हमेशा के लिए फ्रैंक को सौंप दी गई।

इस घटना के बाद बेसेंट ने बर्थ-कंट्रोल का समर्थन करते हुए स्वयं एक पुस्तक लिखी और 'लॉज ऑफ पॉपुलेशन' शीर्षक से उसे प्रकाशित किया। इस बात का व्यापक प्रचार हुआ कि एक स्त्री होकर वे जनन-निरोध का समर्थन कर रही हैं। 'दि टाइम्स' जैसे अखबारों ने बेसेंट पर 'एक अशोभनीय, कामुक, भद्दी, निर्लज्ज, अश्लील पुस्तक' लिखने का आरोप लगाया। इसके परिणामस्वरूप वाल्टर क्रेन, एडवर्ड अवेलिंग और जॉर्ज बर्नार्ड शॉ जैसे कुछ महत्त्वपूर्ण समाजवादी लोग उनकी सहायता के लिए आगे आ गए।

बेसेंट ने आयरलैंड के स्वशासकों के साथ निकट संबंध स्थापित किए और अपने अखबारी कॉलमों में उनका समर्थन किया। ये बहुत महत्त्वपूर्ण वर्ष थे, क्योंकि इस दौरान आयरलैंड के राष्ट्रवादी नेता उदारवादियों (लिबरल्स) और उग्र सुधारवादी (रेडिकल्स) लोगों के साथ एक गठबंधन की तैयारी कर रहे थे। एनी ने आंदोलन के नेताओं से मुलाकात की और माइकल डेविट से मित्रता बढ़ाई, जो एक भूमि-युद्ध के जरिए

आयरलैंड के किसान-वर्ग को एकजुट करके और भू-स्वामियों के विरुद्ध प्रत्यक्ष संघर्ष छेड़ना चाहता था। आगामी दशकों में उसने डेविट और उसकी 'लैंड लीग' के समर्थन में बहुत बार वक्तव्य दिए और अखबारों में लिखा।

फिर भी संसदीय राजनीति में महिलाओं की कोई भूमिका नहीं थी। एनी किसी वास्तविक राजनीतिक मंच की तलाश कर रही थीं—कोई ऐसा राजनीतिक आधार जहाँ एक वक्ता, लेखक और संगठनकर्ता के रूप में उनकी योग्यताओं का वास्तव में उचित उपयोग हो सके। 'सोशल डेमोक्रेटिक फेडरेशन' में शामिल होने के बाद एनी ने 'दि लिंक' नाम का अपना ही एक अखबार निकालना शुरू किया, जिसका मुख्य विषय था—युवा महिला कामगारों के स्वास्थ्य की ओर ध्यान आकृष्ट करना। 23 जून, 1888 को एनी ने 'व्हाइट स्लेवरी' शीर्षक से एक लेख प्रकाशित किया, जिसमें उन्होंने उन स्त्रियों की ओर ध्यान दिलाया जिन्हें मजदूरी के नाम पर बहुत कम भुगतान किया जाता था।

जॉर्ज बर्नार्ड शॉ के संपर्क में आने पर एनी ने समाजवाद की तरफ झुकने का निर्णय कर लिया। संघर्षरत युवा आयरिश लेखक बर्नार्ड शॉ लंदन में रह रहे थे और 'फेबियन सोसायटी' के प्रमुख कार्यकर्ता थे। एनी उनके काम से बहुत प्रभावित हुईं और 1880 के दशक के आरंभिक काल में वे शॉ के बहुत निकट आ गईं। आरंभ में यह सोसायटी ऐसे लोगों के मिल-बैठने का अड्डा बनी हुई थी, जो पूँजीवादी व्यवस्था को हटाने के लिए राजनीतिक विकल्पों के बजाय आध्यात्मिक उपाय तलाशने पर विचार-विमर्श किया करते थे।

अब एनी ने 'फेबियन सोसायटी' के लिए लिखना शुरू कर दिया। इस नई प्रतिबद्धता और शॉ के साथ अच्छे संबंधों के कारण एनी एवं ब्रैडलॉग के बीच दरार बढ़ गई, क्योंकि ब्रैडलॉग एक व्यक्तिवादी था और किसी भी प्रकार के समाजवाद के विरुद्ध था।

उस समय केंद्रीय मुद्दा बेरोजगारी का छाया रहता था। सन् 1887 में लंदन के कुछ बेरोजगार लोगों ने 'त्राफलगर स्क्वेयर' में विरोध प्रदर्शन करना आरंभ कर दिया। 13 नवंबर को एनी ने एक सभा को संबोधित करना स्वीकार कर लिया। पुलिस ने लोगों को इकट्ठा होने से रोकने की कोशिश की। दुर्भाग्य से वहाँ लड़ाई-झगड़ा शुरू हो गया। घुड़सवार सिपाही बुलाए गए। बहुतों को चोट लगी। एक आदमी मर गया। सैकड़ों लोग गिरफ्तार कर लिये गए। एनी ने अपनी भी गिरफ्तारी देनी चाही, लेकिन पुलिस ने इस जाल में फँसने से मना कर दिया। इन घटनाओं के चलते बड़ी सनसनी फैल गई और उस दिन को 'ब्लडी संडे' (खूनी रविवार) कहा जाने लगा।

एनी ने विचार प्रकट करने की स्वतंत्रता, महिलाओं के अधिकार, धर्मनिरपेक्षता, जनन-निरोध, फेबियन समाजवाद और मजदूरों के अधिकारों के लिए संघर्ष किया। सन् 1888 में लंदन में माचिस कारखानों में काम करनेवाली लड़कियों की हड़ताल में एनी

की भागीदारी शायद इस अवधि में उनकी सबसे बड़ी कामयाबी थी। सन् 1889 में उन्होंने उस समय की उच्चस्तरीय पुस्तक 'फेबियन ऐसेज' में भी अपना लेख दिया, जिसमें जॉर्ज बर्नार्ड शॉ, सिडनी वैब, सिडनी ओलिवियर, ग्राहम वलास, विलियम क्लार्क और ह्यूबर्ट हंट के लेखों का संकलन था। शॉ द्वारा संपादित इस पुस्तक की 27,000 प्रतियाँ दो साल में ही बिक गईं।

मार्क्सवादियों में शामिल होने के बाद सन् 1889 में एनी बेसेंट को 'लंदन स्कूल बोर्ड' के लिए चुन लिया गया। इस चुनाव में उसे अपने विरोधी को मिले वोटों से पंद्रह हजार वोट अधिक मिले। उनकी अनेक सफलताओं में से एक महत्त्वपूर्ण सफलता अल्पपोषित बच्चों के लिए मुफ्त भोजन और प्राथमिक स्कूलों में पढ़नेवाले सभी बच्चों के स्वास्थ्य की मुफ्त जाँच कार्यक्रम को लेकर थी।

सन् 1890 के दशक में एनी बेसेंट एक धार्मिक आंदोलन 'थियोसोफी' (ब्रह्म विद्या) की समर्थक बन गईं, जिसकी स्थापना सन् 1875 में मैडम ब्लावत्स्की द्वारा की गई थी। 'थियोसोफी' में हिंदुओं की कर्म संबंधी धारणाओं को आधार बनाया गया था, जिनके अनुसार मनुष्य का अंतिम लक्ष्य मोक्ष के साथ पुनर्जन्म माना जाता है। 'थियोसोफिकल सोसायटी' का सदस्य बनने के कुछ ही समय बाद सन् 1893 में उनका पहली बार भारत आना हुआ। तत्पश्चात् उन्होंने अपनी कर्मशक्ति का उपयोग न केवल सोसायटी के लिए किया बल्कि भारत की स्वतंत्रता और प्रगति के लिए भी किया। एनी भारतीय स्वराज के संघर्ष में शामिल हो गईं, लेकिन तभी विश्वयुद्ध छिड़ गया और ब्रिटिश अधिकारियों ने उन्हें स्थानबद्ध कर दिया। एनी ने वाराणसी में लड़कों के लिए 'सेंट्रल हिंदू कॉलेज' के नाम से एक स्कूल स्थापित किया। इसका लक्ष्य भारत के लिए नए नेतृत्व का निर्माण करना था। इस कॉलेज के लिए धन इकट्ठा करने में उन्हें 3 साल लगे और अधिकतर धन भारतीय राजाओं से आया।

एनी ने वास्तविक राजनीतिक संघर्षों में भाग लेना जारी रखा और वे 'भारतीय नेशनल कांग्रेस' में भी शामिल हो गईं। सन् 1916 में एनी ने 'होमरूल लीग' बनाई और आयरलैंड के उदाहरणों को सामने रखकर एक बार फिर उसी तरह की माँगें भारत के लिए उठानी शुरू कर दीं। लीग ने पूरे वर्ष काम किया। उन्होंने स्थानीय शाखाओं का एक मजबूत ढाँचा तैयार किया, ताकि वे प्रदर्शनों, सार्वजनिक सभाओं और आंदोलनों का आयोजन करने में समर्थ हो सकें। सन् 1917 में एनी को गिरफ्तार करके एक पहाड़ी स्टेशन पर नजरबंद कर दिया गया। सितंबर में एनी को छोड़ दिया गया। उनकी रिहाई का देश भर में लोगों ने स्वागत किया। उसी वर्ष दिसंबर में उन्होंने एक वर्ष के लिए कांग्रेस का अध्यक्ष पद ग्रहण किया। उनके जीवनकाल में यह शायद सबसे बड़ा सम्मान था, जो उन्हें प्राप्त हुआ।

एनी 'थियोसोफिकल सोसायटी' की एक प्रमुख सदस्य थीं तथा महिला अधिकारों की कट्टर समर्थक, लेखक और वक्ता थीं। उन्हें आयरलैंड का होने पर हमेशा गर्व रहा और अपने संपूर्ण वयस्क जीवन में उन्होंने आयरलैंड के लिए स्वशासन का समर्थन किया।

सन् 1933 में भारत में उनका निधन हुआ। उनके सम्मान में चेन्नई में 'थियोसोफिकल सोसायटी' के समीप एक बस्ती को 'बेसेंट नगर' नाम दिया गया है।

□

इंदिरा गांधी

भारत की प्रथम एवं एकमात्र महिला प्रधानमंत्री प्रियदर्शिनी इंदिरा का जन्म 19 नवंबर, 1917 को हुआ था। वे भारत के सर्वप्रथम प्रधानमंत्री जवाहरलाल नेहरू और कमला नेहरू की पुत्री थीं। वे उनकी इकलौती संतान थीं और उनका पालन-पोषण एक उत्कट राजनीतिक परिवार में हुआ। इंदिरा के दादाजी मोतीलाल नेहरू उत्तर प्रदेश में इलाहाबाद के एक मशहूर बैरिस्टर थे।

इंदिरा की अधिकतर देखभाल उनकी एकाकी माँ ही करती थीं, जो बीमार रहती थीं और नेहरू परिवार में अलग-थलग पड़ गई थीं। शायद यही कारण था कि इंदिरा के अंदर गहरी सुरक्षात्मक प्रवृत्तियाँ विकसित हो गईं और व्यक्तित्व में एकाकीपन आ गया। उनके दादाजी और पिता निरंतर राष्ट्रीय राजनीति में फँसे रहते थे और इसका एक नतीजा यह भी हुआ कि उनकी किसी से बनती नहीं थी। इंदिरा का अपनी बुआओं, अर्थात् पिता की बहनों के साथ मतभेद रहता था, जिनमें विजयलक्ष्मी पंडित भी शामिल थीं। उनके बीच ये मतभेद राजनीतिक जीवन में भी बने रहे।

इंदिरा ने उत्कृष्ट दरजे के भारतीय, यूरोपियन एवं ब्रिटिश स्कूलों में शिक्षा पाई, जैसे कि शांतिनिकेतन, बैडमिंटन स्कूल और ऑक्सफोर्ड, लेकिन पढ़ाई में उन्होंने कोई प्रखरता नहीं दिखाई और इसी कारण उन्हें डिग्रियाँ मिलने में देरी हुई।

1930 के दशक के उत्तरार्ध में, जब 'समरविले कॉलेज यूनिवर्सिटी ऑफ ऑक्सफोर्ड', इंग्लैंड में पढ़ रही थीं, वे लंदन में सिद्धांततः स्वतंत्रता समर्थक संगठन 'इंडिया लीग' की सदस्य बन गईं। सन् 1941 में ऑक्सफोर्ड से भारत लौटने पर उन्होंने भारत के स्वतंत्रता आंदोलन में भाग लेना आरंभ कर दिया।

अपने पति फिरोज गांधी से इंदिरा की भेंट यूरोप महाद्वीप में हुई। वे कांग्रेस के एक सक्रिय कार्यकर्ता थे। हालाँकि नेहरू इस संबंध के खिलाफ थे, लेकिन कमला नेहरू को फिरोज अच्छे लगे और वह चाहती थीं कि इंदिरा और फिरोज का विवाह उनके रहते हो

जाए। सन् 1941 में इंदिरा ने महात्मा गांधी और कांग्रेस पार्टी द्वारा चलाए गए 'भारत छोड़ो आंदोलन' की शुरुआत होने से ठीक पहले फिरोज से विवाह कर लिया। अंग्रेजी सरकार ने सितंबर 1942 में उन्हें गिरफ्तार कर लिया और बिना कोई आरोप लगाए जेल में डाल दिया। 243 दिनों तक जेल में रहने के बाद अंततः 13 मई, 1943 को उन्हें रिहा कर दिया गया। अगले वर्ष इंदिरा ने अपने पहले पुत्र राजीव गांधी को जन्म दिया और उसके दो वर्ष बाद संजय गांधी पैदा हुए।

सन् 1947 में भारत और पाकिस्तान के विभाजन के दौरान उन्होंने शरणार्थी शिविर लगाने में मदद की और पाकिस्तान से आए लाखों शरणार्थियों को चिकित्सा सुविधा मुहैया कराई। किसी भी प्रमुख लोक सेवा में यह उनका पहला प्रयास था और आनेवाले हंगामी वर्षों के लिए एक महत्त्वपूर्ण अनुभव भी। बाद में पति-पत्नी दोनों इलाहाबाद में बस गए, जहाँ फिरोज कांग्रेस पार्टी के एक अखबार और एक बीमा कंपनी के लिए काम करने लगे। शुरू-शुरू में उनका विवाहित जीवन अच्छा चला, लेकिन हालात तब ज्यादा बिगड़ गए, जब इंदिरा नई दिल्ली आकर अपने पिता के पास रहने लगीं, जो उस समय भारत के प्रधानमंत्री थे और तीन मूर्ति में अत्यधिक तनाव भरे वातावरण में अकेले रहते थे। वे नेहरूजी की विश्वासपात्र, सेक्रेट्री और नर्स बन गईं। उनके बेटे उनके साथ रहते थे, लेकिन जैसे-जैसे समय गुजरता गया, वे अंततः फिरोज से हमेशा के लिए अलग हो गईं, हालाँकि वे अभी भी विवाहित थे।

1950 के दशक में उन्होंने अपने पिता यानी भारत के प्रथम प्रधानमंत्री के कार्यकाल के दौरान अशासकीय रूप से उनके वैयक्तिक सहायक के रूप में काम किया। सन् 1951 में जब भारत के पहले आम चुनाव निकट आए, इंदिरा ने नेहरू और अपने पति दोनों के चुनाव अभियानों को सँभाला। फिरोज रायबरेली से चुनाव लड़ रहे थे। फिरोज ने चुनाव में खड़े होने के बारे में नेहरू से सलाह-मशवरा नहीं किया और चुनाव जीत जाने के बाद भी उन्होंने दिल्ली में एक अलग मकान लेकर रहना बेहतर समझा। फिरोज ने राष्ट्रीयकृत बीमा उद्योग में एक बड़े घोटाले का भंडाफोड़ किया, जिसके परिणामस्वरूप वित्तमंत्री को इस्तीफा देना पड़ा, जो नेहरू का एक सहयोगी था। इस प्रकार फिरोज गांधी की छवि भ्रष्टाचार के विरुद्ध लड़नेवाले एक योद्धा की बनने लगी।

तनाव बढ़ने लगा और अंततः इंदिरा और फिरोज एक-दूसरे से अलग हो गए। सन् 1958 में पुनर्निर्वाचन के कुछ ही समय बाद फिरोज को जब हृदय का दौरा पड़ा, इंदिरा तुरंत उनकी देखभाल के लिए कश्मीर में उनके पास चली गईं। इसके फलस्वरूप उनका विवाह-बंधन टूटने से बच गया एवं दोनों परिवार फिर से जुड़ गए। 8 सितंबर, 1960 को फिरोज की मृत्यु हो गई। इंदिरा गांधी उस समय नेहरूजी के साथ विदेश-यात्रा पर गई हुई थीं।

सन् 1959 और सन् 1960 के दौरान इंदिरा गांधी ने 'इंडियन नेशनल कांग्रेस' के अध्यक्ष पद के लिए चुनाव लड़ा और वह निर्वाचित हो गईं। उनका कार्यकाल सामान्य रहा। उन्होंने अपने पिता के चीफ-ऑफ स्टाफ के रूप में काम किया और सन् 1962 के चुनावों में किसी भी सीट के लिए चुनाव नहीं लड़ा। इंदिराजी को भारत के राष्ट्रपति द्वारा राज्यसभा के एक सदस्य के रूप में नियुक्त किया गया और वे 27 मई, 1964 को अपने पिता की मृत्यु के बाद लाल बहादुर शास्त्री के मंत्रिमंडल में एक सदस्य की हैसियत से सूचना एवं प्रसारण मंत्री बन गईं।

हिंदी को राष्ट्रीय भाषा का दरजा दिए जाने के बाद दक्षिण के अहिंदी-भाषी राज्यों में दंगे भड़क उठे। वे तत्काल वहाँ दौड़ गईं और वहाँ के सरकारी अधिकारियों से उन्होंने बात की। उन्होंने समाज के नेताओं के क्रोध को शांत किया तथा प्रभावित क्षेत्रों के लिए पुनर्निर्माण संबंधी प्रयासों का निरीक्षण किया। ऐसी पहल स्वयं न कर पाने के कारण शास्त्रीजी एवं उनके वरिष्ठ मंत्रियों को ग्लानि हुई। इंदिरा गांधी ने शास्त्रीजी को लक्ष्य बनाकर या राजनीति में अपने उत्थान की दृष्टि से यह पहल नहीं की थी। बताया जाता है कि उन्हें अपने मंत्रालय के नैमित्तिक कार्य में कोई खास दिलचस्पी नहीं थी, लेकिन जन-संचार माध्यम उनके कार्य की सराहना करता था और वे राजनीतिक छवि बनाने की कला में अत्यंत कुशल थीं।

शास्त्रीजी के अकस्मात् निधन के बाद तत्कालीन कांग्रेस पार्टी अध्यक्ष के. कामराज ने मोरारजी देसाई के विरोध के बावजूद इंदिरा गांधी को प्रधानमंत्री बनवाने की कोशिश की। एक बहुत ही कड़े मुकाबले में उन्होंने मोरारजी को हरा दिया और भारत की पाँचवीं प्रधानमंत्री बनने और पहली महिला प्रधानमंत्री होने का सम्मान पाया। इंदिरा गांधी ने शीघ्र ही यह दिखा दिया कि वे लोकवाद के जरिए चुनाव जीतने और विरोधियों को पराजित करने की क्षमता रखती हैं। उन्होंने वामपंथियों की अनेक आर्थिक नीतियों को लागू किया और कृषि उत्पादकता को बढ़ावा दिया।

1960 के दशक में 'हरित क्रांति' के नाम से एक विशेष 'कृषि नवीकरण कार्यक्रम' चलाया गया, जिसके फलस्वरूप गेहूँ, चावल, कपास और दूध का अतिरिक्त उत्पादन हुआ। उन्होंने एक और कार्यक्रम चलाया, जिसे 'राष्ट्रीय नाभिकीय कार्यक्रम' का नाम दिया गया। इंदिरा गांधी को सन् 1983 और 1984 के लिए 'लेनिन शांति पुरस्कार' प्रदान किया गया।

इंदिरा गांधी पंजाब में अलगाववादियों के साथ चले प्रचंड संघर्ष में अधिकाधिक उलझती जा रही थीं, जिसके कारण अंततः उनकी हत्या कर दी गई। 31 अक्तूबर, 1984 को उनके दो अंगरक्षकों सतवंत सिंह और बेअंत सिंह ने 1, सफदरजंग रोड, नई दिल्ली स्थित प्रधानमंत्री निवास के उद्यान में अपनी मशीनगनों से उनपर उस समय गोलियों की

बौछार कर दी, जब वे ब्रिटिश अभिनेता पीटर उस्तिनोव द्वारा भेंटवार्त्ता के लिए पैदल चलकर जा रही थीं।

अपनी सरकारी गाड़ी में अस्पताल जाते-जाते रास्ते में ही उनकी मृत्यु हो गई, लेकिन कई घंटों तक उनकी मौत की खबर रोके रखी गई। उन्हें 'ऑल इंडिया इंस्टीट्यूट ऑफ मेडिकल साइंसेज' ले जाया गया, जहाँ डॉक्टरों ने उनका ऑपरेशन किया और बताया जाता है कि उनके शरीर से 31 गोलियाँ निकाली गईं। 3 नवंबर को राजघाट के निकट उनका दाह-संस्कार हुआ। उस जगह को 'शक्तिस्थल' नाम से जाना जाता है।

□

इंद्राणी रहमान

प्रसिद्ध नृत्यांगना इंद्राणी रहमान अपनी कला–साधना और सौंदर्य के कारण विश्वप्रसिद्ध हुईं। उनकी माता प्रसिद्ध अमेरिकन नृत्यांगना रागिनी देवी थीं, जिन्होंने भरतनाट्यम और कथकली पर समान रूप से अधिकार प्राप्त कर इस भारतीय शास्त्रीय नृत्य को विश्व के फलक पर प्रतिस्थापित किया। पिता रामलाल वाजपेयी भौतिक विज्ञानवेत्ता एवं स्वतंत्रता सेनानी थे। बाल्यकाल से ही उन्हें अपनी माता के नृत्य के परिवेश में जीने एवं देखने का अवसर प्राप्त हुआ। स्वाभाविक रूप से इंद्राणी के मन और मस्तिष्क में नृत्य ने अपना स्थान बना लिया।

वह जब पाँच वर्ष की थीं, तब बंगलौर में पंडनल्लूर मीनाक्षी सुंदरम् पिल्लै के शिष्य यू.एस. कृष्णराव और यू. के. चंद्रभागा देवी से भरतनाट्यम की शिक्षा लेनी प्रारंभ की और बाद में पंडनल्लूर चोक्कलिंगम से भी सीखा। पंद्रह वर्ष की अल्पायु में उनका विवाह भारत सरकार के चीफ आर्किटेक्ट और श्रेष्ठ फोटोग्राफर हबीब रहमान के साथ हो गया। माता रागिनी देवी के साथ मंच पर नृत्य करने से उनकी प्रसिद्धि और लोकप्रियता बढ़ने लगी। बहुत समय तक वे अपनी माँ की सहायक नृत्यांगना के रूप में उनके साथ मंच पर आती रहीं। उनकी एकल नृत्य प्रस्तुति 6 मार्च, 1950 को कलकत्ता के न्यू एंपायर थिएटर में पूर्व परिषद् द्वारा आयोजित समारोह में हुई। उनकी माता की अभिलाषा थी कि वह ओडिसी नृत्य सीखकर जनता के बीच उसके सौंदर्य तत्त्वों का विवेचन करें। उन्होंने अपनी माँ की इच्छा के अनुरूप हंगरी के इंडोलॉजिस्ट व कला समीक्षक डॉ. चार्ल्स फेबरी के साथ समस्त उड़ीसा का भ्रमण किया। उड़ीसा स्थित पुरी के गुरु देवा प्रसाद दास की शिष्या बनकर ओडिसी नृत्य की शिक्षा प्राप्त की। आंध्र प्रदेश के कोरड नरसिंह राव से कुचिपुडी नृत्य तथा केरल कला मंडलम् की चिनम्मू अम्मा से मोहिनी अट्टम की शिक्षा ली।

उन्होंने विविध शास्त्रीय नृत्यों की साधना एवं प्रदर्शन के माध्यम से विश्व के प्रमुख

देशों में भारतीय नृत्य का प्रचार एवं प्रतिनिधित्व किया। इसी अवधि में अखिल भारतीय सौंदर्य प्रतियोगिता में हिस्सेदारी लेते हुए उन्हें मिस इंडिया के रूप में चुना गया। उन्होंने एक पुत्री को जन्म दिया, जिसका नाम 'सुकन्या' रखा गया। अपनी पुत्री सुकन्या को बचपन से ही नृत्य की शिक्षा देकर एक कुशल नृत्यांगना बनाया। बाद में सुकन्या ने सिक्किम रामा स्वामी पिल्लै और गुरु किट्टप्पा से भरतनाट्यम की शिक्षा प्राप्त की। गुरु देवा प्रसाद दास और गुरु श्रीनाम राउत से ओडिसी नृत्य तथा राजा और राधा रेड्डी से कुचिपुड़ि नृत्य की शिक्षा प्राप्त की। इंद्राणी रहमान के पुत्र राम रहमान ने ग्यारह वर्षों तक नृत्य सीखने के बाद अमेरिका में रहकर जीविकोपार्जन हेतु फोटोग्राफी और ग्राफिक कला को अपनाया।

इंद्राणी रहमान की पुत्री सुकन्या ने दिल्ली में गुरु नानकसर तथा पंडनल्लूर स्वामीनाथन के निर्देशन में भी भरतनाट्यम की शिक्षा प्राप्त कर पेरिस में पेंटिंग की शिक्षा ली। सुकन्या का विवाह अमेरिका के फ्रेंक विक्स के साथ हुआ और वह अमेरिका में ही बसकर भरतनाट्यम के प्रचार-प्रसार में जुट गईं। इंद्राणी रहमान भी अपने पति के साथ अमेरिका ही रहने लगीं। अमेरिका में रागिनी देवी, इंद्राणी रहमान और सुकन्या तीन पीढ़ियों ने मिलकर थ्री जेनरेशन शो की ऐतिहासिक प्रस्तुति की। अनेक पुरस्कारों से सम्मानित इंद्राणी रहमान का निधन 7 जून, 1999 को हुआ।

□

इंद्रा नूई

इंद्रा नूई का जन्म भारत में हुआ था, लेकिन अब वे संयुक्त राज्य अमेरिका की नागरिक हैं। वे अपने पति राजकिशन नूई और दो पुत्रियों के साथ ग्रीनविच, कनेटीकट में रह रही हैं। उनका दृष्किोण बहुत व्यापक है, सार्वत्रिक है। भविष्य में वे व्यवसाय के क्षेत्र में बहुत कुछ हासिल करनेवाली हैं।

'पेप्सी कंपनी' की चेयरमैन और चीफ एक्जीक्यूटिव ऑफिसर (सी.ई.ओ.) इंद्रा कृष्णमूर्ति नूई का जन्म 28 अक्तूबर, 1955 को चेन्नई में हुआ था। सी.ई.ओ. बनने से पहले इंद्रा नूई 'पेप्सिको इंक' की प्रेसीडेंट, चीफ फाइनेंशियल ऑफिसर (सी.एफ.ओ.) और बोर्ड ऑफ डायरेक्टर्स की एक सदस्या थीं।

उनका बचपन अधिकतर चेन्नई में बीता, क्योंकि उनके पिता स्टेट बैंक ऑफ हैदराबाद में काम करते थे और दादा डिस्ट्रिक्ट जज थे। उन्होंने केमिस्ट्री, फिजिक्स और गणित के साथ स्नातक की उपाधि 1974 में 'मद्रास क्रिश्चियन कॉलेज' से ग्रहण की और 'इंडियन इंस्टीट्यूट ऑफ मैनेजमेंट' (आई.आई.एम.), कलकत्ता में पी.जी.डी.बी.ए. (पोस्ट–ग्रेजुएट डिप्लोमा इन बिजनेस एडमिनिस्ट्रेशन) प्रोग्राम तथा फाइनेंस एवं मार्केटिंग में मास्टर की डिग्री प्राप्त करने हेतु दाखिला ले लिया। उन्होंने 'येल स्कूल ऑफ मैनेजमेंट' से पब्लिक ऐंड प्राइवेट मैनेजमेंट में भी मास्टर्स डिग्री प्राप्त की है।

आई.आई.एम. से डिग्री लेने के बाद नूई ने कई वर्ष तक भारत में काम किया (कुछ समय के लिए वे 'मदुरा कोट्स' में भी रहीं)। सन् 1980 में 'येल' से मास्टर की डिग्री प्राप्त करने के बाद उन्होंने शुरू में 'दि बोस्टन कंसल्टिंग ग्रुप' (बी.सी.जी.) में काम किया। वहाँ से निकलकर उन्होंने 'मोटरोला' तथा 'ए.बी.बी.' में महत्त्वपूर्ण पदों पर पहुँचने में सफलता पाई। इंद्रा नूई ने 'एशिया ब्राउन ब्रेवरित' में स्ट्रैटेजी एवं स्ट्रैटेजिक मार्केटिंग के वाइस प्रेसीडेंट और मोटरोला में वाइस प्रेसीडेंट, डायरेक्टर ऑफ कॉरपोरेट स्ट्रैटेजी ऐंड प्लानिंग की हैसियत से काम किया। किसी अंतराल के बिना उन्होंने 'मेत्तूर

बिअॅडेसेल' और 'जॉनसन ऐंड जॉनसन' में भी काम किया। वे न्यूयॉर्क में 'लिंकन सेंटर फॉर परफॉर्मिंग आर्ट्स' की एक सदस्य भी रहीं।

सन् 1994 में नूई 'पेप्सिको' में नियुक्त हो गईं, फिर भी इंद्रा नूई ने 'ट्राइफन' की शुरुआत करने, जिसे आजकल 'थम! ब्राड्स इंक' के नाम से जाना जाता है, ट्रॉपिकाना की खरीद, पेप्सीकोला बॉटलिंग ग्रुप को सार्वजनिक करने और 'क्वेकर फूड्स' के साथ विलयन में महत्त्वपूर्ण भूमिका निभाई है। सन् 2001 में उन्हें प्रेसीडेंट और सी.एफ.ओ. बना दिया गया। सन् 2001 में इस पद को ग्रहण करने से पहले सुश्री नूई कॉरपोरेट स्ट्रैटेजी ऐंड डेवलपमेंट की सीनियर वाइस प्रेसीडेंट और सी.एफ.ओ. थीं।

नूई ने टैको बैल, के.एफ.सी. और पिज्जा हट को छोटा करने का सुझाव दिया, क्योंकि उनकी दलील थी कि पेप्सिको का यह उद्यम फास्ट फूड उद्योग को पर्याप्त महत्त्व दिलाने में सफल नहीं हो पाएगा। उन्होंने सन् 1998 में 'टॉपिकाना' का अधिग्रहण करने और 'क्वेकर ओट्स कंपनी' के साथ विलय करने में पहल। उन्हें 'उद्देश्य सहित कार्य' की धारणा को बढ़ावा देने का भी श्रेय दिया जाता है, क्योंकि इस धारणा को प्रोत्साहित करने का लक्ष्य था—'पेप्सिको' का स्वास्थ्यप्रद खाद्य पदार्थ उपलब्ध कराने के क्षेत्र में अग्रणी होना और विविध श्रमिक-दल नियुक्त करना।

14 अगस्त, 2006 को उन्हें 'पेप्सिको' के सी.ई.ओ. स्टीव-रेनमंड का उत्तराधिकारी बनाने की घोषणा की गई। इस तरह 'पेप्सिको' के 42 वर्ष के इतिहास में वे पाँचवीं सी.ई.ओ. बनीं। 'पेप्सिको' के निदेशक मंडल द्वारा उन्हें 1 अक्तूबर, 2006 से सी.ई.ओ. के पद पर प्रभावी रूप से नियुक्त कर दिया गया। इंद्रा नूई अब इस कंपनी की सी.ई.ओ. हैं। उनका नाम उन विशिष्ट महिलाओं की सूची में शामिल है, जो 'फॉर्चून 500' कंपनियों की प्रमुख हैं। इस समय केवल 10 'फॉर्चून 500' कंपनियाँ हैं, जिनका संचालन महिलाओं द्वारा किया जा रहा है और नूरी उस शीर्षस्थ पद पर पहुँचनेवाली 11वीं महिला बनीं।

विशिष्ट अमेरिकी उत्पाद बनानेवाली एक विशिष्ट अमेरिकी कंपनी के लिए यह एक आश्चर्य की बात थी कि 'पेप्सिको' का सी.ई.ओ. बनाए जाने हेतु भारत में जनमी किसी महिला का चयन किया जाए, जो न तो अमेरिका में जनमी है और न ही किसी पुरुष को उसकी जगह लिया गया है। आखिरकार पेय, खाद्य वस्तुओं और खाने की हलकी-फुलकी चीजों की बिक्री से 'पेप्सिको' की 35.1 बिलियन डॉलर की आय का 40 प्रतिशत हिस्सा अमेरिका के बाहर से ही तो आता है और कंपनी की अधिकतर संवृद्धि बाहर के देशों से ही आ रही है।

नूई के लिए यह बात बहुत महत्त्व नहीं रखती है कि वे स्वयं क्या हैं, बल्कि वह दुनिया अधिक महत्त्व रखती है, जो उन्होंने विरासत में पाई है। जब वे इस कंपनी में आई

थीं, वैश्विकतावाद को दस वर्ष पहले तक कोई नहीं जानता था, तब से लेकर आज तक दुनिया बहुत बदल चुकी है। ''संसार में मूलभूत परिवर्तन हुआ है।'' नूरी का कहना है, ''सर्वत्र अविश्वसनीय बृहत् आर्थिक स्थिरता है। ऐसा पिछले 35 वर्षों में नहीं हुआ है।'' ''मैं जो कुछ भी करती हूँ, सार्वभौमिक विचारक की दृष्टि से करती हूँ।''

'पेप्सी' की एक कुशलनीतिज्ञ के रूप में नूई ने 'पेप्सिको' के लिए चीन, मध्य-पूर्व और अपने मूल देश भारत में संवृद्धि एवं विस्तार की योजना बनाने में मदद की है। वे उद्देश्य को सामने रखकर काम करने में विश्वास रखती हैं। इसका अर्थ केवल स्थानीयकृत उत्पादों का वितरण करने तक सीमित नहीं है, जैसे पैदल चलनेवालों के लिए कॉवेंट्री में कुरकुरे और सेंशियागो में सैब्रितोस, बल्कि मानवीय प्रतिभा और पर्यावरण के विभिन्न स्तरों पर उसे बनाए रखना भी आवश्यक है। जल और ऊर्जा के कुशल प्रयोग से बदले में निस्संदेह लाभ होता है, लेकिन एक बेहतर समाज की रचना करने के लिए ''मैं चाहती हूँ कि हर ग्राहक स्वस्थ हो।'' नूरी का कहना है, ''पोषणीयता के जरिए ही मैं ऐसा कर सकती हूँ।''

उन्होंने 'पेप्सिको' के लिए बहुत कुछ हासिल किया है। यह विश्व की चौथी सबसे बड़ी खाद्य एवं पेय बनानेवाली कंपनी है। हलके पेय बनानेवाली यह दुनिया की दूसरे नंबर की सबसे बड़ी कंपनी है। 'फोर्ब्स' पत्रिका ने विश्व की अत्यंत प्रभावशाली 100 महिलाओं की सन् 2007 की सूची में नूई को सातवाँ स्थान दिया था।

'फॉर्चून' पत्रिका ने सन् 2006 और सन् 2007 में नूई को बिजनेस में सबसे शक्तिशाली महिला बताया। उनके मित्रों में अमेरिका के भूतपूर्व विदेश मंत्री हेनरी कीसिंगर भी हैं, जो उन्हें एक 'वाइल्ड न्यूयॉर्क यैंकीज फैन' कहते हैं।

'बिजनेस वीक' के अनुसार, 'जब से उन्होंने सी.ई.ओ. का पद सँभाला है, तब से कंपनी की वार्षिक आय 72 प्रतिशत बढ़ गई है, जबकि शुद्ध लाभ दोगुने से भी अधिक हो गया है। सन् 2006 में अर्जित 5.6 बिलियन डॉलर का शुद्ध लाभ इसका प्रमाण है।' सन् 2005 में 'वाल स्ट्रीट जनरल' में 50 महिलाओं की सूची में नूई का नाम शामिल करते हुए टिप्पणी की गई कि 'उनपर नजरें टिकी रहेंगी'। सन् 2007 में 'टाइम्स' की विश्व में सर्वाधिक प्रभावशाली 100 लोगों की सूची में इंद्रा नूई का नाम शामिल था।

□

कमलादास

कमलादास अपनी मलयालम लघुकथाओं और अंग्रेजी में रचित अनेक कविताओं के लिए प्रसिद्ध हैं। इस केरलवासी महिला की गणना भारत की प्रमुख कवयित्रियों में की जाती है। वे एक प्रकाशन संस्था की स्तंभकार भी रहीं। वे बच्चों की देखभाल से लेकर, स्त्रीत्व और प्रेम आदि अनेक विषयों पर अपने विचार प्रकट करती रही हैं।

भारत की इस जानी-मानी कवयित्री कमलादास का जन्म 31 मार्च, 1934 को मालाबार, केरल में हुआ था। मलयालम के लोकप्रिय दैनिक 'मातृभूमि' के भूतपूर्व प्रबंध निदेशक वी.एम. नायर की पुत्री कमलादास की और उनकी माँ नलप्पट बालमणि अम्मा भी प्रसिद्ध मलयाली कवयित्री थीं। कमलादास को ऐसी पहली हिंदू महिला माना जाता है, जिन्होंने खुले शब्दों में, निस्संकोच भाव से भारतीय स्त्रियों की कामुक इच्छाओं के बारे में लिखा और बोला। यही कारण है कि उन्हें अपनी पीढ़ी में एक अलग पहचान मिली, जो लीक से हटकर है।

कमलादास का बाल्यकाल कलकत्ता में बीता। तब उनके पिता वहाँ बाल्फोर्ड ट्रांसपोर्ट कंपनी में एक वरिष्ठ अधिकारी के रूप में काम करते थे। वह कंपनी 'बेंटले' और 'रोल्स रॉयल' जैसी गाड़ियाँ बेचती थीं। कमला का पैतृक घर दक्षिणी मालाबार क्षेत्र में पोल्यूकुर्लम में था। पंद्रह वर्ष की उम्र तक उनकी शिक्षा-दीक्षा घर पर ही हुई और उसके बाद उनका विवाह के. माधवदास के साथ कर दिया गया। उन दोनों की आयु में इतना अधिक अंतर था कि उनके पति अकसर एक पिता का रोल निभाते थे और उन्हें अपने सहकर्मियों के साथ मिलने-जुलने के लिए प्रोत्साहित करते थे। वे कहती हैं, ''मेरे तीसरे बच्चे का जन्म होने तक मैं पूरी तरह माँ बनने लायक हो गई थी।'' उन्होंने यह भी कहा कि उनके पति हमेशा से बहुत समझदार थे।

कमलादास को लिखने की कला वंशानुगत रूप से प्राप्त हुई और अपनी माँ की तरह उन्होंने भी लेखन में नाम कमाया। कमला बहुत छोटी उम्र से ही कविता में रुचि

लेने लगी थीं। यह संभवतया उनके मामा नलप्पट नारायण मेनन के प्रभाव के कारण था, जो एक महान् लेखक थे। कमलादास का व्यावसायिक रूप से लेखन कार्य उनका विवाह हो जाने और एक बच्चे की माँ बन जाने के बाद ही शुरू हुआ। कमलादास ने जब लिखने की इच्छा जताई, तो उनके पति ने उनके निर्णय का समर्थन किया। एक गृहिणी होने के कारण उन्हें दिन में लिखने के लिए समय नहीं मिल पाता था सो वे रात को सब लोगों के सो जाने के बाद लिखने के लिए बैठती थीं। वे कहती हैं, ''घर में केवल रसोई में एक मेज थी, जिस पर मैं सब्जियाँ काटती थी और जब उस पर से सभी प्लेटें तथा दूसरी चीजें हटा देती और मेज साफ हो जाती, उसके बाद मैं वहाँ बैठकर टाइप किया करती और मेरा यह काम सुबह तक चलता था।''

उनकी पहली पुस्तक 'समर इन कलकत्ता' एक बहुत अच्छी शुरुआत थी, जिससे लेखन के क्षेत्र में उनके उज्ज्वल भविष्य की झलक मिलती थी। उन्होंने मुख्यतः प्यार, विश्वासघात और उससे उत्पन्न भारी वेदना के बारे में लिखा। सन् 1965 में एक भारतीय पाठक ने अपनी प्रतिक्रिया में लिखा कि वे 'यौन संबंधी विषय पर जिस पारदर्शिता, भोलेपन और साफगोई से लिखती हैं, उसकी वह कद्र करता है।' अपने लेखन में उन्होंने अर्थात् सुश्री दास ने मन और शरीर की स्वाधीनता के लिए एक पुरातन और कुछ-कुछ निष्फल सौंदर्यशास्त्र द्वारा प्रस्तुत निश्चितताओं को उस समय एक किनारे रख दिया, जब भारतीय कवयित्रियों से अभी तक यही आशा की जाती थी कि वे अनंत, निर्जीव प्यार के बदले, न मिले प्यार की उन मन-तरंगों के बारे में लिखती रहें, जिनमें किशोरवय लड़कियाँ अकसर खोई रहती हैं।

उनकी कविताओं में सामान्यतः एक एकाकी मन की कसक पाई जाती है। प्यासा मन कभी न खत्म होनेवाले जोश के साथ प्यार की तलाश में रहता है। कामुकता, लिप्सा और भूख कभी शांत नहीं होती और मन अंततः एक पुरानी नाट्यशाला बन जाता है, जिसमें अँधेरा-ही-अँधेरा है, सारी बत्तियाँ बुझा दी गई हैं। दास की दृष्टि में कविता या प्यार 'अप्रैल का सूरज है, संतरे को निचोड़कर निकाले गए जूस की तरह' और वह पाठक के मन में ऊर्जा का संचार करता है। जब वे किसी नए शहर की तरफ रुख कर रही होती हैं, उदासी नदी के अचल हृदय में एक शांत पत्थर बन जाती है। वे 'खिड़की में जड़े शीशों, बारिश, पीले चंद्रमा और समुद्र के पीछे की परछाइयों' को विदा कह देती हैं। भावनात्मक अनुभूति की यह अतिसंवेदनशीलता उनके काव्य की शक्ति है।

'माधवीकुट्टी', 'पलयन', 'नेपायसम' और 'दयारिककुरीप्पुकल' मलयालम में प्रकाशित उनकी पुस्तकों के अलावा दास ने अनेक उपन्यास और कहानियाँ अंग्रेजी में भी रचे हैं। अंग्रेजी में प्रकाशित उनकी कृतियों में शामिल हैं : 'एल्फॉनेट ऑफ लस्ट' (1977) नामक उपन्यास, कहानी संग्रह 'पद्मावती दि हार्ल्ट ऐंड अदर स्टोरीज'

(1992), पाँच काव्य पुस्तकें—'समर इन कलकत्ता ऑफ 1965', (1967) 'दि डिसेंडेंट्स, दि ओल्ड प्लेहाउस ऐंड अदर पोइम्स' (1973), 'दि अनफ्लाई पोइम्स' (1985) और 'ओनली दि सोल नोज हाउ टू सिंग' (1996), प्रीतीश नंदी के साथ एक काव्य संग्रह (1990)।

42 वर्ष की आयु में कमला ने उस समय काफी विवाद पैदा कर दिया, जब उनकी आत्मकथा 'माई स्टोरी' प्रकाशित हुई, जिसमें उन्होंने अपने दिल के रहस्य खोलकर रख दिए थे। उनके यौन संबंधी अनुभवों को पढ़कर लोगों को झटका लगा। उन्होंने खुद को 'प्यार के लिए तैयार, काम की दावत के लिए परिपक्व' कहा। बहुत समय तक उनपर गालियों की बौछार होती रही। इस पुस्तक का अनुवाद पंद्रह से अधिक विदेशी भाषाओं में हुआ।

उनकी बहु-प्रशंसित कहानियों में 'पक्षियुडे मनम', 'नेपायसम', 'थनप्पु' और 'चंदन मरंगल' शामिल हैं। उन्होंने कुछ उपन्यास भी लिखे, जिनमें 'नीरमथलम पूठा कलम' सबसे अलग है। पाठकों और आलोचकों को यह उपन्यास पसंद आया। उक्त उपन्यास में एक पुराने पैतृक घर की उत्कंठा, लालसा पुनः व्यक्त होती है, जिसकी बगल में एक सर्प मंदिर था।

कमलादास को अपने साहित्यिक योगदान के लिए अनगिनत पुरस्कार प्राप्त हुए हैं। उनमें से कुछ इस प्रकार हैं—'एशियाई काव्य पुरस्कार', अंग्रेजी में लेखन के लिए केंट अवार्ड, असन वर्ल्ड प्राइज, ऐझुथचन पुरस्कार, साहित्य अकादेमी पुरस्कार, वायलार पुरस्कार, केरल साहित्य अकादमी पुरस्कार आदि।

काव्य-पाठ के सिलसिले में उन्होंने कई देशों की यात्रा की है—जर्मनी के ऐसॅन, बोन और दुइसबर्ण विश्वविद्यालय, एडिलेड (ऑस्ट्रेलिया) में 'एडिलेड लेखक समारोह', फ्रेंकफर्ट बुक फेयर, यूनिवर्सिटी ऑफ किंग्सटन, जमैका, सिंगापुर और लंदन में साउथ बैंक फेस्टिवल, मांट्रियल कनाडा में कॉन्कार्डिथ यूनिवर्सिटी, न्यूयॉर्क में कोलंबिया यूनिवर्सिटी, कतर, दुबई, शारजाह, आबूधाबी इत्यादि। उनकी कृतियाँ फ्रैंच, स्पेनिश, रशियन, जर्मन और जापानी भाषा में उपलब्ध हैं।

वे केरल साहित्य अकादमी में 'केरल फॉरेस्ट्री बोर्ड' में अध्यक्ष पद पर रह चुकी हैं, 'केरल बाल चित्र सोसायटी' की प्रेसीडेंट, 'पोइट' पत्रिका की ऑरिएंट एडिटर और 'इलेस्ट्रेटिड वीकली ऑफ इंडिया' की काव्य संपादक के पद पर कार्य कर चुकी हैं।

लेखन के अलावा वे राजनीति में भी सक्रिय रहीं और उन्होंने लोकोपकारी कार्य पर ध्यान लगाने तथा अनाथ बच्चों की सहायता करने और धर्मनिरपेक्षता को बढ़ावा देने के उद्देश्य से 'लोक सेवा पार्टी' के नाम से एक राष्ट्रीय राजनीतिक दल का भी गठन किया।

'माधवीकुट्टी' के नाम से अधिक प्रसिद्ध कमलादास, अपनी मूल भाषा मलयालम में कहानी लेखकों में प्रमुख स्थान रखती हैं।

पाठकों की व्यक्तिगत पसंद और सामाजिक-सांस्कृतिक पृष्ठभूमि पर विचार करने के बाद भी उनका स्थान किसी भी सूची में चोटी के पाँच लेखकों में आता है। उनकी लेखन-शैली प्रांजल है और भाषा का प्रयोग बहुत सूक्ष्म एवं स्पष्ट है। अकसर कहा जाता है कि उनकी आकस्मिक बातचीत भी कहानियों के कलात्मक वर्णन की श्रेणी में आती है। यह उनकी सृजनात्मक प्रतिभा का ही कमाल है कि कई अवांछित विवादों में घिरे रहने के बाद भी साहित्य जगत् में उन्हें एक अत्यंत लोकप्रसिद्ध हस्ती माना जाता है।

□

कमलादेवी चट्टोपाध्याय

एक सारस्वत ब्राह्मण की चौथी और सबसे छोटी बेटी कमलादेवी चट्टोपाध्याय का जन्म 3 अप्रैल, 1903 को मंगलौर में हुआ था। उनके पिता अनंत धरेश्वर मंगलौर के जिला कलेक्टर थे और माँ गिरिजाबाई भी सुशिक्षित थीं। कमलादेवी की दादी प्राचीन भारतीय ग्रंथों की विद्वान् थीं। घर में उनकी मौजूदगी ने कमलादेवी को मजबूत आधार दिया और उनकी विचार-शक्ति एवं आवाज को वह उत्कृष्टता प्रदान की, जिसके लिए उन्हें आगामी वर्षों में व्यापक ख्याति प्राप्त होनेवाली थी।

वे एक गांधीवादी, समाज-सुधारक और स्वतंत्रता सेनानी थीं। उन्हें भारतीय हस्तशिल्प, हथकरघा और स्वातंत्र्योत्तर भारत में थिएटर के नवजागरण के पीछे प्रेरक बल होने के लिए और सहकारी आंदोलन को नेतृत्व प्रदानकर भारतीय स्त्रियों के सामाजिक-आर्थिक उत्थान के लिए याद किया जाता है।

जब उनका विवाह सन् 1917 में कृष्ण राव से हुआ, तब उनकी आयु चौदह वर्ष की थी और दो साल के भीतर ही वह विधवा हो गईं। अभी तक वे स्कूल जाया करती थीं। विधवा होने के बाद उन्हें उस समय के रूढ़िवादी हिंदू नियमों के अनुसार शिक्षा जारी रखने की स्वीकृति नहीं दी गई, फिर भी वे विद्रोह करके चेन्नई चली गईं और वहाँ सेंट मैरी स्कूल में पढ़ने लगीं। उन्होंने हाईस्कूल तक की शिक्षा पूरी कर ली। चेन्नई में उनकी भेंट एक सुविख्यात कवि, नाटककार और अभिनेता हरींद्रनाथ चट्टोपाध्याय से हुई। उन्होंने बीस वर्ष की आयु में हरींद्रनाथ से विवाह कर लिया, जो उनके दूसरे पति थे। कलाओं में पारस्परिक रुचि के कारण वे एक-दूसरे के करीब आ गए थे। अगले वर्ष उनके इकलौते पुत्र रामू का जन्म हुआ।

कमलादेवी और हरींद्र दोनों के सपने साझे थे जिन्हें साकार करने के लिए वे साथ रहकर काम करते रहे। अनेक कठिनाइयों के बावजूद उन्होंने नाटकों एवं प्रहसनों की प्रस्तुति की। विवाह के कुछ समय बाद हरींद्र लंदन चले गए और कुछ माह बाद

कमलादेवी भी उनके पास चली गईं। उन्होंने लंदन यूनिवर्सिटी के बेडफोर्ड कॉलेज से समाज विज्ञान में डिप्लोमा किया। 1920 के दशक के दौरान हरींद्रनाथ उनसे अलग हो गए और आपसी समझौते से दोनों में तलाक हो गया। उनका विवाह वैसे भी सुविधा की दृष्टि से एक समझौता अधिक था और उनके रास्ते अलग-अलग थे।

कमलादेवी छुटपन से ही एक असाधारण विद्यार्थी रहीं। उनमें दृढ़ता एवं साहस जैसे गुणों का प्राचुर्य था। उनके माता-पिता की अनेक स्वतंत्रता सेनानियों एवं बुद्धिजीवियों से मित्रता थी, जिसके कारण युवा कमलादेवी भी स्वदेशी राष्ट्रवादी आंदोलन से बहुत प्रभावित थीं। उन्होंने केरल-कुटियट्टम की प्राचीन संस्कृति नाट्य परंपरा की शिक्षा उस परंपरा एवं अभिनय के महानतम गुरु नाट्याचार्य पद्मश्री मणि माधव चक्यार से पाई। इसके लिए उन्हें किलिक्कुरुसिम्मंगलम में गुरु के घर में रहना पड़ा।

लंदन में रहते हुए कमलादेवी को महात्मा गांधी के 'असहयोग आंदोलन' के बारे में पता चला और उन्होंने तुरंत भारत लौटने का निश्चय कर लिया। भारत लौटकर वे एक गांधीवादी संगठन 'सेवादल' में शामिल हो गईं, जिसकी स्थापना सामाजिक उत्थान को बढ़ावा देने के लिए की गई थी। शीघ्र ही उन्हें 'सेवादल' के महिला खंड का प्रभारी बना दिया गया, जहाँ उनका काम भारत के सभी क्षेत्रों से आई हर उम्र की लड़कियों एवं औरतों को स्वैच्छिक कार्यकर्ता अथवा 'सेविका' बनने के लिए दल में भरती करना, प्रशिक्षण दिलाना और संगठित करना था।

सन् 1926 में उनकी भेंट अखिल भारतीय महिला सम्मेलन (ऑल इंडिया वीमेंस कॉन्फ्रेंस) की संस्थापिका, नारी मताधिकार आंदोलनकर्त्री, मार्ग्रेट कजिंस से हुई। मार्ग्रेट ने उन्हें मद्रास प्रांत विधानसभा के चुनाव में खड़े होने के लिए प्रेरित किया। इस प्रकार वे विधानसभा की सीट के लिए पहली महिला प्रत्याशी बनीं। उन्हें चुनाव प्रचार के लिए केवल कुछ ही दिन मिले और वे मात्र 200 मतों से चुनाव हार गईं।

सन् 1927 में वे ऑल इंडिया वीमेंस कॉन्फ्रेंस (ए.आई.डब्ल्यू.सी.) की पहली संगठन सचिव बनीं। अगले वर्ष ए.आई.डब्ल्यू.सी. एक प्रतिष्ठित राष्ट्रीय संगठन बन गया, जिसकी शाखाएँ और स्वैच्छिक कार्यक्रम देश भर में चलने लगे। इस संगठन ने वैधानिक सुधारों के लिए दृढ़तापूर्वक काम किया। अपने कार्यकाल के दौरान उन्होंने अनेक यूरोपीय देशों का व्यापक भ्रमण किया और उन देशों से प्रेरित होकर उन्होंने कई समाज सुधार एवं समाज कल्याण कार्यक्रम शिक्षण संस्थान स्थापित किए।

26 जनवरी, 1930 को उन्होंने राष्ट्रभक्ति की अद्वितीय मिसाल कायम करके उस समय समस्त राष्ट्र का दिल जीत लिया, जब 'नमक सत्याग्रह' के दौरान बंबई के सागरतट पर नमक बनाने के लिए सात सदस्यों की टोली का नेतृत्व करते हुए तिरंगे राष्ट्रध्वज को बचाने की खातिर वे उससे लिपट गईं। वे पहली महिला थीं जिन्हें 1930 के दशक में

'निषिद्ध नमक' (अंग्रेजों द्वारा तथाकथित वर्जित वस्तु) के पैकेट बेचने हेतु बंबई स्टॉक एक्सचेंज के अंदर घुसने के जुर्म में गिरफ्तार किया गया और एक वर्ष के लिए जेल में डाल दिया गया। सन् 1937 में वे 'कांग्रेस सोशलिस्ट पार्टी' की अध्यक्ष बन गईं।

कमलादेवी ने ऐसे समय में कुछ फिल्मों में भी काम किया, जब मान-प्रतिष्ठा संपन्न परिवारों की स्त्रियों के लिए फिल्मों में अभिनय करना ठीक नहीं समझा जाता था। पहले दौर में उन्होंने दो मूक फिल्मों में काम किया, जिनमें से पहली फिल्म कन्नड़ फिल्म उद्योग की प्रथम मूक फिल्म 'मृच्छकटिकम' (1931) थी। दूसरे चरण में उन्होंने सन् 1943 में बनी एक हिंदी फिल्म 'तानसेन' में अभिनय किया।

भारत को स्वतंत्रता मिल गई, लेकिन देश-विभाजन अपने पीछे बरबादी छोड़ गया। कमलादेवी ने शरणार्थियों के पुनर्वास के लिए 'भारतीय सहकारी संघ' (इंडियन कोऑपरेटिव यूनियन) की स्थापना की और उस संघ के जरिए उन्होंने सहकारिता के आधार पर एक नगर-क्षेत्र का निर्माण करने की योजना बनाई। काफी जद्दोजहद के बाद दिल्ली के बाहरी क्षेत्रों पर फरीदाबाद नगर बसाया गया। वहाँ उत्तर-पश्चिम सीमाप्रांत से आए 50,000 शरणार्थियों को बसाने का काम किया गया। उन्होंने अथक परिश्रम किया और नए घर तथा नए व्यवसाय स्थापित करने में शरणार्थियों की हर तरह से मदद की तथा उन्हें नए-नए काम-धंधों का प्रशिक्षण दिलाने का भी इंतजाम किया। नए बसे नगर-क्षेत्र में उन्होंने स्वास्थ्य सुविधाएँ मुहैया कराने में भी मदद की।

अपने जीवन के दूसरे दौर की शुरुआत उन्होंने लोगों के पुनर्वास और उनके छूटे हुए काम-धंधों को पुनः आरंभ कराने की जिम्मेदारी के साथ की। स्वतंत्रता-प्राप्ति के बाद के युग में भारतीय हस्तशिल्प को लगभग अपने अकेले दम पर पुनर्जीवित करने का श्रेय उन्हीं को जाता है। हमारे वर्तमान युग को उनकी यह एक बड़ी देन है।

कमलादेवी ने भारत की देशज कला और दस्तकारी को बचाए रखने और उसे बढ़ावा देने के उद्देश्य से अनेक कला-संग्रहालय स्थापित किए। इनमें दिल्ली स्थित 'नाट्यशिल्प संग्रहालय' (थिएटर क्राफ्ट्स म्यूजियम) भी शामिल है। उन्होंने कलाओं एवं दस्तकारी को समान रूप से बढ़ावा दिया और श्रेष्ठ शिल्पियों के लिए राष्ट्रीय पुरस्कारों की भी व्यवस्था की। उनके उद्यम से देश भर में 'केंद्रीय कुटीर उद्योग विक्रय-केंद्र' स्थापित किए गए, ताकि यह देश अपने प्राचीन गौरव की तसवीर विश्व के सामने पुनः प्रस्तुत कर सके।

□

कर्णम मल्लेश्वरी

विख्यात भारोत्तोलक कर्णम मल्लेश्वरी का जन्म 1 जून, 1975 को श्रीकारकुलम, आंध्र प्रदेश में हुआ था। मल्लेश्वरी की ऊँचाई 158 सेंटीमीटर है। उन्होंने भारोत्तोलकों के परिवार में जन्म लिया। छह बच्चों में वे तीसरी संतान हैं। मल्लेश्वरी को परिवार का पूरा समर्थन मिला और उनकी माँ श्यामला उनके आहार का विशेष ध्यान रखती थीं, क्योंकि एक भारोत्तोलक के लिए पौष्टिक एवं संतुलित आहार बहुत महत्त्व रखता है।

ओलंपिक पदक प्राप्त करनेवाली वे पहली भारतीय महिला थीं। सिडनी ओलंपिक-2000 में उन्होंने महिलाओं के 69 किलोग्राम वर्ग में भार उठाने में कांस्य पदक प्राप्त किया।

एक सिपाही की लज्जालु पुत्री कर्णम मल्लेश्वरी ने केवल बारह वर्ष की आयु में भारोत्तोलन का अभ्यास शुरू कर दिया था। आरंभ में उन्हें उत्तरी आंध्र प्रदेश के श्रीकारकुलम जिले में ऊसवनीपेट नामक गाँव में नीलमशेट्टी अप्पन्ना द्वारा प्रशिक्षण प्रदान किया गया। उनका कहना है, ''वे ऐसी लड़की थीं, जो कभी हिम्मत नहीं हारतीं।'' उन्होंने जल्दी अपनी प्रवीणता का सबूत दे दिया। तत्पश्चात् उन्हें 'स्पोर्ट्स अथॉरिटी ऑफ इंडिया' (एस.ए.आई.) की एक विशेष क्षेत्र खेल परियोजना के अंतर्गत प्रशिक्षित किया गया। सन् 1990 में वे राष्ट्रीय कैंप में शामिल हो गईं और चार वर्ष बाद 54 किलोग्राम वर्ग में 'विश्व विजेता' का खिताब जीता।

सन् 1994 में मल्लेश्वरी ने 'विश्व विजेता' बनने के लिए अधिकाधिक भार उठाने से अपने वृत्तिक जीवन की शुरुआत की। अक्तूबर 1996 में 'आउटलुक' में प्रस्तुत पचास भारतीय हस्तियों में उन्हें भी शामिल किया गया था। उक्त पत्रिका की पहली वर्षगाँठ के विशेषांक में उन्हें विशिष्ट स्थान दिया गया। सन् 1997 में राजेश त्यागी के साथ विवाह के पश्चात् भी उनका पदक-विजय अभियान जारी रहा। मल्लेश्वरी बाद में

यमुनानगर, हरियाणा में आकर बस गईं। उन्होंने भारोत्तोलन स्पर्धा से कुछ समय के लिए अवकाश ले लिया, ताकि वे 'बैंकॉक एशियन गेम्स-1998' में भाग लेने की तैयारी कर सकें।

भारत की ओलंपिक टीम के लिए भारोत्तोलकों के चयन को लेकर कुछ विवाद था। तीन दावेदारों और दो स्थानों के रहते, उस समय नकारात्मक निर्णय सामने आया, जब मणिपुर से आई एक मशहूर भारोत्तोलक कुंजरानी देवी को चयन के दायरे से बाहर कर दिया गया, हालाँकि मल्लेश्वरी के कांस्य पदक ने उसका चयन वैध बना दिया।

'सिडनी ओलंपिक गेम्स-2000' में मल्लेश्वरी द्वारा कांस्य पदक की जीत उनके पेशेवर जीवन की सबसे बड़ी उपलब्धि मानी जाती है, क्योंकि कोई भी ओलंपिक पदक जीतनेवाली वे पहली भारतीय महिला थीं। कर्णम मल्लेश्वरी के जीवन में सर्वश्रेष्ठ क्षण वह था, जब देश का गौरव बढ़ाने के लिए उन्हें भारत के प्रधानमंत्री द्वारा सम्मानित किया गया। मल्लेश्वरी के हर्ष की कोई सीमा नहीं थी, जब प्रधानमंत्री ने उनके बारे में यह वक्तव्य दिया कि 'उनकी उपलब्धि एक अद्वितीय उपलब्धि है और उनकी जीत भारतीय महिलाओं की जीत है।' 'सिडनी ओलंपिक' में उनकी जीत के साथ ही उन पर नकद पुरस्कारों और प्रशंसात्मक संदेशों की झड़ी लग गई।

सन् 2000 के ओलंपिक खेलों में उन्हें बेलारूस के एक कोच लियोनिद तरनेन्कोहे द्वारा विशेष प्रशिक्षण दिया गया था। अपनी उपलब्धि से उन्होंने अपने देश को ही नहीं बल्कि अपने उस कोच को भी गौरवान्वित किया। यहाँ यह उल्लेख करना भी आवश्यक है कि सिडनी ओलंपिक खेलों ने ही अंतरराष्ट्रीय स्तर पर पेशेवर भारोत्तोलक महिलाओं की प्रतिभा को पहचान दिलाई और उन्हें एक अंतरराष्ट्रीय स्पर्धा का मंच भी प्रदान किया।

मल्लेश्वरी द्वारा जीते गए कुछ पुरस्कार इस प्रकार हैं—सन् 1994 में इस्तंबुल में आयोजित 'विश्व चैंपियनशिप' में स्वर्ण पदक जीता। सन् 1995 में 54 किलोग्राम वर्ग में 113.0 किलोग्राम वजन सफाई से उठाकर और झटककर एक नया कीर्तिमान स्थापित किया। उसी वर्ष कोरिया में 'एशियाई चैंपियनशिप' जीती। उनके पेशेवर जीवन में एक गौरवशाली क्षण वह भी था, जब चीन में तीन स्वर्ण पदक जीतकर एक शानदार रिकॉर्ड बनाया। सन् 1997 में 'सीनियर नेशनल वेटलिफ्टिंग चैंपियनशिप' में अपने ही रिकॉर्ड तोड़ दिए और सन् 1998 के 'एशियन गेम्स' में भारत के लिए पहला रजत पदक हासिल किया। उन्हें सन् 1994-1995 के 'राजीव गांधी खेलरत्न पुरस्कार' से सम्मानित किया गया, जो 'क्रीड़ा-जगत्' में भारत का सर्वोच्च सम्मान है। दो बार विश्व-विजेता बनने, 11 स्वर्ण सहित 29 अंतरराष्ट्रीय पदक जीतने जैसी उपलब्धि के लिए सन् 1999 में उन्हें भारत सरकार की ओर से 'पद्मश्री' सम्मान से विभूषित किया गया।

ओलंपिक में ऐतिहासिक प्रदर्शन करने के परिणामस्वरूप उन्हें दो मुख्यमंत्रियों एवं भारत के खेल मंत्रालय द्वारा लगभग 45 लाख रुपए की नकद राशि पुरस्कारस्वरूप प्रदान की गई। वे हरियाणा में एक स्पोर्ट्स अकादमी खोलना चाहती हैं। मल्लेश्वरी के पति ने उनके बारे में कहा है, ''ओलंपिक खेलों में कांस्य पदक जीतना दृढ़ संकल्प और असीम धैर्य का परिणाम है। वे प्रतिदिन छह घंटे अभ्यास करती हैं।''

□

कल्पना चावला

भारतीय-अमेरिकी अंतरिक्ष यात्री कल्पना चावला का जन्म 1 जुलाई, 1961 को करनाल, हरियाणा में हुआ था। उड़ना, लंबी पदयात्रा करना, पीठ पर सामान बाँधकर पैदल यात्रा पर जाना और पढ़ना अच्छा लगता था। उनके पास वायुयान और ग्लाइडर वर्ग का एक प्रामाणीकृत उड़ान अनुदेशक (सर्टिफिकेटिड फ्लाइट इंस्ट्रक्टर) का लाइसेंस था। उनके पास जमीन और समुद्र से उड़ान भरनेवाले एकल एवं कई इंजनयुक्त विमान उड़ाने का कॉमर्शियल पायलट का लाइसेंस भी था तथा ग्लाइडर एवं वायुयानों के लिए उपकरणिक वर्ग का भी लाइसेंस था। उन्हें हवाई कलाबाजियाँ खाना और विमान को चक्कर खिलाते हुए सिर के बल नीचे उतारने में आनंद पिलता था।

संस्कृत में कल्पना का अर्थ है 'मन की कल्पनाशक्ति' और 'सृजनशीलता' भी। उड़ने की प्रेरणा उन्हें एक पथप्रदर्शक भारतीय पायलट तथा उद्योगपति जे.आर.डी. टाटा से प्राप्त हुई थी। वे स्पेस शटल मिशन विशेषज्ञ थीं।

सन् 1976 तक यानी अपनी किशोर वय तक कल्पना चावला ने 'टैगोर पब्लिक स्कूल' में पढ़ाई की। पंजाब इंजीनियरिंग कॉलेज, चंडीगढ़ में वैमानिकीय इंजीनियरिंग का अध्ययन किया, जहाँ से 1982 में विज्ञान स्नातक की डिग्री प्राप्त की। वे उसी वर्ष संयुक्त राज्य अमेरिका चली गईं और सन् 1984 में यूनिवर्सिटी ऑफ टेक्सॉस, अर्लिंग्टन से एयरोस्पेस इंजीनियरिंग में मास्टर्स डिग्री हासिल की। टेक्सॉस यूनिवर्सिटी, अर्लिंग्टन में उनकी मुलाकात एक फ्लाइंग प्रशिक्षक एवं वैमानिकी लेखक जीन पियरे हैरीसन से हुई। कल्पना ने सन् 1983 में जीन पियरे हैरीसन से विवाह कर लिया और सन् 1990 में संयुक्त राज्य अमेरिका की नागरिकता ग्रहण कर ली। वे आजीवन शाकाहारी बनी रहीं।

चावला ने सन् 1986 में मैकेनिकल इंजीनियरिंग में भी मास्टर ऑफ साइंस की डिग्री प्राप्त कर ली और सन् 1988 में यूनिवर्सिटी ऑफ कैलोरोडो, बोल्डर से एयरोस्पेस इंजीनियरिंग में डॉक्टरेट की उपाधि ली। उनके पास वायुयानों, ग्लाइडरों के लिए

सर्टिफिकेटिड फ्लाइट इंस्ट्रक्टर रेटिंग का लाइसेंस और एकल एवं कई इंजनयुक्त वायुयान, समुद्री यान तथा ग्लाइडर उड़ाने का कॉमर्शियल पायलट लाइसेंस था। उनके पास एफ.सी.सी. द्वारा जारी किया गया टेक्नीशियन क्लास ऐमेटियर रेडियो लाइसेंस भी था, जिसका कॉल साइन 'के.डी. 5 ई. एस.आई.' था।

सन् 1988 में कल्पना चावला ने 'नासा' (एन.ए.एस.ए.) के 'अमेस रिसर्च सेंटर' में शक्ति-चालित संगणनात्मक तरल गतिविज्ञान (पावर्ड-लिफ्ट कंप्यूटेशनल फ्लूइड डायनेमिक्स) के क्षेत्र में काम शुरू कर दिया। अपने अनुसंधान कार्य में उन्होंने उन संशलिष्ट वायु प्रवाहों के अनुकरण पर ध्यान केंद्रित किया, जिनका सामना 'हैरियर' जैसे वायुयानों को 'भू-प्रभाव' में अपने चारों ओर करना पड़ता है। इस परियोजना को पूरा करने के बाद उन्होंने समानांतर कंप्यूटरों की दिशा में प्रवाहशोधक के मानचित्रण में अनुसंधान-कार्य और शक्ति-चालित संगणनाएँ करके इन शोधकों के लिए परीक्षण में मदद की।

सन् 1993 में कल्पना चावला ने ओवरसेट मैथड्स इंक, लॉस, आल्टोस, कैलिफोर्निया में वाइस प्रेसीडेंट और अनुसंधान वैज्ञानिक के रूप में कार्यभार ग्रहण कर लिया। यहाँ उन्हें गतिमान बहुपिंड संबंधी समस्याओं के अनुकरण में विशेष अध्ययन करनेवाले दूसरे शोधकर्ताओं का एक दल गठित करना था। यहाँ उन्होंने वायुगति के अनुकूलीकरण की कुशल तकनीकों का विकास करने और उनको कार्यान्वित करने में सहायता की। कल्पना चावला ने जिन विभिन्न परियोजनाओं में भाग लिया, उनके परिणामों का विवरण तकनीकी सम्मेलन के कागजातों और पत्रिकाओं में लिखित रूप में मौजूद है।

दिसंबर 1994 में 'नासा' में कल्पना चावला का चयन हो गया और उन्होंने अंतरिक्ष यात्रियों के 15वें ग्रुप में एक प्रत्याशी के रूप में शामिल होने के लिए मार्च 1995 में 'जॉन्सन स्पेस सेंटर' में अपनी उपस्थिति दर्ज करा दी। एक वर्ष का प्रशिक्षण और मूल्यांकन पूरा करने के बाद उन्हें एस्ट्रोनॉट ऑफिस में ई.वी.ए./ रोबोटिक्स और कंप्यूटर शाखाओं की तकनीकी समस्याओं को हल करने संबंधी कर्मीदल के प्रतिनिधि का कार्य सौंपा गया। उन्हें सौंपे गए कार्यों में 'रोबोटिक सिचुएशनल अवेयरनेस डिस्प्लेज' के विकास पर काम करना और शटल 'एवियोनिक्स इंटिग्रेशन लेबोरेटरी' में 'स्पेस शटल कंट्रोल सॉफ्टवेयर' का परीक्षण करना शामिल था।

नवंबर 1996 में कल्पना चावला को 'एस.टी.एस.-87' पर 'मिशन स्पेशलिस्ट' एवं 'प्राइम रोबोटिक आर्म ऑपरेटर' का कार्य सौंपा गया। जनवरी 1998 में कल्पना को शटल और स्टेशन फ्लाइट क्रू इक्विपमेंट संबंधी कर्मीदल के प्रतिनिधि के रूप में उनके पहले कार्यभार के लिए चुना गया और बाद में उन्होंने एस्ट्रोनॉट ऑफिस के क्रू सिस्टम्स और हैबिटेबिलिटी सेक्शन के प्रमुख के रूप में काम किया। उनका स्पेस मिशन 'शटल

कोलंबिया फ्लाइट एस.टी.एस.-87' 19 नवंबर, 1997 को आरंभ हुआ और 5 दिसंबर, 1997 को समाप्त हुआ। एस.टी.एस.-87 ने 376 घंटे और 34 मिनट में 6.5 मिलियन मील की यात्रा करके पृथ्वी की कक्षा के 252 चक्कर लगाए।

एक भारतीय अंतरिक्ष यात्री राकेश शर्मा ने भारत का प्रतिनिधित्व किया, जबकि चावला एक अमेरिकी अंतरिक्षयात्री थीं और उन्होंने संयुक्त राज्य अमेरिका का प्रतिनिधित्व किया। दोनों की रुचियाँ समान थीं, फिर भी शर्मा और चावला की भेंट कभी नहीं हुई।

चावला भारत में जनमी पहली महिला थीं और भारतीय मूल की दूसरी हस्ती थीं जिन्होंने अंतरिक्ष की यात्रा की। अपने पहले मिशन में चावला ने अंतरिक्ष में 360 घंटों से अधिक समय बिताकर पृथ्वी की कक्षा के 252 चक्कर लगाने में 10.4 मिलियन मील से अधिक की यात्रा की। 'एस.टी.एस.-87' के दौरान चावला पर उस स्पार्टन उपग्रह को अंतरिक्ष में पंक्तिबद्ध करने की जिम्मेदारी थी, जिसमें खराबी आ जाने के कारण विन्स्टन स्कॉट और तकाओ दोई को उपग्रह को पकड़ने के लिए अंतरिक्षगमन (स्पेसवॉक) करना पड़ा।

'एस.टी.एस.-87' के उड़ानोपरांत क्रियाकलापों के पूरा हो जाने के बाद चावला को एस्ट्रोनॉट ऑफिस में तकनीकी कार्यों की जिम्मेदारी सौंपी गई और उन्होंने अपनी जिम्मेदारियों को इतनी अच्छी तरह निभाया कि उनके साथियों ने उन्हें एक विशेष पुरस्कार दिया। 2000 में उनका चयन 'एस.टी.एस.-107' के कर्मीदल का हिस्सा बनने के लिए किया गया, जो अंतरिक्ष में उनकी दूसरी उड़ान थी। इस मिशन में कई बार विलंब हुआ। 16 जनवरी, 2003 को चावला एस.टी.एस.-107 मिशन के लिए कोलंबिया में सवार होकर अंततः अंतरिक्ष में पहुँच गईं। चावला को स्पेसहैब/फ्रीस्टार सूक्ष्म-गुरुत्वाकर्षण (माइक्रो-ग्रेविटी) परीक्षण करने की भी जिम्मेदारी दी गई थी, जिसके संबंध में कर्मीदल (क्रू) ने सफलतापूर्वक लगभग 80 प्रयोग किए। इनमें पृथ्वी एवं अंतरिक्ष विज्ञान, उन्नत प्रौद्योगिकी विकास और अंतरिक्ष यात्री के स्वास्थ्य एवं सुरक्षा संबंधी अध्ययन शामिल थे।

जब अंतरिक्ष यान 'शटल कोलंबिया एस.टी.एस.-107' 1 फरवरी, 2003 को नीचे उतरने के निर्धारित समय से 16 मिनट पहले ही प्रवेश के दौरान धमाके के साथ ध्वस्त हो गया, तो कल्पना चावला सहित शटल में सवार सभी अंतरिक्ष यात्री मारे गए। कल्पना चावला हमेशा कहा करती थीं, "मेरा जन्म किसी एक कोने में पड़े रहने के लिए नहीं हुआ, सारा विश्व मेरी जन्मभूमि है।"

चावला को मृत्योपरांत निम्नलिखित पुरस्कार समर्पित किए गए—

- कांग्रेशनल स्पेस मेडल ऑफ ऑनर।
- नासा स्पेस फ्लाइट मेडल।

- नासा डिस्टिंग्विश्ड सर्विस मेडल।
- डिफेंस डिस्टिंग्विश्ड सर्विस मेडल (डी.डी.एस.एम.)।

कल्पना चावला को 'एस्टिरॉइड 51826' का खिताब दिया गया। भारत के प्रधानमंत्री ने घोषणा की कि मौसम-विज्ञान संबंधी उपग्रह शृंखला 'मेटसैट' को 'कल्पना' का नाम दिया जाएगा। इस शृंखला के पहले उपग्रह 'मेटसैट-1' को 'कल्पना-1' कहा जाएगा। जैक्सन हाइट्स, क्वींस न्यूयॉर्क में 74वीं गली का नाम '74वीं स्ट्रीट कल्पना चावला मार्ग' कर दिया गया है। अर्लिंग्टन में यूनिवर्सिटी ऑफ टेक्सॉस ने सन् 2004 में एक शयनशाला (डॉर्मिट्री) का उद्घाटन 'कल्पना चावला हॉल' के नाम से किया। कर्नाटक सरकार ने सन् 2004 में युवा महिला वैज्ञानिकों के लिए 'कल्पना चावला पुरस्कार' की घोषणा की। पंजाब इंजीनियरिंग कॉलेज में लड़कियों के छात्रावास को 'कल्पना चावला छात्रावास' का नाम दिया गया है। इसके अलावा एरोनॉटिकल इंजीनियरिंग में सर्वश्रेष्ठ छात्र के लिए पच्चीस हजार रुपए का पुरस्कार, एक पदक और एक प्रमाण-पत्र कल्पना चावला के नाम पर देने की व्यवस्था की गई है। 'नासा' ने एक सुपर कंप्यूटर कल्पना को समर्पित किया है और 'नासा मार्स एक्सप्लोरेशन रोवर मिशन' ने कोलंबिया हिल्स में सात पहाड़ियों की एक शृंखला को, जिसमें 'चावला हिल' भी शामिल है, उसका नाम दिया है। गायक स्टीव मोर्स ने बैंड में उनकी रुचि और 'कोलंबिया त्रासदी' की स्मृति में 'कॉन्टेक्ट लॉस्ट' नाम का एक गीत रचा है। लेखक पीटर डेविड ने एक शटल क्राफ्ट को 'दि चावला' नाम दिया है।

कल्पना चावाला संयुक्त राज्य अमेरिका जाने के बाद सन् 1991-1992 के दौरान अंतिम बार करनाल आईं, जहाँ उन्होंने अपने पति और परिवार के साथ नववर्ष की छुट्टियाँ बिताईं। अंतरिक्ष यात्री बनने के बाद उनके पास भारत आने के लिए बिलकुल भी समय नहीं था और इसी कारण वे बुलाने पर भी आ नहीं पाती थीं।

□

कस्तूरबा गांधी

कस्तूरबा गांधी को प्यार से 'बा' कहा जाता है। उनका जन्म 11 अप्रैल, 1869 को हुआ था। वे राष्ट्रपिता 'महात्मा गांधी की धर्मपत्नी थीं। भारत के लोग महात्मा गांधी को 'बापूजी' (अर्थात् पिता) कहते हैं। मई 1883 में उनका विवाह हुआ था। उस समय उन दोनों की आयु केवल तेरह वर्ष की थी। उनके चार पुत्र हुए—हरिलाल (1888), मणिलाल (1892), रामदास (1897) और देवदास (1900)। उनके पिता गोकुलदास मखारजी पोरबंदर के एक व्यापारी थे।

कस्तूरबा एक धनी परिवार से थीं। समृद्ध परिवार से संबंध रखने के बावजूद उन्हें शिक्षा नहीं दिलाई गई। उस समय महिलाओं के लिए शिक्षित होना आवश्यक नहीं समझा जाता था। उन्हें केवल घर का कामकाज करना होता था। विवाह के पश्चात् उनके पति ने उन्हें पढ़ना और लिखना सिखाया। उन दिनों महिलाओं की स्थिति को देखते हुए यह एक क्रांतिकारी कदम था। सन् 1888 में गांधीजी जब पढ़ने के लिए लंदन चले गए, तब वे अपने नवजात पुत्र की देखभाल के लिए भारत में ही रहीं।

राजनीतिक विरोध-प्रदर्शनों में कस्तूरबा अकसर अपने पति का साथ देती थीं। सन् 1897 में वे अपने पति के साथ दक्षिण अफ्रीका गईं। डरबन के निकट फीनिक्स बस्ती में वे सन् 1904 से 1914 तक सक्रिय रहीं। सन् 1913 में उन्होंने साउथ अफ्रीका में भारतीय लोगों की काम करने संबंधी अमानवीय परिस्थितियों के विरुद्ध अपनी आवाज उठाई तथा विरोध प्रदर्शन किया। कस्तूरबा को गिरफ्तार करके तीन माह के लिए जेल में डाल दिया गया, जहाँ कैदियों को कड़ी मेहनत करनी पड़ती थी। बाद में भारत में जब कभी गांधीजी को कारागार में डाल दिया गया तो उन्हें अपने पति का स्थान लेना पड़ा। सन् 1915 में जब गांधीजी नील की खेती करनेवालों का समर्थन करने के लिए भारत लौट आए तो कस्तूरबा उनके साथ रहीं और उनके कार्यों में बराबर उनका हाथ बँटाती रहीं। कस्तूरबा ने औरतों एवं बच्चों को स्वच्छता, स्वास्थ्य, अनुशासन, पढ़ने-लिखने संबंधी

मूल बातों की शिक्षा दी।

मोहनदास गांधी ने ब्रह्मचर्य का पालन करने का व्रत लिया, तो कस्तूरबा ने उनके विचार को सहजता से स्वीकार नहीं किया। जब गांधीजी ने उन्हें अपने दृष्टिकोण का खुलासा किया तब वे अपने पति की राय से सहमत हो गईं। तत्पश्चात् दोनों ब्रह्मचर्य व्रत का पालन करने लगे। कस्तूरबा बहुत ही धार्मिक प्रवृत्ति की महिला थीं, ठीक अपने पति की तरह। उन्होंने जातिगत भेदभावों को त्याग दिया और सारा जीवन आश्रमों में रहकर बिताने का निर्णय लिया।

कस्तूरबा ने कुछ अपने ही ढंग से स्वयं को परिस्थिति के अनुकूल ढाल लिया था, लेकिन दु:ख की बात है कि उन्हें कभी वह श्रेय नहीं मिला, जिसकी वे हकदार थीं। उन्होंने कभी स्वाधीनता की भावना नहीं दरशाई। एक बार तो गांधीजी ने क्रोधावेश में उन्हें घर से बाहर निकाल दिया था। गांधीजी ने उनसे कहा था कि आश्रम में वे सब छोटे-मोटे कार्य उन्हें भी करने चाहिए, जो हर कोई करता है। हालाँकि उन्होंने बात मान ली थी, फिर भी शौचालयों को साफ करने जैसे काम करने में उन्हें संकोच होता था। बाद में उन्होंने बिलकुल मना कर दिया। अपने बेटों की देखभाल करने के मामले में भी दोनों के विचार नहीं मिलते थे। दूसरों की तरह कस्तूरबा का भी मानना था कि पिता द्वारा पुत्रों की उपेक्षा की जा रही है। दूसरी ओर गांधीजी का यह मत था कि उनके अपने पुत्रों और दूसरों के पुत्रों में कोई अंतर नहीं है और वे किन्हीं विशेष सुविधाओं के हकदार नहीं हैं।

कस्तूरबा ने अपने पति के निर्णय का पूरा समर्थन किया और उनके काम में पूरा साथ दिया। इतना ही नहीं, दक्षिण अफ्रीका में भारतीयों के काम के हालात में सुधार की माँग को लेकर किए गए आंदोलन में भी कस्तूरबा ने ऐसा कोई रास्ता निकालने में गांधीजी की मदद की, जिससे वे दक्षिण अफ्रीका में रह रहे भारतीयों को अपना प्रतिनिधित्व स्वयं करने का अधिकार दिला सकें। बाद में भी अनेक ऐसे अवसर आए, जब भारत में उन्हें गांधीजी के कारावास के दौरान उनकी जगह काम करना पड़ा। भारत में आजादी की लड़ाई के साथ वे हमेशा जुड़ी रहीं और महिला कार्यकर्ताओं को प्रोत्साहित करती रहीं।

गांधीजी की दैनिक आवश्यकताओं की देखभाल कस्तूरबा ही करती थीं। 'भारत छोड़ो आंदोलन' के बाद कस्तूरबा पूना के 'आगा खान पैलेस' में नजरबंद अपने पति की सेवा में लगी रहीं।

'भारत छोड़ो आंदोलन' और आश्रम जीवन से उत्पन्न तनाव के कारण उनका स्वास्थ्य बिगड़ने लगा। उनकी श्वासनली में बहुत सूजन आ गई और उन्हें निमोनिया हो गया। विशेषकर उनके सबसे बड़े पुत्र हरिलाल ने उन्हें बहुत दु:ख पहुँचाया। उनकी बीमारी के दौरान वह सिर्फ एक बार उन्हें देखने पहुँचा। वह काफी लंबे समय बाद आया

था। उसे देखकर कस्तूरबा की आँखों से आँसू बहने लगे।

बा को जब निमोनिया हुआ, तब उनके पति मोहनदास गांधी जेल में थे। उन्होंने पेनिसिलिन लेने से मना कर दिया। 22 फरवरी, 1944 को भीषण हृदयाघात के कारण उनकी मृत्यु हो गई। उस समय गांधीजी उनके पास थे।

कस्तूरबा के निधन के समय लिये गए चित्रों में गांधीजी एक कोने में सिमटे बैठे हैं, बहुत ही दु:खी अवस्था में; मानो उनके अस्तित्व का एक पहलू समाप्त हो गया हो! कस्तूरबा सदैव उनकी स्तुत्य पत्नी रहीं। उन दोनों के बीच एक असाधारण स्नेह संबंध था।

□

कित्तूर रानी चेन्नम्मा

19वीं सदी के आरंभिक काल के दौरान अंग्रेजों को भारत में अपना साम्राज्य फैलाते समय स्थानीय शासकों से भारी मुकाबला करना पड़ा। अंग्रेजों को कड़ी चुनौती देनेवालों में एक थीं कित्तूर रानी चेन्नम्मा।

रानी चेन्नम्मा कर्नाटक में शाही रियासत कित्तूर की रानी थीं। उनका जन्म सन् 1778 में (रानी लक्ष्मीबाई के जन्म से लगभग 56 वर्ष पहले) कर्नाटक में बेलगाँव के उत्तरी क्षेत्र में एक छोटे से गाँव में हुआ था। उन्होंने छुटपन से ही घुड़सवारी, तलवारबाजी और धनुर्विद्या का प्रशिक्षण प्राप्त किया था।

चेन्नम्मा का विवाह कित्तूर के राजा मुल्लसर्ज के साथ हुआ था, जिसका सन् 1816 में देहांत हो गया। अपने पीछे वे इकलौता पुत्र रानी की देख-रेख में छोड़ गए। राजा की मृत्यु के पश्चात् युवा रानी ने राज्य के शासन की बागडोर अपने हाथों में ले ली। केवल आठ वर्ष बाद सन् 1824 में रानी को एक और गंभीर धक्का लगा। उनका इकलौता पुत्र भी चल बसा। चेन्नम्मा ने शिवलिंगप्पा (शिवलिंग रुद्रसर्ज) को गोद ले लिया और उसे सिंहासन का उत्तराधिकारी बना दिया। उस समय राज्य और अंग्रेजों के बीच इस आशय का एक करार था कि राज्य पर राजा का अधिकार तब तक रहेगा, जब तक सिंहासन पर बैठने के लिए राजा का कोई पुत्र जीवित रहेगा, लेकिन कोई उत्तराधिकारी न होने की दशा में राज्य पर अंग्रेजों का अधिकार हो जाएगा।

तत्कालीन कलेक्टर धारवाड़ ठाकरे ने अब यह अड़ंगा डाल दिया कि रानी द्वारा शिवलिंग रुद्रसर्ज को अपने पुत्र के रूप में गोद लिया जाना अमान्य है और इसके परिणामस्वरूप 'लयभंग सिद्धांत' (डायरेक्टिव ऑफ लैप्स) के जरिए दत्तक पुत्र को उत्तराधिकारी बनने के अधिकार से वंचित कर दिया गया। इस कार्यवाही से रानी बहुत क्रुद्ध हो गईं। शासन में अंग्रेजों के अवांछित दखल और कर वसूली (कप्पा) को लेकर रानी पहले ही बहुत अधीर हो चुकी थीं। रानी ने इस आदेश को नहीं माना, जिसके

कारण सन् 1824 में यानी सन् 1857 के प्रथम भारतीय स्वतंत्रता संग्राम से तैंतीस साल पहले एक बड़ा युद्ध हुआ।

रानी ने अदम्य साहस और बड़ी कुशलता से अंग्रेजों के साथ युद्ध किया। इस युद्ध में रानी के सैन्य अधिकारी संगोल्लि ने रानी का यथायोग्य साथ दिया। युद्ध के शुरू-शुरू में अंग्रेजी फौज को हार का मुँह देखना पड़ा और 23 अक्तूबर, 1824 को ठाकरे की हत्या कर दी गई, लेकिन रानी और उसकी अल्प सेना, जिसके पास अच्छी किस्म के हथियार भी नहीं थे, अधिक समय तक मुकाबला नहीं कर सके। बढ़िया किस्म के हथियारों से लैस अंग्रेजी फौज ने 3 दिसंबर, 1824 को कित्तूर सेना को पराजित कर दिया और धोखे से रानी चेन्नम्मा को बंदी बनाकर बैहोंगल किले में डाल दिया, जहाँ 21 फरवरी, 1829 को उनका देहांत हो गया।

ब्रितानवी साम्राज्यवाद के खिलाफ उनका विद्रोह किंवदंती बन गया। रानी चेन्नम्मा को भारत की पहली महिला स्वतंत्रता सेनानी के रूप में गौरवान्वित किया गया। कर्नाटक में अब्बक्क रानी, कलडी चेन्नम्मा और ओनाके ओबव्वा के साथ-साथ उन्हें भी वीरता और महिलाओं के गौरव का प्रतीक माना जाने लगा।

इस बीच यह चिंता जताई जाने लगी कि 'काकाती' नामक वह स्थान, जहाँ कित्तूर रानी चेन्नम्मा का जन्म और पालन-पोषण हुआ था, यदि यूँ ही उपेक्षित पड़ा रहा तो जल्दी ही वह अतीत का एक खँडहर बनकर रह जाएगा। चेन्नम्मा के पूर्वजों ने जिस किले में अस्त्र-शस्त्र एकत्र किए थे और अपने शत्रुओं के विरुद्ध रणनीतियाँ बनाई थीं, वहाँ किले के अवशेषों के अलावा कुछ भी नहीं रह जाएगा।

वह महल जिसमें बच्ची चेन्नम्मा ने ऐश्वर्य से भरा बचपन बिताया होगा, उसे 50 वर्ष पहले जीर्ण-शीर्ण हालत में नीलाम कर दिया गया और आज भी वह महल उन्हीं खरीदारों के कब्जे में है, लेकिन वे काकाती में कभी रहे नहीं और आज स्थिति यह है कि डेढ़ एकड़ के उस भूखंड पर झाड़-झंखाड़ और कुछ पेड़ खड़े हुए हैं। अब यह सिर्फ कल्पना ही की जा सकती है कि वहाँ कभी शानदार मेहराबें और स्तंभ रहे होंगे, दरबार भवन और विशाल प्रांगण रहा होगा, जहाँ दो-चार हाथी मटरगश्ती करते रहते होंगे।

बस एक अच्छी बात यह जरूर हुई है कि वह ऐतिहासिक स्थान जिस ग्राम-पंचायत के क्षेत्राधिकार में आता है, उस ग्राम-पंचायत ने रानी चेन्नम्मा की प्रतिमा स्थापित करने की मंजूरी दी है। हालाँकि इसके लिए भी ग्रामवासियों को 25 साल तक संघर्ष करना पड़ा है। इस मंजूरी के साथ कित्तूर में स्थापित चेन्नम्मा की आदमकद प्रतिमा अब कित्तूर की शोभा बढ़ा रही है। इस प्रतिमा को विजय गूजर ने बड़ी खूबसूरती से बनाया है।

इसके अलावा कर्नाटक सरकार ने उस ऐतिहासिक स्थल की बहुत समय तक उपेक्षा के बाद अब यह निर्णय लिया है कि रानी के बलिदान को अमर बनाने के लिए बड़े पैमाने पर 'कित्तूर उत्सव' का आयोजन किया जाएगा, ठीक उसी तरह जैसे 'हंपी उत्सव' मनाया जाता है। राज्य सरकार ने अब कित्तूर में उस ऐतिहासिक किले और रानी चेन्नम्मा के महल को विकसित करने और किले के परिसर में एक संग्रहालय बनाने की मंजूरी दे दी है। राज्य सरकार ने कई दशकों से उपेक्षित पड़े इन ढाँचों को पहले जैसी भव्यता प्रदान करने के उद्देश्य से निर्माण कार्य आरंभ कर दिया है। इस ऐतिहासिक नगर को विकसित करने का काम पुरातत्त्व विभाग और पर्यटन विभाग द्वारा किया जाएगा।

कित्तूर रानी चेन्नम्मा को आज शक्ति, राष्ट्रभक्ति और उच्चतम बलिदान का प्रतीक माना जाता है। आज की महिलाओं के लिए वे एक आदर्श हैं। आशा है कि इस साहसी वीरांगना के दिखाए मार्ग पर चलकर आज की युवा पीढ़ी भारत को भविष्य में एक आदर्श एवं अनुकरणीय देश का सम्मान दिला सकेगी।

□

किरण बेदी

किरण बेदी का नाम भारत में उस पहली महिला के रूप में याद किया जाता है जिसने 1972 में भारतीय पुलिस सेवा (आई.पी.एस.) में नियुक्ति पाई। भारतीय पुलिस सेवा में भरती होकर किरण बेदी ने बहुत ख्याति अर्जित की। उनका जन्म 9 जून, 1949 को अमृतसर, पंजाब में हुआ था। उनके पिता का नाम प्रकाशलाल पेशावरिया और माता का नाम प्रेमलता पेशावरिया है। किरण बेदी की तीन बहनें हैं, जिनमें उनका नंबर दूसरा है। एक सुखी-समृद्ध परिवार में उनका पालन-पोषण हुआ। बड़ी होने पर उन्होंने महसूस किया कि अधिकतर भारतीय बच्चों की तुलना में उनका जीवन कहीं अधिक सुख-सुविधाओं से भरपूर रहा है। उनके माता-पिता ने अपने बच्चों को कोई अभाव महसूस नहीं होने दिया और बड़े परिश्रम से उनकी देखभाल की, ताकि उनकी बेटियाँ अच्छे स्कूल में जा सकें, खेल-कूद में भाग ले सकें और इस पुरुष प्रधान समाज में अपने लिए विशिष्ट स्थान बना सकें।

किरण ने अपनी स्कूली शिक्षा अमृतसर के 'सेक्रिड हार्ट कॉन्वेंट स्कूल' में पूरी की। 'सेक्रिड हार्ट कॉन्वेंट' में पढ़ाई के दौरान किरण 'नेशनल कैडेट कोर' (एन.सी.सी.) में भरती हो गईं और खेलने के लिए टेनिस को चुना; क्योंकि किरण के पिता भी टेनिस खेला करते थे। इस खेल में उन्होंने बहुत मेहनत की तो उनकी प्रतिभा चमक उठी। उन्होंने टेनिस में महिला टीम का इंटर यूनिवर्सिटी खिताब जीता और फिर राष्ट्रीय तथा एशियाई खिताब पर भी कब्जा कर लिया।

किरण बेदी कहती हैं, ''टेनिस के कारण मैंने कठिन परिश्रम का मूल्य जाना, स्वस्थ रहने का महत्त्व समझा और मेरे अंदर निष्पक्ष खेल-भावना, मिल-जुलकर काम करने का भाव, ध्यान केंद्रित करने और तनावपूर्ण क्षणों में अतिरिक्त धैर्य एवं सहनशीलता से काम लेने की क्षमता उत्पन्न हुई।''

उन्होंने अंग्रेजी में बी.ए. की उपाधि (1964-1968) राजकीय महिला कॉलेज,

अमृतसर से प्राप्त की। इसके बाद पंजाब यूनिवर्सिटी, चंडीगढ़ से राजनीति शास्त्र में एम.ए. की डिग्री (1968-1970) हासिल की है। एक आई.पी.एस. अधिकारी के रूप में अपने कार्यकाल के दौरान उन्होंने अपनी शैक्षिक योग्यताओं में वृद्धि करना जारी रखा और सन् 1988 में उन्होंने दिल्ली विश्वविद्यालय से विधि की उपाधि (एल.एल.बी.) प्राप्त कर ली। इसके अलावा सन् 1993 में 'भारतीय प्रौद्योगिकी संस्थान' (आई.आई.टी.), नई दिल्ली के समाज-विज्ञान विभाग द्वारा उन्हें समाज-विज्ञान में पी-एच.डी. की उपाधि भी प्रदान की गई। उनके शोध का विषय था—'ड्रग एब्यूज ऐंड डॉमेस्टिक वॉइलेंस।' उन्होंने अपने वृत्तिक जीवन की शुरुआत खालसा महिला कॉलेज, अमृतसर में राजनीति शास्त्र के प्राध्यापक (1970-1972) के रूप में की।

किरण बेदी ने 22 वर्ष की आयु में 'एशियन महिला लॉन टेनिस चैंपियनशिप' का खिताब जीता था। अपने बचपन को याद करते हुए उन्होंने एक भेंटवार्त्ता में कहा है, "स्पोर्ट्स की पृष्ठभूमि से आई मैं ही एक अकेली लड़की थी, जो 20 लड़कों की टोली के साथ यात्रा कर रही थी।" कुछ वर्षों बाद उन्हें सन् 1972 में भारतीय पुलिस सेवा में भरती होनेवाली पहली महिला होने का गौरव प्राप्त हुआ। अपनी वेबसाइट पर उनका कहना है कि उन्होंने पुलिस सेवा में जाने का निर्णय इसलिए लिया क्योंकि 'मेरे अंदर उत्कृष्ट बनने की उत्कट अभिलाषा थी।' उन्हें 'क्रेन बेदी' भी कहा जाता है, क्योंकि उन्होंने पार्किंग संबंधी नियमों का उल्लंघन करने पर प्रधानमंत्री इंदिरा गांधी की कार उठवा दी थी।

वे जल्दी ही अपना जीवनसाथी चुन लेना चाहती थीं, लेकिन अपनी बड़ी बहन के वैवाहिक संबंधों की दुर्भाग्यपूर्ण स्थिति को देखते हुए विवाह करने की अनिच्छुक थीं। उनकी बड़ी बहन शशि एक सीधी-सादी लड़की थीं, जो किसी भी दूसरी लड़की की तरह एक सामान्य जीवन बिताने का सपना देख रही थीं। वह एम.ए. की डिग्री पाने के लिए पढ़ाई कर रही थीं, जब उनकी मँगनी कनाडा में बसे एक भारतीय हृदयरोग विशेषज्ञ के साथ कर दी गई।

वह शादी एक घोर दुर्घटना साबित हुई, क्योंकि वह डॉक्टर कनाडा में पहले ही किसी से विवाह कर चुका था। शशि संघर्ष नहीं कर सकीं बल्कि डॉक्टर के दबाव के आगे झुक गईं और एक अज्ञात देश में जीवन भर उसके साथ रहीं। इस कटु अनुभव ने किरण के इस निश्चय को और दृढ़ कर दिया कि वे अपने ही देश में अपना कोई मार्ग चुनेंगी। उनका अपना पहला विवाह-संबंध भी सफल नहीं हुआ। इसका कारण यह था कि किरण बेदी अपने कॅरियर में आगे बढ़ना चाहती थीं, जबकि उनका पति चाहता था कि वे पारिवारिक जीवन को प्राथमिकता दें। उनका दूसरा संबंध भी सफल नहीं हुआ। इसका कारण यह था कि वर एक पारंपरिक विवाह चाहता था, जिसमें दहेज भी चलता है। किरण बेदी को यह बात कतई पसंद नहीं थी। किरण जैसी साहसी महिला ऐसे

अपरिभाषित घरेलू कार्यों में बँधकर कैसे रह सकती थीं, अतः उन्होंने इस संबंध को भी तोड़ देना ही ठीक समझा। अंततः अमृतसर टेनिस कोर्ट में उनकी भेंट बृज बेदी से हुई, जिनकी रुचियाँ, चिंतनशैली और आकांक्षाएँ किरण की रुचियों, विचारों एवं आकांक्षाओं से बहुत मेल खाती थीं। बृज बेदी उम्र में उनसे नौ साल बड़े थे। दोनों में से कोई भी न तो तड़क-भड़क वाली शादी करना चाहता था, न ही धार्मिक अनुष्ठानों में विश्वास करता था। अतः वे दोनों शिव मंदिर चले गए, जहाँ उन्होंने मंदिर के सात फेरे लगाते हुए प्रार्थना की। इस तरह सन् 1972 में उन्होंने बड़े ही निराले ढंग से विवाह किया। किरण और बृज के एक पुत्री हुई, जिसे उन्होंने 'साइना' नाम दिया। तीन साल बाद किरण ने भारतीय पुलिस सेवा (आई.पी.एस.) में भरती होकर अपना कॅरियर आरंभ किया।

जब किरण और बृज ने देखा कि उनके अपने-अपने कॅरियर को विशेष ध्यान की जरूरत है, दोनों ने अलग रहने का फैसला कर लिया—इस विश्वास के साथ कि वे सदैव दिल और आत्मा से एक-दूसरे के साथी बने रहेंगे। दोनों ने ऐसा जीवन अपनाया जिसमें वैयक्तिक उन्नति और खुशी का मेल हो। जब वे अलग थे, वे अपने अकेलेपन और उदासी को काव्य रूप में व्यक्त किया करते थे। इस प्रकार की वैवाहिक अवस्था परंपरा के विरुद्ध है और भारत में आज भी यह व्यवस्था लागू नहीं है।

पहले वे 'यूनाइटेड नेशंस पीस कीपिंग डिपार्टमेंट' में पुलिस सलाहकार थीं और उत्कृष्ट सेवा के लिए उन्हें 'संयुक्त राष्ट्र पदक' से भी सम्मानित किया जा चुका है। मई 2005 में उन्हें जेल सुधार एवं पुलिस प्रशासन के प्रति मानवतावादी दृष्टिकोण संबंधी कार्य के लिए 'डॉक्टर ऑफ लॉ ' की मानद उपाधि प्रदान की गई थी। अपने सेवाकाल के दौरान उन्हें कई कठिन कार्य सौंपे गए, जैसे कि नई दिल्ली में वे ट्रैफिक कमिश्नर के पद पर रहीं, विद्रोह-प्रवण मिजोरम में पुलिस उपमहानिरीक्षक (डी.आई.जी. पुलिस) रहीं, चंडीगढ़ के उपराज्यपाल की सलाहकार रहीं और नारकोटिक्स कंट्रोल ब्यूरो के महानिदेशक के पद पर रहीं। संयुक्त राष्ट्र में प्रतिनियुक्ति पर भी उन्होंने कार्य किया। उनकी अंतिम नियुक्ति गृह मंत्रालय के अंतर्गत पुलिस अनुसंधान एवं विकास ब्यूरो के महानिदेशक के रूप में की गई थी।

किरण बेदी बहुत ही प्रभावशाली अधिकारी रही हैं। उन्होंने भारतीय पुलिस सेवा, विशेषकर नारकोटिक्स पर नियंत्रण, यातायात प्रबंध और वी.आई.पी. सुरक्षा के क्षेत्रों में निर्णयों को निर्देशित करने का साहस दिखाया। कारागार महानिदेशक, तिहाड़ जेल (दिल्ली) के रूप में अपने कार्यकाल के दौरान उन्होंने जेल की प्रबंध व्यवस्था में कई सुधार किए और अनेक कल्याणकारी उपायों की नींव रखी, जैसे कि निर्विषीकरण कार्यक्रम, योगाभ्यास, बिपाशना चिंतन और कैदियों की शिकायतों का निराकरण करना।

नशीली दवाओं के व्यसनी और गरीब लोगों की स्थिति सुधारने तथा उनका परिष्कार

करने के उद्देश्य से किरण बेदी ने सन् 1988 में 'नवज्योति' (जिसका अर्थ है नव आत्मज्ञान) और सन् 1994 में 'इंडिया विजन फाउंडेशन' की स्थापना की। उनके प्रयासों को भारी सफलता मिली और उन्हें राष्ट्रीय एवं अंतरराष्ट्रीय प्रशंसा प्राप्त हुई। उनके संगठन को नशीली दवाओं के व्यसन की रोकथाम के लिए संयुक्त राष्ट्र द्वारा 'सर्ज सोइतिरॉक मेमोरियल अवार्ड' प्रदान किया गया।

किरण बेदी ने अपने कार्यकाल के दौरान विभिन्न पदों पर रहते हुए जो विशिष्ट एवं महत्त्वपूर्ण कार्य किए हैं, उनके कुछ उदाहरण इस प्रकार हैं—

सन् 1977 में उन्होंने इंडिया गेट पर अकाली-निरंकारी सिख उपद्रवों पर काबू पाने की जिम्मेदारी सँभाली और उन दंगों को समाप्त करने में उनके प्रयास सफल हुए।

सन् 1979 में पश्चिम दिल्ली के पुलिस उपायुक्त (डी.सी.पी.)की हैसियत से कार्य करते हुए उन्होंने नकली शराब के 200 साल पुराने व्यापार का भंडाफोड़ किया।

सन् 1981 में डी.सी.पी. (ट्रैफिक) के पद पर कार्य करते हुए उन्होंने सन् 1982 एशियन गेम्स के दौरान यातायात को नियंत्रित करने की पहल की। उन्होंने कारों को उठवाने में हिम्मत से काम लिया और एक बार तो प्रधानमंत्री की कार भी उठवा दी, जो कारों की मरम्मत करनेवाली एक दुकान के निकट गलत ढंग से खड़ी की गई थी।

सन् 1985 में डी.सी.पी. (हेडक्वार्ट्स) के रूप में कार्य करते हुए उन्होंने एक ही दिन में 1600 पदोन्नतियों को मंजूरी देने का आदेश जारी कर दिया। ये पदोन्नतियाँ काफी समय से लंबित थीं। इस संदर्भ में स्थायी आदेश जारी कर दिए गए कि यदि कोई फाइल तीन दिन के अंदर प्रस्तुत नहीं की गई या आवश्यक काररवाई पूरी करने के बाद आगे नहीं भेजी गई, तो संबंधित व्यक्ति को देरी का कारण बताने के लिए वैयक्तिक रूप से बुलाया जाएगा।

सन् 1993 में तिहाड़ जेल की इंस्पेक्टर जनरल की हैसियत से काम करते हुए उन्होंने उस जेल को 'विद्या का मंदिर' में बदल दिया, जो कैदियों के रहने योग्य नहीं रह गई थी। जेल में अपना पदभार ग्रहण करते समय किरण ने कहा था, "मैं छह माह के अंदर इस जेल को एक आश्रम में बदल देना चाहती हूँ।" उन्होंने बंदियों के लिए कई तरह की कक्षाएँ चलाईं और अनेक कार्यक्रम शुरू किए, जैसे कि प्राथमिक शिक्षा, साधना, योगाभ्यास के अलावा मुशायरों, कवि-सम्मेलनों, नाटकों एवं खेलों का आयोजन, जिनमें जेलवासियों को भी शामिल किया जाता था। तिहाड़ जेल को मानवोचित बनाने के प्रयासों के लिए उन्हें सन् 1994 में 'रेमन मैगसेसे पुरस्कार' प्रदान किया गया।

किरण बेदी को अनेक पुरस्कारों से सम्मानित किया गया है जिनमें राष्ट्रपति का वीरता पुरस्कार 1979, वीमेन ऑफ दि ईयर अवार्ड 1980, एशिया रीजन अवॉर्ड फॉर ड्रग प्रिवेंशन ऐंड कंट्रोल 1991, मैगसेसे अवार्ड फॉर गवर्नमेंट सर्विस 1994, महिला

शिरोमणि अवार्ड 1995, फॉदर माशिरमो ह्यूमैनिटेरियन अवार्ड 1995, लॉइमन ऑफ दि ईयर 1995, जोसेफ व्यूज अवार्ड 1997, प्राइड ऑफ इंडिया 1999 और मदर टेरेसा मैमोरियल नेशनल अवार्ड फॉर सोशल सर्विस 2005 सम्मिलित हैं।

किरण बेदी का नाम विश्व भर में प्रसिद्ध है और उनके साहस एवं उनकी कल्याणकारी नीतियों को सम्मान की दृष्टि से देखा जाता है। साहस का दूसरा नाम 'किरण बेदी' हो गया है। उन्होंने एक बेहतर विश्व का सपना देखा, विश्व को बेहतर बनाने की दिशा में काम किया और सफलता पाई। एक भेंटवार्त्ता में जब उनसे पूछा गया कि उन्होंने पुलिस की नौकरी क्यों चुनी, तो उन्होंने तपाक से जवाब दिया, ''मेरी दृष्टि में पुलिस का काम दंडात्मक नहीं है। मैंने सदैव यह माना है कि पुलिस का काम समाज कल्याण का काम है, लेकिन दुष्कर है। मैं जहाँ कल्याण कर सकती थी, मैंने कल्याण की अपेक्षा की और मैं कल्याण करने में सफल हो सकी।''

किरण बेदी अदम्य साहसी महिला हैं। वे निर्भीक हैं और मानती हैं कि कानून की दृष्टि में सब बराबर हैं, चाहे प्रधानमंत्री हों या कोई साधारण व्यक्ति। देश का कानून सब पर समान रूप से लागू होता है। सन् 1973 की गणतंत्र दिवस की परेड में दर्शकगण पुलिस दल का नेतृत्व एक महिला द्वारा किए जाते देखकर दंग रह गए। प्रधानमंत्री इंदिरा गांधी इतनी प्रभावित हुईं कि उन्होंने अगले दिन किरण को अपने साथ नाश्ता करने के लिए बुला भेजा।

किरण बेदी ने दिसंबर 2007 में स्वेच्छा से सेवानिवृत्ति ले ली। सेवा-निवृत्ति के पश्चात् किरण बेदी ने सन् 2007 में एक नई वेबसाइट www.sayerindia.com शुरू की। इस वेबसाइट का उद्देश्य उन लोगों की मदद करना है जिनकी शिकायतें स्थानीय पुलिस द्वारा स्वीकार नहीं की जातीं। यह परियोजना 'इंडिया विजन फाउंडेशन' द्वारा चलाई गई है, जो एक लाभ-निरपेक्ष, स्वैच्छिक और गैर-सरकारी संगठन है।

किरण बेदी के जीवन पर आधारित एक वृत्तचित्र 'यस मैडम सर' आस्ट्रेलिया के मेगान डोनमैन के निर्देशन में बना है, जिसका पहला प्रदर्शन टोरंटो अंतरराष्ट्रीय फिल्म समारोह में 5 सितंबर, 2008 को किया गया था।

वे लोकप्रिय टी.वी. धारावाहिक 'अगले जनम मोहे बिटिया ही कीजो' की लेखक और निर्देशक भी हैं। किरण बेदी ने 'आपकी कचहरी किरण के साथ' शीर्षक से एक टी.वी. शो की भी मेजबानी की थी। इस कार्यक्रम में उन भारतीय परिवारों को दिखाया गया, जो टी.वी. अदालत में अपनी समस्याएँ लेकर किरण बेदी के सामने प्रस्तुत हुए। उन्होंने उन परिवारों को कानूनी सलाह दी और आर्थिक सहायता भी प्रदान की।

□

किरण मजूमदार शॉ

डॉ. किरण मजूमदार शॉ का नाम भारतीय व्यवसाय जगत् में भारत की सबसे अधिक धनी महिला के रूप में शामिल है। वे 'बायोकॉन लिमिटेड' की अध्यक्ष एवं प्रबंध निदेशक हैं।

'बायोकॉन' की स्थापना 29 नवंबर, 1978 को ऑयरलैंड की फर्म 'बायोकॉन बायोकेमिकल्स लिमिटेड' और एक भारतीय उद्यमी किरण मजूमदार शॉ के बीच संयुक्त उद्यम के रूप में की गई थी। सन् 1979 में 'बायोकॉन' ऐसी पहली भारतीय कंपनी थी जिसने एनजाइम बनाना और यू.एस.ए. तथा यूरोप को एनजाइमों का निर्यात करना शुरू किया।

23 मार्च, 1953 को जनमी किरण ने बिशप कॉटन गर्ल्स स्कूल और माउंट कार्मल कॉलेज, बंगलौर में शिक्षा पाई। सन् 1973 में बंगलौर यूनिवर्सिटी से जूलॉजी में विज्ञान स्नातक की डिग्री प्राप्त करने के बाद वे मद्यकरण (ब्रूइंग) का अध्ययन करने के लिए 'बैलारट इंस्टीट्यूट ऑफ एडवांस्ड एजुकेशन' (अब बैलारट यूनिवर्सिटी), ऑस्ट्रेलिया चली गईं और सन् 1974 में एक अर्हता प्राप्त 'मास्टर ब्रूअर' बन गईं। किरण मजूमदार शॉ ने अपना व्यावसायिक जीवन सन् 1974 में 'कार्लटन ऐंड यूनाइटेड बेवरिजेज' में एक प्रशिक्षार्थी ब्रूअर के रूप में आरंभ किया। सन् 1978 में उन्होंने आयरलैंड में 'बायोकॉन बायोकेमिकल्स लिमिटेड' में एक प्रशिक्षार्थी प्रबंधक (ट्रेनी मैनेजर) के रूप में कार्य करना शुरू कर दिया।

वे भारत की 'पहली महिला ब्रू मास्टर' बनीं और सन् 1974 में उन्होंने 'कार्लटन ऐंड यूनाइटेड बेवरिजेज' में एक 'ट्रेनी ब्रूअर' के रूप में अपने वृत्तिक जीवन की शुरुआत की। उसके बाद उन्होंने कोलकाता तथा वडोदरा में विभिन्न पदों पर कार्य किया।

सन् 1978 में उन्होंने बायोकॉन इंडिया की स्थापना करने के उद्देश्य से 'बायोकॉन

बायोकेमिकल्स लिमिटेड' के साथ मिलकर काम करने का समझौता किया। आरंभ में उन्हें अनेक मुश्किलों का सामना करना पड़ा, लेकिन वे हार माननेवाली नहीं थीं। उन्होंने सन् 1978 में 10,000 रुपए की पूँजी से 'बायोकॉन इंडिया' की स्थापना की। आरंभिक काम था पपीते से एनजाइम खींचना। बैंकों से कर्ज लेने की उनकी अरजी बैंकों द्वारा दो कारणों से रद्द कर दी गई—'बायोटेक्नालॉजी' तब एक नया-नया शब्द था और कंपनी के पास परिसंपत्तियों का अभाव था। समय गुजरने के साथ-साथ उनके नेतृत्व में कंपनी का विकास हुआ और आज यह भारत में सबसे बड़ी बायोफार्मास्युटिकल कंपनी है। सन् 2004 में 'बायोकॉन' ने कंपनी को सार्वजनिक बनाने के लिए आई.पी.ओ. जारी किया और यह शेयर 30 गुणा अधिप्रदत्त (ओवरसब्सक्राइब) हुआ।

वे बंगलौर में एक नागरिक कार्यकर्ता हैं, विशेषकर नगर प्रशासन में। वे एक कला संग्राहक भी हैं और उन्होंने 'एल ऐंड आर्टी' शीर्षक से एक कॉफी टेबल बुक लिखी है, जो बीयर बनाने के बारे में है और जिसमें भारत के कुछ विख्यात कलाकारों के चित्र भी प्रस्तुत किए गए हैं। प्रसिद्ध ब्रूइंग परिवारों और बीयर फर्मों को इस पुस्तक का विषय बनाया गया है। सन् 1998 में उन्होंने 'मदुरा कोट्स' में स्कॉटलैंड के एक प्रवासी प्रबंधक और भारतीय विद्याशास्त्री जॉन शॉ से विवाह कर लिया। जॉन शॉ ने उसी वर्ष 'मदुरा कोट्स' के प्रबंध निदेशक पद से इस्तीफा दे दिया और 'बायोकॉन' में अंतरराष्ट्रीय व्यवसाय के निदेशक और बोर्ड के वाइस चेयरमैन पद का कार्यभार सँभाल लिया। किरण एक उत्साही ट्रेकर (दुर्गम लंबी यात्रा की शौकीन) भी हैं।

बंगलौर के स्वरूप को बनाए रखने के अपने प्रयास में वे 'बंगलौर एजेंडा टास्क फोर्स' जैसी विभिन्न नगर-सुधार योजनाओं में सक्रिय रूप से भाग लेती रही हैं। कला और कलात्मक वस्तुओं की प्रेमी होने के नाते उनके ऑफिस में अनेक कलात्मक वस्तुएँ रखी हैं और यूसुफ आरक्कल तथा विभिन्न दूसरे कलाकारों के बनाए चित्र सजे हुए हैं, जो उनकी भावनाओं को व्यक्त करते हैं। वे 'कर्नाटक चित्र कला परिषद्' की भी एक ट्रस्टी रही हैं।

किरण मजूमदार शॉ ने कई प्रतिष्ठित पुरस्कार प्राप्त किए हैं। इनमें—इकॉनामिक टाइम्स बिजनेस वूमैन ऑफ दि ईयर अवार्ड, सर्वश्रेष्ठ महिला उद्यमी, आदर्श नियोक्ता, अर्नस्ट ऐंड यंग की ओर से जीवन विज्ञान एवं स्वास्थ्य रक्षा के लिए वर्ष का उद्यमकर्ता पुरस्कार, अग्रणी निर्यातक, उत्कृष्ट नागरिक, टेक्नॉलॉजी पायनियर अवार्ड आदि शामिल हैं। भारत सरकार ने भी सन् 1989 में उन्हें 'पद्मश्री' और 2005 में 'पद्मभूषण' से सम्मानित किया है। उन्होंने व्हार्टन इंफोसिस बिजनेस ट्रांसफॉर्मेशन अवार्ड (2006) और रिजनल ग्रोथ के लिए 'निक्केइ इंक' द्वारा प्रदान किए जानेवाला 'निक्केइ एशिया

प्राइज' (2009) भी प्राप्त किया है।

उनकी कंपनी में 3000 कर्मठ एवं निष्ठावान कर्मचारी हैं जिनकी मदद से यह कंपनी 50 से अधिक देशों में अपने साझेदारों एवं ग्राहकों की सेवा करती है। आमदनी और बाजार पूँजीकरण के हिसाब से एशिया में इस कंपनी का दरजा पहला है और विश्व में इसका सोलहवाँ स्थान है।

□

किशोरी अमोणकर

जयपुर-अतरौली घराने की सुप्रसिद्ध गायिका व हिंदुस्तानी संगीत की खयाल शैली के गायन में विशिष्ट स्थान रखनेवाली किशोरी अमोणकर का जन्म 10 अप्रैल, 1931 को हुआ। बाल्यकाल से ही उन्होंने अपनी माता मोघूबाई कुर्डीकर से संगीत की शिक्षा प्राप्त की। अपनी माता, उनकी गुरु बहन केसरीबाई केरकर तथा उनके दिग्गज गुरु उस्ताद अल्लादिया खाँ और हैदर खाँ की तालीम को आगे बढ़ाते हुए किशोरी अमोणकर ने आगरा घराने के उस्ताद अनवर हुसैन खाँ से लगभग तीन महीने तक केवल बहादुरी तोड़ी राग की बंदिश सीखी। उन्होंने पं. बालकृष्ण बुआ, पर्वतकार, मोहन रावजी पालेकर, पं. शरतचंद्र आरोलकर आदि संगीतज्ञों से संपर्क द्वारा गायिकी के गूढ़ तत्त्वों को सीखा। कालांतर में अंजनीबाई मालफेकर जैसी सुविख्यात गायिका से गायन में मींड के सौंदर्य एवं सम्मोहन रहस्यों की शिक्षा प्राप्त की। इस प्रकार, अपनी माता से प्राप्त संगीत विरासत के साथ विविध गुरुओं के निर्देशन में प्राप्त शिक्षा के आधार पर घराने की विशुद्ध शास्त्रीय परंपरा को अक्षुण्ण रखते हुए भी, अपनी मौलिक सृजनशीलता का संयोग कर घराने की गायिकी को और संपुष्ट किया।

उन्हें बाल्यकाल से विद्यालयीय शिक्षा के प्रति अरुचि थी, अत: वे अपनी माता के साथ रहतीं और गातीं तथा साथ-साथ संगीत का प्रशिक्षण भी प्राप्त करती रहती थीं। सन् 1952 से वह आकाशवाणी से गायन का कार्यक्रम प्रस्तुत करने लगीं। उनका प्रथम सार्वजनिक कार्यक्रम सन् 1957 में अमृतसर में हुआ। इसके बाद से विविध संगीत कार्यक्रम व आयोजनों में वे अनवरत रूप से गाती रहीं। पहले तो महाराष्ट्र के कोल्हापुर, पूना, बंबई में उन्होंने अपनी विशिष्ट पहचान बनाई और फिर देश-विदेश के विविध आयोजनों में अपनी प्रस्तुति द्वारा अंतरराष्ट्रीय ख्याति प्राप्त की।

वे अन्य घराने की आलोचना और अपने घराने को सर्वश्रेष्ठ प्रमाणित करने के विपरीत प्रगतिशील विचारधारा की पक्षधर हैं। उन्होंने गायिकी में नए प्रयोग किए और

अपनी परंपरागत विरासत को अक्षुण्ण रखते अपनी गायिकी की विशिष्ट पहचान बनाई। वर्तमान में वह इस घराने की प्रतिनिधि व्याख्याता हैं। भाव-प्रवणता उनकी गायिकी की मौलिक विशेषता है। बंदिशों और रागों को उसकी प्रकृति के अनुसार रसानुकूल भाव के साथ अभिव्यक्त करने की उनमें अद्‌भुत क्षमता है। उनकी मान्यता है कि मात्र कर्णप्रियता ही शास्त्रीय संगीत की कसौटी नहीं है बल्कि उसमें सरसता का रहना भी एक आवश्यक व अनिवार्य गुण है। साथ ही शास्त्रीय संगीत में घराने की विशिष्ट प्रविधिकी, नियमानुशासन व अलंकारों का यथास्थान प्रयोग आदि अपेक्षित है। उनके शास्त्रीय गायन में शास्त्रीयता के साथ जनरुचि व लोकप्रियता का अपूर्व संगम रहता है। जहाँ एक ओर उन्होंने अतरौली-जयपुर घराने के प्रणेता उस्ताद अल्लादिया खाँ की तान-फ्रिकोंवाली क्लिष्ट व ओजपूर्ण शैली को अंगीकार किया, वहीं दूसरी ओर लालित्यपूर्ण तथा सुकुमारपूर्ण अपनी तकनीक का प्रयोग किया। इसीलिए उनकी गायन शैली को 'रोमानी शास्त्रीयता' की संज्ञा दी जाती है।

□

कोटा रानी

कोटा रानी कश्मीर की अंतिम हिंदू शासक थीं। वे हिंदू नरेश उदयन देव की विधवा थीं। वे बहुत बुद्धिमान एवं महान् विचारक थीं। उन्होंने एक नहर का निर्माण कराया ताकि श्रीनगर को बार-बार की बाढ़ से बचाया जा सके। इस नहर का नाम उन्होंने अपने नाम पर 'कुटे कोल' रखा। यह नहर शहर के हर प्रवेश स्थल पर झेलम नदी से पानी लेती है और शहर की सीमा के परे पुनः झेलम में मिल जाती है।

कोटा रानी की जीवनगाथा उस समय के कश्मीर के इतिहास में विलीन हो जाती है, जब वे सिंहासन पर थीं। उनके शासन के दौरान कश्मीर को 22 वर्ष (1319-1341 ईसवीं) तक कई प्रकार के प्रपंचों, विद्रोह एवं युद्ध के दौर से गुजरना पड़ा, जिसके परिणामस्वरूप उस क्षेत्र में मुसलिम शासन कायम हुआ।

सहदेव (डामरा) सन् 1301 में गद्दी पर बैठे, उस समय तक कुछ महत्त्वपूर्ण हिंदुओं ने इसलाम धर्म अपना लिया था। उनके प्रधानमंत्री और सेनापति का नाम रामचंद्र था, जो एक बहुत योग्य और दयालु प्रकृति के इनसान थे। रामचंद्र की बुद्धिमती एवं सुंदर पुत्री कोटा रानी थीं। वह राज्य के मामलों को सँभालने में अपने पिता की सहायता किया करती थीं।

उपद्रवी युद्ध-नेताओं के विरुद्ध अपने हाथ मजबूत करने के लिए सहदेव दो विदेशियों को ले आए। उनमें से एक बौद्धधर्मी रिंचन था, जो माना जाता है कि तिब्बत से आया भगोड़ा राजकुमार था। तिब्बत में एक गृहयुद्ध हुआ था और कलमन्य भूतियाओं ने पश्चिमी तिब्बत के शासक को मार डाला। दूसरा था शाहमीर, स्वात् से आया एक मुसलिम साहसकर्मी।

सन् 1319 में जब मध्य एशिया से आए एक तातारी सरदार दुलाचा द्वारा कश्मीर पर हमला किया गया, सहदेव अपने भाई उदयनदेव के साथ किशतवाड़ भाग गया। रामचंद्र अपनी पुत्री कोटा रानी, रिंचन और शाहमीर की सहायता से आगे बढ़े और हमलावरों से

भिड़ गए। दुलाचा घाटी में टिका रहा और घाटी को कमजोर करने, उजाड़ बनाने में लगा रहा। आठ माह बाद घर लौटते समय दुलाचा अपने हजारों साथियों सहित बर्फ के तूफान में दबकर मारा गया।

इसके साथ ही किश्तवाड़ के गद्दियों ने कश्मीर पर आक्रमण कर दिया, लेकिन रामचंद्र द्वारा भेजी गई सेना ने उन्हें वापस खदेड़ दिया, फिर रामचंद्र ने खुद को नरेश घोषित कर दिया। रिंचन, जिसने युद्ध के दौरान काफी प्रसिद्धि प्राप्त कर ली थी, उसने विद्रोह कर दिया और रामचंद्र तथा उसकी बेटी कोटा रानी को खदेड़कर लाहड़ा (लार) के किले तक पहुँचा दिया, जहाँ रिंचन के वेश बदलकर आए आदमियों ने रामचंद्र का वध कर दिया। बौद्धधर्मी रिंचन ने कश्मीर के सिंहासन पर कब्जा कर लिया और जनता का समर्थन पाने के लिए उसने जबरदस्ती कोटा से विवाह कर लिया। कोटा को भारी दबाव में अपने पिता के हत्यारे से विवाह करना पड़ा।

रिंचन ने हिंदू बनने की नाकाम कोशिश की, लेकिन किसी भी जाति के लोगों ने उसे अपने समुदाय में शामिल नहीं किया। अत: अपनी स्थिति मजबूत करने के उद्देश्य से रिंचन ने बुलबुल शाह की मदद से इसलाम मजहब अपना लिया और अपना नाम मलिक सदरुद्दीन रख लिया। इस प्रकार वह घाटी का पहला मुसलिम बादशाह हुआ, लेकिन सिर्फ तीन साल के लिए। अपनी पत्नी की मदद से रिंचन ने समझदारी और उचित ढंग से शासन किया। उसके मंत्री शाहमीर ने बड़ी वफादारी से उसका साथ दिया।

उसी दौरान ऐसा हुआ कि एक शक्तिशाली नवाब तुक्का के मार्गदर्शन में उदयनदेव ने रिंचन के खिलाफ विद्रोह कर दिया और उस पर हमला कर दिया। लड़ाई में रिंचन के सिर में गंभीर चोट लग गई, जिसके कारण सन् 1326 में उसकी मृत्यु हो गई। वह अपने पीछे एक नाबालिग बेटे हैदरशाह को छोड़ गया, जिसे नाबालिग होने की वजह से राजपद के योग्य नहीं समझा गया। इस प्रकार कोटा रानी कश्मीर की रानी बन गईं। उदयनदेव अकस्मात् सामने आ गया और एक मजबूत सेना के साथ कश्मीर की ओर बढ़ने लगा। चतुर कोटा रानी ने सिंहासन के साथ-साथ खुद को भी उसके हवाले कर दिया। उदयनदेव राजा बन गया और उसने कोटा रानी से विवाह कर लिया, लेकिन समस्त प्रशासन कोटा रानी ही सँभालती थीं।

कोटा रानी ने भिक्षण भट्ट को प्रधानमंत्री और शाहमीर को सेनाध्यक्ष नियुक्त कर दिया। इन तरीकों से उन्होंने अपने समाज के सभी वर्गों को समान रूप से संतुष्ट करने का प्रयास किया, लेकिन यह व्यवस्था अधिक समय तक नहीं चल सकी। दुर्भाग्य ने फिर दस्तक दी, क्योंकि अरवान या अर्चल्ला नाम के एक और तातारी सरदार ने अपने सैकड़ों तातारी लोगों की मदद से कश्मीर पर धावा बोल दिया। उदयनदेव तिब्बत भाग गया। साहसी रानी भागी नहीं, बल्कि उन्होंने एक जोशभरी अपील द्वारा स्थानीय कश्मीरियों

की देशभक्ति की भावना को उभारा। उनकी अपील पर हजारों कश्मीरी चले आए और उन्होंने तातारियों को जबरदस्त शिकस्त दी। इस तरह कश्मीर खतरे से मुक्त हो गया।

कश्मीर पर से खतरा टल जाने के बाद उदयनदेव राज्य करने के लिए लौट आया। उस समय तक शाहमीर लोगों की निगाह में बहुत चढ़ गया था, क्योंकि उसने सेनापति के रूप में देश को बचाने में अदम्य साहस का परिचय दिया था। उसके बेटों जमशेद और अलाउद्दीन को ऊँचे-ऊँचे और जिम्मेदाराना पदों पर नियुक्त किया गया तथा शाहमीर को भी रानी ने बहुत मान-सम्मान दिया।

सन् 1341 में उदयनदेव की मृत्यु हो गई। वह अपने पीछे एक नाबालिग पुत्र और कोटा रानी को विधवा छोड़ गया। इसी नाजुक समय में लड़ाकू प्रवृत्ति के इसलाम और सहनशील किंतु निश्छल हिंदुत्व के बीच संघर्ष शुरू हो गया। कोटा रानी ने हिंदुत्व का समर्थन किया और शाहमीर इसलामी ताकतों का केंद्र बन गया। कोटा रानी ने शासन की गद्दी अपने अधीन करने की कोशिश की, लेकिन शाहमीर ने सन् 1341 में रानी को पराजित कर गद्दी पर कब्जा कर लिया। इस तरह वह उन बादशाहों की लंबी कतार का पुरखा बन गया जिन्हें 'सुलतान' कहा जाता है।

इन सुलतानों ने दो सौ से भी अधिक वर्षों तक कश्मीर पर राज्य किया और प्रदेश की हिंदू जनता को अनेक यंत्रणाएँ दीं। कश्मीर में हिंदू शासन सन् 1341 में समाप्त हो गया। इसका कारण कोई विदेशी आक्रमण नहीं था, जैसाकि पड़ोसी प्रांत पंजाब में हुआ, बल्कि इसके पीछे लंबी अंदरूनी साजिशों का हाथ था।

एक औरत और एक फौजी अफसर की बेटी होते हुए कोटा रानी में साहस कूट-कूट कर भरा था और यही कारण था कि जब उनके पहले व दूसरे पति भी अपनी रियासत छोड़कर भाग गए, तब उन्होंने वीरता के साथ दुश्मनों का सामना किया। वे उन महान् भारतीय महिलाओं में से एक थीं, जो आज की भारतीय महिलाओं के लिए अनुकरणीय आदर्श बनी हुई हैं।

□

गंगूबाई हंगल

हिंदुस्तानी संगीत में एक विशिष्ट प्रकार की भारी-भरकम व मर्दानी किंतु जादुई आवाज की धनी गंगूबाई हंगल संगीत-प्रेमियों के लिए अपरिचित नहीं हैं। उनका जन्म 5 मार्च, 1913 को दक्षिण भारत के धारवाड़ में हुआ था। इनके पिता चिक्कू राव व माता अंबाबाई थीं। प्रारंभ के कुछ वर्षों में कर्नाटक संगीत सीखने के पश्चात् उन्होंने हिंदुस्तानी संगीत पं. कृष्णाचार्य से सीखा। लगभग एक वर्ष तक संगीत सीखने के बाद वह रामभाऊ कुंडगोलकर सवाई गंधर्व से विधिवत् संगीत सीखने लगीं। सवाई गंधर्व एक नाटक कंपनी से जुड़े हुए थे, अतः नाटक कंपनी के साथ विविध स्थलों का भ्रमण उनकी संगीत शिक्षण की नियमितता का बाधक बना रहा। ऐसी स्थिति में वह अपने मामा दत्तोपंत देसाई से संगीत सीखती रहीं। कालांतर में सवाई गंधर्व नाटक मंडली को छोड़कर कुंडगोल में स्थायी रूप से रहने लगे। गंगूबाई को अब गुरु तक पहुँचने के लिए ग्यारह मील प्रतिदिन यात्रा करनी पड़ती थी। संगीत सीखने की महती आकांक्षा से यात्रा का यह दुरूह क्रम तीन वर्षों तक चला, लेकिन बाद में वह इस असाध्य परिश्रम से बीमार पड़ गईं। डॉक्टरों की सलाह से रोज आने-जाने पर प्रतिबंध लगा दिया गया। अब वह कभी-कभी संगीत सीखने जातीं।

उनका सर्वप्रथम 1924 में हुए कांग्रेस अधिवेशन में सार्वजनिक गायन का कार्यक्रम हुआ। सन् 1934-35 में उनके ग्रामोफोन रिकॉर्ड की माँग जोर पकड़ गई थी। सन् 1938 में कलकत्ता संगीत सम्मेलन में उनकी प्रस्तुति ने संगीत रसिकों को मंत्र-मुग्ध कर दिया। फिर तो बंबई, बड़ौदा, अमृतसर, लखनऊ, देहरादून, पटना, इलाहाबाद तथा कराची आदि विविध क्षेत्रों में आयोजित संगीत सम्मेलनों में गाने के लिए आमंत्रित किया जाने लगा और उनकी गणना हिंदुस्तानी संगीत के शीर्षस्थ कलाकारों में होने लगी।

आकाशवाणी के विविध केंद्रों के साथ अखिल भारतीय आकाशवाणी संगीत सम्मेलनों के द्वारा उनके अनेक कार्यक्रम प्रस्तुत हो चुके हैं तथा अनेक रिकॉर्ड भी तैयार

हो चुके हैं। आकाशवाणी के विविध केंद्रों से उनकी ध्वनांकित स्वर लहरी अकसर संगीत-प्रेमियों को सुनाई पड़ती है।

उनकी गायिकी किराना घराना से संबंधित है। स्वरों का लगाव व बढ़त बिलकुल गुरु सवाई गंधर्व से मिलती है। वे बड़ा खयाल, छोटा खयाल और तराना गाने में सिद्धहस्त हैं। उनके प्रिय रागों में तोड़ी, मारवा, पूरिया, शुद्ध कल्याण, जैजैवंती आदि हैं। निरंतर साधना एवं अभ्यास तथा शारीरिक व्यायाम आज भी उन्हें सक्रिय बनाए हुए हैं। सन् 1995 में गंगूबाई को 'नागराज उत्सव समिति' की ओर से सप्तगिरि संगीत विद्वान् कवि की उपाधि, 1996 में तत्कालीन प्रधानमंत्री पी.वी. नरसिम्हा राव द्वारा 'शंकर देव पुरस्कार' तथा 2002 में 'पद्म-विभूषण' जैसे राष्ट्रीय सम्मान से अलंकृत किया जा चुका है।

□

गिरिजा देवी

साहित्य और संगीत की जननी, पावन नगरी काशी की श्रीमती गिरिजा देवी का नाम शास्त्रीय संगीत की गायिकाओं में प्रमुख है। वह जितनी खयाल गायन में निपुण हैं उतनी ही ठुमरी, दादरा, गजल और टप्पा गायन में भी सिद्धहस्त हैं। उनका जन्म बनारस में 10 मई, 1929 को हुआ। उनके पिता स्व. रामदास संगीत के अनन्य प्रेमी तथा संगीत के ज्ञाता थे। बाल्यावस्था से ही उनके घर के सांगीतिक माहौल में रहने का प्रत्यक्ष प्रभाव गिरिजा पर पड़ा। उनकी संगीत की शिक्षा बचपन से ही शुरू हो गई। संगीत शिक्षा का श्रीगणेश तो पिता से ही हो चुका था, किंतु संगीत की नियमित और विधिवत् शिक्षा का आरंभ पाँच वर्ष की उम्र में पं. सरयू प्रसाद मिश्र से शुरू हुआ। सरयू प्रसाद नामी गायक व सारंगी वादक थे। जब गिरिजाजी दस वर्ष की हुईं तो सरयू प्रसाद मिश्र की मृत्यु हो गई। मिश्रजी ने दो वर्ष तक अलंकार यमन, तोड़ी, जौनपुरी, आसावरी और मालकौंस रागों की शिक्षा दी। तत्पश्चात् पं. चंद्र प्रकाश मिश्र से उन्होंने संगीत सीखना शुरू किया, जो सेनिया घराना की गायिकी से संबद्ध हैं।

जब गिरिजा देवी की उम्र बाईस के करीब थी, तब उन्होंने आरा संगीत सम्मेलन में पहली बार अपना गायन प्रस्तुत किया तथा सन् 1952 में बनारस के संगीत संसद् की कॉन्फ्रेंस में गाने का अवसर प्राप्त हुआ। उस कॉन्फ्रेंस में केसरबाई, गंगूबाई जैसी प्रसिद्ध गायिकाएँ भी शामिल थीं। तत्पश्चात् भारत के विविध संगीत सम्मेलनों से आमंत्रण आने लगे। उन्होंने सन् 1954-55 में हैदराबाद के एक संगीत सम्मेलन में रात के पौने नौ बजे से लेकर लगातार सुबह तीन बजे तक कुल सात राग, तीन ठुमरियाँ, भजन टप्पा आदि गाकर एक कीर्तिमान स्थापित किया। सन् 1952 में दिल्ली के भारतीय कला केंद्र की ओर से आयोजित मात्र एक घंटे के सीमित कार्यक्रम में उस्ताद बिस्मिल्लाह खाँ, पं. डी.वी. पलुस्कर और गिरिजा देवी का कार्यक्रम निर्धारित था। किंतु तत्कालीन उपराष्ट्रपति डॉ. राधाकृष्णन के विशेष आग्रह पर गिरिजाजी को अपने अंश 20 मिनट के अलावा

अतिरिक्त 45 मिनट तक और गाना पड़ा। लखनऊ में सन् 1958 में मेरिस कॉलेज में वसंतोत्सव के अवसर पर उन्हें 'उत्तर भारत की कोकिला' की उपाधि से सम्मानित किया गया।

गिरिजा देवी संगीत को अत्यधिक पवित्र व आध्यात्मिक स्वरूप के रूप में स्वीकार करती हैं। उनकी मान्यता है कि संगीत कला या पूजा की दृष्टि से ही उपादेय है। वह कभी शादी-विवाह, मुंडन-उपनयन संस्कार में या मनोविनोद के खयाल से संगीत का कार्यक्रम नहीं देतीं। उन्हें केवल सार्वजनिक समारोहों में गाना ही पसंद है। संगीत के कार्यक्रमों में पहले वह खयाल गाती हैं, बाद में ठुमरी व भजन आदि। वास्तव में, वह 'वैराइटी' गाती हैं, जिसमें शास्त्रीयता का उबाऊपन श्रोताओं को नहीं लगता। श्रोताओं की अभिरुचि का ध्यान रखना और शास्त्रीयता की मर्यादा भी कायम रहे, उनकी प्रस्तुति की विशिष्टता है। गिरिजा देवी की ठुमरी बनारस के बोल-बनाव की ठुमरी के अंतर्गत आती है, जिसमें साहित्य और संगीत का समुचित समन्वय है। गिरिजा देवी वास्तव में बनारस की ठुमरी को परिष्कृत कर एक विशिष्ट शैली की ठुमरी को गाती हैं, जिसमें बेकार शब्द, 'तान' व 'लड़ंत' के स्थान पर शब्द और संगीत की परिपूर्णता होती है। इसे वह 'दो रुखी ठुमरी' कहती हैं।

गिरिजा देवी के संगीत कार्यक्रम भारत के प्रत्येक क्षेत्र में हो चुके हैं। राष्ट्रीय स्तर के संगीत समारोहों में उनके कुशल गायन की भूरि-भूरि प्रशंसा हुई है। विभिन्न आकाशवाणी एवं दूरदर्शन केंद्रों द्वारा आयोजित समारोहों में संगीत का कार्यक्रम स्तरीय एवं सराहनीय रहा है। आकाशवाणी के अखिल भारतीय (राष्ट्रीय) कार्यक्रम में कई बार भाग लेकर श्रोताओं को मंत्र-मुग्ध किया है। इलाहाबाद, लखनऊ, वाराणसी, कोलकाता, मुंबई, जोधपुर, जम्मू, जयपुर आदि स्थानों पर आयोजित संगीत सम्मेलनों में आपकी सहभागिता ने कार्यक्रम में चार चाँद लगाए हैं। भारतीय प्रतिनिधि के रूप में उनकी नेपाल यात्रा अविस्मरणीय रही है, जहाँ वह सात दिनों तक लगातार कार्यक्रम देती रहीं। इनका कार्यक्रम नेपाल के भारतीय दूतावास में हुआ, जिसमें तत्कालीन महाराजाधिराज महेंद्र सपत्नीक उपस्थित थे। महाराजाधिराज एवं भारतीय राजदूत के द्वारा उन्हें कई कीमती उपहार एवं भेंट-स्वरूप द्रव्य भी दिए गए।

आकाशवाणी के द्वारा उनके गायन के अनेक रिकॉर्ड तैयार किए गए हैं। भारत सरकार द्वारा संगीत के क्षेत्र में उत्कृष्ट सेवा के लिए उन्हें सन् 1972 में 'पद्मश्री' की उपाधि दी गई। खयाल गायन में जहाँ वह स्वरों एवं रागों की शुद्धता को कायम रखते आम श्रोताओं के लिए बिना किसी चमत्कारिक व पांडित्यपूर्ण प्रदर्शन के सहज व सुलभ रूप में प्रस्तुति करती हैं, वहीं ठुमरी व लोक-संगीत के चैती, कजरी तथा होरी आदि को बड़े ही भावपूर्ण एवं रोचक ढंग से गाती हैं। श्रीमती गिरिजा देवी का कहना

है, ''लोगों की सामान्य धारणा यह बन गई है कि बनारस के लोग हलकी-फुलकी चीज ही गाते हैं, पक्का खयाल नहीं गा सकते। मैं इस धारणा को निराधार सिद्ध करना चाहती हूँ, इसीलिए कार्यक्रमों में खयाल, ठुमरी, टप्पा, भजन, लोकगीत सभी चीजें गाती हूँ।''

वर्तमान में गिरिजा देवी कोलकाता में निवास करते आई.टी.सी. (इंडियन टोबैको कंपनी) द्वारा प्रायोजित गुरु-शिष्य परंपरा के अंतर्गत संगीत शिक्षार्थियों को संगीत की शिक्षा प्रदान कर रही हैं।

□

चंदा कोचर

चंदा कोचर भारतीय युवाओं की आकांक्षाओं की वह प्रतीक हैं, जिन्होंने भारत का पुनरुत्थान कर उसे एक नई छवि प्रदान की है। लक्ष्यों के प्रति एक स्पष्टवादिता व कटिबद्धता जीवन के प्रति उनकी सोच को परिलक्षित करती है। वह कभी इस बात का दावा नहीं करतीं कि वह सबकुछ कर सकती हैं। उनका मानना है कि कोई भी इनसान पूर्ण रूप से उत्कृष्ट नहीं होता। कमियाँ व खूबियाँ हमारे जीवन के ऐसे दो पहलू हैं, जिन्हें हमें खुले मन से स्वीकारना चाहिए। एक व्यक्ति किसी काम को करने में दक्ष होता है तो दूसरा कोई और, पर जरूरी है यह जानना कि आप कौन से काम को बखूबी निभा सकते हैं। एक बार उसी को अपना लक्ष्य बना लिया तो कामयाबी हासिल करने के सारे रास्ते स्वत: खुल जाते हैं।

चंदा कोचर मई 2009 में चीफ एग्जीक्यूटिव ऑफिसर (सी.ई.ओ.) थीं और आज वह आई.सी.आई.सी.आई. बैंक की सी.ई.ओ. व मैनेजिंग डायरेक्टर हैं। वह बैंक की चीफ फाइनेंशियल ऑफिसर (सी.एफ.ओ.) भी हैं और स्पोक्स पर्सन भी। इतना ही नहीं, वह बैंक के कॉरपोरेट सेक्टर की अध्यक्ष भी हैं।

मिली सही शिक्षा व अवसर

जोधपुर में जनमी और जयपुर में पली-बढ़ी चंदा ने अपने बचपन से ही आत्मविश्वास को अपनी सबसे बड़ी ताकत माना और तय किया कि वह कुछ कर दिखाएँगी। दृढ़ इच्छाशक्ति किसी विद्युत् से कम नहीं होती, जो बाधाओं को भी निरस्त करने की क्षमता रखती है। जरूरत होती है तो बस उसकी चमक का इस्तेमाल सही दिशा में करने की। चंदा की परवरिश जिस तरह के खुले माहौल व उच्च शिक्षित परिवार में हुई, उसमें स्वयं के लिए मार्ग बनाना उनके लिए कठिन न था। उनके पिता जयपुर इंजीनियरिंग कॉलेज के प्रिंसिपल थे, जिसकी स्थापना उन्होंने ही की थी। एक बड़ी बहन व भाई की लाडली

छोटी बहन होने के कारण उन्हें जहाँ एक तरफ बेहिसाब प्यार-दुलार मिला, वहीं अपने नखरे उठवाने में भी वह कोई कसर नहीं छोड़ती थीं। चूँकि परिवार में शिक्षा को महत्त्व दिया जाता था और संकीर्ण विचारों को प्रश्रय नहीं दिया जाता था, इसलिए लड़के-लड़की के बीच अंतर करने का तो कोई सवाल ही नहीं उठता था।

वह कहती हैं, "हमें बचपन से ही सिखाया गया था कि कॅरियर बनाना जितना लड़कों के लिए महत्त्वपूर्ण है उतना ही लड़कियों के लिए भी है।" अपने माता-पिता का समर्थन व प्रोत्साहन पाकर उन्होंने बचपन में ही ठान लिया था कि वह बड़ी होकर आई.ए.एस. अफसर बनेंगी। बैंकर बनने की इच्छा तो बहुत बाद में उनके अंदर जाग्रत् हुई थी। पर शायद प्यारे बचपन और खुशनुमा पारिवारिक माहौल को जैसे नजर लग गई। नन्ही चंदा के जीवन में व्यवधान और दुःख दोनों एक साथ आ गए। वह उस समय मात्र 13 वर्ष की थीं, जब उनके पिता का देहांत हो गया। जयपुर में उनका कोई और रिश्तेदार नहीं था, इसलिए उनकी माँ के लिए अकेलापन और अधिक कष्टदायी हो गया। दुःख-दर्द बाँटनेवाला कोई नहीं था, इसलिए जैसे ही चंदा की स्कूल की पढ़ाई पूरी हुई, वह बंबई शिफ्ट हो गईं, जहाँ उनके सारे रिश्तेदार रहते थे।

कॅरियर की शुरुआत

पिता, जो उनके परिवार के आधार-स्तंभ थे, उनकी मौत के दर्द से उबर पाना इतना आसान नहीं था; लेकिन धीरे-धीरे समय के साथ घाव भरते गए और चंदा का व्यक्तित्व भी एक आत्मविश्वासी युवती की तरह निखरने लगा। बंबई के जय हिंद कॉलेज से सन् 1982 में स्नातक करने के बाद उन्होंने एम.बी.ए. और कॉस्ट अकाउंटेंसी की। उसके बाद चंदा ने जमनालाल बजाज इंस्टिट्यूट ऑफ मैनेजमेंट स्टडीज से मैनेजमेंट में डिग्री हासिल की। चंदा पढ़ने में ही नहीं, अन्य गतिविधियों में भी बढ़-चढ़कर हिस्सा लेती थीं। जहाँ एक तरफ वह बहुत उत्साह से बैडमिंटन खेला करतीं, वहीं दूसरी ओर अनेक वाद-विवाद प्रतियोगिताओं व नाटकों में भी सक्रिय रूप से भाग लेती थीं।

सन् 1984 में जमनालाल बजाज इंस्टिट्यूट ऑफ मैनेजमेंट स्टडीज जैसे प्रतिष्ठित संस्थान से डिग्री लेने और उनकी प्रतिभा के आधार पर उन्हें आई.सी.आई.सी.आई. ने मैनेजमेंट ट्रेनी की तरह नियुक्त कर लिया। उन्होंने अपने कॅरियर की शुरुआत प्रोजेक्ट फाइनेंस से की। यह वह क्षेत्र था, जिस पर इस विकासोन्मुखी सरकारी वित्तीय संस्थान का मुख्य कारोबार टिका था। जब बैंक ने अलग से एक कमर्शियल बैंक का गठन करने का निश्चय किया तो चंदा उस टीम से जुड़ गईं, जो बैंक के ऑपरेशन (संचालन) की अवधारणा में सहायता करती थी।

उनका कॅरियर ग्राफ किसी को भी प्रेरणा दे सकता है, क्योंकि जिस तेजी से उन्होंने

प्रगति की है, वह दूसरों के लिए एक मिसाल बन गई है। 9 वर्ष की अथक मेहनत के बाद उन्हें आई.सी.आई.सी.आई. बैंक को गठित करनेवाली कोर टीम में शामिल किया गया। उन्हें सन् 1994 में असिस्टेंट जनरल मैनेजर और 1996 में डिप्टी जनरल मैनेजर बनाया गया। सन् 1998 में उन्हें जनरल मैनेजर बना दिया गया और आई.सी.आई.सी.आई. बैंक के 200 विशेष ग्राहकों के साथ व्यवहार बनाए रखने की जिम्मेदारी सौंप दी गई। उनकी तरक्की व प्रगति का सिलसिला यहीं नहीं थमा, क्योंकि निरंतर काम करने की जिजीविषा उन्हें प्रोत्साहित करती रहती थी। अप्रैल 2001 में उन्हें एग्जीक्यूटिव डायरेक्टर बना दिया गया और वह आई.सी.आई.सी.आई. का रिटेल बिजनेस सँभालने लगीं। फिर अप्रैल 2006 में चंदा कोचर को आई.सी.आई. सी.आई. बैंक का डिप्टी मैनेजिंग डायरेक्टर नियुक्त किया गया।

दी नई योजनाओं को गति

देश का वित्तीय क्षेत्र सन् 1991 में प्रतिबंधों से मुक्त होने लगा तो आई.सी.आई. सी.आई. ने इन्फ्रास्ट्रक्चर प्रोजेक्ट फाइनेंस डिवीजन की स्थापना की। यह वह क्षेत्र था, जिसके विकास में चंदा ने अमूल्य योगदान दिया। 32 वर्ष की उम्र में उनकी योग्यता का सम्मान करते हुए उन्हें आई.सी.आई.सी.आई. की कमर्शियल बैंकिंग बिजनेस आरंभ करनेवाली कोर टीम की लीडर बना दिया गया।

चंदा कोचर की ही टीम का करिश्मा है कि आज हम अपने ड्रॉइंगरूम में बैठे-बैठे पर्सनल कंप्यूटर से रेल या हवाई यात्रा के टिकट बुक करा सकते हैं, होटल का कमरा रिजर्व कर सकते हैं। इससे मानवीय श्रम और समय की बचत होने के साथ-साथ पेपरलेस बैंकिंग ने आई.सी.आई.सी.आई. का परिचालन व्यय घटाया और ग्राहक सेवा में गति दी। चंदा की दूसरी पहल है—बैंक में रिटेल ग्राहकों को वित्तीय सेवाओं की क्रॉस सेलिंग। चंदा को लगा कि आई.सी.आई.सी.आई. अगर एक ही ग्राहक को एक से ज्यादा सेवाओं की बिक्री करे तो अच्छा लाभ हो सकता है और तभी से लगातार क्रॉस सेलिंग की योजना के तहत व्यापार की बढ़ोतरी हो रही है। इसके अलावा बैंक ने रिटेल बैंकिंग उत्पादों के साथ-साथ ग्राहकों को होम लोन्स, कार लोन्स व क्रेडिट कार्ड बेचे, जिससे आई.सी.आई.सी.आई. का अलग-अलग बिजनेस क्षेत्रों में व्यापार कई गुना बढ़ा। चंदा विद्यमान सेवाओं में और नई योजनाओं को प्रस्तुत करती आ रही हैं, जिससे ग्राहकों की संख्या हर दिन बढ़ रही है।

सफलता को जोड़ा उत्कृष्टता के साथ

किसी को तरक्की करते देख उसकी किस्मत की सराहना करने में किसी को क्षण

भर भी नहीं लगता; पर यह इनसान की बहुत स्वाभाविक प्रवृत्ति है कि वह उस व्यक्ति की हिम्मत, लगन और मेहनत को जान-बूझकर नजरअंदाज कर उसे भाग्य कहकर अपनी नाकामयाबियों का ढिंढोरा पीटने से बाज नहीं आता। चंदा कोचर के लिए भी आगे बढ़ना कोई बहुत सरल बात नहीं थी। नए काम को करने, नए विचार व नीतियाँ निर्धारित करने और उन्हें लागू करने के दौरान उन्हें अनेक चुनौतियों व अवरोधों का सामना करना पड़ा।

अपने 15 वर्षों के कॉरपोरेट बैंकिंग कॅरियर से रिटेल फाइनेंस में आना उनके जीवन में होनेवाले किसी बहुत बड़े बदलाव से कम नहीं था—"रिटेल बैंकिंग क्षेत्र के हर पहलू के बारे में जानकारी प्राप्त करने के अलावा मैंने एक टीम का गठन करना भी इस दौरान सीखा और यह मेरे जीवन का सबसे अहम अनुभव साबित हुआ।" वह मानती हैं कि सफलता का अर्थ ही है उत्कृष्टता। आप जो करते हैं, उसमें उत्कृष्टता हासिल करने में ही सफलता निहित है।

बेहतरीन टीम लीडर

चंदा के प्रयासों से न सिर्फ बैंक के बिजनेस में बढ़ोतरी हुई, वरन् भारतीय बैंकिंग सेक्टर में एक नए युग की शुरुआत भी उन्होंने की। वह कहती हैं, "आज हमारी नीतियों व योजनाओं से इस क्षेत्र में व्यापक बदलाव आ गया है और उसने लेन-देन की प्रणाली को भी प्रभावित किया है। यह बदलाव बहुत ही सकारात्मक है और लोग इसे पसंद कर रहे हैं। ऑनलाइन ट्रांजेक्शन इस बदलाव का एक उदाहरण है, जिसकी लोकप्रियता दिनोंदिन बढ़ रही है और ग्रामीण ग्राहक तक ऑनलाइन लेन-देन करने लगे हैं। ई-चैनल्स जैसे ए.टी.एम., फोन बैंकिंग, इंटरनेट बैंकिंग व मोबाइल बैंकिंग से 70 प्रतिशत लेन-देन होता है। निवेश व सेवा उत्पाद भी हम बेचते हैं। हम आर.बी.आई. बॉण्ड्स, विभिन्न कंपनियों की इंश्योरेंस पॉलिसी व म्यूचुअल फंड भी वितरित करते हैं।"

वह इस बात पर यकीन रखती हैं कि "एक टीम लीडर होने के नाते उचित व नीतिपरक मार्गदर्शन एवं प्रोत्साहन देते हुए आपको अपनी टीम के साथियों को एक रास्ता दिखाना होता है। यही नहीं, लोगों को पुरस्कृत व दंड देने में भी एक निष्पक्ष व न्यायसंगत सोच रखना नितांत आवश्यक है।"

बैंकिंग सेक्टर में धन व लोगों के दिमाग की सूक्ष्म व सटीक समझ होना बहुत अनिवार्य है। चंदा की यही खूबी उन्हें इस ऊँचाई तक ले आई है। उन्हें लगता है कि इस क्षेत्र के लिए महिलाएँ अधिक उपयुक्त रहती हैं, क्योंकि "बहुमुखी प्रतिभा व स्थितियों का धैर्य के साथ सामना करने के कारण महिलाएँ बैंकिंग के बहुआयामी बिजनेस के लिए बिलकुल उपयुक्त रहती हैं।"

सम्मान व अवार्ड

चंदा के नेतृत्व में आई.सी.आई.सी.आई. बैंक ने वर्ष 2001, 2003, 2004 व 2005 में भारत में बेस्ट रिटेल बैंक का अवार्ड जीता। चंदा को दि एशियन बैंकर ने सन् 2004 का रिटेल बैंकर ऑफ द ईयर, इकोनॉमिक्स टाइम्स ने वर्ष 2005 की बिजनेस वुमेन ऑफ द ईयर और रिटेल बैंकर इंटरनेशनल ने ग्लोबल अवार्ड्स सन् 2008 के लिए राइजिंग स्टार अवार्ड से सम्मानित किया। चंदा सन् 2005 से लगातार बिजनेस में सबसे पावरफुल वुमेन की 'फोर्ब्स' की सूची में भी शामिल होती आ रही हैं। सन् 2009 में 'फोर्ब्स' की विश्व की सबसे ताकतवर 100 महिलाओं में उन्हें 20वें नंबर पर रखा गया।

वह मानती हैं, "किसी भी क्षेत्र में अपने कार्यों को प्राथमिकता के हिसाब से तय करना प्रभावी प्रबंधन कहलाता है और ऐसा करने में सक्षम होने पर ही निजी व प्रोफेशनल जीवन के साथ सामंजस्य बिठाया जा सकता है।" अपनी सफलता का श्रेय वह भारत की परिवार व्यवस्था को देती हैं। वह कहती हैं, "हमारे देश के सामाजिक परिवेश व संयुक्त परिवार प्रणाली से मिले समर्थन के कारण ही भारतीय महिलाएँ घर की जिम्मेदारियों को बखूबी निभा पा रही हैं। और इसी वजह से वे कार्यक्षेत्र में भी सफलता प्राप्त कर पा रही हैं।"

पति से मिलनेवाले सहयोग की वजह से ही वह आज इतनी सफल हो पाई हैं। काम की व्यस्तता के बीच उनके बच्चों को बेशक उनकी कमी खली, पर उनके दोनों बच्चे अपनी माँ की उपलब्धियों से बेहद खुश हैं। मुंबई में रहनेवाली चंदा को थाई व मुगलई खाना पसंद है और संगीत की मधुर लहरियों में वह खो जाती हैं। यही वजह है कि हर तरह का संगीत उन्हें लुभाता है, क्योंकि वह उन्हें बड़ी आसानी से तनाव-मुक्त कर देता है।

□

जीजाबाई

जीजाबाई (1594–1674) मराठा सरदार छत्रपति शिवाजी की माँ थीं। शिवाजी को संभवतया मध्ययुगीन काल के अत्यंत ख्यातिप्राप्त एवं सफल हिंदू योद्धाओं में से एक माना जाता है। शिवाजी की माँ जीजाबाई का जीवन किसी भी दृष्टि से कम प्रेरणादायक नहीं है। हमारे इतिहास में उन्हें गौरवशाली स्थान प्राप्त है।

उनके पिता लखुजी जाधव राव एक महत्त्वपूर्ण नेता थे और दक्षिण के राज्य निजामशाही के अधीन कार्यरत् थे। उन दिनों उस क्षेत्र के अनेक हिंदू नेता निजाम के अंतर्गत सेवारत थे। उनके पास अपनी-अपनी छोटी सेनाएँ थीं और उन्होंने निजाम के अधीन जमीनें, ऊँचे ओहदे और पदवियाँ हासिल कर ली थीं, लेकिन वे एक-दूसरे से नफरत करते थे और एक-दूसरे की जान की कीमत पर अपनी ताकत और प्रतिष्ठा बढ़ाने की कोशिश करते रहते थे।

होली का अवसर था और जीजाबाई के पिता अपने दरबार में एक समारोह का आयोजन कर रहे थे, जहाँ बहुत लोग जमा थे। वहाँ जीजाबाई का भावी पति शाहजी, पुत्र मालोजी (जो जाधव राव के अधीन सेवारत थे) भी मौजूद था। शाहजी और जीजाबाई छोटे बच्चे थे। जीजाबाई ने शाहजी पर रंगीन पानी डाल दिया, प्रत्युत्तर में शाहजी ने भी वैसा ही किया। जाधव राव को लड़का अच्छा लगा और उन्होंने शाहजी तथा अपनी बेटी को अपने पास खींच लिया और मजाक में कहा, "क्या आपको नहीं लगता कि इन दोनों की जोड़ी बढ़िया दिखती है?" सब लोगों ने इसे मजाक माना। मालोजी, जो यह देख रहे थे, खड़े हो गए और बोले, "सज्जनो, आपने सुना, जाधव राव ने अभी-अभी क्या कहा है? अत: वर-वधू के जनक होने के नाते अभी से हम एक-दूसरे के संबंधी बन गए हैं।" लेकिन जाधव राव के मन में ऐसा कुछ नहीं था। मालोजी की तुलना में उनका ओहदा और रुतबा बहुत ऊँचा था। उन्होंने मालोजी को रुखाई से झिड़क दिया। मालोजी ने बहुत अपमानित महसूस किया। वे भरी सभा में शर्मिंदा होने के कारण वहाँ से बाहर चले गए।

बाद के कुछ महीनों में मालोजी बहुत परेशान रहे। जीवन में अगला कदम क्या उठाना है, इस बारे में वे कुछ भी निश्चित नहीं कर सके। कुछ समय के लिए वे वापस खेत जोतने लगे, लेकिन वे दुःखी थे। कहा जाता है, एक रात मालोजी को एक अजीब सपना आया। देवी भवानी ने दमकती भव्यता में उन्हें दर्शन दिए और उन्हें रुष्ट न होने बल्कि जीवन में साहस के साथ संघर्ष करने की सलाह दी, क्योंकि उनके परिवार में जल्दी ही एक शूरवीर एवं नूतन युग-प्रवर्तक जन्म लेनेवाला है। अगले दिन खेत में देर रात उन्हें एक बार फिर ऐसा लगा कि भवानी सामने खड़ी हैं और उन्हें किसी एक खास जगह जमीन खोदने के लिए कह रही हैं। उन्होंने ऐसा ही किया। उस जगह खुदाई में उन्हें खजानों से भरे 7 पात्र मिले। उस खजाने तक उन्हें चाहे किसी भी तरह पहुँचाया गया हो, परंतु उस खजाने की वजह से भारत के भविष्य पर एक महत्त्वपूर्ण प्रभाव पड़ना निश्चित हो गया था। मालोजी ने 1000 घुड़सवारों और पैदल सैनिकों को खरीद लिया। उन्होंने लोगों को, व्यापारियों को सुरक्षा मुहैया कराई और ऐसा करने में उनकी धन-दौलत भी बढ़ने लगी।

अपने धन से उन्होंने कुएँ और कुंड खुदवाए, यात्रियों के लिए सराय बनवाईं, जरूरतमंद लोगों को खाना दिया और मंदिरों का जीर्णोद्धार कराया। उनकी शक्ति और प्रतिष्ठा बढ़ गई तथा अधिक-से-अधिक लोग उनके अधीन काम करने चले आए। मालोजी जाधव राव के शब्दों को भूले नहीं थे। वे अभी भी अपमानित महसूस करते थे, अतः उन्होंने जीजाबाई और शाहजी का विवाह करने के लिए जाधव राव पर जोर डालना शुरू कर दिया। जाधव राव ने इनकार कर दिया, लेकिन मालोजी ने भारी दबाव डाला और निजाम की मध्यस्थता का सहारा लिया, जिसके कारण जाधव राव को राजी होना पड़ा। जीजाबाई और शाहजी का विवाह संपन्न हो गया, लेकिन जाधव राव मालोजी के परिवार 'भोंसले कुटुंब' से घृणा करने लगे। शाहजी बड़े होकर एक विख्यात सेनानायक बने और निजाम की सेवा में लग गए। शाहजी को परेशान करने के उद्‌देश्य से जाधव राव मुगलों के साथ हो लिये (जो निजाम के खिलाफ थे)। जाधव राव जीवन भर शाहजी के लिए मुश्किलें खड़ी करने में लगे रहे। जीजाबाई इस बात से बहुत दुःखी थीं। वे इस बात से भी नाखुश थीं कि उनके अपने पिता और पति दोनों उन सुलतानों के अधीन काम कर रहे थे, जो उनकी नजर में लुटेरों से ज्यादा कुछ नहीं थे। इस सेवा से आनेवाली धन-संपत्ति की उन्हें कोई चाह नहीं थी। उनके लिए स्वाधीनता ही सबकुछ थी।

इस बीच मुगलों ने निजाम के अधिकार क्षेत्रों पर हमला कर दिया। शाहजी को महूली किले की रखवाली करने की जिम्मेदारी दी गई। इस हमले में जाधव राव शामिल थे। 6 महीनों के प्रतिरोध के बाद शाहजी को जीजाबाई के साथ किला खाली करना पड़ा, जो उस समय 4 माह के गर्भ से थीं। जीजाबाई शिवनेरी पहुँच गईं, जहाँ उन्होंने शिवाजी

को जन्म दिया।

जब वे गर्भ से थीं, उस दौरान जगदंबा के मंदिर में यह प्रार्थना किया करती थीं, "ओ माँ, सृष्टि की जननी, अपनी कुछ शक्ति मुझे दो! मुसलमानों की शर्मनाक खिदमत में मराठों के आत्माभिमान को समाप्त करो। हमारी भूमि को स्वाधीनता प्रदान करो। ओ माँ, मेरी यह विनती स्वीकार करो कि मेरी इच्छा पूरी हो!"

उन लोगों के आस-पास रहना उन्हें क्रोधित करता था, जो अपनी औरतों, अपने बच्चों, अपने देश और धर्म की रक्षा नहीं कर सकते थे। उनकी अंदरूनी इच्छा थी कि उनका पुत्र उस पीढ़ी का हिस्सा बने, जो यह काम कर सके। उन्होंने अनुभवी राजनीतिज्ञों एवं कूटनीतिज्ञों की संगति में देश की जटिल समस्याओं का अध्ययन किया। उन्होंने देखा कि कभी सोने की खान कहलानेवाली धरती के बाशिंदे घोर गरीबी में जी रहे हैं और वह संस्कृति खंडित हो रही है जिससे वे बहुत प्यार करती हैं। कोई ऐसा नेता पैदा होना चाहिए, जो बिखरे हिंदुओं को एक कर सके। उन्हें सुख-सुविधाओं की इच्छा नहीं थी। वे तो पहाड़ियों पर बने किलों की छत पर चढ़ना, हाथों में तेग-तलवार पकड़ना, राजनीतिक समस्याओं पर चर्चा करना, कवच पहनना और अश्वारोही सैनिक बनना चाहती थीं।

प्राचीन हिंदू संस्कृति में यह कहा गया है और जिसकी सच्चाई आज प्रमाणित हो चुकी है कि जो स्त्री माँ बननेवाली होती है, उसे जिस प्रकार का वातावरण मिलता है, जो विचार उसके मन में आते हैं और अपने अजनमे बच्चे के लिए वह जो इच्छाएँ रखती है, उन सब बातों का बच्चे के जीवन पर वैसा ही अच्छा या बुरा प्रभाव पड़ता है। वैदिक परंपराओं में ऐसे अनेक संस्कार एवं स्तुतियाँ हैं, जिनको अनुष्ठानपूर्वक पूरा करने से बच्चे के होनहार होने की आशाएँ पुष्ट होती हैं। जीजाबाई ने शिवाजी में ऐसे संस्कार डाले, जो जीवन भर उनके लिए प्रेरणास्रोत बने रहे।

अकस्मात् एक अत्यंत बुरी खबर ने जीजाबाई का दिल दहलाकर रख दिया। उनके पिता जाधव राव का, जिन्हें हाल ही में निजाम की सेवा में पुनः नियुक्त किया गया था, उनके पूरे परिवार के साथ कत्ल कर दिया गया था। हो सकता है निजाम ने सोचा हो कि मराठा लोग प्रभावशाली होते जा रहे हैं! उनके पति के साथ भी कुछ ऐसा ही होने का खतरा था, लेकिन वे इस मामले में काफी होशियार थे और मुगलों के साथ हो गए थे। उनके समस्त परिवार का खात्मा किए जाने की खबर ने उनकी क्रोधाग्नि को बहुत भड़का दिया। मराठों के गाँव-के-गाँव उजाड़ दिए गए। एक मराठा राजकुमारी को तो स्नान करते हुए उठाकर ले जाया गया। एक बार जीजाबाई को भी अपहृत कर लिया गया था, सौदेबाजी के लिए मोहरा बनाकर। ऐसे उथल-पुथल भरे समय में उनका जीवन बीता, लेकिन इन भीषण घटनाओं से वे भयभीत नहीं हुईं, बल्कि उनकी दृढ़ता और मजबूत हो

गई। उनका यह विश्वास और पक्का हो गया कि हिंदुओं का एक स्वतंत्र संरक्षक होना ही चाहिए।

उन्होंने अपने पुत्र को स्वतंत्रता से प्यार करने की शिक्षा दी। वे उस समय दादाजी कोंडदेव के संरक्षण में पुणे में रहते थे। जीजाबाई पुणे के मुख्य प्रशासकों में से एक थीं। वे शिक्षित और योग्य थीं तथा वे पूरे अधिकार के साथ शासन सँभालती थीं (वे मध्ययुगीन भारत की उत्पीड़न सहनेवाली हिंदू महिलाओं की तरह नहीं थीं)। वे जब वहाँ आए, पुणे एक छोटा सा गाँव था, जिसे निजाम, आदिलशाह और मुगलों ने बारी-बारी से उजाड़ा था। हिंदुओं के मंदिरों को चुन-चुनकर ध्वस्त कर दिया गया था। जीजाबाई की मदद से पुणे पुनः जी उठा। जीजाबाई ने टूटे मंदिरों का जीर्णोद्धार कराया और अनेक अवसरों पर विवादों का निपटारा किया तथा न्याय किया। शिवाजी की अधिकतर शिक्षा उन्हीं की देखभाल में हुई। उन्होंने शिवाजी को महाभारत और रामायण के पाठ विस्तार से पढ़ाए। शिवाजी ने पवित्र धर्मग्रंथों और प्रशासन कला एवं अस्त्र-शस्त्रों के बारे में संपूर्ण ज्ञान प्राप्त किया और राजनीतिक परिस्थितियों को देखा-समझा।

शाहजी ने दूसरी स्त्री, तुकाबाई के साथ विवाह कर लिया और वे अधिकतर समय दूसरी पत्नी एवं उसके पुत्र के साथ बिताने लगे। जीजाबाई ने हिम्मत नहीं हारी और वे पहले की तरह शासन के कामकाज को सँभालती रहीं तथा शिवाजी के पालन-पोषण एवं शिक्षा-दीक्षा तथा देर रात तक प्रार्थना एवं साधना करने में लगी रहीं। उनकी धर्मपरायणता का एक उदाहरण यह दिया जाता है कि उनकी सलाह पर ब्राह्मणों ने बालाजी निंबलकर नामक एक सिपाही को इसलाम धर्म कबूलने के बाद पुनः हिंदू धर्म अंगीकार करने की आज्ञा दे दी। उन दिनों बहुत लोग ऐसा करने के विरुद्ध थे। वही मानसिकता आज भी कुछ हद तक मौजूद है, लेकिन जीजाबाई की मान्यता थी कि जो व्यवस्था लोगों को हिंदू समुदाय छोड़कर जाने तो देती है, लेकिन दुबारा उसमें आने नहीं देती (जिसका धर्मग्रंथों में कोई आधार नहीं मिलता है)। उस व्यवस्था के कारण हिंदू समाज कमजोर हो रहा था। जीजाबाई ने लोगों से आग्रह किया कि वे इस तर्क को समझने की कोशिश करें।

शिवाजी ने जब 16 वर्ष की आयु में एक बड़े किले पर कब्जा कर लिया तो शाहजी और दादाजी का चिंतित होना स्वाभाविक था, लेकिन जीजाबाई को बहुत अधिक खुशी हुई। जिस समय बीजापुर का विख्यात सेनापति अफजल खान एक बड़ी फौज के साथ शिवाजी को ललकारने के लिए आया तो शिवाजी ने अपनी माँ से सलाह माँगी, जिन्होंने दूसरों की मंत्रणा के विपरीत शिवाजी को दृढ़ता के साथ संकट का सामना करने की सलाह दी। शिवाजी की फौज अपेक्षाकृत बहुत छोटी थी, लेकिन किसी-न-किसी बहाने समय गुजरने देने और गुरिल्ला युक्तियों का प्रयोग करके शिवाजी ने अफजल खान की फौज को पछाड़ दिया। जब एक व्यक्तिगत मुलाकात में अफजल खान ने शिवाजी को

जान से मारने की कोशिश की तो अफजल खान खुद ही मारा गया। इस प्रकरण के कारण शिवाजी की प्रतिष्ठा बहुत बढ़ गई।

जीजाबाई शिवाजी के साथियों को अपने पुत्र जैसा मानती थीं और उनके लिए साहस एवं प्रेरणा का स्रोत बन गई थीं। तानाजी मलसुरे इसका एक विशिष्ट उदाहरण है। मुगलों द्वारा किए गए एक भीषण आक्रमण में वह सिंहगढ़ का किला हार गया। जीजाबाई ने उससे यह कहा बताया जाता है कि अगर तुम सिंहगढ़ को दुश्मनों से छुड़ा लो तो तुम मेरे लिए शिवाजी के छोटे भाई समान होगे। तानाजी उनका कहा मानकर जोश के साथ अपने मिशन पर चला गया और जिस काम को दूसरे लोग असंभव मान रहे थे, उसमें वह कामयाब हुआ, लेकिन इस प्रक्रिया में वह शहीद हो गया।

जीजाबाई सारी रात अपने किले से उधर नजर गड़ाए बैठी थीं। उन्होंने जब मराठों का केसरिया ध्वज किले पर फहराते देखा तो वे खुशी से चिल्ला उठीं, लेकिन उसके कुछ ही समय बाद उन्हें तानाजी के मारे जाने की खबर मिली तो वे बिलख-बिलखकर रोने लगीं। उन्हें चुप कराना मुश्किल हो गया। एक और शूरवीर बाजी प्रभु, जो शिवाजी का बचपन का दोस्त था, शिवाजी के जीवन की रक्षा करने के लिए बड़ी बहादुरी से लड़ा और ऐसा करते हुए वीरगति को प्राप्त हुआ। यह खबर सुनने पर जीजाबाई इस तरह रोईं, जैसे उनका अपना पुत्र मारा गया हो!

जीजाबाई को अपने जीवन में एक के बाद एक दुःख सहने पड़े और अपने देश एवं धर्म की खातिर वे सारे दुःखों को बहादुरी से पी गईं। उन्होंने माँ दुर्गा के प्रताप और उनकी शक्ति का परिचय दिया। हम आशा करते हैं कि उनकी जीवनगाथा को सदैव सम्मान के साथ याद किया जाएगा। सन् 1674 में शिवाजी ने एक बड़े समारोह का आयोजन किया, जिसमें शिवाजी ने स्वयं को एक स्वतंत्र शासक घोषित कर दिया। जीजाबाई उस समारोह में मौजूद थीं। उन्हें यह देखकर कितनी खुशी हुई होगी कि अपने जीवन में उन्होंने जो कामना की थी, वह अंततः फलदायक सिद्ध हुई। इसके 12 दिनों के बाद जीजाबाई स्वर्ग सिधार गईं।

□

झलकारी बाई

औपनिवेशिक भारत में महिलाओं की वीरगाथाओं के अध्याय में झलकारी बाई का भी संक्षिप्त उल्लेख मिलता है।

बुंदेलखंड (तत्कालीन झाँसी राज्य का हिस्सा) के लोकगीतों में झलकारी बाई के साहसिक कार्यों के किस्से भरे पड़े हैं। वास्तव में झलकारी बाई एक देहाती लड़की थीं और एक बहुत ही गरीब परिवार से थीं।

उनकी शक्ल-सूरत झाँसी की रानी लक्ष्मीबाई से बहुत मिलती थी। इसी कारण रानी ने उनकी बहादुरी को देखते हुए उन्हें अपनी सेना की महिला टुकड़ी में शामिल कर लिया।

लक्ष्मीबाई और झलकारी बाई के नेतृत्व में 'दुर्गादल' (महिला फौज) के सैनिकों ने अंग्रेजी सेना द्वारा किए गए हमलों को बार-बार विफल किया। अगर लक्ष्मीबाई के एक सेनापति ने विश्वासघात न किया होता तो झाँसी का किला कुछ और समय तक अजेय बना रहता।

लक्ष्मीबाई से उनकी सूरत इतनी मिलती थी कि झाँसी की सेना ने उसका फायदा उठाकर अंग्रेजी फौज को धोखा देने की सामरिक नीति बनाई। झलकारी बाई बुंदेलखंड की एक साधारण ग्रामबाला थीं, जो पशुओं की देखभाल करने और जंगल से ईंधन की लकड़ी बटोरकर लाने के अलावा घर का कामकाज भी सँभालती थीं। एक बार जंगल में उनका सामना एक बाघ से हो गया और उन्होंने अपनी कुल्हाड़ी से उसे अकेले ही मार डाला। एक और मौके पर उन्होंने गाँव में एक व्यापारी का घर लूटने आए डकैतों के गिरोह को ललकारा और उन्हें उलटे पाँव भागने पर मजबूर कर दिया।

उनके प्रति कृतज्ञता के नाते गाँव के लोगों ने मिलकर उनका विवाह पूरन कोरी से कर दिया, जो उनके जैसा ही बहादुर एवं साहसी था। लक्ष्मीबाई की सेना में पूरन को भी भरती कर लिया गया। रानी के सेनापतियों को जल्दी ही उसके युद्ध-कौशल

का परिचय मिल गया। एक बार गौरी पूजा के अवसर पर झलकारी गाँव की दूसरी औरतों के साथ रानी के प्रति अपना सम्मान प्रगट करने किले में गईं।

झलकारी के रूप में हूबहू अपनी हमशक्ल पाकर लक्ष्मीबाई चकित रह गईं। उनकी बहादुरी के बारे में सुनकर रानी ने झलकारी को 'दुर्गादल' में भरती करने का आदेश दे दिया। झलकारी को दूसरी ग्रामीण महिलाओं के साथ निशाना लगाने और पलीता लगाकर तोपें दागने का प्रशिक्षण दिया गया, क्योंकि उस समय अंग्रेजी फौज के आक्रमण की आशंका को ध्यान में रखते हुए झाँसी सेना को मजबूत करने की कवायद चल रही थी।

अंग्रेजों ने झाँसी को अपने नियंत्रण में करने के उद्देश्य से संतानहीन लक्ष्माबाई को अपना उत्तराधिकारी गोद लेने की इजाजत नहीं दी। रानी के सेनापतियों और झाँसी के लोगों ने अंग्रेजों के सामने झुकने के बजाय उनके समर्थन में एकजुट होकर अंग्रेजों के खिलाफ हथियार उठाने का निश्चय कर लिया।

अप्रैल 1858 के दौरान रानी ने अपनी सेना का नेतृत्व करते हुए झाँसी के किले के अंदर से ही अंग्रेजों तथा अंग्रेजों के स्थानीय मित्रों की सेनाओं के कई हमलों को नाकाम कर दिया। इसी बीच रानी के एक सेनापति ने रानी के साथ विश्वासघात किया और किले का एक बहुत सुरक्षित द्वार खोल दिया। जब किले का बचना नामुमकिन हो गया तो उनके सेनापतियों ने लक्ष्मीबाई को मुट्ठी भर योद्धाओं के साथ निकल भागने की सलाह दी। रानी घोड़े पर सवार होकर झाँसी से दूर निकल गईं।

झलकारी का पति पूरन किले की रक्षा करते हुए मारा गया, लेकिन उसकी मृत्यु का शोक मनाने के बजाय झलकारी ने अंग्रेजों को धोखे में रखने की एक योजना बनाई। झलकारी ने लक्ष्मीबाई जैसी पोशाक पहन ली और झाँसी की फौज का नेतृत्व अपने हाथों में ले लिया, तत्पश्चात् किले के बाहर अंग्रेज सेनापति ह्यूरोज के कैंप की तरफ कूच किया। अंग्रेजों के अंत:क्षेत्र में पहुँचकर उसने चिल्लाकर कहा कि वह जनरल से मिलना चाहती है।

अंग्रेज सेनापति 'रोज' और उसके आदमी उल्लसित हो गए। उन्होंने सोचा कि झाँसी पर कब्जा करने के साथ-साथ उन्होंने रानी को भी जीवित पकड़ लिया है। अंग्रेज सेनापति ने उसे रानी समझकर जब झलकारी से पूछा कि उसके साथ क्या बरताव किया जाए? तो झलकारी ने दृढ़ता से कहा, "मुझे फाँसी पर लटका दो।" बुंदेलखंड की गाथा के अनुसार अंग्रेज सेनापति उनके इस जवाब से दंग रह गया और उसने कहा कि यदि भारतीय महिलाओं में से एक प्रतिशत भी झलकारी जैसी बहादुर हों तो अंग्रेजों को जल्दी भारत छोड़कर जाना पड़ेगा।

□

डॉ. मंजू शर्मा

फरवरी 1940 में जन्मी श्रीमती मंजू शर्मा ने भारत में बायोटेक्नोलॉजी को बढ़ावा देने के लिए सतत तथा अनवरत प्रयास किए हैं। उन्होंने 1961 में लखनऊ विश्वविद्यालय से एम.एस.सी. की शिक्षा उत्तीर्ण की तथा बीरबल साहनी गोल्ड मेडल अर्जित किया। उन्होंने पौधों के तनों तथा पुष्पीय भागों में स्मलीराइडस की उपस्थिति पर शोध कार्य किया, जो कि अपने आप में एक नवीन खोज थी। इसके पहले यही समझा जाता था कि स्मलीराइडस केवल पत्तियों में पाए जाते हैं। लेटेक्सधारी पौधों पर उनके पोस्ट-डॉक्टरल शोधकार्य ने दिखाया कि ईथरल के प्रयोग से लेटेक्स तथा रबर के उत्पादन में 100 प्रतिशत तक वृद्धि होती है, इसका सीधा लाभ मलेशिया स्थित रबर प्लांटेशंस को हुआ। उन्होंने वन अनुसंधान केंद्र, देहरादून में काष्ठीय पौधों पर काफी शोध कार्य किया। आई.सी.एम.आर. के एक प्रकाशन 'इंडियन मेडिसिनल प्लांट्स' की वे सह-लेखिका भी रहीं। उन्होंने अनेक शोध-पत्र तथा विशेष रिपोर्ट्स भी तैयार कीं। 1974 से आरंभ करके उन्होंने सरकारी सेवा में रहते हुए साइंस एंड टेक्नोलॉजी के क्षेत्र में अनेक नए कार्यक्रम संचालित किए। महिलाओं, गरीबों, ग्रामीणों के लिए विशेष परियोजनाएँ विकसित कीं। उन्होंने बायोटेक्नोलॉजी को विस्तारित करते हुए देश भर में अनेक संस्थानों की स्थापना में प्रमुख योगदान दिया, जिनमें प्रमुख हैं—

- बायोटेक कॉन्सॉरटियम इंडिया
- नेशनल इंस्टीट्यूट ऑफ इम्यूनोलॉजी, नई दिल्ली
- द सेंटर फॉर डी.एन.ए. फिंगरप्रिंटिंग एंड डाइग्नोस्टिक्स, हैदराबाद
- द नेशनल ब्रेन रिसर्च सेंटर, मनेसर तथा
- इंस्टीट्यूट ऑफ बायोरिसोर्सेस एंड सस्टेनेबल डेवलपमेंट, मणिपुर

उनकी अपनी आत्मकथा के अनुसार बचपन में उनका रुझान ललित कलाओं के प्रति था, जिसे देखते हुए उनके परिवार का मानना था कि वे बड़ी होकर एक कलाकार

बनेंगी। पाँचवीं कक्षा में उन्हें एक बहुत अच्छी जीव विज्ञान शिक्षिका ने पढ़ाया, जिससे उनकी वनस्पति में रुचि जाग्रत् हो गई। यहाँ तक कि कॉलेज में आने तक तो उन्हें अनेक पौधों के वानस्पतिक नाम इस प्रकार कंठस्थ थे कि बाकी विद्यार्थी उन्हें चलता-फिरता एनसाइक्लोपीडिया कहते थे। डॉ. मंजू शर्मा के अनुसार विज्ञान विषय लेकर उच्च शिक्षा ग्रहण कर वैज्ञानिक बनने का दृढ़ निश्चय उनका स्वयं का था तथा उनका मार्ग प्रशस्त करने में उनके परिवार तथा गुरुजनों का भरपूर सहयोग रहा।

उनके कैरिअर के दौरान अनेक प्रख्यात वैज्ञानिकों ने उन्हें प्रेरणादायी मार्गदर्शन दिया, जिनमें प्रमुख हैं—प्रोफेसर एम.एस. स्वामीनाथन, डॉ. ए. रामचंद्रन, प्रोफेसर एम.जी. के. मेनन, प्रोफेसर ए.के. शर्मा तथा प्रोफेसर पी.एन. टंडन।

डॉ. शर्मा गांधीजी के इस तथ्य में पूर्णतया विश्वास करती हैं—"यदि तुम एक पुरुष को शिक्षित करते हो तो एक व्यक्ति शिक्षित होता है, परंतु एक महिला को शिक्षित करने से पूरा परिवार तथा समाज शिक्षित होता है।" अतः उनका पूरा प्रयास रहा है कि अधिकतम लड़कियाँ और महिलाएँ विज्ञान के क्षेत्र में आगे बढ़ें।

पुरस्कार एवं सम्मान

उन्हें अनेक पुरस्कारों से सम्मानित किया गया है, उनमें से प्रमुख हैं—

- 1994–वासविक अवार्ड
- 1995–नॉरमन ई. बॉरलॉग अवार्ड
- 2002–जी.एम. मोदी साइंस अवार्ड
- 1997–के.एन. बहल मेमोरियल गोल्ड मेडल अवार्ड
- 1998–एफ.आई.ई. नेशनल अवार्ड
- 1998–श्री ओमप्रकाश भसीन अवार्ड
- 1998–द जेपियार एजुकेशन ट्रस्ट नेशनल साइंस एंड टेक्नोलॉजी अवार्ड फॉर ऐम्सीलेंसी आशुतोष मुखर्जी मेडल
- बी.पी. पाल मेडल
- स्पेशल डिस्टिकशन मेडल, साइंस कांग्रेस
- 2003–दिल्ली रत्न
- 2000–जवाहरलाल नेहरू अवार्ड (मध्य प्रदेश सरकार द्वारा प्रदत्त) 'विज्ञान गौरव' उत्तर प्रदेश सरकार द्वारा प्रदत्त
- 2002–ओजस्विनी शीर्ष अलंकरण (मध्य प्रदेश)
- 2004–लाइफ टाइम अचीवमेंट अवार्ड (बायोस्पैक्ट्रम)
- 2000–इंडियन साइंस राइट्स एसोसिएशन की फैलोशिप

- 6 अक्तूबर, 2006–एकेडमी की वृद्धि के लिए उनके द्वारा जीवन भर किए गए प्रयासों के लिए भारत के प्रधानमंत्री द्वारा प्रदत्त एन.ए.एस.आई. प्लेटिनम जुबली गोल्ड मेडल
- 2007–नेशनल सीनियर वुमैन बायोसाइंटिस्ट अवार्ड
- 2007–भारत सरकार द्वारा पद्मभूषण

डॉ. मंजू शर्मा भारतीय विज्ञान का गौरव हैं। वर्तमान में वे गुजरात के गांधीनगर स्थित इंडियन इंस्टीट्यूट ऑफ एडवांस्ड रिसर्च की फाउंडर प्रेसीडेंट तथा एक्जीक्यूटिव डायरेक्टर हैं।

□

दुर्गा भाभी

भारत में स्वतंत्रता संग्राम के आकाश पर वे एक प्रकाश-पुँज की तरह उदित हुईं और भगत सिंह, अशफाक उल्ला तथा चंद्रशेखर आजाद जैसे क्रांतिकारियों पर जबरदस्त प्रभाव डाला। उनका नाम दुर्गावती देवी था और वे प्रोफेसर भगवतीचरण वोहरा की पत्नी थीं। वे ऐसे दिन थे जब गिरफ्तारी देने का जश्न लड्डू बाँटकर मनाया जाता था और जब कोई पुलिसमैन सम्मन लेकर आता दिखाई देता था तो उसके स्वागत में शोर मचाकर कहा जाता था, ''वाह, वे आ गए हैं!''

दुर्गा भाभी 'नौजवान भारत सभा' की सक्रिय सदस्य थीं और उन्हें प्रमुखता तब मिली जब सभा ने 16 नवंबर, 1926 को करतार सिंह सरामा की शहादत की 11वीं वर्षगाँठ मनाने का निर्णय किया। करतार सिंह सरामा को 11 वर्ष पहले लाहौर केंद्रीय कारागार में फाँसी दी गई थी। स्वतंत्रता संघर्ष के युवा शहीदों में से एक सरामा की उम्र 19 वर्ष थी, जब उसने फाँसी का फंदा गले में डाला। सरामा ने भारतीय सिपाहियों में 'राजद्रोह' फैलाकर अंग्रेजों का तख्ता पलटने की योजना बनाई थी। दुर्गा भाभी और भगत सिंह के लिए सरामा एक सर्वकालिक शूरवीर था।

'शहीदी दिवस' पर सरामा के आदमकद चित्र का अनावरण किया गया, जिसे दो महिलाओं ने अपने खून से बनाया था। उनमें से एक महिला का नाम था दुर्गावती देवी और दूसरी थी—सुशीला देवी, प्रोफेसर वोहरा की बहन। जब भगत सिंह ने 'चंडी' को समर्पित अपना भाषण समाप्त किया और एक सशस्त्र संघर्ष के जरिए फिरंगियों को बाहर निकालने का प्रण लिया, तभी दुर्गा भाभी खड़ी हो गईं और उन्होंने भगत सिंह के माथे पर 'तिलक' लगाया, उन्हें आशीर्वाद दिया और शुभकामनाएँ दीं कि वह अपने उद्देश्य में सफल हों। 'हिंदुस्तान रिपब्लिकन संगठन' के एक सदस्य की हैसियत से उन्होंने एक मिशनरी अर्थात् 'धर्मदूत' के उत्साह से काम किया। उनकी योजना इतनी सटीक होती थी कि उसमें कभी कोई गलती होने की जरा भी गुंजाइश नहीं रहती थी।

उनके जीवन का अत्यंत गरिमामय क्षण 17 दिसंबर, 1928 को तब आया, जब भगत सिंह और सुखदेव सांडर्स को मारने के बाद दुर्गा भाभी के घर गए। भगत सिंह ने अपने बाल मुँडवा लिए थे। दोनों ने सूट एवं फेल्ट हैट पहन लिये थे। दुर्गा भाभी को पता था कि क्या हुआ है, लेकिन उन्हें दुःख था कि असली अपराधी जे.ए. स्कॉट बच निकला। उन्हें कलकत्ता जाने की सलाह दुर्गा भाभी ने ही दी थी, क्योंकि प्रो. वोहरा कांग्रेस अधिवेशन में भाग लेने के लिए पहले ही कलकत्ता चले गए थे।

उन्होंने जल्दी-जल्दी सामान बाँधा, एक ताँगा मँगवाया और लाहौर रेलवे स्टेशन की ओर चल पड़े। जहाँ पहुँचकर उन्होंने प्रथम श्रेणी के दो टिकट खरीदे। चूँकि भगत सिंह अपने 'परिवार' के साथ सफर कर रहे थे, साहिब को एक कूपा (छोटा डिब्बा) मिल गया। भगत सिंह की तलाश में प्लेटफॉर्म पर करीब 500 पुलिसमैन मौजूद थे, फिर भी वे उन सबको धोखा देकर साफ निकलने में कामयाब हो गए। भगत सिंह का यह कमाल वैसा ही था जैसे औरंगजेब के चंगुल से शिवाजी निकले थे। इस सनसनीखेज नाटक में राजगुरु ने एक नौकर की भूमिका निभाई और वह 'कलकत्ता मेल' से जुड़े नौकर-चाकरवाले डिब्बे में जाकर बैठ गए। तीसरे दरजे के एक डिब्बे में चंद्रशेखर आजाद बैठे थे, जो साधू के वेश में थे और तुलसीदास के दोहे गा रहे थे। उनमें से प्रत्येक के पास एक-एक भरी हुई पिस्तौल थी, जिसे उन्होंने अच्छी तरह जाँच-परख लिया था।

18 दिसंबर, 1928 की तारीख स्वतंत्रता आंदोलन के इतिहास में सदैव बड़ी शिद्दत से याद की जाएगी; क्योंकि 'कलकत्ता मेल' एक ऐसी ऐतिहासिक रेलगाड़ी थी जिसने पूरे देश में सनसनी फैला दी।

'कलकत्ता मेल' जैसे ही प्लेटफॉर्म से आगे बढ़ी, ऐसा प्रतीत हुआ जैसे इतिहास का पहिया अपने क्रांतिकारी लक्ष्य की ओर चल पड़ा हो! किसी ने ठीक ही कहा है कि 18 दिसंबर, 1928 की उस शाम को मौत से बचकर निकलना आसान हो सकता था, लेकिन लाहौर रेलवे स्टेशन से बच निकलना किसी चमत्कार से कम नहीं था। यह बड़ी साफ-सुथरी, सूझ-बूझ से बनाई गई योजना थी, आकस्मिक तख्ता-पलट से कम नहीं। राजगुरु थोड़ी-थोड़ी देर बाद साहिब और उनके परिवार की कुशल-क्षेम सुनिश्चित करने पहुँच जाता। एक बार तो वह दुर्गा भाभी के बच्चे शशि के लिए दूध की बोतल लेकर आ गया। लखनऊ स्टेशन पर राजगुरु फिर दूध की बोतल ले आया! उसी समय दुर्गा भाभी ने अपने पति प्रो. वोहरा को भेज देने के लिए एक तार उसे दिया, जिसके द्वारा वे कलकत्ता में अपने पति को सूचित कर रही थीं कि वे यानी दुर्गा भाभी अपने भाई के साथ पहुँच रही हैं और उन्हें लेने के लिए वे कलकत्ता रेलवे स्टेशन आ जाएँ।

जब ट्रेन कलकत्ता पहुँची, प्रो. वोहरा और उनकी बहन सुशीला देवी स्टेशन पर

मौजूद थे। सुशीला देवी ने कलकत्ता में पक्की व्यवस्था की हुई थी। पहले दिन वे एक होटल में ठहरे। उसके बाद एक सप्ताह के लिए वे सेठ छज्जू राम की तीन मंजिला हवेली में जाकर रहे। सुशीला देवी ने सेठजी की माताजी को विश्वास में ले लिया था और साथ आए लोगों के बारे में उन्हें सबकुछ बता दिया था। कलकत्ता में भगत सिंह ने गुप्त रूप से कांग्रेस अधिवेशन में भाग लिया और गांधीजी, नेहरू एवं सुभाष बोस की झलक पाई। दुर्गा भाभी के साथ उन्होंने कई क्रांतिकारियों से भेंट की, जैसे कि अतुल गांगुली, जी.एन. दास और फिजिंदर नाथ घोष। उन्होंने अपनी पार्टी की एक शाखा वहाँ खोली और बम बनाने की प्रक्रिया सीखी।

योगेश चंद्र चटर्जी के मुताबिक, दिल्ली की केंद्रीय सभा (सेंट्रल असेंबली) में बम फेंकने की योजना कलकत्ता में ही बनाई गई थी। फेल्ट हैट पहने भगत सिंह की तसवीर भी कलकत्ता में खींची गई थी। बी. के. दत्त ने उन्हें बंगाली बोलना सिखाया। एक दिन पूरी मंडली एक फिल्म देखने गई; फिल्म का नाम था—'अंकल टॉम्स केबिन'। उस फिल्म का भगत सिंह और उनके साथियों पर बहुत गहरा प्रभाव पड़ा।

8 अप्रैल, 1929 को बम फेंकने के बाद भगत सिंह ने आत्मसमर्पण कर दिया। जब भगत सिंह, सुखदेव और राजगुरु को फाँसी की सजा सुनाई गई, तो दुर्गा भाभी खुलकर मैदान में उतर पड़ीं। उन्होंने पंजाब के भूतपूर्व गवर्नर, क्रांतिकारियों के कट्टर दुश्मन, लॉर्ड हेली को जान से मारने की कसम खा ली। गवर्नर तो बच गया, लेकिन उसके सहायक जख्मी हो गए। उन तीनों राष्ट्रभक्तों का जीवन बचाने के लिए दुर्गा भाभी ने गांधीजी से भी अपील की। इस बीच प्रो. भगवती चरण वोहरा और चंद्रशेखर आजाद ने जेल को ही बम से उड़ाकर भगत सिंह को छुड़ाने की योजना बनाई, लेकिन रावी के तट पर बम की जाँच करते समय प्रो. वोहरा की मृत्यु हो गई।

दुर्गा भाभी को गिरफ्तार कर लिया गया और उन्हें तीन साल के कारावास की सजा दी गई। स्वतंत्रता-प्राप्ति के बाद उन्हें वास्तव में भुला दिया गया, सिवाय इसके कि उनके एक पुराने साथी का यदा-कदा कोई लेख प्रकाशित हो जाता था। 15 अक्तूबर, 1999 को 92 वर्ष की आयु में गाजियाबाद में उनका निधन हो गया। यद्यपि उनका आजादी से पहले का जीवन बहुत रोमांचकारी रहा, लेकिन बाद में उनका सारा जीवन एकांत एवं गुमनामी में बीता। दुर्गा भाभी, जो अंग्रेज पुलिस के लिए आतंक बन गई थीं, वास्तव में 'भारत की अग्नि' कहलाने योग्य थीं। उनका जीवन त्याग एवं निडरता की उस प्राचीन विरासत की याद दिलाता है जिसकी वे अपने जीवनकाल में एक मिसाल बन गई थीं।

□

देविका रानी

भारतीय फिल्म संसार में एक नए युग का सूत्रपात करनेवाली देविका रानी सन् 1945 में फिल्म जगत् से संन्यास ले चुकी थीं, पर आज भी उनका नाम लोग भूले नहीं हैं। देविका रानी बोलती फिल्मों की प्रथम अभिनेत्री थीं। 'बॉम्बे टॉकीज' जैसी ख्याति-प्राप्त फिल्म संस्था की स्थापना और संचालन में तो उनका महत्त्वपूर्ण योगदान रहा ही, 'अछूत कन्या', 'वचन', 'जीवन नैया', 'जीवन प्रभात', 'सावित्री', 'किस्मत', 'इज्जत', 'बसंत', 'पुनर्मिलन' जैसी अमर फिल्मों की चर्चित और अपने समय की सर्वश्रेष्ठ अभिनेत्री के नाते आज भी उनका नाम बड़े आदर से लिया जाता है।

देविका रानी रवींद्रनाथ टैगोर की भानजी की पुत्री थीं। पिता कर्नल एम.एन. चौधरी मद्रास में प्रथम भारतीय सर्जन जनरल थे तथा देविका रानी के जन्म के समय अपनी पत्नी लीला चौधरी के साथ वाल्टेयर में रहते थे। इंग्लैंड में पढ़ते समय ही देविका रानी ने लंदन की रॉयल अकादमी ऑफ ड्रामेटिक आर्ट से अभिनय में पुरस्कार प्राप्त किया था। पढ़ाई के बाद व्यावहारिक कला में 'टेक्सटाइल डिजाइनिंग' का कोर्स पास करके उन्होंने 'आर्किटेक्चर' में भी डिप्लोमा लिया और फिर लंदन के एक प्रमुख आर्ट स्टूडियो में 'डिजाइनर' के रूप में काम करने लगीं।

वहीं सन् 1928 में 'द लाइट ऑफ एशिया', 'शीराज' जैसी प्रसिद्ध फिल्मों के निर्माता श्री हिमांशु राय से उनकी भेंट हुई। हिमांशु राय ने देविका रानी के व्यक्तित्व और कला से प्रभावित हो उन्हें अपनी प्रोडक्शन यूनिट में शामिल होने के लिए प्रेरित किया। इस यूनिट द्वारा बाद में भारतीय फिल्मों के निर्माण, विकास और प्रसार की योजना की बात सुनकर वह राजी हो गईं। हिमांशु राय तब 'थ्रो ऑफ डाइस' नामक इंग्लिश फिल्म बना रहे थे। देविका रानी ने उस फिल्म की सेट-सज्जा और वेशभूषा की कलाकार के नाते एक समझौते पर हस्ताक्षर कर फिल्म क्षेत्र में प्रवेश किया, जो बाद में उनके जीवन का महत्त्वपूर्ण मोड़ साबित हुआ।

भारत आकर अगले वर्ष 1929 में ही हिमांशु राय और देविका रानी विवाह-सूत्र में बँध गए। विवाह के शीघ्र बाद जब हिमांशु राय एक प्रसिद्ध जर्मन फिल्म कंपनी यू.एफ.ए. के प्रोड्यूसर बनकर बर्लिन गए तो देविका रानी को वहाँ मेकअप, सेट-सज्जा, वेशभूषा आदि में आगे और प्रशिक्षण लेने का अवसर मिला। वहीं उन्होंने अभिनय कला में भी कुशलता प्राप्त की। जब हिमांशु राय और देविका रानी यू.एफ.ए. में फिल्म-निर्माण कार्यों में व्यस्त थे, तभी वहाँ मूक फिल्मों को बोलती फिल्मों में बदलने की नई तकनीक का विकास हो रहा था। अपने पति के साथ देविका रानी को इस सारी प्रक्रिया के अध्ययन व निरीक्षण का अवसर मिला। देविका रानी ने यू.एफ.ए. की एक फिल्म में अभिनय भी किया और उस सिलसिले में उन्हें स्कैंडेनेवियन देशों की यात्रा का अवसर मिला, जहाँ पति-पत्नी दोनों का खूब सम्मान किया गया।

जर्मनी से लौटकर हिमांशु राय ने प्रथम भारतीय बोलती फिल्म 'कर्म' का निर्माण किया। 'कर्म' अंग्रेजी और हिंदुस्तानी दोनों भाषाओं में बनाई गई थी, जिसमें अंग्रेज व जर्मन विशेषज्ञों का भी सहयोग प्राप्त किया गया था और जो भारत, इंग्लैंड व अन्य देशों में एक साथ रिलीज हुई थी। देविका रानी इसकी प्रमुख अभिनेत्री थीं। 'कर्म' रिलीज होने के साथ ही भारतीय फिल्म जगत् में एक सनसनी, एक धूम मच गई। इस प्रथम बोलती फिल्म के साथ भारतीय फिल्म जगत् में एक नए युग का सूत्रपात हुआ और देविका रानी भी एकाएक जनता की आँखों में समा गईं। विदेशों में भी उनकी चर्चा इतनी चली कि बी.बी.सी. की 'शॉर्ट वेव' को भारत तक पहुँचाया गया तो भारत के लिए प्रथम कार्यक्रम का उद्घाटन भी उन्हीं से करवाया गया।

'कर्म' की ख्याति के बाद हिमांशु राय ने 'हिमांशु राय इंडो-इंटरनेशनल टॉकीज लिमिटेड' नाम से एक फिल्म संस्था का निर्माण किया, जो बाद में 'बॉम्बे टॉकीज' के एजेंट के रूप में सामने आई। फिर 1934 में मलाड, बंबई में 'बॉम्बे टॉकीज' का एक 'पब्लिक लिमिटेड कंपनी' के रूप में निर्माण किया गया। बॉम्बे टॉकीज का इतिहास और भारतीय फिल्मों के विकास का इतिहास अलग नहीं है। विदेशी विशेषज्ञों के सहयोग से इस संस्था ने अभिनय, तकनीक, उद्योग सभी क्षेत्रों में एक क्रांति ला दी। तकनीक और अभिनय में ऊँचे मानदंड स्थापित करते हुए यह संस्था आज के अनेक प्रसिद्ध कलाकारों व तकनीशियनों के निर्माण में सहायक हुई और इस सबका श्रेय है हिमांशु राय व देविका रानी को।

बाम्बे टॉकीज की प्रमुख अभिनेत्री और भारत की सर्वश्रेष्ठ अभिनेत्री के रूप में 'अछूत कन्या', 'वचन', 'इज्जत' आदि में उनके अभिनय को इतने वर्षों बाद भी श्रेष्ठ अभिनय कहा जाता है। देविका रानी ने अभिनय कला के ऊँचे-से-ऊँचे शिखरों को छुआ था और ऐसी ही ऊँची ख्याति पाई, पर जब वह अपनी ख्याति की चरम सीमा पर थीं,

उन्होंने फिल्म क्षेत्र छोड़ दिया।

सन् 1936-40 के दौरान 'भारतीय फिल्म जगत् की प्रथम महिला' के रूप में उन्हें फिल्म उद्योग, प्रेस की ओर से और जन समारोहों में अनेक पुरस्कार, मेडल और सम्मान मिले। फिर 1940 में हिमांशु राय की मृत्यु हो गई। देविका रानी पर बॉम्बे टॉकीज का सारा भार आ पड़ा। चीफ कंट्रोलर और डायरेक्टर के नाते उन्हें स्टूडियो व्यवस्था से लेकर बिजनेस तक का सारा काम देखना पड़ा। पर अपने निर्देशन में बनी किसी भी फिल्म का स्तर उन्होंने गिरने नहीं दिया। 'पुनर्मिलन', 'किस्मत' जैसी फिल्में उसी समय की देन हैं। इसी तरह दिलीप कुमार, मधुबाला, मुमताज, शांति अभिनेता-अभिनेत्री भी। न जाने कितने फिल्म-लेखकों, कलाकारों एवं तकनीशियनों ने उनसे प्रेरणा और सहायता पाकर इस क्षेत्र में नाम पैदा किया। लेकिन अपनी रुचि के क्षेत्र अभिनय से कटकर केवल संचालन-व्यवस्था जैसे बोझिल कार्य से वे ऊब उठी थीं।

सन् 1945 में प्रसिद्ध रूसी चित्रकार श्री स्वेतोस्लाव रेरिख से विवाह कर उन्होंने फिल्म जगत् से संन्यास ले लिया और अपने सुंदर पहाड़ी घर के शांत वातावरण में रहकर उन सभी रुचिकर कामों की ओर उन्मुख हो गई थीं, जो उनकी व्यस्तता के दौरान छूट गए थे। इनमें कई सरकारी, अर्ध-सरकारी तथा सामाजिक व सांस्कृतिक संस्थाओं की सदस्यता भी शामिल थी।

20 अक्तूबर, 1970 को 'भारतीय बोलपट की इस प्रथम नायिका' को भारतीय फिल्मों में विशिष्ट योगदान के लिए 'दादा साहब फाल्के पुरस्कार' प्रदान करने की घोषणा की गई। भारत सरकार ने एक प्रशस्ति-पत्र के साथ 11,000 रुपए का यह राष्ट्रीय पुरस्कार उसी वर्ष श्री फाल्के की स्मृति में आरंभ किया था, जो प्रतिवर्ष दिया जाता है। इसके पूर्व जनवरी 1958 में राष्ट्रपति की ओर से देविका रानी को 'पद्मश्री' की उपाधि से भी सम्मानित किया गया। पर भारतीय फिल्म कला उद्योग को उनकी देन जितनी व्यापक है और देश-विदेश से जितना व्यापक सम्मान उन्हें जीवन में मिला, उसे देखते हुए ये सम्मान उनके स्तर की पुष्टि भर ही थे। देविका रानी अब नहीं रहीं। अभिनेत्रियाँ आएँगी और जाएँगी, पर देविका रानी का नाम फिल्म-संसार में अमर रहेगा।

□

नैना लाल किदवई

नैना लाल किदवई का जन्म सन् 1957 में हुआ था। मुंबई और दिल्ली में पली बढ़ी नैना लाल ने स्कूली शिक्षा शिमला में ग्रहण की। दिल्ली विश्वविद्यालय की स्नातक, हार्वर्ड बिजनेस स्कूल से डिग्री प्राप्त करनेवाली वे पहली भारतीय महिला थीं। वे शीर्ष की उन व्यवसायी महिलाओं में से एक हैं, जिन्होंने निरंतर कड़ी मेहनत और ईमानदारी के बल पर शिखर पर पहुँचने में सफलता पाई है।

उन्होंने अपना वृत्तिक जीवन सन् 1982 में आरंभ किया, जब उन्होंने 'ए.एन.जैड. ग्रिंडलेज बैंक' में कार्य ग्रहण किया। इस बैंक को अब 'स्टैंडर्ड चार्टर्ड बैंक' कहा जाता है। 'मोर्गन स्टेंले' के भारतीय कारोबार की जिम्मेदारी सँभालने से पहले उन्होंने बैंकिंग क्षेत्र में कई जगह विविध कार्य किए और वह सफलता की सीढ़ियाँ चढ़ती गईं।

वर्तमान में वे भारत में 'एच.एस.बी.सी. ग्रुप' की ग्रुप जनरल मैनेजर और कंट्री हैड हैं जिसके अंतर्गत 35,000 कर्मचारी हैं, जो बैंकिंग सेवाओं, बीमा, ऐसेट मैनेजमेंट, एच.एस.बी.सी. सिक्योरिटीज ऐंड कैपिटल मार्केट्स, एच.एस.बी.सी. इन्वेस्ट डायरेक्ट, एच.एस.बी.सी. सॉफ्टवेयर डेवलपमेंट (इंडिया) प्राइवेट लिमिटेड और वैश्विक सेवा केंद्रों (यू.के., यू.एस. और यू.एस.ए. में एच.एस.बी.सी. प्रचालनों में सहायक बी.पी.ओ. इकाइयाँ) आदि विभागों में काम कर रहे हैं। सन् 2009 से पूर्व वे भारत में एच.एस.बी.सी. बैंक की चीफ एक्जीक्यूटिव ऑफिसर और मैनेजिंग डायरेक्टर और एच.एस.बी.सी. सिक्योरिटीज ऐंड कैपिटल मार्केट्स इंडिया प्राइवेट लिमिटेड की मैनेजिंग डायरेक्टर के पद पर भी रह चुकी हैं।

उन्होंने 'विप्रो' को 'न्यूयॉर्क स्टॉक एक्सचेंज' की सूची में लाने में महत्त्वपूर्ण भूमिका निभाई। वे देश भर में सेल्यूलर फोन सेवाओं का विस्तार कराने में सहायक बनीं। इस समझौते के अंतर्गत वे टाटा और बिड़ला जैसे उद्योगपतियों का सहयोग प्राप्त करने में सफल हुईं।

नैना लाल किदवई को न केवल भारत में बल्कि विदेशों में भी कई पुरस्कारों से सम्मानित किया जा चुका है और विश्व में नेतृत्व और व्यवसाय के लिए प्रसिद्ध एवं जानी-मानी हस्तियों की सूची में उनका नाम शामिल किया जाता रहा है। व्यवसाय में शिखर पर पहुँचनेवाली महिलाओं की 'फॉर्चून ग्लोबल लिस्ट' में बार-बार उन्होंने जगह बनाई है और 'वाल स्ट्रीट' पत्रिका-2006 के अनुसार, विश्व स्तर पर व्यवसाय के क्षेत्र में शिखर को छूनेवाली महिलाओं की सूची में उन्हें 12वें स्थान पर रखा गया। 'टाइम' पत्रिका ने सन् 2002 में उनका नाम 15 'सार्वभौमिक प्रभावशाली' (ग्लोबल इंफ्लुएंशल) महिलाओं की सूची में शामिल किया।

व्यापार एवं उद्योग को बढ़ावा देने में उनके असाधारण कार्य को देखते हुए सन् 2007 में उन्हें 'पद्मश्री' पुरस्कार से सम्मानित किया गया।

जहाँ तक उनकी अंतरराष्ट्रीय नियुक्तियों का संबंध है, वे नेस्ले एस.ए. के निदेशक मंडल अर्थात् बोर्ड में नॉन-एक्जीक्यूटिव डायरेक्टर, चेयरमैन, सिटी ऑफ लंदन एडवाइजरी काउंसिल फॉर इंडिया और ग्लोबल एडवाइजर, हार्वर्ड बिजनेस स्कूल के पद पर रह चुकी हैं। वे एन.सी.ए.ई.आर. के शासी मंडल, भारत के नियंत्रक एवं महालेखापरीक्षक के लेखा-परीक्षा सलाहकार मंडल और 'सी.आई.आई.' तथा 'फिक्की' की राष्ट्रीय कार्यकारिणी समिति की सदस्य हैं। ग्रामीण महिलाओं के लिए लघु वित्त और आजीविका के अवसर मुहैया कराना तथा पर्यावरण की चिंता, उनकी विशेष रुचियों में शामिल हैं। नैना युवाओं द्वारा संचालित विश्व के सबसे बड़े संगठन ए.आई.ई.एस.ई.सी. का भी समर्थन करती हैं। वे ए.आई.ई.एस.ई.सी. के राष्ट्रीय सलाहकार बोर्ड की सदस्य भी हैं।

नैना ने राशिद किदवई से शादी की है, जो एक गैर-सरकारी संगठन (एन.जी.ओ.) चलाते हैं, जिसका नाम है 'ग्रासरूट ट्रेडिंग नेटवर्क फॉर वीमेन'।

□

पी.टी. उषा

पिलवुल्लकंडी थेक्केपरंबिल उषा, जिसे सामान्यत: 'पी.टी. उषा' कहा जाता है, भारतीय एथलेटिक्स अर्थात् व्यायाम और खेल-कूद में एक जानी-मानी शख्सियत हैं। उनका जन्म 20 मई, 1964 को कालीकट, केरल के निकट कोझिकोड जिले के अंतर्गत पयोली गाँव में चालियन परिवार में पैथल और लक्ष्मी की पुत्री के रूप में हुआ था। उनका उपनाम 'पयोली एक्सप्रेस' रखा गया है और उन्हें 'क्वीन ऑफ ट्रैक ऐंड फील्ड' भी कहा जाता है।

केरल की राज्य सरकार ने सन् 1976 में महिलाओं के लिए एक स्पोर्ट्स स्कूल स्थापित किया था। उषा को उनके जिले के प्रतिनिधि के रूप में चुना गया था। राज्य सरकार द्वारा उसे 250 रुपए प्रतिमाह वजीफा दिया जाता था। उन्होंने सन् 1979 में राष्ट्रीय स्कूल खेलों में हिस्सा लेना शुरू कर दिया, जहाँ ओ. माधवन नांबियार ने उनकी प्रतिभा को पहचाना और प्रशिक्षित करने में अधिक-से-अधिक समय दिया। पी.टी. उषा सन् 1979 से भारतीय एथलेटिक्स से जुड़ी रही हैं।

व्यायाम और खेल-कूद (एथलेटिक्स) को भारत में 'पुरुष प्रधान स्पोर्ट्स' माना जाता रहा है, क्योंकि स्पोर्ट्स में अधिकतर पुरुषों की प्रधानता रही। महिलाओं को ट्रैकसूट में पाना दुर्लभ था। इस सच्चाई को पी.टी. उषा ने एक बड़ी चुनौती के रूप में स्वीकार किया और सन् 1980 में 'मास्को ओलंपिक' में अंतरराष्ट्रीय स्पोर्ट्स के मैदान में पहुँच गईं। उन्होंने सन् 1980 में नई दिल्ली में आयोजित 'एशियन गेम्स' में 100 मीटर और 200 मीटर की तेज दौड़ में रजत पदक जीते तथा उनके इस विजय अभियान का लोकहित में व्यापक स्तर पर प्रचार-प्रसार किया गया। इसके बाद हर तरफ उनकी चर्चा होने लगी। एक वर्ष बाद उन्होंने कुवैत में 'ट्रैक ऐंड फील्ड चैंपियनशिप' प्रतियोगिता में 400 मीटर दौड़ में स्वर्ण पदक जीतकर एक नया एशियन रिकॉर्ड बनाया। सन् 1983-1989 के बीच उषा ने एशियन ट्रैक ऐंड फील्ड दौड़ स्पर्धाओं में 13 स्वर्णपदक जीते।

सन् 1984 में लॉस एंजिलिस ओलंपिक में उषा 400 मीटर की बाधा दौड़ के सेमीफाइनल मुकाबलों में प्रथम स्थान पर रहीं, लेकिन फाइनल में हार गईं। उषा ने सन् 1985 में जकार्ता में आयोजित एशियाई खेल-प्रतियोगिताओं में पाँच स्वर्ण पदक जीतकर 'एशिया की सबसे तीव्र धावक' (एशियन स्प्रिंट क्वीन) के रूप में दोबारा स्थान प्राप्त कर लिया। एक वर्ष बाद उन्होंने अपने इस बेमिसाल प्रदर्शन को सियोल में आयोजित 'एशियन गेम्स' में भी दोहराया, जहाँ उषा ने 4 स्वर्ण और 1 रजत पदक हासिल किए। उषा के कॅरियर में कभी न मिटनेवाला और शायद सबसे दुःखद क्षण तब आया, जब उन्होंने 1984 में लॉस एंजिलिस में आयोजित ओलंपिक में एकमात्र दौड़ में हिस्सा लिया। 400 मीटर बाधादौड़ में उषा एक सेकंड के सौवें हिस्से (1/100 सेकंड)से कांस्य पदक हार गईं। उस दौड़ में उन्होंने 55.42 सेकंड का समय दर्ज कराया, जो उनका सर्वश्रेष्ठ रिकॉर्ड था। मुकाबला समाप्त होने के बाद वे रो पड़ीं और बड़े दुःख के साथ कहा—"यह विश्वास करना कठिन था कि एक ओलंपिक मेडल मेरे हाथ आते-आते रह गया।"

सन् 1991 में वी. श्रीनिवासन से उनका विवाह हो गया। एथलेटिक्स का मोह उन्हें वापस खींच लाया और उन्होंने सन् 1999 में जापान में आयोजित 'एशियन ट्रैक ऐंड फील्ड प्रतियोगिता' में 200 मीटर और 400 मीटर दौड़ में कांस्य पदक जीतकर देश को अचंभित कर दिया। इस प्रकार अपने आलोचकों का मुँह बंद कर दिया। उन्होंने 200 मीटर दौड़ में एक नया कीर्तिमान स्थापित कर अपने पिछले रिकॉर्ड को भी बेहतर किया। पी.टी. उषा ने देश के हर हिस्से से लड़कियों को एथलेटिक्स में प्रशिक्षण देने के उद्‌देश्य से एक स्कूल आरंभ किया। यह स्कूल केरल में कोझिकोड के निकट कोयिलांडी में स्थित है। इसमें 10 से 12 वर्ष तक की बालिकाओं को प्रशिक्षण हेतु भरती किया जाता है।

पी.टी. उषा वह पहली भारतीय महिला और पाँचवी भारतीय हैं जिन्होंने 400 मीटर बाधादौड़ का सेमीफाइनल जीतकर ओलंपिक के अंतिम मुकाबले में पहुँचने के लिए जगह बनाई। सन् 1977 में उन्होंने कोट्टायम में आयोजित राज्यस्तरीय एथलेटिक स्पर्धाओं में एक राष्ट्रीय रिकॉर्ड बनाया। उन्हें सन् 1980 में कराची में हुए 18वें 'पाकिस्तान नेशनल गेम्स' के लिए भेजे जानेवाले राष्ट्रीय दल में चुना गया।

पी.टी. उषा ने सन् 1985 में जकार्ता, इंडोनेशिया में आयोजित 'एशियन ट्रैक ऐंड फील्ड प्रतियोगिता' के दौरान 100, 200 और 400 मीटर की दौड़, 400 मीटर बाधा दौड़ और 4 x 400 मीटर रिले दौड़ में 5 स्वर्ण पदक जीते। 4 x 400 मीटर रिले रेस में उन्होंने एक कांस्य पदक जीता। यह उनकी सबसे बड़ी उपलब्धि थी। दौड़ प्रतियोगिताओं के एक ही आयोजन में उनसे पहले किसी भी महिला एथलीट ने इतने स्वर्ण पदक नहीं जीते थे। वह जहाँ-जहाँ भी गईं, उन्होंने सभी स्पर्धाओं में नए रिकॉर्ड बनाए। उषा ने

अपने एथलेटिक जीवन के दौरान राष्ट्रीय और अंतरराष्ट्रीय खेल प्रतियोगिताओं में 102 पदक जीते हैं। आजकल वे दक्षिण रेलवे में एक अधिकारी के रूप में कार्यरत् हैं। केरल सरकार ने भी सेंट्रल स्टेडियम, तिरुवनंतपुरम में 'पी.टी. उषा स्पोर्ट्स काउंसिल' बनाई है। इसके अलावा उनकी उपलब्धियों के सम्मान में पयाली में एक सड़क को भी उनका नाम दिया गया है।

□

प्रतिभा देवीसिंह पाटिल

प्रतिभा देवीसिंह पाटिल का जन्म 19 दिसंबर, 1934 को नडगाँव, महाराष्ट्र में हुआ था। उनके पिता का नाम नारायन पाडलु राव था। वे भारत की 12वीं राष्ट्रपति और पहली महिला राष्ट्रपति हैं। उन्हें 25 जुलाई, 2007 को भारत के मुख्य न्यायाधीश के.जी. बालकृष्णन द्वारा राष्ट्रपति पद की शपथ दिलाई गई थी। उनसे पहले डॉ. ए.पी.जे. अब्दुल कलाम भारत के राष्ट्रपति थे।

अपने बाल्यकाल के दौरान उन्होंने आर.आर. स्कूल, जलगाँव में पढ़ाई की। उन्होंने एम.ए. की डिग्री मूलजी जेठा (एम.जे.) कॉलेज, जलगाँव से प्राप्त की, जो उत्तर महाराष्ट्र विश्वविद्यालय, जलगाँव से संबद्ध था। उन्होंने मुंबई विश्वविद्यालय से संबद्ध गवर्नमेंट लॉ कॉलेज से लॉ अर्थात् कानून की डिग्री हासिल की। कॉलेज के दिनों में उन्होंने टेबिल-टेनिस में अपनी पहचान बनाई और विभिन्न इंटर कॉलेज टूर्नामेंट जीते। सन् 1962 में प्रतिभा पाटिल को एम.जे. कॉलेज की 'कॉलेज क्वीन' चुना गया। उसी वर्ष उन्होंने 'इंडियन नेशनल कांग्रेस' के टिकट पर ऐदलाबाद निर्वाचन क्षेत्र से विधानसभा का चुनाव जीता।

7 जुलाई, 1965 को उनका अमरावती, विदर्भ के एक शिक्षक देवीसिंह रामसिंह शेखावत से विवाह हुआ। इस दंपती का एक बेटा और एक बेटी है।

1962 में 27 वर्ष की आयु में प्रतिभा पाटिल ने अपना राजनीतिक जीवन आरंभ किया। वरिष्ठ कांग्रेसी नेता और भूतपूर्व मुख्यमंत्री यशवंतराव चव्हाण के योग्य एवं विश्वासप्रद मार्गदर्शन में सन् 1967 में दुबारा चुनाव जीतने के बाद उन्हें शिक्षा उपमंत्री बना दिया गया। अगले दौर में सन् 1972 से सन् 1978 तक वे राज्य की एक पूर्ण कैबिनेट मंत्री रहीं। अनुक्रमिक कांग्रेस सरकारों में उन्होंने कई मुख्यमंत्रियों के अंतर्गत पर्यटन, समाज कल्याण, शिक्षा और आवास विभागों का कार्यभार सँभाला।

नेहरू-गांधी परिवार के प्रति प्रतिभा की निष्ठा सोनिया गांधी की सास इंदिरा गांधी के समय से आरंभ हुई। सन् 1977 में भारत में आपात् स्थिति के बाद इंदिरा गांधी की

हार के परिणामस्वरूप कांग्रेस दो धड़ों में बँट गई। राज्य कांग्रेस (आई) के अनेक वरिष्ठ नेतागण, जिनमें प्रतिभा के विश्वसनीय मार्गदर्शक चव्हाण और उनके प्रापक शरद पवार तथा सामान्य नेतागण भी शामिल थे, देवराज उर्स द्वारा बनाई गई कांग्रेस (उर्स) में चले गए, लेकिन प्रतिभा पाटिल ने इंदिराजी के साथ रहना ही बेहतर समझा। उन्होंने दिसंबर 1977 में इंदिराजी की गिरफ्तारी का विरोध किया और 10 दिन जेल में भी बिताए।

सन् 1978 में जब कांग्रेस (उर्स) महाराष्ट्र में सत्ता में आई, प्रतिभा पाटिल राज्य विधानसभा में विपक्ष की नेता बन गईं। सन् 1980 में कांग्रेस (आई) पूरे बहुमत के साथ सत्ता में लौट आई। मुख्यमंत्री पद के लिए उनका नाम सबसे आगे था, किंतु वह पद संजय गांधी के विश्वासपात्र ए.आर. अंतुले को चला गया। हालाँकि अंतुले को बाद में भ्रष्टाचार के आरोपों के कारण बाध्य होकर इस्तीफा देना पड़ा। इसके बाद वह वसंतदादा पाटिल मंत्रिमंडल में पुन: एक मंत्री बन गईं। पाटिल और तत्कालीन महाराष्ट्र प्रदेश कांग्रेस कमेटी की अध्यक्षा प्रभा राव के बीच मतभेदों के चलते राजीव गांधी ने उन्हें सन् 1988 में एम.पी.सी.सी. का प्रमुख बना दिया। उस पद पर वे दो वर्ष यानी सन् 1990 तक रहीं।

4 जून, 2007 को कांग्रेस की अध्यक्षता में बने 'संयुक्त प्रगतिशील गठबंधन' (यूनाइटेड प्रोग्रेसिव अलाइंस) 'यू.पी.ए.', भारत में राजनीतिक दलों के सत्तारूढ़ गठबंधन और भारतीय वामपंथी दलों ने उन्हें राष्ट्रपति पद के लिए अपना प्रत्याशी घोषित किया। चुनाव 19 जुलाई, 2007 को होना था। उनकी उम्मीदवारी पर इन दलों में सहमति थी, क्योंकि वामपंथी दल तत्कालीन गृहमंत्री शिवराज पाटिल को राष्ट्रपति पद के लिए नामांकित करने के हक में नहीं थे। ऐसी स्थिति उत्पन्न हो जाने पर कांग्रेस प्रमुख सोनिया गांधी ने प्रतिभा पाटिल का नाम सुझाया। राष्ट्रपति पद के लिए यू.पी.ए.-लेफ्ट प्रत्याशी के रूप में उनके नामांकन के पीछे नेहरू-गांधी परिवार के प्रति उनकी वफादारी सबसे बड़ा कारण रहा बताया जाता है।

यू.पी.ए. अध्यक्ष सोनिया गांधी ने राष्ट्रपति के रूप में उनकी नामजदगी को भारत की स्वतंत्रता के 60 वें वर्ष में एक ऐतिहासिक अवसर बताया। जयपुर से नई दिल्ली के लिए प्रस्थान करने से पूर्व प्रतिभा पाटिल ने सोनिया गांधी के प्रति धन्यवाद व्यक्त किया और कहा कि राष्ट्रपति के रूप में उनका पहला काम यू.पी.ए. द्वारा आरंभ किए गए 'राष्ट्रीय ग्रामीण रोजगार गारंटी कार्यक्रम' को सफल बनाना होगा। बाद में दिल्ली में उन्होंने निश्चयपूर्वक कहा कि वह आँख मूँदकर मोहर लगानेवाली राष्ट्रपति नहीं बनेंगी।

राष्ट्रपति पद के लिए सीधे मुकाबले में उन्हें एन.डी.ए. समर्थित प्रत्याशी भैरों सिंह शेखावत का सामना करना पड़ा और उन्होंने समर्थन जुटाने के लिए राज्यों की राजधानियों का दौरा किया। उनके प्रचार अभियान को उस समय एक बड़ा प्रोत्साहन मिला, जब यू.एन.पी.ए. ने मतदान से दूर रहने का निर्णय लिया। विपक्ष के नेता एल.के. आडवाणी

ने भारत के निर्वाचन आयुक्त से हस्तक्षेप की माँग करते हुए अनुरोध किया कि प्रतिभा पाटिल से उनकी धन-संपत्ति का ब्योरा माँगा जाए, लेकिन तथापि निर्वाचन आयुक्त ने उनकी यह माँग ठुकरा दी।

एन.डी.ए. के एक महत्त्वपूर्ण घटक शिवसेना ने इस आधार पर प्रतिभा पाटिल को समर्थन देने की घोषणा की कि इस महान् गौरवशाली पद को शोभायमान करनेवाली वे पहली मराठी शख्सियत होंगी। शिवसेना के इस निर्णय ने बीजेपी, शिव सेना गठबंधन में दरार डाल दी।

प्रतिभा ने अपने पति के सहयोग से एक शिक्षण संस्था 'विद्या भारती शिक्षण प्रसारक मंडल' की स्थापना की थी, जो जलगाँव और मुंबई में कई स्कूलों एवं कॉलेजों का संचालन करती है। उन्होंने 'श्रम साधन ट्रस्ट' के नाम से एक ट्रस्ट भी स्थापित किया है, जो नई दिल्ली, मुंबई और पुणे में कामकाजी महिलाओं के लिए होस्टल और जलगाँव में एक इंजीनियरिंग कॉलेज का संचालन करता है। वे 'संत मुक्ताबाई सहकारी शक्कर कारखाना' नामक एक सहकारी चीनी मिल और एक सहकारी बैंक की भी संस्थापक एवं अध्यक्ष थीं, जिसका नामकरण उनके ही नाम पर 'प्रतिभा महिला सहकारी बैंक' किया गया। उन्होंने जलगाँव में नेत्रहीनों के लिए एक औद्योगिक प्रशिक्षण संस्थान स्थापित करने और विमुक्त जातियों एवं घुमंतु जनजातियों के गरीब बच्चों के लिए एक स्कूल चलाने में भी सहयोग किया।

एक प्रशिक्षित वकील प्रतिभा पाटिल ने महाराष्ट्र विधानसभा की एक सदस्या के रूप में महाराष्ट्र के जलगाँव जिलांतर्गत ऐदलाबाद निर्वाचन क्षेत्र का प्रतिनिधित्व किया और वे राज्यसभा की उपसभापति रहीं। लोकसभा में अमरावती से संसद् सदस्य रहीं तथा राजस्थान की पहली महिला राज्यपाल बनीं। राष्ट्रपति बनने से पहले उन्होंने जिन पदों को सुशोभित किया, उनमें से कुछ इस प्रकार हैं—जुलाई 1979 से फरवरी 1980 तक महाराष्ट्र विधानसभा में सी.डी.पी.(आई) की ओर से विपक्ष की नेता थीं, सन् 1982-1985 तक वे विधानसभा के लिए लगातार पुनर्निर्वाचित होती रहीं। कभी जलगाँव से और कभी निकटवर्ती ऐदलाबाद निर्वाचन क्षेत्र से; सन् 1985 में वे कैबिनेट मंत्री बनीं और उन्होंने शहरी विकास एवं आवास, नागरिक आपूर्ति और समाज कल्याण जैसे विभागों का कार्यभार सँभाला।

18 नवंबर, 1986 से 5 नवंबर, 1988 तक के लिए वे राज्यसभा की उपसभापति चुनी गईं। वे कभी कोई चुनाव नहीं हारी। सन् 1991 से सन् 1996 तक वे सभापति, सदन-समिति, लोकसभा रहीं और 8 नवंबर, 2004 से जून, 2007 तक राजस्थान की राज्यपाल रहीं।

□

प्रिया पॉल

प्रिया पॉल ऐसी शख्सियत हैं, जिन्होंने हॉस्पिटैलिटी इंडस्ट्री में 'लक्जरी' (ऐशो-आराम) की अवधारणा को पुनः परिभाषित किया है और हमेशा परिवर्तन को अपनाने में धीमी गति रखनेवाले इस उद्योग में नवीनतम प्रयोग करके उसे एक रोचक व रोमांचक उद्योग में तब्दील कर दिया। अपनी विशिष्ट रचनात्मकता और शैली के अनोखे मिश्रण से इस कर्मठ महिला उद्यमी ने देश भर में पार्क होटल्स ग्रुप के हिस्से के रूप में ट्रेंडी, खास और कलात्मक लक्जरी बुटीक होटलों को स्थापित कर इस क्षेत्र को नया आयाम दिया। प्रिया के लिए जीवन हमेशा कुछ करते जाने का नाम है और इसीलिए वह अपने होटलों की शृंखलाओं को बढ़ाते हुए हमेशा एक नया अध्याय लिखने में व्यस्त रहती हैं।

नेतृत्व करने का गुण

30 अप्रैल, 1966 को कलकत्ता में एक पारंपरिक संयुक्त परिवार में जनमी प्रिया का बचपन वहीं बीता। संयुक्त परिवार व भारतीय मूल्यों का सम्मान करनेवाला होने के बावजूद उनका परिवार बहुत प्रगतिशील था। पंजाबी संस्कृति और परंपराओं के हिसाब से उनका पोषण व परवरिश हुई। उनके पिता सुरेंद्र पॉल सात भाई-बहनों में सबसे छोटे थे। उनकी माँ शीरीन सिंधी परिवार से थीं। चार भाई-बहनों में प्रिया सबसे बड़ी थीं और बचपन में बहन प्रीति व भाई करण तथा आनंद के साथ बिताए सुनहरे पल आज भी उन चारों को आत्मीयता के सूत्र में पिरोए हुए हैं।

कलकत्ता के लोरेटो हाउस और ला मार्टीनेरे स्कूल में उन्होंने पढ़ाई की। स्कूल में ही उनके अंदर निहित नेतृत्व करने का गुण परिलक्षित होने लगा था। जब दसवीं कक्षा में उन्होंने लोरेटो हाउस को छोड़ ला मार्टीनेरे में प्रवेश लिया तो 'हेड गर्ल' होने का गर्व भी उनके साथ था। बारहवीं कक्षा में उन्हें विशिष्ट प्रदर्शन के लिए 'गुड कंडक्ट मेडल'

मिला और मात्र दो बरसों में ही उस स्कूल में उन्होंने अपनी एक खास छाप छोड़ी। वह आगे पढ़ने को और अपनी योग्यता दिखाने को तैयार थीं। उनके पिता ने उन्हें बेहतर शिक्षा एवं उनके बहुमुखी विकास के लिए बोस्टन के वेलसले कॉलेज में पढ़ने के लिए प्रेरित किया।

सन् 1984 में इकोनॉमिक्स का कोर्स करने के लिए वह बोस्टन पहुँच गईं। वह कहती हैं, "अमेरिका में बिताए उन चार सालों ने मुझे सही दिशा में सोचने और जीवन की जटिलतम स्थितियों का सामना करने तथा उनसे निबटने के लिए एक ठोस आधार प्रदान किया।"

समन्वय करने की कला

कुछ समय के लिए लिबरल आर्ट्स कॉलेज से फ्रेंच सीखने के लिए प्रिया फ्रांस में रहीं। इकोनॉमिक्स में ग्रेजुएशन करने के बावजूद 18 वर्षीया प्रिया ने खगोलशास्त्र, पुरातत्त्व विज्ञान, कला और फ्रेंच भाषा के अद्‌भुत समन्वय का चयन कर उनका अध्ययन किया। लिबरल आर्ट्स कॉलेज में किन्हीं भी विषयों को चुनने की स्वतंत्रता थी और उस समय उनके लिए यह छूट किसी वरदान की तरह थी, जो यह नहीं जानती थीं कि अपने कॅरियर के रूप में वह किस धारा को अपनाना चाहती हैं। वहाँ रहकर उनकी क्षमता का विस्तार तो हुआ ही, साथ ही सीखने के अनगिनत अवसर भी मिले।

भारत लौटने से पहले वह चाहती थीं कि अमेरिका में ही कुछ समय के लिए काम करें। लेकिन उनके पिता ने उन्हें सुझाव दिया कि वह परिवार के होटलों में उनके मार्गदर्शन में काम करें। वर्ष 1988 में बीस वर्ष की उम्र में आरंभ हुआ उनका होटल इंडस्ट्री में वह आरंभिक सफर आज उन्हें वहाँ ले आया है, जहाँ उनकी मेहनत व काबिलियत की मिसाल दी जाती है, जहाँ कामयाबी इसलिए उनके कदम चूमती है क्योंकि उनमें प्रतिभा है, इसलिए नहीं उनके पिता ने विरासत में उन्हें साम्राज्य सौंपा था।

परिस्थितियों को चुनौती की तरह स्वीकारा

जब उनके पिता ने उन्हें परिवार का बिजनेस सँभालने को कहा तो उस समय बाजार मंदी के दौर से गुजर रहा था और उन्हें महसूस हुआ कि वह इस जिम्मेदारी को उठाने में असमर्थ हैं, क्योंकि स्थितियाँ कठिन हैं और उनकी जैसी अनुभवहीन 22 वर्षीया युवती के लिए उन्हें सँभालना कठिन होगा। तब उनके पिता ने समझाया कि जब सबकुछ ठीक हो तब सफलता प्राप्त करना सबसे आसान बात है, लेकिन जब परिस्थितियाँ कठिन हों और हर चीज उस ढंग से न हो जैसी कि आपने सोची है, तब सफलता प्राप्त करना कठिन होता है। कठिन समय में डटे रहो और धैर्य रखो चूँकि परिस्थितियाँ स्वयं समाधान

ढूँढ़ लेती हैं। तब बेटी ने पिता की सलाह को मानते हुए कठिन परिस्थितियों को चुनौती की तरह स्वीकार कर लिया और आज परिणाम सबके सामने है।

दृढ़ निश्चय और प्रतिबद्धता को जीवन का मूलमंत्र मानते हुए, अपनी रचनात्मकता और कल्पना-शक्ति का प्रयोग करते हुए उन्होंने भारत के होटल उद्योग को गुणवत्ता व नएपन की परिभाषा दी। आज वह 300 करोड़ से अधिक के ए.पी.जी. सुरेंद्र पार्क होटल्स लि. की चेयरपर्सन हैं और पुरुष-प्रधान उद्योग को मजबूती से थामे नए प्रतिमान गढ़ रही हैं।

जब सन् 1986 में दिल्ली में पार्क होटल बना तो उनके माता-पिता दिल्ली आ बसे। प्रिया के लिए यह एक बहुत बड़ा बदलाव था, क्योंकि कलकत्ता में ही उनके सारे मित्र थे और उन्हें उनसे दूर होना पड़ा। यह वह समय भी था जब आर्थिक मंदी ने बाजार को अपने घेरे में ले लिया था। धीरे-धीरे अपने पिता के मार्गदर्शन में बिक्री और विपणन की बारीकियों को सीखते हुए सन् 1989 से प्रिया ने होटल के संचालन को अपने हाथ में ले लिया।

दर्द को ताकत बनाया

होटल उद्योग के दाँव-पेंचों और बाजार की माँग के अनुसार नीतियों में बदलाव लाने को प्रतिबद्ध प्रिया ने स्वयं को पूरी तरह से उस क्षेत्र में ढाल लिया था, जो उनके पिता का सबसे प्रिय सपना था; पर जीवन निर्बाध गति से चले, यह शायद नियति को मंजूर नहीं था। तभी तो सन् 1989 में एक कार दुर्घटना ने 17 वर्ष की उम्र में उनके भाई आनंद को छीन लिया। उस हादसे से परिवार अभी उबर भी नहीं पाया था कि अप्रैल 1990 में असम में एक आतंकवादी ने उनके पिता की हत्या कर दी। उनकी माँ ने चेयरपर्सन की तरह होटल का काम सँभाला और उनके चाचा जीत पॉल ने एडवाइजरी की जिम्मेदारी सँभाली। उनके पिता के समय में ही पारिवारिक बिजनेस का बँटवारा हो गया था, इसलिए बँटवारे को लेकर कोई झगड़ा-विवाद होने का तो सवाल ही नहीं उठता था।

पिता और भाई की मृत्यु के बाद अपने दुःख के साथ जीने का भी उन्हें वक्त नहीं मिला, क्योंकि बहुत सारी जिम्मेदारियाँ उन्हें उठानी थीं और उस दुःख ने जहाँ एक तरफ उनके वजूद को हिलाकर रख दिया वहीं एक मजबूती भी प्रदान की। शायद दर्द में इतनी ताकत होती है कि वह इनसान को जहाँ एक पल के लिए बिखेर देता है, वहीं दूसरे पल उसे वज्र जैसा कठोर भी बना देता है। वह कहती हैं कि उस समय अपने निजी आघातों पर मरहम लगाने का मेरे पास समय नहीं था, क्योंकि 30,000 लोगों का जीवन हम पर निर्भर था और हम सबकुछ भूलकर घर के किसी कोने में आँसू बहाते नहीं बैठे रह सकते थे।

24 वर्ष की उम्र में तीन होटलों के प्रमुख की जिम्मेदारी लेना प्रिया की जिंदगी

में रातोरात आया। उस समय उनका छोटा भाई करण कॉलेज में पढ़ रहा था और बहन प्रीति ग्रेजुएशन पूरी करने के बाद परिवार के शिपिंग बिजनेस को लंदन में सँभालने में व्यस्त थी। वह कहती हैं, "मेरे जीवन में निजी व प्रोफेशनल दोनों पहलुओं में एक नाटकीय मोड़ आया।" लेकिन दर्द और दु:ख के उठते ज्वार को अपने ही भीतर छिपाकर वह काम सँभालने में जुट गईं। उन्होंने बिजनेस में व्याप्त कमियों को बहुत ही बेहतरीन ढंग से दूर किया। वह समझ गई थीं कि कस्टमर अपने पैसे के बदले बेहतर सुविधाएँ प्राप्त करने की इच्छा रखता है।

बुटीक होटलों का गठन

'90 के दशक के आरंभिक दौर में भारत का होटल उद्योग उतना व्यवस्थित व सुगठित नहीं था जितना कि आज के समय में है। तब ताज व ओबेराय जैसे बड़े-बड़े होटलों का आधिपत्य था, इसलिए प्रिया को अपने होटल की एक जगह बनाने के लिए ऐसा कुछ करना था जिससे वह प्रतिद्वंद्वियों को हराता हुआ एक अग्रणी ब्रांड की तरह स्थापित हो जाए।

वह इसी सोच-विचार में लगी रहतीं कि किस तरह से अपने होटलों को ज्यादा रहने की रोचक व दिलचस्प जगह बनाया जा सके, ताकि लोग होटलों की ओर आकर्षित हों। वह अमेरिका के कुछ होटलों से इतना प्रभावित हुईं कि उन्होंने उस अवधारणा को भारत में लाने का निश्चय किया। उन्हें लगा कि होटल केवल सोने या आराम करने की जगह होने के बजाय एक ऐसा स्थान होना चाहिए, जिसमें जाकर ग्राहकों को अपनेपन व अपने खास होने का एहसास भी हो।

सबसे पहले भारत में उन्होंने बुटीक होटलों की पहल कर होटल इंडस्ट्री में एक नया बदलाव किया। पर्यटक या कस्टमर बरसों से चले आ रहे होटलों के वातावरण और सज्जा से उकता चुका है, इसी बात को ध्यान में रखते हुए उन्होंने चीजों व सुविधाओं को पेश करने के लिए अभिनव प्रयोग शामिल किए। डिजाइन, सुविधा और व्यक्ति की आवश्यकताओं के हिसाब से सेवाएँ और उनके साथ आत्मीयता का स्पर्श उन्होंने अपने होटल को दिया। पार्क होटलों का नया रूप सबको खूब भाया—नए वास्तुशिल्प, सज्जा और लोगों की पसंद को ध्यान में रखते हुए किए गए उनके प्रयोगों ने ग्राहकों को यह एहसास कराया कि वे किसी राजा से कम नहीं हैं। खास कलात्मक सज्जा उनके होटलों को विशिष्टता की कतार में ला खड़ा करती है। उनके लग्जरी बुटीक होटल स्टाइल, वैभव और आत्मीयता का मिला-जुला आभास देते हैं। यही वजह है कि आज का युवा पार्क होटल्स को अपनी पहली पसंद मानता है।

बनीं उपहास का पात्र

प्रिया जिस मिशन पर निकली थीं, वह आसान नहीं था, पर अपनी कलात्मकता और हर चीज को बारीकी से परखने की आदत ने उन्हें होटलों को इस तरह से सुसज्जित करने में मदद की, जो वास्तव में किसी मिसाल से कम साबित नहीं हुए। होटलों की लॉबी में कलाकृतियों को लगाने और हर होटल को एक खास टच देने का श्रेय उन्हीं को जाता है।

सन् 1991 में जब भारतीय अर्थव्यवस्था का वैश्वीकरण हुआ तब होटल उद्योग में पैर रखे प्रिया को मात्र तीन वर्ष ही हुए थे। लेकिन वह समझ गई थीं कि भारत के परंपरागत हॉस्पिटैलिटी उद्योग में व्यापक बदलाव आकर ही रहेगा और घरेलू व विदेशी दोनों ही पर्यटकों की संख्या में बढ़ोतरी होगी। उन्हें संतुष्ट रखने के लिए होटल को विश्व स्तरीय बनाना होगा। इसी सोच के साथ प्रिया पार्क होटल्स समूह के नवीनीकरण और बेहतर सुविधाएँ देने के प्रयास में जुट गईं। उन्होंने जब लीक से हटकर पार्क होटलों को लुक देना आरंभ किया तो लोगों ने उनका उपहास तक उड़ाया। लोगों की यही राय थी कि अतिथि ग्राहकों की सोच व होटल के प्रति मन में बसी छवि को होटल के लुक या सज्जा में बदलाव देकर बदला नहीं जा सकता। बड़े ही बेहतर होते हैं—इस धारणा को गलत साबित करते हुए जब प्रिया ने छोटे लग्जरी होटल बनाकर बुटीक होटल्स की मान्यता प्राप्त कर ली तो इस बदलाव से इस क्षेत्र से जुड़े लोगों का चौंकना स्वाभाविक ही था।

सम्मान

भारतीय हॉस्पिटैलिटी क्षेत्र और पर्यटकों तथा स्थानीय लोगों के लिए निर्मित सुविधा की अवधारणा में दिए उनके योगदान के लिए उन्हें अनेक पुरस्कारों से भी सम्मानित किया गया है। उनकी सदस्यता पर आधारित 'प्रेफेरड एट द पार्क' प्रोग्राम के लिए इंस्टिट्यूट ऑफ डायरेक्टर्स ने उन्हें सन् 1999-2000 में प्रतिष्ठित पीकॉक इनोवेटिक प्रोडक्ट/सर्विस अवार्ड से सम्मानित किया। भारत में विभिन्न शहरों में 3,000 से भी अधिक सदस्योंवाला यह अनोखा लॉयल्टी प्रोग्राम एफ ऐंड बी आउटलेट्स में उन्हें उपहार तो देता ही है, साथ ही उन्हें पॉइंट्स भी मिलते हैं। कोलकाता का पार्क होटल आई.आई.एम., अहमदाबाद में होटल बिजनेस के वर्ग में एकमात्र केस स्टडी के रूप में पढ़ाया जाता है।

अंतरराष्ट्रीय फलक पर भी ब्रिटेन की टेटलर मैगजीन ने बंगलौर के द पार्क को सन् 2003 में विश्व के 101 बेहतरीन होटलों में शामिल किया। वर्ल्ड डिजाइन की पत्रिका 'वॉलपेपर' ने दिल्ली के द पार्क के रेस्तराँ फायर और लाउंज बार अग्नि को उसके रोचक नमूनों के लिए बेहतरीन मौज-मस्ती करने की जगह की संज्ञा दी। सन् 1999-2000 में फेडरेशन ऑफ होटल्स ऐंड रेस्टोरेंट्स ऑफ इंडिया द्वारा प्रिया को यंग एंटनप्रेन्योर ऑफ

द ईयर अवार्ड से नवाजा गया और 2000–03 और सन् 2003–04 के लिए इकोनोमिक्स टाइम्स ने उन्हें 'बिजनेस पर्सन ऑफ द ईयर' के रूप में मनोनीत किया। सन् 2006 में 'फोर्ब्स ऑनलाइन' ने उन्हें भारत की 100 अधिकतम ताकतवर महिलाओं की सूची में दर्ज किया।

प्रिया होटल एसोसिएशन ऑफ इंडिया की वाइस प्रेसीडेंट भी हैं और वर्ल्ड ट्रैवल टूरिज्म काउंसिल की संस्थापक सदस्य तथा इंडियन इंस्टिट्यूट ऑफ मैनेजमेंट (आई.आई.एम.), लखनऊ के एडवाइजरी बोर्ड ऑफ डायरेक्टर्स की सदस्य भी हैं। कला और संस्कृति के प्रति लगाव ने उन्हें कई संगठनों के साथ जोड़ा जैसे इंडियन फाउंडेशन फॉर दि आर्ट्स।

प्रभावशाली व्यक्तित्व

गोआ प्रिया का सबसे बेहतरीन पर्यटन स्थल है। मेडिटेशन और पढ़ने की शौकीन प्रिया को संगीत सुनना भी पसंद है। अपने पिता से अगर उन्होंने बिजनेस की बारीकियाँ सीखीं तो माँ से एक साथ बहुत सारे काम करने की कला। यही वजह है कि वह आज ग्रुप के आठ होटलों और अपने परिवार दोनों के लिए समय निकाल पाती हैं। अपने जटिल काम और व्यस्तताओं के बावजूद प्रिया शांत रहती हैं। इसकी वजह वह मेडिटेशन और योग को मानती हैं, जिन्हें वह पिछले कई वर्षों से सीख रही हैं।

उनका व्यक्तित्व प्रभावशाली होने के साथ-साथ उनकी सोच भी बहुत परिष्कृत है और वह जो करती हैं, उसका पूरा आनंद उठाती हैं। इसमें कोई संदेह नहीं है कि आनेवाले समय में वह भारतीय होटल उद्योग में एक नया इतिहास रचेंगी।

आनेवाले वर्षों में और नए होटलों को लॉञ्च करने की उम्मीद रखनेवाली प्रिया हर समय कुछ नया सीखने को प्रयत्नशील रहती हैं। यह सीखने की चाह खाने से लेकर होटल के रेस्तराँओं में नए किस्म के पेय पदार्थ सर्व करने तक कुछ भी हो सकती है।

वह कहती हैं, "हमारा परिवार सदा मानव-कल्याण से जुड़ा रहा है। हमने कई ट्रस्ट व संस्थानों की भी स्थापना की है। मुझे लगता है कि प्रत्येक व्यक्ति, प्रत्येक कंपनी व कॉरपोरेट के लिए यह आवश्यक है कि वह जिस ढंग से चाहे समाज में योगदान दे। मैं केवल पैसे की बात नहीं कर रही हूँ। हमने पश्चिम बंगाल में कई स्कूल स्थापित किए हैं और असम में चाय बागानों में ट्यूबवेल प्रोजेक्ट्स स्थापित किए हैं।

"मैंने कुछ दोस्तों के साथ मिलकर दिल्ली के पार्क होटल में एक सीड शॉप खोली, क्योंकि मुझे लगता है कि ऑर्गेनिक व प्राकृतिक उत्पादों की इस समय बेहद आवश्यकता है और अगर वे एक ही जगह पर उपलब्ध हो जाएँ तो लोगों को आराम हो जाएगा।"

जीती हैं हर पल को

सन् 2004 में प्रिया ने चेन्नई के बिजनेसमैन सेतु वैद्यनाथन से विवाह किया। विवाह बेशक उन्होंने देर से किया, लेकिन उसने उनकी जिंदगी में एक नया आयाम जोड़ा। पत्नी और माँ बनने के साथ उनकी प्राथमिकताएँ तो बदली ही हैं, साथ ही उन्होंने यह भी सीखा कि किस तरह एक कामकाजी महिला को घर और कार्यक्षेत्र की जिम्मेदारी निभाने के लिए सामंजस्य बिठाना होता है। प्रिया की जिंदगी दिल्ली और चेन्नई के बीच चक्कर लगाती रहती है, क्योंकि उनके पति वहीं रहते हैं। परिवार के साथ कैरम खेलना या बेटे को कुछ पढ़कर सुनाना या फिर दोस्तों के साथ बाहर घूमने जाना उनके जीवन के वे आनंददायक पल हैं जिन्हें वे बार-बार जीना चाहती हैं। वह कहती हैं, "मैं जिन चीजों को पसंद करती हूँ, उन सबको आज ही करना चाहती हूँ, न कि रिटायरमेंट तक के लिए उन्हें स्थगित करना चाहती हूँ।"

आप जो भी कर रहे हैं, उसका पूरा आनंद उठाएँ; क्योंकि अगर आप आनंद का अनुभव नहीं कर पा रहे हैं तो इसका अर्थ है कि कुछ गलत हो रहा है। इस दर्शन का पालन करनेवाली प्रिया को परिवार व काम के बीच संतुलन कायम करने के लिए बहुत मेहनत नहीं करनी पड़ती, क्योंकि अपने पति का उन्हें पूरा समर्थन मिलता है।

वह कहती हैं, "महिला को हर कदम पर एक तनी हुई रस्सी पर चलना होता है। ऐसे में छोटा सा प्रोत्साहन या समर्थन भी कामकाजी महिलाओं के लिए पर्याप्त होता है और वे अपने कॅरियर पर ध्यान दे पाती हैं। फिर चाहे वह फ्लैक्सिबल काम के घंटे ही क्यों न हों।" पार्क होटल में कार्यरत महिलाओं के लिए होनेवाले नेटवर्किंग इवेंट्स और निजी विकास कार्यक्रमों में उन्हें भाग लेने का अवसर मिलता है, जिससे उनकी कार्यक्षमता में सुधार आने के साथ-साथ आत्मविश्वास में भी बढ़ोतरी होती है।

□

बछेंद्री पाल

हिमालय पर्वत की उच्चतम चोटी पर पहुँचनेवाली प्रथम भारतीय महिला बछेंद्री पाल का जन्म सन् 1954 में गढ़वाल के नाकुरी गाँव में हुआ था। उनके पिता किशनपाल सिंह का सीमा पर छोटा-मोटा कारोबार था। वे भारत से गेहूँ, आटा और चावल खच्चरों व बकरों पर लादकर तिब्बत ले जाया करते थे। अपने माँ-बाप की पाँच संतानों में बछेंद्री पाल तीसरी हैं।

वे बचपन से ही काफी फुरतीली लड़की थीं और स्कूल की पढ़ाई-लिखाई में बहुत अच्छी थीं। स्कूल में दुर्व्यवहार के लिए उन्हें सजा भी मिलती थी। विद्रोही स्वभाव की इस बच्ची को हिमालय की पहाड़ियों में अकेले ही भ्रमण करने का शौक था। वे विमानों में यात्रा करने और मशहूर लोगों से मुलाकात करने के अपने सपनों से परिवार के लोगों को अकसर मंत्रमुग्ध कर दिया करती थीं।

13 वर्ष की हो जाने पर अधिकतर गढ़वाली लड़कियों की तरह उनसे भी स्कूल छोड़ने और घर के कामकाज में हाथ बँटाने की उम्मीद की जा रही थी, किंतु उन्होंने किसी भी अध्यापक से सहायता के बिना ही अपनी पढ़ाई जारी रखी, वह भी रात के समय। उनका परिवार उनके दृढ़ निश्चय को देखकर बहुत प्रभावित हुआ और उन्होंने उसे हाई स्कूल पास करने की अनुमति दे दी। वे खाली समय में सिलाई करके कुछ कमाई भी कर लेती थीं। स्कूल के प्रिंसिपल ने उनके परिवार को इस बात के लिए राजी कर लिया कि उन्हें कॉलेज में पढ़ने दिया जाए। कॉलेज में उन्होंने राइफल शूटिंग तथा अन्य प्रतियोगिताओं में लड़कों और लड़कियों—दोनों को पराजित कर दिया। उनकी बी.ए. की डिग्री देखकर माता-पिता को बहुत खुशी हुई। उस गाँव में वे पहली लड़की थीं जिनके पास बी.ए. की डिग्री थी। अंततः उन्होंने संस्कृत में एम.ए. किया और फिर बी.एड. भी कर लिया।

वे स्वच्छंद एवं साहसी थीं। उनके मन में ऊँचाइयों का रोमांचक अनुभव लेने की

उत्कट इच्छा थी। उन्हें पर्वतारोहण का पहला अनुभव तब हुआ, जब वे 12 वर्ष की थीं और अपने स्कूल के कुछ सहपाठियों के साथ उन्होंने 13,123 फुट ऊँची पहाड़ी पर चढ़ाई की। वे नीचे नहीं उतर सके, क्योंकि तब तक काफी अँधेरा हो चुका था। अतः उन्हें उस चोटी पर ही रात गुजारनी पड़ी, वह भी किसी भोजन या बिस्तर के बिना। वह अनुभव उनकी स्मृति में गहरे बैठ गया तथा उन्हें साहसिक कार्यों और पहाड़ों से और भी अधिक प्यार हो गया।

बछेंद्री ने 'नेहरू इंस्टीट्यूट ऑफ माउंटिनियरिंग' (एन.आई.एम.) में प्रशिक्षण के लिए आवेदन किया। पूरे प्रशिक्षण में उन्हें सर्वश्रेष्ठ छात्रा माना गया और 'एवरेस्ट मेटिरियल' के रूप में चिह्नित किया गया, अर्थात् 'एवरेस्ट की चढ़ाई के उपयुक्त' घोषित किया गया। सन् 1982 में वे तीन चोटियों पर चढ़ने में सफल हुईं और फिर गंगोत्री-I (21,900 फुट) तथा रुदुगरिया (19,091 फुट) पर चढ़ने में विजय पाई। लगभग उसी समय उन्हें 'नेशनल एडवेंचर फाउंडेशन' में प्रशिक्षक की नौकरी मिल गई। इस संस्था ने महिलाओं को पर्वतारोहण का प्रशिक्षण प्रदान करने के लिए एक स्कूल स्थापित किया था।

सन् 1984 में एवरेस्ट पहाड़ की चढ़ाई पर भेजने के लिए भारत ने अपना चतुर्थ पर्वतारोहण अभियान निश्चित किया, जिसे 'एवरेस्ट 84' नाम दिया गया। बछेंद्री को छह भारतीय महिलाओं और ग्यारह पुरुषों के उस विशिष्ट समूह का एक सदस्य चुना गया, जो हिमालय पर्वत (माउंट एवरेस्ट) की चढ़ाई पर जा रहा था। नेपाली में एवरेस्ट को 'सागरमाथा' कहा जाता है। अपने चयन की खबर सुनकर बछेंद्री की खुशी का ठिकाना नहीं रहा। उस विशिष्ट दल को मार्च 1984 में विमान से नेपाल की राजधानी काठमांडू भेज दिया गया। वहाँ से यह पर्वतारोही दल अपने लक्ष्य की ओर चल दिया।

उस दल ने मई 1984 में चढ़ाई चढ़ना आरंभ किया। 15-16 मई, 1984 की रात, बछेंद्री और उनके खेमे के साथी जब करीब 24,000 फुट की ऊँचाई पर कैंप-III में एक तंबू के अंदर सोए हुए थे, उस रात भारतीय मानक समय के अनुसार, लगभग 12:30 बजे कोई चीज बड़े जोर से उनके तंबू से टकराई और बछेंद्री चौंककर उठ बैठीं। उनके सिर पर भारी चोट लगी थी और उन्होंने एक भीषण आवाज भी सुनी, तभी उन्होंने खुद को किसी बहुत ही ठंडी चीज के ढेर में धँसे हुए पाया।

कैंप-III के ऊपर, ल्होत्से ग्लेशियर पर जमी बर्फ का एक विशाल ढेला अपनी जगह से खिसक गया था और नीचे कैंप पर आकर गिर पड़ा, जिससे कैंप में तबाही मच गई। उनके खेमे का एक साथी अपने चाकू का इस्तेमाल करके, बर्फ को काटकर बाहर निकल गया। तत्पश्चात् उसने बछेंद्री को बर्फ के ढेर से बाहर निकलने में मदद की। दल के बहुत से सदस्य घायल हो गए और उनकी हिम्मत टूट गई और वे उतरकर

बेस कैंप में चले गए, लेकिन सिर पर लगी चोट के बावजूद बछेंद्री ने चढ़ाई जारी रखने का निश्चय किया।

22 मई, 1984 को कुछ दूसरे आरोही माउंट एवरेस्ट के शिखर की ओर जानेवाले दल में शामिल हो गए। इस टोली में बछेंद्री अकेली महिला थीं। उन्होंने 'जमी बर्फ की खड़ी चट्टानों' पर चढ़ना जारी रखा। कभी-कभी 100 कि.मी. प्रति घंटे की रफ्तार से ठंडी हवाएँ चलने लगती थीं तथा तापमान शून्य से 30-40 डिग्री सेल्सियस तक नीचे पहुँच जाता। 23 मई, 1984 को बछेंद्री ने हिमालय (एवरेस्ट) की चोटी को छू लिया। भारतीय समय के अनुसार, वे शाम को एवरेस्ट की चोटी (29,084 फुट ऊँची) पर खड़ी थीं। उनके साथ केवल एक और पर्वतारोही था।

शिखर पर इतनी भी जगह नहीं थी कि दो लोग ठीक से खड़े रह सकें और चारों तरफ हजारों फुट नीचे एकदम खड़ी ढलान थी। अतः उन्होंने पहले खुद को सँभाला। उन्होंने बर्फ में कुल्हाड़ी गाड़कर खुद को सुरक्षित किया। बछेंद्री ने घुटनों के बल झुककर चोटी की जमीन को अपने सिर से इस तरह छुआ, जिस तरह हिंदू लोग ईश्वर के प्रति धन्यवाद प्रकट करने के लिए दंडवत् करते हैं, फिर देवी दुर्गा की एक मूर्ति और 'हनुमान चालीसा' की एक प्रति निकाली तथा दोनों को बर्फ में रख दिया।

वे करीब 43 मिनट उस चोटी पर रहीं और कुछ फोटो भी लिये। एवरेस्ट पर्वत के शिखर तक पहुँचने में सफल होनेवाली वे पहली भारतीय महिला बनीं। 8,848 मीटर पर यह विश्व की सबसे ऊँची पर्वत-चोटी है। ऐसी सफलता हासिल करनेवाली वे पाँचवीं महिला हैं। उनका मानना है कि ''सर्व महिला दलों की अपेक्षा स्त्री-पुरुषों के मिले-जुले दल बेहतर रहते हैं।''

आजकल वे टाटा ग्रुप के 'टाटा स्टील एडवेंचर फाउंडेशन' में एक वरिष्ठ पद पर कार्यरत हैं। उनका कार्य 'टाटा स्टील' के प्रबंधक वर्ग के समूहों में मिल-जुलकर काम करने की भावना का निर्माण करना है। इस उद्देश्य की पूर्ति के लिए वे प्रबंधकों की टोलियों को लंबी दुर्गम यात्रा और पर्वतारोहण, रोविंग और राफ्टिंग जैसी साहसिक गतिविधियों में संलग्न करती हैं और उन्हें शिविरों में समय बिताने और कठिन परिस्थितियों में हिम्मत से जीने की कला सिखाती हैं।

वे आई.एम.एफ., एच.एम.आई., एन.आई.एम., 'नेशनल एडवेंचर फाउंडेशन' की प्रबंध-परिषद् की सदस्य हैं, 'सेवन सिस्टर्स एडवेंचर क्लब', उत्तरकाशी और 'अखिल भारतीय महिला जूडो एवं कराटे फाउंडेशन' की उपाध्यक्ष और लॉयंस क्लब, इंडिया की अध्यक्ष हैं।

उनके कार्य के सम्मान में बछेंद्री को अनेक पुरस्कार दिए गए हैं। तत्कालीन प्रधानमंत्री राजीव गांधी ने पर्वतारोहण के क्षेत्र में उनके उत्कृष्ट योगदान के लिए उन्हें

सन् 1986 में 'लेडीज स्टडी ग्रुप' अवार्ड से सम्मानित किया था। सन् 1985 में बछेंद्री पाल को 'पद्मश्री', 'कलकत्ता स्पोर्ट्स जर्नलिस्ट एसोसिएशन अवार्ड' और 'नेशनल यूथ अवार्ड' सहित विभिन्न पुरस्कार प्रदान किए गए। सन् 1986 में उन्हें 'अर्जुन अवार्ड' और 'कलकत्ता लेडीज स्टडी ग्रुप अॅवार्ड', सन् 1994 का 'नेशनल एडवेंचर अवार्ड' और सन् 1995 में उत्तर प्रदेश सरकार द्वारा 'यश भारती अवार्ड' प्रदान किया गया। सन् 1997 में उन्हें गढ़वाल विश्वविद्यालय द्वारा डॉक्टरेट की मानद उपाधि से सम्मानित किया गया। इसी वर्ष उन्हें 'महिला शिरोमणि अवार्ड' भी दिया गया। उनका नाम सन् 1990 में 'गिनीज बुक ऑफ वर्ल्ड रिकॉर्ड्स' में भी सम्मिलित किया गया है। पर्वतारोहण के क्षेत्र में उत्कृष्टता के लिए उन्हें आई.एम.एफ. (भारतीय पर्वतारोहण फाउंडेशन) द्वारा स्वर्ण पदक प्रदान किया गया है।

उनकी आत्मकथा 'माई जर्नी टू दि टॉप' नेशनल बुक ट्रस्ट, दिल्ली द्वारा प्रकाशित की गई। विश्व की सबसे ऊँची पर्वत चोटी पर विजय पाने के साथ ही विमान-यात्रा करने तथा महत्त्वपूर्ण लोगों से मिलने का उनका सपना साकार हो गया।

□

बॉक्सर मैरी कॉम

मैरी कॉम भारत की सफलतम महिला मुक्केबाजों में से एक हैं। उन्होंने देश-विदेश में अनेक मेडल जीतकर भारत का नाम रौशन किया है।

मणिपुर के एक गरीब खेतिहर मजदूर परिवार में पली-बढ़ी मैरी कॉम का पूरा नाम मैंगते चंगन्इजैंग मैरी कॉम है। मैरी का जन्म 1 मार्च, 1983 को मैंगते टोन्या कॉम एवं भैंगते अखम कॉम दंपती के यहाँ हुआ। इनके माँ-पिता दूसरों के झूम खेतों में मजदूरी करके किसी तरह परिवार का पेट पालते थे, वहीं परिवार में सबसे बड़ी संतान होने के कारण मैरी घर पर छोटे भाई-बहनों की देखभाल के साथ-साथ मछली पकड़ने, जंगल से लकड़ी काटने और कोयला बनाने तक सारे काम करके माँ-पिता का हाथ बँटाती थीं।

घर के काम-काज के साथ वह विद्यालय भी जाती थीं। मैरी ने कक्षा आठ तक की पढ़ाई लोकताल क्रिश्चियन मिशन स्कूल और सेंट जेवियर स्कूल, मोएरांग से की और आगे की पढ़ाई के लिए इंफाल आ गईं। आरंभ से ही उन्हें खेल-कूद में रुचि थी और वे इन्हीं में नाम कमाना चाहती थीं।

उन्हीं दिनों 5वें राष्ट्रीय खेल इंफाल, मणिपुर में आयोजित हुए। इसमें महिला मुक्केबाजों को अपने हुनर का प्रदर्शन करते देख वे अभिभूत हो गईं। तभी उन्हें जीवन की एक नई दिशा मिली और उन्होंने इस खेल को आत्मसात् करने का निश्चय कर लिया। साथ ही मणिपुरी बॉक्सर डिंगो सिंह की सफलता ने भी उन्हें प्रेरित किया।

इसके बाद मैरी कॉम ने भारतीय खेल प्राधिकरण के खुमान लेपक स्पोर्ट्स कॉम्प्लेक्स में कोच और गुरु इबोमाचा सिंह के नेतृत्व में मुक्केबाजी का सघन प्रशिक्षण लेना आरंभ कर दिया। अब सोते-जागते, उठते-बैठते मुक्केबाजी ही साँसों की तरह उनके शरीर में दौड़ रही थी। उनकी प्रतिभा से प्रभावित होकर मणिपुर राज्य के शीर्ष कोच नरजीत सिंह और किशन सिंह ने उन्हें अपने खिलाड़ियों में जगह दी, जहाँ मैरी को और भी अधिक सीखने का मौका मिला।

मैरी ने पहली प्रतियोगिता सन् 2000 में जीती और वे मणिपुर की राज्य स्तरीय सर्वश्रेष्ठ महिला बॉक्सर बन गईं। इसके बाद उन्होंने मुड़कर पीछे नहीं देखा। एक-के-बाद एक राष्ट्रीय व अंतरराष्ट्रीय पदक उनकी झोली में आते चले गए। सन् 2001 में चेन्नई में आयोजित प्रथम महिला राष्ट्रीय बॉक्सिंग चैंपियनशिप में उन्हें स्वर्ण पदक मिला। द ईस्ट ओपन बॉक्सिंग चैंपियनशिप, बंगाल (2001), दूसरी सीनियर वर्ल्ड वुमैन बॉक्सिंग चैंपियनशिप नई दिल्ली (2001), नेशनल वुमैन सॉर्ट मीट, नई दिल्ली (2001), 32वें नेशनल गेम्स, हैदराबाद (2002), तीसरी सीनियर वर्ल्ड वुमैन बॉक्सिंग चैंपियनशिप, आइजोल (2003), चौथी, पाँचवीं, छठी और दसवीं वर्ल्ड वुमैन बॉक्सिंग चैंपियनशिप—इन सभी में मैरी कॉम को स्वर्ण पदक हासिल हुए।

बैंकॉक, ताइवान, सयुंक्त राज्य अमेरिका, टर्की, रूस, नॉर्वे, डेनमार्क, चीन, कजाकिस्तान, बारबाडोस आदि देशों में आयोजित अंतरराष्ट्रीय महिला बॉक्सिंग प्रतियोगिताओं में स्वर्ण, रजत और कांस्य पदक जीतकर मैरी ने देश का नाम रौशन किया।

खेल में उनके सराहनीय योगदान के लिए उन्हें अर्जुन अवार्ड (2004), पद्मश्री (2006), राजीव गांधी खेल रत्न अवार्ड (2007), पीपुल ऑफ द ईयर—लिम्का बुक ऑफ रिकॉर्ड (2007), सी.एन.एन.-आई.बी.एन. तथा रिलायंस इंडस्ट्रीज रीयल हीरोज अवार्ड (2008), सहारा स्पोर्ट्स अवार्ड (2010) जैसे अनेक पुरस्कार व सम्मान मिले हैं।

खेल के अलावा उनका एक अलग जीवन भी है। सन् 2005 में वे मणिपुर सरकार की सिफारिश पर मणिपुर पुलिस में सब-इंस्पेक्टर बनीं। सन् 2008 में पदोन्नत होकर वे इंस्पेक्टर बनीं और सन् 2010 में उपाधीक्षक पुलिस (डी.एस.पी.) बना दी गईं।

मैरी लोगों से मिलती-जुलती हैं, उनकी समस्याओं से रूबरू होती हैं और हमेशा मदद को तैयार रहती हैं। वे युवाजन से कहती हैं कि ईश्वर पर भरोसा रखें और अपने सपनों के पीछे लगे रहें।

12 मार्च, 2005 को मैरी ने के. ऑनलेर कॉम से विवाह किया। उनके पति उनके मार्गदर्शक तथा मित्र के साथ-साथ एक चिंतक भी हैं, जो उन्हें भविष्य के प्रति सचेत करते रहते हैं।

मैरी कॉम के जीवन से हम सीख सकते हैं कि किस प्रकार शून्य को शिखर और एक बीज को विशाल वट में बदला जा सकता है। पर इसके पीछे छिपी अनथक मेहनत को भी हमें नजरअंदाज नहीं करना है। मेरी कॉम के शब्दों में—"जो जीतने से पहले ही हार जाता है, वह निश्चित रूप से हार जाता है।"

□

बेगम अख्तर

बेगम अख्तर ने छोटी उम्र से ही शास्त्रीय संगीत के विभिन्न उस्तादों के कड़े अनुशासन में संगीत की शिक्षा पाई और 15 वर्ष की उम्र में पहला सार्वजनिक संगीत कार्यक्रम देकर संगीत की दुनिया को चौंका दिया। खूबसूरती उन्हें वरदान में मिली थी, जिसके कारण उन्हें बाद में कई फिल्मों में भी काम करने का मौका मिला।

हालाँकि बेगम अख्तर ने कई हिंदी फिल्मों में काम किया था, फिर भी उन्हें चहुँदिश लोक-प्रसिद्धि उनकी उत्तम गजल गायकी के कारण प्राप्त हुई। बेगम अख्तर का जन्म 7 अक्तूबर, 1914 को उत्तर प्रदेश के एक छोटे से शहर फैजाबाद में हुआ था। इसी कारण वे 'अख्तरीबाई फैजाबादी' के नाम से अधिक मशहूर थीं। संगीत सीखने की उन्हें बचपन से ही जबरदस्त लगन थी। उन्होंने मंच पर अपना पहला संगीत कार्यक्रम 15 वर्ष की आयु में पेश किया। वास्तव में उनके पूरे परिवार का झुकाव संगीत की तरफ था। यही कारण है कि परिवार ने उन्हें भी संगीत को अपनाने के लिए प्रोत्साहित किया।

बेगम अख्तर उस समय मुश्किल से सात वर्ष की थीं, जब उन्होंने पहली बार एक घुमंतु नाटक मंडली में काम करनेवाली एक कलाकार चंद्राबाई को सुना और उसकी प्रशंसक बन गईं। यह उनके चचाजान का विचार था कि उन्हें शास्त्रीय संगीत में प्रशिक्षित किया जाना चाहिए। इस प्रकार उन्हें एक महान् सारंगी विशेषज्ञ उस्ताद इमदाद खान की शागिर्दी में रखा गया। इसके बाद उन्होंने पटियाला के अता मोहम्मद खान से प्रशिक्षण प्राप्त किया। बेगम अख्तर की संगीत शिक्षा की यात्रा यहीं समाप्त नहीं हुई, उन्होंने लाहौर के मोहम्मद खान और अब्दुल वहीद खान जैसे विद्वानों से भी संगीत की शिक्षा पाई।

अंत में बेगम अख्तर उस्ताद झंडे खान साहिब की शागिर्द बन गईं। उन्होंने जब पहला संगीत कार्यक्रम प्रस्तुत किया, उनकी शुद्ध-खालिस गायिकी ने संगीत के कदरदानों को हैरत में डाल दिया। बिहार भूकंप पीड़ितों की मदद के लिए आयोजित एक संगीत कार्यक्रम के दौरान उनका गायन कवयित्री सरोजिनी नायडू के मन को भी छू गया। हर

तरफ से मिली प्रशंसा ने बेगम अख्तर को और भी अधिक जोश एवं नई स्फूर्ति के साथ गाने के लिए प्रोत्साहित किया।

तत्पश्चात् उन्होंने 'मेगाफोन' रिकॉर्ड कंपनी के लिए अपना पहला गाना रिकॉर्ड कराया और फिर उनकी गजलों, दादरा, ठुमरी गायन आदि के कई रिकॉर्ड जारी किए गए। उनकी खूबसूरती और आकर्षक आवाज के कारण उन्हें फिल्मों में काम करने के कई प्रस्ताव मिले। आगे चलकर जब उनकी मुलाकात पहले की मशहूर गायिकाओं जौहरजान और मलकजान से हुई, तब उन्होंने शास्त्रीय संगीत में अपनी विशिष्ट कुशलता के साथ हिंदी फिल्म जगत् की तड़क-भड़क का स्वाद चखने का निश्चय किया।

समय गुजरने के साथ-साथ उनकी आवाज परिपक्व होती चली गई तथा उसमें अधिक विविधता और गहराई आ गई। उन्होंने गजलें गाईं और दूसरे हलके-फुलके शास्त्रीय गीत भी गाए। उनके गायन का अपना अलग ही अंदाज था। उन्होंने लगभग चार सौ गीत गाए हैं। 'ऑल इंडिया रेडियो' पर वे बराबर गाया करती थीं। वे अपनी गजलें सामान्यतः खुद ही लिखा करती थीं और उनके अधिकतर गीत राग आधारित थे।

उन्होंने अपना अंतिम संगीत कार्यक्रम अहमदाबाद में प्रस्तुत किया था। उस कार्यक्रम के दौरान उन्होंने अपनी आवाज का सुर ऊँचा कर दिया, क्योंकि उन्हें महसूस हुआ कि उनका गायन इतना अच्छा नहीं है जितना अच्छा होना चाहिए। उस दिन उनकी तबीयत शुरू से ही ठीक नहीं लग रही थी। उनके गायन की माँग बढ़ती जा रही थी और वे बढ़ते दबाव से निपटने के लिए ज्यादा-से-ज्यादा मेहनत करने लगी थीं। यही वजह थी कि उनकी सेहत बिगड़ने लगी और उन्हें अस्पताल ले जाना पड़ा। 7 अक्तूबर, 1974 को उनका इंतकाल हो गया।

□

बेगम हजरत महल

बेगम हजरत महल एक महान् भारतीय स्वतंत्रता सेनानी थीं, जिन्होंने भारत के प्रथम स्वतंत्रता संग्राम (1857–1858) के दौरान अहम भूमिका अदा की। उन्हें 'अवध की बेगम' भी कहा जाता था। वे तत्कालीन लखनऊ के शासक नवाब वाजिद अली शाह की पत्नी थीं।

उनका पहला नाम 'मुहम्मदी खानम' था। उन्हें उनके पुत्र बिर्जिस कादर के जन्म के बाद 'हजरत महल' का खिताब दिया गया था। बेगम हजरत महल के मनमोहक स्वभाव और खूबसूरती के पीछे एक सशक्त नेता और कुशल रणनीतिज्ञ के गुण छिपे थे। जिसका सबूत उन्होंने अंग्रेजों के खिलाफ भारत की आजादी की पहली लड़ाई में अपने योगदान के जरिए दिया।

1850 के दशक में जब अंग्रेज पूरे भारत में क्रूरता से अपना साम्राज्य फैलाने में लगे हुए थे, उनका सामना अवध प्रांत से हुआ, जो उस समय कला, संस्कृति और साहित्य का केंद्र बना हुआ था। अंग्रेजों ने अंततः सन् 1856 में अवध पर कब्जा कर लिया और अवध के नवाब वाजिद अली शाह को निष्कासित कर कलकत्ता भेज दिया। इस तरह अवध की रियासत नेता विहीन हो गई और वहाँ अराजकता फैल गई। उस माहौल में बेगम हजरत महल ने सत्ता की बागडोर सँभाली। नवाब से तलाक के बावजूद उन्होंने अवध की परिस्थितियों को सँभालने की जिम्मेदारी ग्रहण कर ली।

आजादी की पहली लड़ाई में क्रांतिकारी ताकतों के साथ अपनी ताकत मिलाकर वे लखनऊ को अंग्रेजों के चंगुल से छुड़ाने में सफल हो गईं। उन्होंने अपने बेटे को अवध का शाही उत्तराधिकारी घोषित कर दिया। वे अवध की 'लक्ष्मीबाई' कहलाईं। उन्होंने नाना साहब जैसे क्रांतिकारियों की भरसक मदद की। नेपाल के राणा जंग बहादुर जैसे महान् शासकों को उन्होंने अंग्रेजों के खिलाफ प्रस्ताव दिए और अंग्रेजी राज की खिलाफत करने के लिए लोगों को प्रेरित किया।

अपनी प्रजा के प्रति वे इतनी समर्पित एवं प्रतिबद्ध थीं कि उन्होंने लखनऊ शहर की किलेबंदी करनी शुरू कर दी, ताकि आगे बढ़ती अंग्रेजी फौज को बाहर-ही-बाहर रोका जा सके। काफी लंबी घेराबंदी के बाद अंग्रेजों ने सन् 1858 में लखनऊ पर दुबारा कब्जा कर लिया, तब बेगम हजरत महल को पीछे हटना पड़ा। अंग्रेजों को चकमा देकर वे नेपाल चली गईं। इसके बाद उन्होंने अपना शेष जीवन नेपाल में बिताया और 1874 में काठमांडू में ही उनकी मृत्यु हो गई।

भारत के स्वतंत्रता संग्राम की एक सफल योद्धा होने के बावजूद हजरत महल का मकबरा तोड़-फोड़ के बाद दुर्भाग्यपूर्ण दशा में पड़ा है और उन्हें पूरी तरह भुला दिया गया है। उत्तर प्रदेश में मनाई गई 'आजादी की पहली लड़ाई' की शताब्दी के अवसर पर उन्हें याद तक नहीं किया गया। इस तरह वे भारतीय इतिहास के पन्नों में विलुप्त वीरांगना बनकर रह गईं। हालाँकि भारतीय स्वतंत्रता संग्राम में उनके असीम योगदान के लिए भारत सरकार ने 10 मई, 1984 को बेगम हजरत महल के सम्मान में एक स्मारक डाक-टिकट जारी किया था।

□

मल्लिका श्रीनिवासन

सन् 2006 की महिला व्यवसायी मल्लिका श्रीनिवासन भारत की एक जानी-मानी उद्यमी हैं। उन्होंने सदैव ऊँचाइयों को छूने की कोशिश की है, लेकिन अपने पाँव जमीन पर जमाकर रखे हैं। वे एक दृढ़ निश्चयी महिला हैं, जो एक ऐसी कंपनी के क्रियाकलापों का नेतृत्व कर रही हैं जिसमें ट्रैक्टर बनाने जैसा मरदाना काम होता है। उन्होंने आज के स्पर्धात्मक व्यवसाय जगत् में अपने दम पर दूसरों से ऊपर उठकर अपने लिए एक नाम कमाया है। मल्लिका श्रीनिवासन, जिनके बारे में हम बात कर रहे हैं, 2500 करोड़ रुपए के समामेलन ग्रुप 'टैफि' की निदेशक अर्थात् डायरेक्टर हैं। मल्लिका श्रीनिवासन भारत में उन सर्वाधिक सफल महिलाओं में से एक हैं जो सी.ई.ओ. जैसे शीर्षस्थ पदों तक पहुँची हैं।

19 नवंबर, 1959 को जनमी मल्लिका श्रीनिवासन एक उद्योगपति ए. शिवसैलम की सबसे बड़ी पुत्री हैं और उनके माता-पिता को अपनी इस बेटी पर गर्व है। वह पढ़ाई में हमेशा से बहुत होशियार थीं। उन्होंने मद्रास यूनिवर्सिटी से एम.ए. (इकॉनॉमेट्रिक्स) किया। पेंसिल्वानिया यूनिवर्सिटी के 'व्हार्टन स्कूल' से एम.बी.ए. की डिग्री प्राप्त की। उनका विवाह 'टी.वी.एस. मोटर' के सी.एम.डी. वेणु श्रीनिवासन से हुआ। उनके दो बच्चे हैं और वे खुशहाल जीवन बिता रही हैं।

सन् 1986 में उन्होंने पारिवारिक व्यवसाय में पाँव रखने की योजना बनाई। उन्हें महाप्रबंधक (ट्रैक्टर व फार्म उपकरण) बना दिया गया। उन्होंने जब आर्थिक धन-संपत्ति और व्यवसाय को बढ़ाने की जिम्मेदारी ग्रहण की, तब कंपनी का कुल व्यवसाय 85 करोड़ रुपए था। अपने पिता के मार्गदर्शन के अंतर्गत और टीम की पूरी सहायता से उन्होंने कंपनी के स्वरूप में एक बड़ा परिवर्तन किया। उन्होंने 'टैफि' (यानी ट्रैक्टर ऐंड फार्म ईक्विपमेंट) को उच्च प्रौद्योगिकी-उन्मुख कंपनी में बदल दिया। इस तरह उनकी कंपनी के उत्पाद किसानों की पहली पसंद बन गए। एक दौर ऐसा भी था, जब कंपनी

को काफी कठिन समय से गुजरना पड़ा, लेकिन तब भी कंपनी ने उत्पाद के स्वरूप और विकास में 70 करोड़ रुपए की बड़ी राशि का निवेश किया।

वर्तमान में यह कंपनी 1200 करोड़ रुपए से अधिक का व्यवसाय कर रही है। कंपनी के लिए यह एक लंबी यात्रा रही है, जिसके दौरान कंपनी ने बहुत उतार-चढ़ाव देखे हैं। लेकिन यह इस साहसी महिला के दृढ़-निश्चय का ही परिणाम है कि वे धीरे-धीरे और सधे कदम बढ़ाते हुए सफलता की सीढ़ियाँ चढ़ गईं। आज कंपनी ने ट्रैक्टर बनानेवाली एक अग्रणी कंपनी के रूप में न केवल अपने लिए एक ऊँची जगह बनाई है, बल्कि कंपनी के कार्यक्षेत्र का विस्तार भी किया है। इस कंपनी ने इंजीनियरिंग प्लास्टिक, पैनल इंस्ट्रूमेंट्स, ऑटोमैटिव बैट्रीज गीयर्स, हाइड्रॉलिक पंप और फार्म उपकरणों का निर्माण करने जैसे दूसरे व्यवसायों में भी कदम बढ़ाया है।

इस कंपनी का 'मैसी फर्गुसन' के साथ बहुत लंबा संबंध रहा है, जो अब 'एगको' का एक हिस्सा है। अब यह कंपनी पूर्ण निर्मित ट्रैक्टरों का निर्यात 'एगको' को करने की योजना बना रही है। अभी 'एगको' का इस कंपनी में 24 प्रतिशत हिस्सा है और शेष 'सिंपसन ऐंड कंपनी' के पास है। फिलहाल मल्लिका श्रीनिवासन 'ट्रैक्टर मैन्यूफेक्चर्स एसोसिएशन' और 'मद्रास मैनेजमेंट एसोसिएशन' जैसे प्रमुख औद्योगिक निकायों की अध्यक्ष के रूप में कार्य कर रही हैं। 'मद्रास चेंबर ऑफ कॉमर्स ऐंड इंडस्ट्री' की अध्यक्ष की भूमिका ग्रहण करनेवाली वे पहली महिला हैं। वे 'इंडियन स्कूल ऑफ बिजनेस', हैदराबाद के नियंत्रक बोर्ड की एक विशिष्ट सदस्या भी हैं।

□

मल्लिका साराभाई

प्रसिद्ध भरतनाट्यम और कुचीपुड़ी नर्तकी मल्लिका साराभाई एक विख्यात नर्तकी मृणालिनी साराभाई और एक मशहूर वैज्ञानिक विक्रम साराभाई की पुत्री हैं। बहुमुखी प्रतिभासंपन्न मल्लिका ने आई.आई.एम., अहमदाबाद से एम.बी.ए. की डिग्री और डॉक्टरेट की उपाधि प्राप्त की। उन्हें अभिनय करने, फिल्म-निर्माण, संपादन और टेलीविजन एंकरिंग में भी अनुभव प्राप्त है।

मल्लिका एक सामाजिक कार्यकर्ता भी हैं। वे अपनी माँ के साथ अहमदाबाद में स्थित 'दर्पण अभिनय कला अकादमी' का संचालन करती हैं।

मल्लिका के कॅरियर में कई मोड़ हैं। एक युवा कलाकार से वे एक सक्रिय कार्यकर्ता बनीं और फिर सामाजिक विषयों पर टिप्पणीकर्ता अर्थात् कमेंटेटर! उन्होंने बहुत छोटी उम्र से नृत्य सीखना शुरू कर दिया था और समानांतर सिनेमा में जब उन्होंने अपना फिल्मी कॅरियर शुरू किया, तब वे केवल 15 वर्ष की थीं। उन्होंने पीटर ब्रुक्स की फिल्म 'दि महाभारत' में द्रोपदी का रोल निभाया।

मल्लिका नृत्य, रंगशाला और लेखन के माध्यम से नारीत्व की आशावादी एवं नवीकृत छवियों को स्वीकारने का उत्सव मनाती हैं। वे अपनी माँ को अपनी प्रेरणा का आदर्श मानती हैं, जिनका साथ पाकर उन्होंने खुद को भारतीय नृत्य तथा नाट्य रंगशाला के धारदार किनारे पर मजबूती से स्थापित कर लिया है। एक ऐसी संस्कृति में रहते हुए, जो रूढ़िवाद का समर्थन करती है, वे अपने दर्शकों को नई प्रतिक्रियाएँ देने के उद्‌देश्य से भारतीय परंपराओं के शब्द-भंडारों का उपयोग विशिष्ट साधनों के रूप में करती हैं।

भारतीय संस्कृतियों में उनकी गहरी पैठ है, लेकिन वे संसार भर में अपने सहयोगियों के प्रभावों को भी खुलेपन से स्वीकार करती हैं। उन्होंने अपने अनुभवों का इस खूबी से संयोजन किया है कि भारत में वे अपने क्षेत्र में आज जो कुछ भी करती हैं, उसका अत्यंत रचनात्मक प्रभाव पड़ता है। उनके रचना-धर्म में गति है, आकर्षण है और

वाक्‌चातुर्य है। वे अपने गुरुओं से आज भी नए-नए विषयों की शिक्षा ले रही हैं, जिनमें से कुछ विषय तो ऐसे हैं जिन्हें केवल वही प्रदर्शित कर सकती हैं, कोई दूसरा नहीं।

पिछले दस वर्षों में मल्लिका ने स्वयं नृत्य-निर्देशन करना आरंभ किया है। जैसे ही उन्होंने विचार करना आरंभ किया कि वह क्या चीज है, जो वे अपने कार्य के माध्यम से अभिव्यक्त करना चाहती हैं, तो उन्होंने अपने नृत्य-निर्देशन संबंधी शब्द-भंडार का निर्माण करने के लिए अनेक तत्त्वों को निकट से देखा और उन्हें जानने-समझने का प्रयास किया। उनके निर्देशन में शास्त्रीय नृत्य के तत्त्व तो हमेशा से मौजूद थे, लेकिन उनकी लोक नाट्य कंपनी भी थी, जिसके कार्य से लय-ताल और पदध्वनियों को लिया जा सकता था।

उनके नृत्य-निर्देशन पर बात करना एक महत्त्वपूर्ण विषय है। मल्लिका की नाट्य-कला लोगों की पूर्व धारणाओं को चुनौती देनेवाली एक नई एवं जीवंत कला के रूप में विकसित हुई है। वे अपने स्वाभाविक आकर्षण और वाक्‌चातुर्य, एक प्रभावशाली आवाज और कथानक प्रस्तुत करने तथा विश्वास के साथ दर्शकों को सीधे ही संबोधित करने की अपनी योग्यता के साथ-साथ गति एवं नृत्य-कौशल का प्रयोग करके गंभीर विषयों को भी बिलकुल तरो-ताजा शैली में प्रदर्शित एवं अभिव्यक्त करने में सफल रही हैं।

उन्होंने युद्ध-कला की शिक्षा दक्षिण भारत और उत्तर-पूर्व भारत से ग्रहण की और नित्यप्रति की क्रियाओं एवं मुद्राओं-चेष्टाओं पर गौर किया। वे ऐसे कार्यक्रमों का निर्माण करने में सफल हो गईं जिनके माध्यम से भारत में सांप्रदायिक हिंसा पर प्रतिक्रिया व्यक्त की जा सके। उनके नृत्य के पीछे के विधि-विधानों या किसी महिला के 'पारण अधिकार' की कार्यविधियों का जश्न मनाया जा सके। इनमें और बहुत से अन्य विषयों में वे दूसरे संगीत, वीडियो सहायक उपकरणों और कला के बहु-प्रकारों के साथ अभी भी प्रयोग कर रही हैं। एक बहुत ही वास्तविक अर्थ में ये अंतरसंबद्ध कृत्य भारतीय प्रदर्शन की परंपरा में गहरी पैठ बनाए हुए हैं और अब इन कृत्यों को दुनिया भर में सराहा भी जा रहा है।

हाल के वर्षों में मल्लिका ने अपनी कलात्मक प्रतिभाओं को कई ऐसी साधारण परियोजनाओं से जोड़ने में सफलता पाई है जिनके जरिए वे सामाजिक परिवर्तन लाने की इच्छा रखती हैं। 'दर्पण' के अत्यंत अनुभवी कलाकारों की टीमों के साथ काम करते हुए और अपने दर्जनों ग्रामीण एवं पारंपरिक कलाकारों को प्रशिक्षित करते हुए उन्होंने स्कूलों में लिंग-बोध, पर्यावरण संबंधी विषयों, हिंसा की समस्याओं की छानबीन करने के लिए अभिनय कला का प्रयोग करके कार्यक्रम आरंभ किए हैं। उन्होंने गंदी बस्तियों और ग्रामीण क्षेत्रों में एड्स के बारे में जागरूकता अभियान चलाए हैं, जहाँ यह बीमारी हजारों लोगों की जान ले लेती है। ये पारस्परिक क्रियात्मक परियोजनाएँ कलाकारों को

समाजशास्त्रियों, वैज्ञानिकों और स्थानीय लोगों से जोड़ती हैं और वे सब मिलकर आकर्षक एवं चुनौती भरे कार्यक्रम बनाते हैं। कभी-कभी ये कार्यक्रम सामुदायिक कार्यक्रम में परिवर्तित हो जाते हैं।

मल्लिका ने अपने लंबे कॅरियर में अनेक सम्मान और पुरस्कार जीते हैं। पहला पुरस्कार उन्हें सन् 1977 में मिला। जो पुरस्कार उनके दिल के सबसे करीब है वह है 'बेस्ट सोलोइस्ट अवार्ड' (सर्वश्रेष्ठ एकल वादक पुरस्कार),जो उन्हें कुछ वर्ष पहले पेरिस में प्रदान किया गया था, जहाँ 25 देशों से आए 400 नर्तक-नृत्यांगनाओं में से उनको चुना गया था। मल्लिका को फ्रांस सरकार द्वारा प्रदान किया गया उच्चतम असैनिक पुरस्कार 'फ्रेंच पामे डी ओर', अवॉर्ड भी मिला है। वे जिस तरह पैरों से चित्र बना सकती हैं, ठीक उसी तरह सोचती हैं कि नृत्य एक भाषा है और वह भी एक जीवंत भाषा! यह भाषा उनके विचारों को सूचित करने के लिए एक भावना अभिव्यक्त करती है।

मल्लिका इलाहाबाद में 'दर्पण एकेडमी ऑफ परफॉर्मिंग आर्ट्स' (दर्पण अभिनय कला अकादमी) की सह-निर्देशक भी हैं। यह कला का एक ऐसा अपूर्व केंद्र है जिसके द्वारा समस्त भारत में ही नहीं बल्कि विश्व भर में कार्यक्रम प्रस्तुत किए जा चुके हैं। अपनी अकादमी में वे दर्पण परफॉर्मेंस ग्रुप, दर्पण फॉर डेवलपमेंट, दर्पण कम्युनिकेशंस और दर्पण कॅनसर्वेटोइर (अर्थात् दर्पण अभिनय ग्रुप, दर्पण विकास, दर्पण संदेश और दर्पण संगीतालय) का संचालन करती हैं।

पीटर ब्रुक्स की फिल्म 'महाभारत' में द्रोपदी की भूमिका निभाने के दौरान उन्हें इस बात का अहसास हुआ कि उनको भारतीय नारीत्व की छवियों के बारे में ऐसे सकारात्मक एवं प्रबल भावों को व्यक्त करना होगा, जो पुरुष टीकाकारों द्वारा अकसर फैलाई गई गलत धारणाओं का खंडन कर सकें। अपनी इसी सोच को मूर्तरूप देने के लिए उन्होंने लंदन में 'शक्ति दि पावर ऑफ वीमेन' का प्रस्तुतीकरण किया और बाद में इस कार्यक्रम मंडली ने ब्रिटेन, हॉलैंड और भारत का भ्रमण किया। इसके पौराणिक, ऐतिहासिक और समकालीन स्त्री पात्रों के पुनर्मूल्यांकन का दर्शकों पर चमत्कारिक प्रभाव पड़ा, जिसके फलस्वरूप इस कार्यक्रम की दूसरी कड़ी को 'सीता की पुत्रियाँ' नाम दिया गया। यह उन स्त्रियों पर और भी गहरी चोट करता है जो उत्पीड़क व्यवस्था को स्वीकार कर लेती हैं। यह कार्यक्रम पूरे भारत में स्लम से लेकर महानगरीय उत्सवों में प्रस्तुत किया जा चुका है और अब इसे सिंगापुर, यू.एस.ए. तथा ब्रिटेन में आमंत्रित किया गया है।

मल्लिका साराभाई एक कलाकार हैं और अनेक प्रतिभाओं की जन्मदात्री हैं। कलाओं के क्षेत्र में वे एक असाधारण हस्ती हैं। मल्लिका साराभाई के अनुसार, 'रंगमंच ही एकमात्र स्थान है, जहाँ उन्हें अपने बहुमुखी व्यक्तित्व को प्रदर्शित करने का अवसर

मिलता है।' वे एक जानी-मानी फिल्म निर्माता हैं और एक सुपरिचित टी.वी. एंकर भी हैं। उन्होंने 'भारतीय प्रबंध संस्थान' (आई.आई.एम.), अहमदाबाद से डॉक्टरेट की उपाधि ग्रहण की है। वे एक ऐसी सक्रिय कार्यकर्ता हैं, जो सभी तरह के उद्देश्यों के समर्थन में संघर्ष करना अपना कर्तव्य समझती हैं। वे एक टी.वी. चैनल की सी.ई.ओ. भी हैं। वे भरतनाट्यम और कुचीपुड़ी के हमारे चार प्रमुख व्याख्याताओं में से एक हैं। वे 'सी.आई.ओ.एफ.एफ.' के लिए भारत की एक प्रतिनिधि हैं। बहुमुखी प्रतिभा की धनी मल्लिका हर कार्य हमेशा श्रेष्ठता के साथ करने के लिए जानी जाती हैं। उनके कार्यों में अद्भुत विविधता है। एक तरफ वे माँ का रोल निभाती हैं तो दूसरी तरफ नृत्य-निर्देशन करती हैं। वे लेखन भी करती हैं और समाज-सेवा भी। वे अपने वंशजों के लिए यही विरासत छोड़ रही हैं।

नर्तकी, अभिनेत्री, नृत्य-निर्देशक, लेखिका या सामुदायिक परियोजनाओं की उत्प्रेरक के रूप में वे दर्शकों, श्रोताओं को ललकारती हैं, जैसे कह रही हों कि 'उठो-जागो और सोचो!' पारिस्थितिकी समाज में स्त्रियों के स्थान, लिंग-भेद, सांस्कृतिक क्षीणता और हमारे समाज में कलाओं के लिए स्थान जैसे प्रश्नों पर गंभीरता से विचार करने का यही समय है। जिन लोगों ने उनके कार्य को देखा-परखा है, उनका कहना है कि वे 'भारत और भरतनाट्यम—दोनों की बराबर और पूरी समझ रखती हैं।'

□

महादेवी वर्मा

सन् 1907 में महादेवी वर्मा का जन्म उत्तर प्रदेश के फर्रुखाबाद नगर में एक वकील के परिवार में हुआ था। वे उनकी पहली संतान थीं। उनके दो भाई और एक बहन थी। उन्होंने आरंभिक शिक्षा जबलपुर, मध्य प्रदेश में प्राप्त की। वे एक विख्यात हिंदी कवयित्री थीं और उन्हें 'आधुनिक मीराबाई', 'एक संत कवि' और 'कृष्ण की भक्त' तथा 'राधा का अवतार' कहा जाता था। महादेवी एक लेखक, कवयित्री, समाज-सुधारक, चित्रकार, एडवोकेट और सक्रिय स्वतंत्रता सेनानी थीं।

सन् 1914 में नौ वर्ष की आयु में उनका विवाह डॉ. स्वरूप वर्मा के साथ हुआ। उनकी विवाह करने की इच्छा नहीं थी और वे इनकार करना चाहती थीं। विवाह के बाद भी वे अपने माता-पिता के पास रहीं और उनके पति अपनी पढ़ाई पूरी करने के लिए लखनऊ चले गए। इस दौरान उन्होंने इलाहाबाद विश्वविद्यालय से उच्च शिक्षा ग्रहण की और संस्कृत में एम.ए. किया। बाद में सन् 1920 के आस-पास वह टमकोई की शाही रियासत में अपने पति के पास चली गईं। कुछ समय बाद वे इलाहाबाद चले गए। महादेवी वर्मा और उनके पति अधिकतर अलग-अलग ही रहे, ताकि वे अपनी-अपनी रुचियों में संलग्न रह सकें। पर यदा-कदा वे मिल लिया करते थे।

महादेवी के पति का सन् 1966 में देहांत हो गया। उसके बाद वे स्थायी रूप से इलाहाबाद में ही बस गईं। वहीं उनकी मृत्यु हुई। इलाहाबाद नगर में उन्होंने हिंदी माध्यम से लड़कियों को सांस्कृतिक एवं साहित्यिक शिक्षा प्रदान करने के उद्देश्य से 'प्रयाग महिला विद्यापीठ' की स्थापना की। उन्हें प्रथम प्रधानाचार्य नियुक्त किया गया और बाद में वे उस संस्थान की प्रमुख बन गईं। उन्होंने भारत में महिलाओं के हितों की दृढ़ता से वकालत की।

लेखक के रूप में उनकी लेखन-शैलियों में वेदना भरपूर झलकती है। महादेवी वर्मा के काव्य के पीछे पीड़ा थी, प्रिय ईश्वर से विद्रोह की वेदना थी। उनकी धारणा थी

कि उनकी कविताएँ किसी अपूर्व एवं दूरस्थ प्रेमी को समर्पित हैं और आलोचक उस प्रेम संबंध को प्राय: ईश्वर से जोड़ते थे। उनकी कविताओं में किसी ऐसे प्रेमी की अंतहीन प्रतीक्षा व्यक्त होती थी जिससे वे परिचित थीं, लेकिन, उनके प्रियतम को सदैव अभिव्यक्ति का अभाव रहा। उनकी भाषा तत्सम और तद्भव शब्दों से पोषित थी। सन् 1942 में उनकी पुस्तक 'दीपशिखा' प्रकाशित हुई, जिसमें उनके इक्यावन विलक्षण गीत थे। इन सभी गीतों में अभिव्यक्ति की परिपक्वता और तीव्र रहस्यात्मकता थी, जो इस महान् कलाकार का विशेष गुण था। उनके धार्मिक रहस्यवाद ने हिंदी साहित्य में एक नया युग आरंभ किया—रहस्यवाद युग।

अनेक विश्लेषणों में उनकी तुलना मीराबाई के साथ की गई। मीरा की तरह पंद्रह वर्ष की छोटी आयु में महादेवी ने भी परंपरागत वैवाहिक जीवन से पीठ फेरने और सारा जीवन लेखन को समर्पित करने का व्रत ले लिया था। अभिभूत करनेवाली इन दो समानताओं की परवाह किए बिना इन दोनों कवियों के बीच कई तरह की असाधारण भिन्नताएँ थीं।

महादेवी ने अपने काव्य में धार्मिक रहस्यवाद के तत्त्वों को सम्मिलित करके छायावाद आंदोलन को एक कदम और आगे बढ़ाया। इसी रहस्यवाद ने उनको मीरा से अलग रखा। महादेवी की कविता 'मैं नीर भरी दु:ख की बदरी' उनकी काव्योचित पहचान को बहुत अच्छी तरह प्रकट करती है।

एक कवयित्री होने के अलावा वे एक समाज-सुधारक, महिलाओं की समर्थक, एक सांस्कृतिक और राजनीतिक नेता भी थीं। उनके गद्य में इन सभी क्षेत्रों में उनकी क्षमता झलकती है। परंपरा से उठकर और ज्ञान की क्षुधापूर्ति के लिए अपना जीवन समर्पित करने के बाद यह खोज उनके लिए अंतत: एक निराकार उपासना का स्वरूप बन गई। एक सुविख्यात कवि होने के अतिरिक्त वे एक अच्छी गद्य लेखक एवं एक चित्रकार भी थीं। उन्होंने 'दीपशिखा' और 'यामा' जैसी अपनी कृतियों के लिए स्वयं ही रेखाचित्र बनाए।

आधुनिक हिंदी काव्य में महादेवी वर्मा को 'छायावाद' के महान् रोमानी आंदोलन के चार स्तंभों में से एक माना जाता है। शेष तीन स्तंभ हैं—सूर्यकांत त्रिपाठी 'निराला', जयशंकर प्रसाद और सुमित्रानंदन पंत।

वे अपने संस्मरणों की पुस्तक 'अतीत के चलचित्र' और 'स्मृति की रेखाएँ' के कारण बहुत प्रसिद्ध हैं। उनके विख्यात काव्य प्रकाशनों के नाम हैं—'निहार', 'रश्मि', 'नीरजा' और 'सांध्यगीत'। उनकी 'शृंखला की कड़ियाँ' नामक कृति भारतीय महिलाओं की स्थिति बखूबी बयाँ करती है।

वे जिन स्त्रियों, पुरुषों और बच्चों को वैयक्तिक रूप से जानती थीं, उनके

रेखाचित्रों को उन्होंने बड़े प्यार और अनुराग से खींचा है। जिससे यह पता चलता है कि भारत में पीड़ित-वंचित लोगों की दशा को लेकर उनके हृदय में कितनी अनुकंपा थी! यह भी कि जो लोग स्त्रियों एवं बेदखल किए गए लोगों का शोषण करते हैं, उनके प्रति उनके मन में कितना प्रचंड क्रोध भरा था।

चाहे बिंदा हो, अकेली अनाथ लड़की, जिसे सौतेली माँ हर समय सताती है या बचपन में विधवा हुई भाभी हो, जिसे भावनात्मक एवं शारीरिक रूप से उत्पीड़ित किया जाता है और बाहर की दुनिया से किसी तरह का संपर्क नहीं करने दिया जाता है या वह बेचारी गरीब सफाई का काम करनेवाली सबिया हो, जिसका पति उसे पहला बच्चा होने से पहले ही छोड़कर भाग जाता है—महादेवी वर्मा के संस्मरणों में वर्णित पात्र उनकी सर्वमुक्तिवादी दृष्टि के परिचायक हैं, जिसके जरिए वे इन चोट खाई और क्षत-विक्षत जिंदगियों की आंतरिक मान-प्रतिष्ठा को नया जीवन देना चाहती हैं। उनके सम्मोहक संस्मरण संस्कृति और समय की सीमाओं से आगे बढ़ जाते हैं।

उन्हें उत्कृष्ट काव्य-सृजन के लिए 'ज्ञानपीठ पुरस्कार' मिला, जो भारत का उच्चतम साहित्यिक पुरस्कार है। महादेवी वर्मा को प्रसिद्ध हिंदी मासिक 'चाँद' का मानद संपादक नियुक्त किया गया और उनकी काव्यात्मक प्रतिभाओं के सम्मानस्वरूप उन्हें 'सेकसरिया पुरस्कार' प्रदान किया गया। सन् 1956 में भारत सरकार द्वारा उन्हें 'पद्मभूषण' से सम्मानित किया गया। वे पहली महिला थीं जिन्हें सन् 1979 में 'साहित्य अकादमी' का सदस्य (फेलो) बनने का गौरव प्राप्त हुआ। वे आधुनिक हिंदी काव्य में रोमानी युग, छायावाद की एक प्रमुख कवयित्री थीं। उनकी एक और प्रसिद्ध कृति है—'साहित्यकार की आस्था'।

महादेवी वर्मा ने 14 सितंबर, 1987 को इलाहाबाद, उत्तर प्रदेश में अपनी अंतिम साँस ली।

□

माता अमृतानंदमयी

ऐसी मान्यता है कि माता अमृतानंदमयी, जिन्हें 'अम्मा' या 'अम्माची' भी कहा जाता है, आधुनिक युग की 'श्री काली माँ का अवतार' हैं। उन्होंने आज के भौतिकतावादी मायामय संसार में दु:ख सह रहे बच्चों की देखभाल में अपना सारा जीवन समर्पित कर दिया है। 'अम्मा' सर्वोच्च देवी की साक्षात् मूर्ति हैं।

माता अमृतानंदमयी का जन्म 27 सितंबर, 1953 को केरल में कोल्लम के निकट एक छोटे से गाँव परयाकडवु (अमृतपुरी) में सुधामणि नामक आर्य जाति के एक मत्स्यपालक परिवार में हुआ था। वे एक सुप्रसिद्ध आध्यात्मिक मार्गदर्शक हैं, जिन्हें उनके भक्त एक संत की तरह पूजते हैं। वे उन्हें 'अम्मा', 'अम्माची' या 'माता' भी कहते हैं। वे एक सुसम्मानित मानवतावादी भी हैं और कुछ लोग उन्हें 'गले लगानेवाली संन्यासिनी' भी कहते हैं।

उनका शिक्षा संबंधी विवरण बहुत प्रभावशाली है। उनकी स्कूली शिक्षा तभी समाप्त हो गई थी, जब उनकी आयु केवल 9 वर्ष थी। तत्पश्चात् उन्होंने अपने भाई-बहनों की देखभाल और घरेलू कामकाज में हाथ बँटाना शुरू कर दिया। बचपन से ही वे एक जिम्मेदार बहन के रूप में बड़ी हुईं।

उनके शिष्य श्रद्धा के साथ कहते हैं कि बचपन में उनको अनेक चमत्कारिक एवं रहस्यात्मक अनुभव हुए थे। सन् 1981 से वे विश्व भर में अध्यात्म की आकांक्षा रखनेवालों को उपदेश देने का काम कर रही हैं। उन्होंने एक विश्वव्यापी संगठन 'माता अमृतानंदमयी मिशन ट्रस्ट' की स्थापना की है, जो अनेक प्रकार के आध्यात्मिक एवं परोपकारी कार्यों में लगा हुआ है। एक साधारण शुरुआत से वे 'जगत् माता' बनने की यात्रा पर चल पड़ीं। उन्होंने संयुक्त राष्ट्र संघ महासभा को भी संबोधित किया है।

सन् 1993 में वे शिकागो में आयोजित 'विश्व धर्म संसद्' में हिंदू धर्म के अत्यंत विख्यात प्रतिनिधि की हैसियत से शामिल हुईं, जहाँ करीब सौ वर्ष पहले स्वामी विवेकानंद

गए थे। अक्तूबर 2002 में संयुक्त राष्ट्र संघ की पहल पर जेनेवा, स्विट्जरलैंड में आयोजित महिला विश्व-शांति सम्मेलन में वे एक महत्त्वपूर्ण वक्ता थीं। यह 'यू.एन. मिलेनियम वर्ल्ड पीस समिट' की एक पहल थी, जिसमें अमृतानंदमयी ने अगस्त 2000 में व्याख्यान दिया था।

सन् 1970 तक आते-आते उन्होंने एक समाज उद्धारक के रूप में काम करना शुरू कर दिया था। उनके आश्रम में अनेक शिष्य एवं भक्तगण विविध कार्यों की देखभाल करते हैं। उनके कुछ उत्साही अनुयायियों के नाम इस प्रकार हैं—स्वामी अमृतस्वरूपानंद, स्वामी परमात्मानंद, स्वामी रामकृष्णानंद, स्वामी पूर्णामृतानंद, स्वामी तुरियामृतानंद, स्वामी अमृतात्मानंद, स्वामी प्रणवामृतानंद, स्वामी आत्मप्रण और स्वामी कृपामृतप्रण।

उनके जीवनवृत्त पर आधारित एक फिल्म 'दर्शन दि एम्ब्रेस' जॉन काउनेन के निर्देशन में बनाई गई थी और सन् 2005 में आयोजित 'केंस फिल्मोत्सव' में प्रदर्शित किए जाने हेतु आधिकारिक रूप में चुनी गई थी। जॉन काउनेन का इस फिल्म पर एक भावनात्मक प्रभाव स्पष्ट झलकता है और उनका कहना है कि "अम्मा एक नेक इनसान हैं, वे भले कार्य कर रही हैं, जिसके बदले मैंने भी कुछ अच्छा करने की चेष्टा की है, लेकिन जैसे-जैसे फिल्म आगे बढ़ी, मैंने महसूस किया, नहीं, इससे तो मैं ही लाभान्वित हो रहा हूँ।"

अमृतानंदमयी ने मानव-कल्याण और समाज-सुधारों को बढ़ावा देने के लिए बहुत कुछ किया है। उन्होंने मठ की वेबसाइट आरंभ की, जिसमें संगठन द्वारा चलाई जा रही विभिन्न धर्मार्थ एवं लोकोपकारी परियोजनाओं का वर्णन किया गया है। उनका लक्ष्य है, गरीबों के लिए घरों, अस्पतालों, अनाथालयों, आश्रमों-धर्मशालाओं और महिला आश्रयगृहों का निर्माण करना; विधवाओं के लिए पेंशन-वितरण की व्यवस्था करना तथा सामुदायिक सहायता केंद्रों, वृद्धाश्रमों, नेत्र-चिकित्सालयों और वाणी-सुधार केंद्रों की स्थापना करना। यू.एस. में अम्मा के केंद्रों द्वारा 'माता की रसोई (मदर्स किचन)' अथवा 'शाकाहारी सूप-किचन' चलाए जा रहे हैं, जहाँ स्वयंसेवकों द्वारा खाना तैयार किया जाता है और गरीबों एवं जरूरतमंदों को वितरित किया जाता है।

वेबसाइट के माध्यम से पता चलता है कि माता अमृतानंदमयी मठ की ओर से 33 स्कूल चलाए जा रहे हैं, 12 मंदिर स्थापित किए गए हैं, कोच्चि में एक अत्याधुनिक अस्पताल का निर्माण किया जा रहा है, सामूहिक भंडारों के दौरान हजारों लोगों को खाना खिलाया जाता है, हर वर्ष 15,000 से अधिक विधवाओं को पेंशन प्रदान की जाती है, बेघर-बार लोगों के लिए हर वर्ष 25,000 से अधिक घरों का निर्माण किया जा रहा है, और विश्व भर में 35 'अम्मा कल्याण केंद्रों' द्वारा आध्यात्मिक संदेश फैलाया जा रहा है। ये मठ केरल, तमिलनाडु, पांडिचेरी, अंडमान एवं निकोबार द्वीपसमूह और श्रीलंका जैसे क्षेत्रों में बहुत प्रभावी ढंग से कार्य कर रहे हैं।

अम्मा प्रत्येक वर्ष पूरे विश्व का भ्रमण करती हैं और भारत का अनादि-अनंत

आध्यात्मिक संदेश फैलाती हैं। जिन लोगों को उनके साथ यात्रा पर जाने का संयोग प्राप्त होता है, उनका कहना है कि अम्मा को भारत-बिछोह सताने लगता है और वे जल्दी-जल्दी भारत लौटना चाहती हैं। उन्हें 'माता महान्' का अवतार माना जाता है।

सन् 2004 के सुनामी में माता अमृतानंदमयी ने सुनामी पीड़ितों की सहायता के लिए एक बिलियन रुपए (23 मिलियन डॉलर) की राशि दान की। सितंबर 2005 में उन्होंने 'बुश-क्लिंटन हरीकेन कैट्रीना फंड' में 10,00,000 डॉलर की राशि दान की। यू.एस. में इस तूफान के प्रहार के तुरंत बाद उन्होंने तबाह हुए क्षेत्रों में अपने एक शीर्षस्थ सहायक को वहाँ पीड़ितों की सहायता का जायजा लेने के लिए भेजा। सन् 2005 में कश्मीर और पाकिस्तान में भूकंप पीड़ितों के लिए उन्होंने हजारों कंबल भेजे और वितरित कराए। माता अमृतानंदमयी द्वारा आरंभ किया गया राहत कार्य विश्व भर में सफल हुआ है।

कारगिल युद्ध में जान गँवानेवाले जवानों के बारे में सोचकर अम्मा उन हजारों माताओं के आँसुओं को अपने में समोकर स्वयं रो पड़ीं, जिनके बेटे शहीद हो गए थे और वे अनगिनत बहनें जो विधवा हो गई थीं। शहीद हुए जवानों के परिवारों और पीड़ितों की सहायता के लिए आश्रम की ओर से उन्होंने एक बड़ी रकम दान करने का निर्णय किया।

सन् 2002 में अम्मा को 'दि वर्ल्ड मूवमेंट फॉर नॉन-वॉइलेंस' द्वारा जिनेवा में यू.एन. एसेंबली हॉल (पैलेस डेइस नेशंस) में 'गांधी-किंग अवार्ड फॉर नॉन-वॉइलेंस' प्रदान किया गया। यह पुरस्कार उन्हें अहिंसा का उपदेश देने और अहिंसा के सिद्धांतों की शिक्षा देने में अपना पूरा जीवन समर्पित करने के सम्मान में दिया गया था।

सन् 2006 में अम्मा को 'इंटरफेथ सेंटर', न्यूयॉर्क में चतुर्थ वार्षिक 'जेम्स पार्क्स इंटरफेथ अवॉर्ड' से सम्मानित किया गया।

अक्तूबर 2007 में अम्मा को लोकोपकारी कार्यों के लिए पेरिस में मानवाधिकार फिल्मोत्सव, 'सिनेमा वेराइट' में पुरस्कृत किया गया। यह पुरस्कार उन्हें अभिनेत्री शेरन स्टोन के हाथों प्रदान किया गया। इससे पहले अम्मा को अमेरिका के राष्ट्रपति बिल क्लिंटन, दलाई लामा और भारत के विख्यात संगीतज्ञ पंडित रविशंकर के हाथों भी पुरस्कार मिल चुके हैं।

अम्मा ने बचपन से ही अपनी दिव्यशक्ति का उपयोग लोगों को उनके दु:ख एवं तकलीफों से मुक्ति दिलाने के लिए किया है। अम्मा इनसानियत का उपदेश देती हैं, क्योंकि उनके विचार में मानवता या इनसानियत ही नश्वर आत्मा का सर्वोच्च आध्यात्मिक सत्य है, जो इस संसार में महत्त्व रखता है। उनका कहना है कि हमें दूसरों की निस्स्वार्थ सेवा करनी चाहिए, जो वे स्वयं करती आ रही हैं। यह बात सर्वविदित है कि अम्मा का हृदय भारत में है और भारत अम्मा के हृदय में बसता है।

□

मीरा कुमार

भारतीय संसद् के निचले सदन लोकसभा का देश की शासन प्रणाली में महत्त्वपूर्ण स्थान है। पूरे देश से 545 सांसद चुनकर इसी लोकसभा में अपने-अपने क्षेत्रों का प्रतिनिधित्व करते हैं। हर पाँच साल में एक बार लोकसभा के चुनाव होते हैं। जिस दल को बहुमत मिलता है, उसके सदस्य मिलकर लोकसभा में अपने नेता का चुनाव करते हैं। आमतौर पर वही देश का प्रधानमंत्री बनता है।

लोकसभा के इसी महत्त्व के कारण देश की आम जनता इसे ही ससंद् और सरकार मानती है। स्पष्ट है, इतने बड़े सदन की कार्यवाही चलाना बड़ा ही चुनौतीपूर्ण कार्य है। लोकसभा अध्यक्ष पद पर अभी तक केवल पुरुष नेता ही विराजते आए हैं। परंतु 2009 के आम चुनावों के बाद एक नया इतिहास रचा गया। देश के इतिहास में पहली बार कोई महिला लोकसभा अध्यक्ष पद पर विराजमान हुई, और वह भी निर्विरोध।

इस महिला नेता का नाम है श्रीमती मीरा कुमार, जो कांग्रेस के वरिष्ठ नेता स्व. बाबू जगजीवन राम की सुपुत्री हैं। 31 मार्च, 1945 को बिहार के भोजपुर जिले में आरा के निकट चंदवा गाँव में जनमी मीरा कुमार स्वयं भी पाँच बार संसद् सदस्य चुनी जा चुकी हैं। उन्होंने दिल्ली के इंद्रप्रस्थ व मिरांडा हाउस कॉलेजों से एम.ए. व एल-एल.बी. तक शिक्षा प्राप्त की है।

शिक्षा समाप्ति के पश्चात् 1973 में उनका भारतीय विदेश सेवा में चयन हो गया। उन्होंने कूटनीतिज्ञ के रूप में स्पेन, ब्रिटेन तथा मॉरीशस स्थित भारतीय दूतावास व उच्चायोगों में देश की सेवा की। भारत-मॉरीशस संयुक्त आयोग की वह सदस्य रहीं। इस दौरान उन्होंने अपने दायित्वों का बड़ी कुशलतापूर्वक निर्वाह किया।

लगभग 12 साल तक विदेश सेवा में रहकर देश की सेवा करने के पश्चात् श्रीमती मीरा कुमार को राजनीति में उतरना पड़ा। पिताजी श्री जगजीवन राम की मृत्यु के पश्चात् वह कांग्रेस में शामिल हो गईं। उस वक्त सन् 1984 के आम चुनाव में कांग्रेस भारी

बहुमत से जीतकर आई थी और प्रधानमंत्री श्री राजीव गांधी के नेतृत्व में अपेक्षाकृत युवा मंत्रियों की सरकार केंद्र में चल रही थी। उच्च शिक्षा प्राप्त व उच्च पदों पर आसीन युवा भी राजनीति में संभावना तलाश रहे थे। मीरा कुमार ने भी कांग्रेस व प्रधानमंत्री राजीव गांधी का हाथ मजबूत करने के लिए उत्तर प्रदेश के बिजनौर क्षेत्र से लोकसभा का उप चुनाव लड़ने का निश्चय किया।

चुनाव में उनका मुकाबला बसपा उम्मीदवार व उत्तर प्रदेश की वर्तमान मुख्यमंत्री सुश्री मायावती व कद्दावर दलित नेता रामविलास पासवान से था। अटकलों तथा अफवाहों का बाजार गरम था। लेकिन अंतत: श्रीमती मीरा कुमार भारी बहुमत से विजयी घोषित की गईं। उसके बाद आठवीं, ग्यारहवीं व बारहवीं लोकसभा में उन्होंने दिल्ली के करोलबाग क्षेत्र से चुनाव लड़ा और भारी बहुमत से विजयी रहीं। केवल 1999 के लोकसभा चुनाव में उन्हें करोलबाग क्षेत्र में भारतीय जनता पार्टी की उम्मीदवार अनीता आर्य के हाथों पराजय का सामना करना पड़ा।

2004 के आम चुनावों में अपने पिता जगजीवन राम के निर्वाचन क्षेत्र सासाराम, बिहार से रिकॉर्ड बहुमत से जीतकर सांसद बनीं। सन् 2009 का आम चुनाव भी उन्होंने वहीं से लड़ा और भारी बहुमत से जीतकर आईं।

सन् 2004 से 2009 तक वह कांग्रेसनीत गठबंधन सरकार में सामाजिक न्याय व अधिकारिता मंत्री रहीं। इस पद पर रहते हुए उन्होंने दलित व पिछड़े वर्ग को न्याय व समानता के अधिकार दिलाने के अलावा महिलाओं की स्थिति सुधारने में सराहनीय कार्य किया। सन् 2009 में गठित केंद्र सरकार में उन्हें कैबिनेट स्तर पर जल संसाधन मंत्री बनाया गया। लेकिन तभी उन्हें लोकसभा अध्यक्ष पद के लिए दल की ओर से नामित कर दिया गया। उनके मुकाबले किसी भी विपक्षी दल ने कोई प्रत्याशी घोषित नहीं किया। इस प्रकार 4 जून, 2009 को वह निर्विरोध लोकसभा अध्यक्ष निर्वाचित हो गईं।

श्रीमती मीरा कुमार वकील भी हैं, उनके पति श्री मंजुल कुमार भी सर्वोच्च न्यायालय में अधिवक्ता हैं। मीरा कुमार ने राइफल शूटिंग में अनेक पदक भी जीते हैं। इसके अलावा वह कविताएँ भी लिखती हैं।

□

मीराबाई

मीराबाई एक पवित्रात्मा, एक दार्शनिक, एक कवि एवं एक मनीषी थीं। उनके अंदर एक महान् सर्वतोमुखी प्रतिभा और एक विशाल आत्मा थी। उनका जीवन अद्वितीय आकर्षण का उदाहरण है, जो असाधारण सुंदरता और आश्चर्य से भरा है। वे एक राजकुमारी थीं, लेकिन उन्होंने सुखों एवं विलासिताओं का त्याग कर दिया था और उनके बदले निर्धनता, तप, त्याग, तितिक्षा और वैराग्य का जीवन अपना लिया था। उनकी इच्छाशक्ति विराट् थी।

भगवान् कृष्ण की भक्ति में लीन मीराबाई का जन्म 1498 ई. में मारवाड़, राजस्थान में एक छोटी सी रियासत के अंतर्गत कुर्खी नामक गाँव में हुआ था। जिस परिवार में उन्होंने जन्म लिया, वह राठौर राजपूतों का परिवार था। वे रतन सिंह राठौर की पुत्री और मेड़ता के दूदाजी की नातिन थीं। मेड़ता के राठौर विष्णु के परम भक्त थे।

मीरा बचपन से ही वैष्णव धर्म से प्रभावित थीं, जिसके कारण उनका जीवन भगवान् श्रीकृष्ण की भक्ति के मार्ग की ओर मुड़ गया। उन्होंने बचपन से ही श्रीकृष्ण की उपासना करनी आरंभ कर दी थी और जब वे छह वर्ष की थीं, उनकी माँ ने उन्हें श्रीकृष्ण का एक विग्रह दिया था, जिसके साथ वे खेलती, गाती और बात करती थीं। एक बार शादी की बारात उनके घर के सामने से निकल रही थी। बच्ची मीरा ने सजे-धजे दूलहे को देखकर भोलेपन से अपनी माँ से पूछा, "माँ, मेरा वर कौन है?" मीरा की माँ को हँसी आ गई और उन्होंने आधी हँसी तथा आधी गंभीरता से श्रीकृष्ण की मूर्ति की ओर संकेत कर दिया और कहा, "मेरी प्यारी बच्ची, तुम्हारा वर भगवान् कृष्ण हैं।"

उसी क्षण से मीरा को कृष्ण की मूर्ति से और भी अधिक प्यार हो गया। वे अपना समय उस मूर्ति को स्नान कराने, कपड़े पहनाने और उसकी पूजा करने में बिताने लगीं। वे रात को भी कृष्ण की मूर्ति साथ रखकर सोती थीं। उस मूर्ति के आगे नाचती, अच्छे-अच्छे गीत गातीं और अकसर उससे बातें करतीं।

मीरा जब सोलह वर्ष की हो गईं, उनके पिता ने मेवाड़ में चित्तौड़ के राजकुमार भोजराज राणा कुंभा से उनका विवाह तय कर दिया। इस विवाह से मीरा का सामाजिक स्तर बहुत ऊँचा हो गया, क्योंकि चित्तौड़ के शासक को राजपूताना के हिंदू राजाओं का नेता माना जाता था। मीरा एक बहुत कर्तव्यपरायण पत्नी थीं और अपने पति के सारे आदेशों का पालन करती थीं तथा कभी कोई प्रश्न नहीं करती थीं। घर का काम-काज पूरा करने के बाद मीरा भगवान् श्रीकृष्ण के मंदिर में चली जातीं और वहाँ ईश्वर की प्रतिमा के आगे नाचती, गाती तथा पूजा करतीं। यह उनका नित्यकर्म था। वह छोटी सी मूर्ति उठकर मीरा का आलिंगन करती, बाँसुरी बजाती और उनसे बातें करती।

हर समय कृष्ण की भक्ति में लीन रहने से मीरा के पति और परिवार खुश नहीं थी। मीरा की सास और घर की अन्य महिलाओं को मीरा के तौर-तरीके पसंद नहीं आए, क्योंकि वे सांसारिक प्रवृत्ति की थीं और उनसे जलती थीं। इस बीच मीरा की सास ने उन्हें दुर्गा की पूजा करने के लिए बाध्य करना शुरू कर दिया और यदि कभी वह उनकी इच्छा के विरुद्ध जातीं तो उन्हें दंड दिया जाता। मीरा ने घोषणा कर दी, ''मैंने अपना जीवन पहले ही अपने प्रिय भगवान् कृष्ण को अर्पित कर दिया है।''

तब मीरा की सास ऊदाबाई ने एक षड्यंत्र की योजना बनाई और भोली मीरा पर झूठे लांछन लगाने शुरू कर दिए। उन्होंने मीरा के पति से कहा कि मीरा चुपके-चुपके दूसरों से प्रेम करती है और मंदिर में उनसे मिलती है। आग में घी डालने के इरादे से उन्होंने यह भी जोड़ दिया कि मीरा के आचरण से चित्तौड़ के राणा परिवार की बहुत बदनामी हुई है। राणा कुंभा आगबबूला हो उठा। कोई सोच-विचार किए बिना वह हाथ में तलवार लेकर मीरा के अंतरंग कक्ष की ओर चल पड़ा। सौभाग्य से मीरा अपने कक्ष में नहीं थीं।

राणा के एक भले संबंधी ने उसे रोका और कहा, ''देखो राणा! जल्दबाजी में कुछ अनर्थ मत कर बैठना, वरना तुम्हें बाद में पछताना पड़ेगा। पहले अच्छी तरह विचार कर लो। मामले की ठीक से जाँच-पड़ताल कर लो। सच का पता लगाओ। मीरा एक बहुत ही धार्मिक स्त्री है। तुमने अभी जो कुछ सुना है, वह एक उड़ाई गई अफवाह भी हो सकती है। मीरा से गहरी ईर्ष्या के कारण कुछ औरतों ने मिलकर यह मनगढ़ंत कहानी मीरा का जीवन बरबाद करने के इरादे से बनाई होगी। अभी तुम शांति से काम लो।''

राणा ने अपने रिश्तेदार की नेक सलाह पर गहराई से विचार किया। रात में राणा की बहन उसे मंदिर ले गई। राणा कुंभा दरवाजा तोड़कर अंदर घुसा और वहाँ मीरा को अकेले में प्रसन्नचित्त होकर श्रीकृष्ण से बात करते हुए पाया। राणा ने पूछा, ''मीरा, तुम अभी किससे बात कर रही हो?''

मीरा ने उत्तर दिया, ''वहाँ बैठा है मेरा भगवान्! जिसने मेरा दिल चुराया है।'' यह

कहते हुए मीरा बेहोश हो गईं।

वहाँ एक बड़ी अफवाह यह भी फैली हुई थी कि मीरा मुक्त रूप से साधुओं से मिलती-जुलती है। इसमें कोई संदेह नहीं कि मीरा साधुओं को बहुत सम्मान देती थीं और उनसे भेंट करती रहती थीं, लेकिन मीरा ने कभी व्यर्थ एवं अपमानजनक टीका-टिप्पणियों की कतई परवाह नहीं की।

मीरा को राणा और उसके नाते-रिश्तेदारों द्वारा तरह-तरह से सताया गया। यहाँ श्री कृष्ण ने हमेशा मीरा का साथ दिया। एक बार राणा ने मीरा के पास एक डलिया भेजी, जिसमें कोबरा साँप था, लेकिन उसे संदेश दिया गया था कि उस डलिया में फूल-मालाएँ हैं। स्नान करने के बाद मीरा पूजा करने बैठ गईं और पूजा-अर्चना समाप्त करने के उपरांत मीरा ने वह टोकरी खोली और उसमें श्रीकृष्ण की एक सुंदर मूर्ति तथा फूलों की माला पाई। फिर राणा ने विष का एक प्याला इस संदेश के साथ भेजा कि उस प्याले में अमृत है। मीरा ने वह विष-प्याला पहले भगवान् कृष्ण को भेंट किया और फिर भगवान् का प्रसाद मानकर उसे पी लिया। मीरा के लिए यह सच्चा अमृत साबित हुआ। इसके बाद राणा ने कीलों की एक शैया भेजी और मीरा को उस पर सोने के लिए कहा। मीरा पूजा समाप्त करने के पश्चात् काँटों भरी शैया पर सोईं, लेकिन काँटों की वह शैया मीरा के लिए फूलों का बिस्तर बन गई।

राणा ने खबर सुनी कि अकबर ने छद्म-वेश में मंदिर में प्रवेश किया था, उसने मीरा के चरण-स्पर्श किए थे और उसे एक कंठहार भी भेंट किया था। यह सुनकर राणा आपे में नहीं रहा। उसने मीरा से कहा, ''जाकर किसी नदी में डूब जाओ और भविष्य में अपना यह चेहरा दुनिया को कभी मत दिखाना।'' अपने पति के वचनों का पालन करते हुए मीरा डूबने के लिए नदी की तरफ चल पड़ीं। उनके अधरों पर सदैव भगवान् का नाम 'गोविंद, गिरिधारी, गोपाल' रहता था।

मीरा ने जब पानी में छलाँग लगाने के लिए अपने पाँव उठाए, पीछे से किसी हाथ ने उन्हें कसकर पकड़ लिया। मीरा को वहाँ अपने प्रिय कृष्ण के दर्शन हुए और वे मूर्च्छित हो गईं। कुछ क्षणों के बाद जब उन्होंने अपनी आँखें खोलीं तो भगवान् कृष्ण को अपने समक्ष खड़े पाया। वे मुसकराए और बोले, ''प्रिय मीरा, इस नश्वर पति के साथ तुम्हारा जीवन अब समाप्त हुआ। तुम अब पूर्णतया मुक्त हो। प्रसन्न हो जाओ। तुम मेरी हो। तत्काल बृज के कुंजों और वृंदावन की गलियों की ओर चल पड़ो। वहाँ पहुँचकर मुझे खोजो! जल्दी करो।'' इतना कहकर भगवान् अचानक विलुप्त हो गए।

मीरा ने तुरंत देववाणी का पालन किया। वे नंगे पाँव राजस्थान की तप्त रेतीली पगडंडियों पर चल पड़ीं। रास्ते में स्त्रियों, बच्चों और भक्तों ने उनका बड़े प्यार से आदर-सत्कार किया। वे वृंदावन पहुँच गईं। जहाँ उन्होंने अपने मुरली-मनोहर को खोज

लिया और उस गोविंद मंदिर में वे ईश्वर की उपासना करने लगीं, जो उसी समय से प्रसिद्ध हो गया और आज एक तीर्थस्थान बन गया है। चित्तौड़ में जो उनके भक्त थे, वे मीरा से मिलने वृंदावन आए। राणा कुंभा एक भिक्षुक के वेश में आया। उसने मीरा के सामने अपनी असलियत प्रकट की और अपने गलत एवं क्रूर व्यवहार तथा दुष्कर्मों पर बहुत पछतावा व्यक्त किया। मीरा ने तुरंत अपने पति को साष्टांग प्रणाम किया।

वृंदावन में वैष्णवों के प्रमुख जीवा गोसाईं थे। मीरा जीवा गोसाईं के दर्शन पाना चाहती थीं। उन्होंने मीरा के इस निवेदन को ठुकरा दिया। उन्होंने मीरा को यह संदेश भिजवाया कि वे किसी स्त्री को अपने सामने आने की अनुमति नहीं देंगे। मीराबाई ने पलटकर उत्तर दिया, "वृंदावन में हर कोई एक स्त्री है। गिरिधर गोपाल एकमात्र पुरुष हैं। आज मुझे ज्ञान हुआ है कि वृंदावन में कृष्ण के अतिरिक्त भी कोई पुरुष है!" जीवा गोसाईं लज्जित हो गए। वे समझ गए कि मीरा एक धार्मिक महिला है। वे अविलंब मीरा से भेंट करने गए और उनके प्रति यथायोग्य आदर प्रकट किया।

मीरा की ख्याति दूर-दूर तक फैल गई। मीरा के भजनों ने लोगों के मन में विश्वास, साहस, भक्ति और ईश्वर के प्रति प्रेम का संचार किया। मीरा के गीतों ने अभिलाषियों को भक्ति का मार्ग अपनाने के लिए प्रेरित किया और उनमें एक ऐसी गहन संवेदना उत्पन्न की, जो हृदय को मोम की तरह पिघला दे। मीरा के त्याग और भगवान् कृष्ण के प्रति उनकी एकनिष्ठ भक्ति, ईश्वर को प्राप्त कर लेने के फलस्वरूप ही ऐसा संभव हो सका। मीरा ने प्रभु कृष्ण को बिलकुल अपने सामने देखा और उनसे बात की। इतना ही नहीं, मीरा ने कृष्ण के साथ भोजन किया और कृष्ण प्रेमरस पिया।

मीरा स्वभाव से निर्भीक थीं। उनकी रुचियाँ साधारण थीं। उनकी प्रवृत्ति हँसमुख थी। उनकी प्रकृति एवं व्यवहार में सौम्यता एवं शालीनता थी और आचरण में गजब की भव्यता थी। उन्होंने गिरिधर गोपाल के प्रेम में स्वयं को डुबो दिया। यह नाम हर समय उनके अधरों पर रहता था। सपनों में भी वे श्रीकृष्ण को ही देखती थीं, उनके साथ रहती थीं और उनके अंदर ही स्वयं को पाती थीं।

मीरा का दृष्टिकोण भी ब्रह्मांड जितना व्यापक एवं सुंदर था। उन्हें पेड़-पौधों, पत्थरों, लताओं, फूलों व कलियों में, हर कहीं और हर वस्तु में कृष्ण ही दिखाई देते थे। जब तक कृष्ण का नाम रहेगा, तब तक मीरा का नाम भी जीवित रहेगा।

□

मेधा पाटकर

गांधीवादी विचारधारा से प्रभावित मेधा पाटकर का जन्म पहली दिसंबर, 1954 को मुंबई में एक स्वतंत्रता सेनानी परिवार में हुआ था। उनके पिता श्री वसंत खानोलकर ने स्वतंत्रता संग्राम में बढ़-चढ़कर हिस्सा लिया था तो उनकी माताजी श्रीमती इंदु खानोलकर सामाजिक कार्यकर्त्री के रूप में महिलाओं के शैक्षिक, आर्थिक और स्वास्थ्य संबंधी विकास के लिए काम करती थीं। इस मध्यमवर्गीय परिवार में मेधा का पालन-पोषण मुंबई के सामाजिक और राजनीतिक परिवेश में हुआ। माता-पिता की प्रेरणा से मेधा उपेक्षितों की आवाज बनीं।

आरंभ से ही सामाजिक कार्यों में रुचि के कारण मेधा ने 1976 में मुंबई के टाटा सामाजिक विज्ञान संस्थान से समाज सेवा में स्नातकोत्तर की उपाधि हासिल की। तत्पश्चात् पाँच साल तक मुंबई और गुजरात की कुछ स्वयंसेवी संस्थाओं के साथ जुड़कर काम करना शुरू किया। साथ ही टाटा संस्थान में समाज विज्ञान में स्नातकोत्तर के विद्यार्थियों को पढ़ाने लगीं। तीन साल तक उन्होंने इस संस्थान में अध्यापन का काम किया। उन्होंने विद्यार्थियों को समाज विज्ञान के मैदानी क्षेत्र में काम करने का तरीका भी सिखाया। अध्यापन के दौरान ही शहरी और ग्रामीण सामुदायिक विकास में पी-एच.डी. के लिए पंजीकृत हुईं। इस बीच परिणय-सूत्र में बँधकर खानोलकर से पाटकर हो गईं। समाज कार्य में सक्रिय मेधा की पी-एच.डी. की तैयारी भी चल रही थी, लेकिन पढ़ाई को अपने काम में बाधक बनते देख उन्होंने पढ़ाई छोड़ दी और पूरी तरह समाज-सेवा में जुट गईं।

सामाजिक कार्यकर्त्री मेधा पाटकर को पूरी दुनिया में नर्मदा घाटी की आवाज के रूप में जाना जाता है। इनकी जिंदगी का ओर-छोर नर्मदा ही है। यह भी भूल गई हैं कि वह मुंबई की रहनेवाली हैं। सूती साड़ी और हवाई चप्पल में वह साधारण स्त्री ही नजर आती हैं। जब फर्राटेदार अंग्रेजी बोलना शुरू करती हैं तो समझ आता है कि वह

घाट की रहनेवाली नहीं हैं। जब भाषण देती हैं तो वहाँ जमा होनेवाली भीड़ को देखकर अंदाजा लगाया जा सकता है कि उनकी बातों का घाटवासियों पर कितना असर है। मेधा ने सामाजिक अध्ययन के क्षेत्र में गहन शोध किया है। गांधीवादी विचारधारा से प्रभावित मेधा पाटकर ने सरदार सरोवर परियोजना से प्रभावित होनेवाले लगभग 37000 गाँवों के लोगों को अधिकार दिलाने की लड़ाई लड़ी है। बाद में वे महेश्वर बाँध के विस्थापितों के आंदोलन का नेतृत्व भी करने लगीं। 1985 से वह नर्मदा से जुड़े हर आंदोलन में सक्रिय रही हैं, लेकिन चुनावी राजनीति से दूर रहीं।

उत्पीड़ितों और विस्थापितों के लिए समर्पित मेधा पाटकर का जीवन शक्ति, ऊर्जा और वैचारिक उदात्तता की जीती-जागती मिसाल है। उनके संघर्षशील जीवन ने उन्हें पूरे विश्व के महत्त्वपूर्ण व्यक्तित्वों में सम्मिलित करवाया है। उन्होंने सोलह साल नर्मदा घाटी में बिताए हैं। वे अधिकतर समय घाट पर ही रहती हैं। कई ऐसे मौके आए हैं जब जनता ने मेधा का जुझारू रूप देखा है। 1993 और 1994 में उन्होंने लंबे उपवास किए। घाटी के लोगों के लिए कम-से-कम दस बार जेल जा चुकी हैं।

साठ और सत्तर के दशक में पश्चिम भारत में क्षेत्र के विकास की बातें चल रही थीं। सरकार को लगा, बड़े-बड़े बाँध बना देने से नर्मदा घाटी क्षेत्र का विकास होगा। इसी योजना के तहत 1979 में सरदार सरोवर परियोजना बनाई गई। परियोजना के अंतर्गत 30 बड़े, 135 मझोले और 3000 छोटे बाँध बनाए जाने का प्रावधान था। परियोजना के अवलोकन के लिए 1985 में मेधा पाटकर ने अपने कुछ सहकर्मियों के साथ नर्मदा घाटी क्षेत्र का दौरा किया। उन्होंने पाया कि परियोजना के अंतर्गत बहुत से तथ्यों की अवहेलना की जा रही है। मेधा इस बात को पर्यावरण मंत्रालय के संज्ञान में लाईं। फलस्वरूप परियोजना को रोकना पड़ा; क्योंकि पर्यावरण के निर्धारित मापदंडों पर वह खरी नहीं उतर रही थी और बांध निर्माण में व्यापक तौर पर क्षेत्र का अध्ययन नहीं किया गया था।

मेधा ने यह भी पाया कि बाँध के कारण डूब में आनेवाले इलाकों के लोग अपने अस्तित्व को लेकर सशंकित थे। मेधा ने मध्यस्थ की भूमिका निभाते हुए उनकी चिंताओं से सरकार को अवगत कराया तथा सरकार की बात लोगों तक पहुँचाई। मेधा ने सार्वजनिक रूप में कहा कि वह बाँध का विरोध नहीं कर रही हैं, विस्थापितों के समुचित पुनर्वास के लिए सरकार से उनकी लड़ाई जारी रहेगी। देखते-ही-देखते मेधा नर्मदा घाटी आंदोलन की सर्वेसर्वा बन गईं।

सन् 1986 में जब विश्व बैंक ने परियोजना के प्रमुख लोगों को परियोजना को आगे बढ़ाने के लिए आर्थिक सहायता मुहैया कराने की बात की तो मेधा पाटकर ने सोचा कि बिना संगठित हुए विश्व बैंक को नहीं हराया जा सकता। उन्होंने अपने साथियों के साथ मिलकर परियोजना क्षेत्र की 36 दिन की यात्रा की। यह यात्रा विश्व बैंक को खुली

चुनौती थी। इस यात्रा ने लोगों को विकास के वैकल्पिक स्रोतों पर सोचने के लिए विवश कर दिया। यह यात्रा पूरी तरह गांधी के आदर्श अहिंसा और सत्याग्रह पर आधारित थी। यात्रा में शामिल लोग सीने पर दोनों हाथ मोड़कर चलते थे। पुलिस ने इस यात्रा में शामिल लोगों पर लाठियाँ बरसाईं। महिलाओं पर हिंसक प्रहार किए। उनके कपड़े फाड़े। मीडिया के माध्यम से यह बर्बरता देख लोगों का ध्यान मेधा के संघर्ष की ओर गया और उन्होंने 'नर्मदा बचाओ आंदोलन' की शुरुआत की।

सन् 2006 में बाँध की ऊँचाई बढ़ाए जाने के विरोध में वे अनशन पर बैठ गईं। उनके इस कदम ने एक बार फिर पूरी दुनिया का ध्यान उनकी तरफ खींचा। उन्होंने बाँध बनाए जाने के खिलाफ भारत के सर्वोच्च न्यायालय में अपील की, लेकिन वह खारिज कर दी गई। आज भी मेधा विस्थापितों की लड़ाई लड़ रही हैं। उनका कहना है कि सालों से चल रही यह लड़ाई तब तक जारी रहेगी, जब तक सभी प्रभावित परिवारों का पुनर्वास सही ढंग से नहीं हो जाता।

उनकी लड़ाई कई प्रदेश सरकारों के अलावा विश्व बैंक से भी है। विश्व बैंक को खुली चुनौती देनेवाली मेधा पाटकर को अब विश्व बैंक ने अपनी एक सलाहकार समिति का सदस्य बनाया है। उनके संगठन ने बुनियादी शिक्षा, स्वास्थ्य और पेयजल की स्थिति में सुधार के लिए काफी काम किया है। भारत के सभी जनांदोलनों को एक-दूसरे से जोड़ने का श्रेय भी मेधा पाटकर को जाता है। उन्होंने एक नए नेटवर्क की शुरुआत की, जिसका नाम है—नेशनल एलांयस फॉर पीपुल्स मूवमेंट। मेधा पाटकर देश में जनांदोलन की एक नई परिभाषा देनेवाली नेताओं में हैं। वे अन्ना हजारे के आंदोलन से भी सक्रिय रूप में जुड़ी हुई हैं।

मेधा पाटकर के सामाजिक अवदान को स्वीकारते हुए देश-विदेश की कई संस्थाओं ने उन्हें पुरस्कारों से सम्मानित किया है। इनमें प्रमुख हैं : राइट लाइफहुड अवार्ड (नोबेल पुरस्कार का विकल्प) स्वीडन-1992, गोल्डन एन्वॉयरमेंट अवार्ड-1993, निसर्ग भूषण पुरस्कार-1994, जस्टिस के.एस. हेगड़े फाउंडेशन अवार्ड-1994, प्रेस क्लब अवार्ड ऑफ ऑनर-1994, जनसेवा पुरस्कार-1995, प्रकाश चिरगोपेकर स्मृति पुरस्कार-1995, लोकसेवक पुरस्कार-1995, स्त्री-शक्ति पुरस्कार-1995, बेस्ट इंटरनेशनल पॉलिटिकल कैंपेनर, बी.बी.सी., इंग्लैंड की ओर से ग्रीन रिवन अवार्ड-1995, डॉ. एम.ए. थामस ह्यूमन राइट्स अवार्ड-1999, महात्मा फुले अवार्ड-1999, दीनानाथ मंगेशकर अवार्ड-1999, एमनेस्टी इंटरनेशनल, जर्मनी की ओर से ह्यूमन राइट्स डिफेंडर अवार्ड-1999, राष्ट्रीय क्रांतिवीर अवार्ड-2008, वैल ऑप रुइया-2009, बैरिस्टर नाथ पई अवार्ड, छात्र भारती अवार्ड और प्रभा पुरस्कार।

□

मैडम भीकाजी कामा

भीकाजी रुस्तम कामा भारत के राष्ट्रवादी आंदोलन में एक प्रमुख हैसियत रखती थीं। भीकाजी एक निर्भीक महिला थीं। उन्होंने यूरोप और अमेरिका में भारत के स्वतंत्रता संघर्ष के बारे में जागरूकता उत्पन्न की। इसके अलावा वे कई क्रांतिकारियों को आर्थिक सहायता पहुँचाने और प्रकाशन में मदद करने में भी सक्रिय थीं। उनका जीवन और लक्ष्य एक दिलचस्प कहानी है जिससे हमें पता चलता है कि उन्होंने स्वतंत्रता संघर्ष के आरंभिक वर्षों में कितनी महत्त्वपूर्ण भूमिका निभाई थी!

भीकाजी का जन्म 24 सितंबर, 1861 को बंबई में एक बड़े खाते-पीते पारसी परिवार में हुआ था। उनके पिता सोराबजी फ्रामजी पटेल और माता जीजीबाई पटेल नगर के जाने-माने व्यक्ति थे। उनके पिता ने कानून की पढ़ाई की थी और पेशे से वे एक व्यापारी थे। वे पारसी समुदाय के एक प्रभावशाली सदस्य थे। भीकाजी के पिता प्यार से उन्हें 'मुन्नी' पुकारते थे।

उस समय बंबई की दूसरी पारसी लड़कियों की भाँति भीकाजी ने भी 'अलेक्जेंड्रा नेटिव गर्ल्स इंग्लिश इंस्टीट्यूट' में दाखिला लिया और अंग्रेजी की अच्छी शिक्षा पाई। वे एक परिश्रमी और अनुशासित बच्ची थीं।

भीकाजी को छोटी उम्र से ही उन लोगों में दिलचस्पी थी, जो उस समय भारत के राष्ट्रीय आंदोलन का नेतृत्व कर रहे थे। वे स्वयं भी आरंभ से ही एक विद्रोही और राष्ट्रवादी थीं। भाषाएँ सीखने का उनमें बहुत चाव था। अपनी इसी विशेषता के कारण वे कम उम्र में भी भिन्न-भिन्न समुदायों के समक्ष देश के हितों के बारे में बड़ी कुशलता से अपने तर्क प्रस्तुत करने लगी थीं।

3 अगस्त, 1885 को भीकाजी ने एक धनी, आकर्षक सामाजिक कार्यकर्ता और ब्रिटिश समर्थक वकील रुस्तम कामा से विवाह कर लिया। उनका वैवाहिक जीवन खुशहाल नहीं था; क्योंकि अपने पति के साथ उनकी वैचारिक समानता बिलकुल नहीं

थी, बल्कि कहना चाहिए कि उन दोनों की सोच एक-दूसरे से एकदम भिन्न थी। मि. कामा अंग्रेजों के प्रशंसक थे और उनकी संस्कृति से प्यार करते थे। उनका विचार था कि अंग्रेजों ने भारत का बहुत भला किया है, जबकि मैडम भीकाजी, जो अब पूर्णतया राष्ट्रवादी बन चुकी थीं, यह मानती थीं कि अंग्रेजों ने भारत को बुरी तरह लूटा है और एक निहायत घटिया किस्म का साम्राज्य भारत पर थोपा है। उनके पास यह साबित करने के लिए हजारों तर्क थे कि अंग्रेजों ने अपनी मदद की खातिर और उस युग के विश्व में सबसे शक्तिशाली देश बनने के उद्देश्य से किस तरह भारत को अधम दरिद्रता में रखा है।

घर में दुःखमय जीवन से तंग आकर ही उन्होंने रसोईघर की चारदीवारी से निकलकर भारतीय स्वतंत्रता आंदोलन के खुले मैदान में कदम बढ़ाया। उन्होंने अपना अधिकतर समय घर से बाहर परोपकारी गतिविधियों तथा सामाजिक कार्यों में खपाना शुरू कर दिया। अक्तूबर 1896 में बंबई प्रेसीडेंसी को पहले तो अकाल से जूझना पड़ा। उसके कुछ ही समय बाद वहाँ ब्यूबॉनिक प्लेग की महामारी फैल गई। उस बीमारी से ग्रस्त लोगों की देखभाल करने और बाद में स्वस्थ लोगों को टीका लगाने के कार्य में सहयोग करने के उद्देश्य से भीकाजी उन अनेक दलों में से एक के साथ जुड़ गईं, जो दल ग्रांट मेडिकल कॉलेज (जो बाद में हाफकिंस का प्लेग टीका अनुसंधान केंद्र बन गया) की ओर से बाहर आकर काम कर रहे थे।

स्वयं उन्हें भी प्लेग हो गया, लेकिन दैवयोग से उनकी जान बच गई, लेकिन वे बहुत दुर्बल हो गई थीं और इसीलिए सन् 1902 में आगे उपचार एवं स्वास्थ्य-लाभ के लिए यूरोप की यात्रा पर चली गईं। जब वे लंदन में थीं, उन्हें यह सूचना मिली कि उन्हें भारत लौटने की अनुमति तभी दी जाएगी, जब वे लिखित में यह वचन दें कि वे राष्ट्रवादी गतिविधियों में भाग नहीं लेंगी। उन्होंने ऐसा करने से कतई इनकार कर दिया, सो उन्हें लंबे समय तक यूरोप में रहना पड़ा, अपने देश से बाहर।

भारत से दूर रहते हुए भी उन्होंने स्वदेश-सेवा से संन्यास नहीं लिया। वे दादाभाई नौरोजी की निजी सचिव बन गईं, जो ब्रिटेन के 'हाउस ऑफ कॉमंस' के लिए चुने गए पहले एशियन थे और सार्वजनिक तौर पर 'ग्रेट ब्रिटेन' से स्वतंत्रता की माँग करनेवाले पहले सदस्य थे। इस अल्पावधि के दौरान पेरिस में वे दूसरे उल्लेखनीय स्वतंत्रता सेनानियों तथा भारतीय प्रभुसत्ता संबंधी आंदोलन के सदस्यों के अलावा उन यूरोपीय बुद्धिजीवियों के संपर्क में भी आईं, जो भारत की स्वतंत्रता की माँग के प्रति सहानुभूति रखते थे।

लंदन लौटने के बाद उन्होंने देशभक्तिपूर्ण साहित्य प्रकाशित करना आरंभ कर दिया। वे अहिंसा में विश्वास रखती थीं, लेकिन अनुचित हिंसा का विरोध करने की

हिमायती थीं। निरंकुश विदेशी शासन अनुचित था और वे स्वराज्य की कट्टर समर्थक थीं। उन्होंने पुकार लगाई, 'आगे बढ़ो! भारत हमारा है। भारत भारतीय लोगों के लिए है।' उन्होंने हिंदुओं और मुसलमानों की एकता के लिए संघर्ष किया। वे भारत में और भारत से बाहर भी क्रांतिकारियों को वित्तीय सहायता पहुँचाती रहीं। अंग्रेज उनकी गतिविधियों से खुश नहीं थे, अत: उन्होंने भीकाजी को मारने की योजना बनाई, लेकिन उन्हें इस साजिश की हवा लग गई और वे चुपके से फ्रांस के लिए निकल गईं।

उनके प्रयासों की जानकारी विश्व की सभी प्रमुख हस्तियों को थी और उनका पेरिस निवास संसार भर के क्रांतिकारियों के लिए एक आश्रय अर्थात् खैरगाह बन गया। यहाँ तक कि रूसी क्रांति के जनक लेनिन भी उनसे भेंट करने उनके घर आए और विचारों का आदान-प्रदान किया, फिर उन्होंने भीकाजी को रूस में आकर रहने और वहाँ से अगली गतिविधियाँ चलाने का न्योता दिया। भारत के स्वतंत्रता संघर्ष का इतिहास लिखने में सावरकर को हर तरह का प्रोत्साहन कामा से मिला। उन्होंने इसका प्रकाशन हॉलैंड में कराया, क्योंकि कोई भी अंग्रेज प्रकाशक उस इतिहास को प्रकाशित करने का जिम्मा उठाने के लिए आगे नहीं आया।

यह एक प्रतिबंधित पुस्तक थी, लेकिन फिर भी चोरी से यह भारत में पहुँच गई, क्योंकि इस पर 'डॉन क्विकसॉट' का कवर चढ़ा दिया गया था। वे एक क्रांतिकारी पत्रिका 'वंदे मातरम्' की प्रकाशक और वितरक बन गईं। हालाँकि उन दिनों अंग्रेजों के निरंकुश शासन के चलते ऐसा करना बहुत कठिन कार्य था। एक और पत्रिका 'मदन की तलवार' शीर्षक के अंतर्गत मदनलाल धींगड़ा की स्मृति में आरंभ की गई, जिन्होंने देश के लिए अपने जीवन की आहुति दे दी थी। भारत और इंग्लैंड में इन दोनों पत्रिकाओं पर रोक लगा दी गई थी। मैडम कामा ने फिर भी इन पत्रिकाओं को भारत में क्रांतिकारियों तक पहुँचाने का तरीका निकाल ही लिया।

फ्रांस में उनकी गतिविधियाँ अंग्रेजों की नजर में आ गईं और ब्रिटिश सरकार ने उनका प्रत्यार्पण करने का अनुरोध किया, लेकिन फ्रांस सरकार ने उस मामले में सहयोग करने से इनकार कर दिया। इसके बदले में ब्रिटिश सरकार ने भारत में कामा की पैतृक संपत्ति पर कब्जा कर लिया।

भीकाजी ने निर्वासन में भी अपने समय का सदुपयोग स्वतंत्रता आंदोलन को प्रोत्साहित करने के लिए किया; क्योंकि अपने 'देश निकाले' के कारण ही वे शेष संसार का ध्यान भारत के महान् आंदोलन की ओर आकृष्ट कर सकीं। उन्होंने अमेरिका, इंग्लैंड, फ्रांस, जर्मनी और मिस्र में जोर-शोर से भारत की आजादी की माँग उठाई। उन्होंने 22 अगस्त, 1907 को स्टटगार्ट, जर्मनी में 'इंटरनेशनल सोशलिस्ट कॉन्फ्रेंस' में भारतीय स्वतंत्रता का ध्वज लहराया। वह ध्वज, जो कलकत्ता ध्वज से थोड़ा अलग था, कामा,

वीर सावरकर और श्यामजी कृष्ण वर्मा द्वारा मिलकर तैयार किया गया था। यही ध्वज बाद में भारत के वर्तमान राष्ट्रीय ध्वज का आधार बना।

उस सम्मेलन (कॉन्फ्रेंस) में भीकाजी ने उपमहाद्वीप में पड़े दुर्भिक्ष के भीषण प्रभावों का बखान किया और मानवाधिकारों व समानता की अपील की, लेकिन इन सब बातों से ऊपर उन्होंने बहुत ही भावुक होकर, लेकिन अंदर सुलगती ज्वाला एवं अदम्य विश्वास तथा देशभक्ति की भावना से ओत-प्रोत होते हुए भारतीय स्वतंत्रता की दुहाई दी—

''यह ध्वज भारत की स्वतंत्रता का प्रतीक है। देखो, इसका जन्म हो चुका है। यह भारतीय युवाओं के शहीदी रक्त में भीगकर पहले ही पवित्र हो चुका है। सज्जनो, मैं आपको पुकारती हूँ, उठो और भारतीय स्वतंत्रता के इस ध्वज को सलाम करो। इस ध्वज के माध्यम से मैं दुनिया भर के स्वतंत्रता प्रेमियों से अपील करती हूँ कि वे मानवजाति के पाँचवें हिस्से को दासता से मुक्त कराने में इस ध्वज के साथ सहयोग करें।''

उन्होंने जब यह कहा था और अपील की थी, तब भारत की स्वतंत्रता 40 वर्ष दूर थी। संसार को इस बात की पूरी जानकारी नहीं थी कि भारत के हजारों-लाखों युवाओं के अंदर देशभक्ति की ज्वाला भड़क रही है और वे अपने देश की आजादी के लिए अपने जीवन की आहुति देने के लिए तत्पर हैं। अंग्रेज सरकार अध्यादेश लाकर, रोक लगाकर और विद्रोह के आधार पर जीवन भर के लिए जेल में डालकर क्रांतिकारियों का दमन करने के लिए पूरी ताकत लगा रही थी। किसी भी भारतीय के लिए विद्रोह सबसे बड़ा अपराध था। इस अपराध के लिए कम-से-कम छह साल की 'कालापानी की सजा' मुकर्रर थी या अंडमान भेज दिया जाता था तथा सख्त दंड दिया जाता था।

अत: जब कामा ने भारत का पहला राष्ट्रीय ध्वज फहराया तो औपनिवेशिक शासन के विरुद्ध भारत के संघर्ष का दुनिया भर को पता चल गया। कई देशों से करीब एक हजार प्रतिनिधि उस सम्मेलन में मौजूद थे। एक आकर्षक साड़ी में किसी भारतीय महिला को सामने पाना उन दिनों एक असाधारण घटना थी और उनके शानदार व्यक्तित्व तथा साहस को देखकर एवं उनकी स्पष्ट-गंभीर वाणी को सुनकर हर किसी ने यही सोचा कि वह अवश्य कोई महारानी हैं या किसी देश से आई कोई राजकुमारी हैं! वास्तव में अपने मोहक व्यक्तित्व एवं निपुण व्यवहार से वे अपने समय की अनेक महारानियों से श्रेष्ठ थीं। बीसवीं सदी के प्रारंभिक काल में लंदन और पेरिस में जाकर बस जाने के फलस्वरूप उन्होंने अपने ही ढंग से आखिर तक स्वतंत्रता के लिए संघर्ष किया और समुद्र पार अनगिनत क्रांतिकारियों को धन और सामग्री भिजवाकर हर तरह से उन्हें मदद पहुँचाई।

स्टटगार्ट के बाद भीकाजी संयुक्त राज्य चली गईं। उन्होंने वहाँ विस्तृत भ्रमण

किया और अमेरिकियों को आजादी के लिए संघर्ष कर रहे भारतीयों के बारे में बताया। उन्होंने यह भी बताया कि अंग्रेजी सरकार किस तरह उन सुशिक्षित भारतीयों की आवाज को कुचलने का प्रयास कर रही है, जो अंग्रेजों की क्रूरता और तानाशाही के खिलाफ विरोध प्रदर्शन करते हैं। ऐसा दमन-चक्र उन अंग्रेजों द्वारा चलाया जा रहा है, जो पूरे विश्व में स्वयं को 'संसदीय लोकतंत्र की जननी' कहलाने का ढिंढोरा पीटते हैं। उन्हें यू.एस.ए. में भारत माता की 'पहली सांस्कृतिक प्रतिनिधि' कहा जा सकता है।

वह नारी मताधिकार आंदोलन से अत्यंत प्रभावित थीं और इसी कारण वे अपने विचारों में लिंग समानता का जबरदस्त समर्थन करती थीं। सन् 1910 में काहिरा, मिस्र में आयोजित नेशनल कॉन्फ्रेंस में बोलते हुए उन्होंने कहा, "मैं देखती हूँ, यहाँ मिस्र की सिर्फ आधी जनसंख्या के प्रतिनिधि मौजूद हैं। क्या मैं पूछ सकती हूँ कि दूसरी आधी जनसंख्या के प्रतिनिधि कहाँ हैं? मिस्र (इजिप्ट) के पुत्रो, मिस्र की बेटियाँ कहाँ हैं? आपकी माताएँ और बहनें, आपकी पत्नियाँ और बेटियाँ कहाँ हैं?" वहाँ उन्होंने राष्ट्र के निर्माण में औरतों की भूमिका के महत्त्व पर प्रकाश डाला।

उनके क्रांतिकारी अतीत और पक्के राष्ट्रवादी दृष्टिकोण से भय खाकर अंग्रेजों ने यद्यपि उनके भारत में प्रवेश पर रोक लगा दी थी, फिर भी उन्होंने भारतीय संघर्ष का संदेश विश्व भर में पहुँचाने का भरसक प्रयास घर से बाहर रहकर भी किया। यह सिंहनी वृद्धावस्था की ओर बढ़ रही थी और विदेशी भूमि पर 35 वर्ष से लड़ते हुए उनका स्वास्थ्य बिगड़ने लगा था। अंततः उन्होंने अपनी मातृभूमि के दर्शन करने की इच्छा से स्वदेश लौटने का निर्णय किया। वे बहुत बीमार थीं। बंबई पहुँचने के बाद उन्हें अस्पताल में भरती कराया गया । 13 अगस्त, 1936 को उनकी मृत्यु हो गई।

भारत माता के लिए जान देनेवाली इस महिला के सम्मान में कई भारतीय नगरों में सड़कों एवं स्थानों को 'भीकाजी कामा' नाम दिया गया है। 26 जनवरी, 1962 को भारतीय डाक एवं तार विभाग ने उनके सम्मान में एक स्मारक डाक-टिकट जारी किया। भारतीय तटरक्षक दल के एक पोत का नामकरण भी उनके नाम पर किया गया।

□

राजकुमारी अमृत कौर

सुप्रसिद्ध स्वतंत्रता सेनानी, राजकुमारी अमृत कौर का जन्म 2 फरवरी, 1889 को लखनऊ में हुआ था। वे कपूरथला के एक शाही परिवार से थीं। उनके पिता राजा हरनाम सिंह अकसर स्वतंत्रता सेनानियों से मिलते रहते थे। उनकी माँ रानी हरनाम सिंह एक बंगाली प्रेस्बेटेरियन ईसाई थीं। वे अपने माता-पिता की इकलौती पुत्री और सात भाइयों की इकलौती बहन थीं। उनके घर का वातावरण आमतौर पर कठोर अनुशासनबद्ध था।

उन्होंने अपनी आरंभिक शिक्षा शेरबॉर्न, डोरेस्ट, इंग्लैंड के एक स्कूल में ग्रहण की और आगे की पढ़ाई ऑक्सफोर्ड में पूरी की। धर्म से वे एक ईसाई थीं। वे टेनिस की भी अच्छी खिलाड़ी थीं और उन्होंने कई पुरस्कार भी जीते थे। बाद में वे एक गांधीवादी सामाजिक कार्यकर्ता एवं स्वतंत्रता सेनानी बन गईं।

अमृत कौर को स्वतंत्रता संघर्ष में उस समय से दिलचस्पी हो गई, जब कुछ राजनीतिक नेता उनके पिता से भेंट करने उनके घर आए। उन्होंने स्वतंत्रता सेनानियों के क्रियाकलापों के बारे में जाना और महात्मा गांधी के बारे में भी जानकारी प्राप्त की। उन्होंने महात्मा गांधी को पहली बार बंबई में देखा। गांधीजी के शब्दों ने उन्हें बहुत प्रभावित किया।

एक शाही परिवार में जन्म लेकर जो शिक्षा उन्होंने पाई, उसके बाद वे चाहतीं तो बहुत आराम और ऐश्वर्यपूर्ण जीवन बिता सकती थीं, लेकिन उन्होंने ऐसा नहीं किया। अपनी पढ़ाई पूरी करने के बाद जब वे भारत वापस आईं तो सन् 1919 के जलियाँवाला बाग सामूहिक हत्याकांड की उस घटना ने उन्हें झकझोरकर रख दिया, जिसमें ब्रितानवी सरकार के सिपाहियों ने निहत्थे लोगों को गोलियों से भून डाला था। इस घटना ने उन्हें कायल कर दिया कि भारत को पराधीनता से मुक्त होना चाहिए और उन्होंने भारत के स्वतंत्रता संग्राम में शामिल होने का निश्चय कर लिया। उन्होंने अपने सारे ऐशो-आराम त्याग दिए और फिर वे समाज-कल्याण के कार्यों में लग गईं।

अपने पिता की मृत्यु के बाद उन्होंने सन् 1934 में अपने परिवार की इच्छाओं के विरुद्ध घर छोड़ दिया और महात्मा गांधी के आश्रम में चली गईं। वे स्वतंत्रता संग्राम में शामिल हो गईं और उन्होंने चरखा कातना तथा खादी के बने कपड़े पहनना शुरू कर दिया। सामाजिक कार्यकर्ता के रूप में उन्होंने जालंधर में काम किया और शिमला जाकर हरिजनों के बीच काम करना शुरू कर दिया। कभी-कभी यूरोप और यू.एस.ए. से आए लोग यह जानकर आश्चर्य व्यक्त करते कि एक भारतीय राजकुमारी आश्रमों के अत्यंत सादगीपूर्ण वातावरण और कठोर संयम में रह रही हैं! वे महात्मा गांधी की एक सक्रिय शिष्या बन गईं।

महात्मा गांधी से प्रेरित होकर वे भारतीय राष्ट्रीय कांग्रेस (इंडियन नेशनल कांग्रेस) में शामिल हो गईं और सामाजिक एवं राजनीतिक रूप से सक्रिय हो गईं। उन्होंने महात्मा गांधी द्वारा भारत की आजादी के लिए चलाए गए अनेक आंदोलनों में हिस्सा लिया। जिनमें सन् 1930 में गांधीजी द्वारा की गई 240 मील की वह पैदल यात्रा भी शामिल है, जिसे 'दांडी मार्च' कहा जाता है। इस मार्च के दौरान ब्रिटिश शासन द्वारा राजकुमारी को गिरफ्तार करके जेल में डाल दिया गया। उन्हें महात्मा गांधी के अंग्रेजी भाषा सचिव का काम सौंपा गया था और वे सोलह वर्ष तक उनके एक सचिव के रूप में काम करती रहीं।

सन् 1930 में राजकुमारी 'अखिल भारतीय महिला सम्मेलन' की सचिव बन गईं। सन् 1931-33 के दौरान उन्होंने महिला संगठन के अध्यक्ष के रूप में काम किया। उन्होंने सार्वजनिक मताधिकार आंदोलन का पक्ष लिया और भारतीय मताधिकार तथा संवैधानिक सुधारों संबंधी 'लोथियान समिति' के समक्ष और भारतीय संवैधानिक सुधारों के बारे में गठित संसद् की संयुक्त चयन समिति के समक्ष गवाही दी।

सन् 1938 में उन्हें 'ऑल इंडिया वीमेन कॉन्फ्रेंस' (अखिल भारतीय महिला सम्मेलन) का अध्यक्ष चुना गया। उन्होंने 'अखिल भारतीय महिला शिक्षा निधि संगठन' (ऑल इंडिया वीमेन एजुकेशन फंड एसोसिएशन) की सभापति और लेडी इर्विन कॉलेज, नई दिल्ली की कार्यकारिणी की एक सदस्य के रूप में भी कार्य किया।

वे भारत को एक स्वतंत्र राष्ट्र बनाने के महात्मा गांधी के उद्देश्य के प्रति समर्पित थीं—इसके साथ ही वे भारतीय समाज में प्रचलित कई प्रकार की कुप्रथाओं को दूर करने के लिए भी कार्य करती रहीं। इन कुप्रथाओं में बाल-विवाह और हिंदू एवं मुसलिम औरतों में परदा प्रथा का चलन शामिल था। उन्हें 'इंडियन नेशनल कांग्रेस' के एक प्रतिनिधि के रूप में एक 'सद्भावना मिशन' पर उत्तर-पश्चिम सीमाप्रांत (नार्थ-वेस्ट फ्रंटियर प्रोविंस) में बन्नू भेजा गया था।

राज्य की ब्रिटिश सरकार ने राजद्रोह के आरोप में उन्हें गिरफ्तार कर लिया और उनके अपराध को साबित कर दिया। जिसके फलस्वरूप उन्हें 16 जुलाई, 1937 को जेल

में डाल दिया गया। सन् 1942 में वे पुनः 'भारत छोड़ो आंदोलन' में सक्रिय हो गईं तथा अनेक विरोध प्रदर्शनों का नेतृत्व किया। कालका (पंजाब) में ऐसे ही एक विरोध प्रदर्शन के दौरान वे घायल हो गईं, जब घुड़सवारों को प्रदर्शनकारियों पर हमला करने के लिए छोड़ दिया गया। उन्हें गिरफ्तार करके पुनः जेल में डाल दिया गया।

ब्रिटिश राज ने राजकुमारी को 'शिक्षा सलाहकार बोर्ड' के एक सदस्य के रूप में नियुक्त कर दिया, लेकिन 'भारत छोड़ो आंदोलन' के चलते उन्होंने इस पद से इस्तीफा दे दिया। सन् 1945 में उन्हें लंदन में और सन् 1946 में पेरिस में 'यूनेस्को' के सम्मेलनों में भाग लेने के लिए जानेवाले भारतीय शिष्टमंडल के एक सदस्य के रूप में भेजा गया। उन्होंने 'अखिल भारतीय कताईकार संगठन' के न्यासी मंडल के एक सदस्य के रूप में भी कार्य किया।

भारत को स्वतंत्रता मिल जाने के बाद अमृत कौर जवाहरलाल नेहरू के प्रथम मंत्रिमंडल का हिस्सा बन गईं। कैबिनेट रैंक पानेवाली वे पहली महिला थीं। उन्हें स्वास्थ्य मंत्रालय का कार्यभार सौंपा गया। सन् 1950 में उन्हें 'वर्ल्ड हैल्थ एसेंबली' का प्रेसीडेंट चुना गया। डब्ल्यू.एच.ओ. के 25 वर्ष के इतिहास में इस पद पर रहने का अवसर केवल दो महिलाओं को प्राप्त हुआ है।

नई दिल्ली में 'अखिल भारतीय आयुर्विज्ञान संस्थान' (एम्स) का सूत्रपात् और निर्माण करने के पीछे उनकी भी प्रेरक शक्ति थी। इस संस्थान को स्थापित करने के लिए उन्होंने न्यूजीलैंड से सहायता, वेस्ट जर्मनी से धनराशि, स्वीडन से पुस्तकें और उपकरण प्राप्त किए और एक पुनर्वास केंद्र की स्थापना के लिए यू.एस. के वोकेशनल रिहैब्लिटेशन सेंटर से सहायता ली। उन्होंने 'मेडिकल कम्युनिटी ब्लॉक' के लिए 'रॉकफैलर फाउंडेशन' और पंजाब सरकार से भी मदद प्राप्त की।

राजकुमारी ने पैतृक संपत्ति में मिला अपना हिस्सा और शिमला, हिमाचल प्रदेश में 'मैनोकिला' नामक गृह दान कर दिया, ताकि संस्थान के कर्मचारियों और नर्सों के लिए उसका इस्तेमाल 'होली डे होम' के रूप में किया जा सके। उन्होंने चौदह वर्ष तक 'इंडियन रेडक्रॉस सोसायटी' की अध्यक्ष की हैसियत से भी काम किया। उनके नेतृत्व के दौरान 'इंडियन रेडक्रॉस' ने भारत के आदिवासी क्षेत्रों और पिछड़े राज्यों में अनेक अग्रगामी कार्य किए।

सन् 1957 तक वे भारत की स्वास्थ्य मंत्री रहीं। इसके बाद वे मंत्रालय के क्रियाकलाप से रिटायर हो गईं, लेकिन राज्यसभा की सदस्य बनी रहीं और अपने अंत समय तक वे एसोसिएशन की अध्यक्ष और 'इंडियन रेडक्रॉस' तथा 'सेंट जोंस एंबुलेंस कोर' की चेयरमैन बनी रहीं।

□

रानी गाइडिन्ल्यू

रानी गाइडिन्ल्यू मणिपुर से थीं। वे एक निर्भीक स्वतंत्रता सेनानी थीं। 13 वर्ष की उम्र में ही वे स्वतंत्रता आंदोलन में शामिल हो गई थीं और मणिपुर तथा नागा क्षेत्रों में अंग्रेजों के खिलाफ आंदोलन का नेतृत्व करने लगी थीं। उनका जन्म 26 जनवरी, 1915 को मणिपुर के तमेंगलौंग जिले के वर्तमान तौसेम उपमंडल में लांगकाओ गाँव में हुआ था। उनके पिता लोभोनांग पमेई और माँ कचकलेंलियु ने अपनी छुटकी सी उजड्ड लड़की गाइडिन्ल्यू को परिवार के दूसरे बच्चों से विशिष्ट एवं भिन्न पाया। वे कुल छह बहनें थीं और एक छोटा भाई था। वे अपने माता-पिता की पाँचवीं संतान थीं।

रानी गाइडिन्ल्यू भारत की एक सक्रिय स्वतंत्रता सेनानी थीं, जो 13 वर्ष की आयु में आंदोलन में शामिल हो गई थीं। उन्होंने अंग्रेजों को मणिपुर तथा नागा क्षेत्रों से निकाल बाहर करने के लिए एक प्रेरक सामाजिक-राजनीतिक आंदोलनों की अगुआई की। सन् 1932 में जब वे 16 वर्ष की हुईं, रानी गाइडिन्ल्यू को गिरफ्तार करके जीवन भर के लिए जेल में डाल दिया गया। सन् 1947 में भारत को आजादी मिलने के बाद ही उन्हें जेल से छुड़ाया जा सका। रानी गाइडिन्ल्यू ने एक करिश्माई लड़की होने का संकेत शुरू में ही दे दिया था। 13 वर्ष की होने पर वे अंग्रेजों के प्रभाव के अंतर्गत मणिपुर की पहाड़ियों में व्याप्त सामाजिक एवं राजनीतिक वातावरण को देखकर बेचैन रहने लगीं। इसी समय उनकी भेंट पुइलोन गाँव में हईपाऊ जदोनांग नामक एक जाने-माने स्थानीय नेता से हुई और उनके विचारों एवं सिद्धांतों से प्रभावित होकर सन् 1927 में उन्होंने अंग्रेजों के खिलाफ क्रांतिकारी आंदोलन छेड़ दिया, लेकिन सन् 1931 में जब यह आंदोलन तेजी पकड़कर उग्र रूप धारण करने लगा, उसी समय अंग्रेजों ने हईपाऊ को गिरफ्तार कर लिया और मार डाला।

इसके बाद मणिपुर और नागा हिल क्षेत्रों में आंदोलन को दिशा देने की जिम्मेदारी रानी के कंधों पर आ पड़ी। इस घटना के उपरांत रानी गाइडिन्ल्यू तत्काल भूमिगत हो

गईं। हालाँकि अंग्रेजी सरकार ने रानी का पता देनेवाले को 500 रुपए का इनाम देने की घोषणा की थी, फिर भी पूरा गाँव रानी के समर्थन में एकजुट होकर खड़ा हो गया। अक्तूबर 1932 में अंततः उन्हें खोज लिया गया। रानी गाइडिन्ल्यू को अंग्रेजों के खिलाफ युद्ध छेड़ने के आरोप में आजीवन कारावास दे दिया गया।

भारत जब आजाद हो गया, रानी को जवाहरलाल नेहरू के आदेश पर 14 अक्तूबर, 1947 को तूरा जेल से रिहा कर दिया गया। तब तक वे गुवाहाटी, आइजोल, तूरा, शिलांग व अन्यत्र विभिन्न जेलों में 14 साल की सजा काट चुकी थीं। वे सन् 1952 तक अपने छोटे भाई नारांग के साथ त्वेनसांग के विमरप गाँव में रहीं। भाई-बहन का यह एक अश्रुपूर्ण पुनर्मिलन था, क्योंकि तब वे अपनी मातृभाषा में ठीक से बात नहीं कर सके।

रानी गाइडिन्ल्यू जेल से रिहा होने के बाद भी अपने लोगों की भलाई के लिए काम करती रहीं। उन्होंने 'नागा नेशनल काउंसिल' (एन.एन.सी,) के विरुद्ध एक प्रतिरोधी आंदोलन भी आरंभ किया और सन् 1966 में विद्रोहियों का नेतृत्व किया तथा इसी कारण उन्हें छिपकर रहना पड़ा।

सन् 1966 में भारत सरकार के साथ एक करार के अंतर्गत वे प्रकट हो गईं। कोहिमा-निवास के दौरान रानी को सन् 1972 में 'ताम्रपत्र स्वतंत्रता सेनानी पुरस्कार' प्रदान किया गया। सन् 1981 में उन्हें 'पद्मभूषण' और सन् 1983 में 'विवेकानंद सेवा पुरस्कार' से सम्मानित किया गया। सन् 1991 में वे लांगकाओ (नूनगाँव) वापस आ गईं और 17 फरवरी, 1993 को 78 वर्ष की आयु में उनका देहांत हो गया।

स्वतंत्रता सेनानी के रूप में किए गए कार्य के लिए सब लोग रानी गाइडिन्ल्यू का आदर करते हैं। उनकी स्मृति में भारत सरकार द्वारा एक डाक-टिकट भी जारी किया गया है।

□

रानी दुर्गावती

गौंड राजवंश की शासक रानी दुर्गावती का जन्म 5 अक्तूबर, 1524 ई. में प्रसिद्ध चंदेल सम्राट् कीरत राय के परिवार में हुआ था। वे भारत में उत्तर प्रदेश के बांदा नगर में कालिंजर के किले में पैदा हुई थीं। भारत के इतिहास में चंदेल राजवंश शूरवीर नरेश विद्याधर के कारण प्रसिद्ध है, जिन्होंने महमूद गजनवी के आक्रमणों को विफल किया था। राजा विद्याधर का कला-प्रेम आज भी खजुराहो और कालिंजर गढ़ के मंदिरों की विश्वप्रसिद्ध मूर्तियों में देखा जा सकता है।

सन् 1542 में रानी दुर्गावती का विवाह राजा संग्रामशाह के सबसे बड़े पुत्र दलपतशाह के साथ हुआ। इस विवाह के कारण चंदेल और गौंड राजवंश एक-दूसरे के निकट आ गए, और यही कारण था कि कीरत राय को शेरशाह सूरी के आक्रमण के समय गौंड राजाओं और अपने दामाद दलपतशाह की मदद मिली और उस युद्ध में शेरशाह सूरी मारा गया।

सन् 1545 में रानी ने एक पुत्र को जन्म दिया। सतपुड़ा पहाड़ी क्षेत्र में जनमे इस पुत्र का नाम 'वीर नारायन' रखा गया, लेकिन 1550 ई. के आस-पास दलपतशाह की मृत्यु हो गई। उस समय वीर नारायन शासन की बागडोर सँभालने के लिए बहुत छोटा था, अत: रानी को गौंड साम्राज्य का शासन अपने हाथों में लेना पड़ा। दो गौंड मंत्रियों—आधार कायस्थ और मान ठाकुर—ने प्रशासन सँभालने में उनकी मदद की। उनके कुशल शासनकाल में प्रजा की आर्थिक एवं सांस्कृतिक उन्नति हुई। वे हर दृष्टि से एक कुशल प्रशासक थीं। रानी ने अपनी राजधानी परंपरागत सिंगौरगढ़ के बदले चौरागढ़ में स्थापित कर ली। यह एक सामरिक महत्त्व का किला था, जो सतपुड़ा पहाड़ी क्षेत्र में स्थित था।

1556 ई. में बाजबहादुर ने रानी दुर्गावती पर आक्रमण किया। हमलावरों को पीछे खदेड़ दिया गया और इस युद्ध में उसकी सेना को भारी क्षति पहुँची। इस पराजय

से बाजबहादुर खामोश हो गया और युद्ध में विजयी होने पर रानी दुर्गावती की जय-जयकार हुई। सन् 1562 में अकबर ने मालवा शासक बाजबहादुर को हराकर भगा दिया और मालवा को मुगल साम्राज्य में मिला लिया। इसके परिणामस्वरूप रानी की राज्य-सीमा मुगल साम्राज्य की सीमा से लग गई।

उस समय रानी का समकालीन मुगल सूबेदार था अब्दुल मजीद खान। वह एक महत्त्वाकांक्षी इनसान था, जिसने रेवा के शासक को पराजित किया था। मुगलों के जमाने में एक सूबेदार प्रांतीय स्तर पर अपने राजा का उच्चतम दरजे का प्रतिनिधि होता था। अब्दुल मजीद खान रानी दुर्गावती के राज्य की समृद्धि से जलता था और उसने रानी पर आक्रमण करने के लिए मुगल सम्राट् की मंजूरी ले ली। मुगल आक्रमण की यह योजना समस्त मध्य भारत पर राज्य करने के अकबर के विस्तारवाद तथा साम्राज्यवाद का परिणाम थी।

आसफ खान द्वारा गौंड राज्य पर हमला कर दिए जाने की खबर रानी के कानों तक पहुँची। रानी ने पूरी शक्ति लगाकर अपने राज्य को बचाने का निर्णय किया। हालाँकि उनके मंत्री आधार ने रानी को सलाह दी थी कि मुगल फौजों का मुकाबला करने लायक ताकत हमारे पास नहीं है। रानी इस निष्कर्ष पर पहुँचीं कि एक अपमानजनक जीवन जीने से बेहतर है सम्मान के साथ मर जाना! रानी दुर्गावती और आसफ खान के बीच युद्ध तीन चरणों में आगे बढ़ा। शुरू से ही युद्ध में शामिल दोनों धड़ों के बीच कोई संतुलन नहीं था। मुगलों के पास बड़ी संख्या में प्रशिक्षित सैनिक थे, जिनके पास आधुनिक हथियार थे, जबकि दूसरी ओर रानी के पास कुछ अप्रशिक्षित सैनिक एवं पुराने घिसे-पिटे हथियार थे।

इतने कम साधनों के साथ रानी सिर्फ एक छोटा युद्ध लड़ सकती थीं। युद्ध के पहले दौर में रानी ने अपने सैन्य दलों को नरई में इकट्ठा किया। इस स्थान के एक तरफ पहाड़ियाँ थीं और दूसरी ओर मुगल एवं नर्मदा नदियाँ थीं। इस प्रकार इस बात का कोई खतरा नहीं था कि उनकी सेना को चारों तरफ से घेर लिया जाए, किंतु उन्हें शुरू में ही एक बड़ा झटका लगा, जब उनके प्रमुख सेनापति फौजदार अर्जुनदास युद्ध के आरंभ में ही मारे गए। अत: रानी दुर्गावती ने युद्ध का संचालन स्वयं करने का निर्णय किया। जैसे ही शत्रु सेना घाटी में दाखिल हुई, उन्होंने दोनों तरफ से उस पर धावा बोल दिया। इस युद्ध में रानी की जीत हुई। इस चतुर योजना ने उन्हें पहली जीत दिलाई। उन्होंने मुगल फौज का पीछा किया और उस घाटी से बाहर निकल आईं।

एक बार उन्होंने रात में हमला करने का निश्चय किया, लेकिन उनके सलाहकार इस बात पर सहमत नहीं हुए। अत: उन्होंने वहीं रहने का निर्णय किया, जहाँ वे थीं।

यह निश्चित है कि दुश्मन सेनापति आसफ खान ने अपने भारी हथियारों समेत

अतिरिक्त कुमुक लाने के लिए रात का इस्तेमाल किया। इस प्रकार युद्ध के दूसरे दौर की तैयारी हो गई। अगले दिन रानी अपने हाथी 'सरमन' पर सवार होकर युद्ध के लिए निकल आईं। रानी के पुत्र वीर नारायन ने भी युद्ध में भाग लिया, हालाँकि उसकी उम्र अभी इतनी नहीं थी।

उसने तीन धावों में सेना का नेतृत्व किया और हर बार मुगल सेना को पीछे धकेलने में सफल हुआ। ये हमले उस समय के सामान्य साहस और असावधानीपूर्ण ढंग से किए गए थे। इस लड़ाई में वीर नारायन दुश्मन के एक तीर से घायल हो गया और उसे विवश होकर युद्ध के मैदान से निकलकर किसी सुरक्षित जगह में पनाह लेनी पड़ी।

युद्ध के दौरान रानी पर बड़ी मुसीबत आ पड़ी। दो तीरों ने उन्हें बुरी तरह घायल कर दिया। एक तीर कान के पास से जबड़े में घुस गया और दूसरे तीर ने उनकी गरदन को भेद दिया। उनकी चेतना जाती रही। होश आने पर उन्हें समझते देर नहीं लगी कि युद्ध हाथ से निकलनेवाला है और पराजय निकट है। उनके हाथी के महावत ने उन्हें युद्ध के मैदान से चले जाने और किसी सुरक्षित जगह में पनाह लेने की सलाह दी, लेकिन इसका मतलब होता हार मान लेना और समर्पण कर देना! रानी ने पीछे हटने से इनकार कर दिया तथा कटार निकाली और अपने सीने में घोंपकर सम्मानजनक मृत्यु का वरण किया। यह घटना 24 जून, 1584 की है।

युद्ध का तीसरा दौर वीर नारायन से संबंधित था। वह घायल अवस्था में युद्ध के मैदान से निकलकर दोनों शाही किलों में से किसी एक में जा छुपा था। मुगल सैनिकों ने उसे खोज लिया और उसकी हत्या कर दी।

रानी ने अपने राज्य में अनेक नहरें बनवाईं और प्रजा के कल्याण के लिए बहुत सारे काम किए। विद्वानों का सम्मान करती थीं और उन्हें संरक्षण देती थीं। उन्होंने वल्लभ संप्रदाय के विट्ठलनाथ का स्वागत किया और उनसे दीक्षा ग्रहण की। वे सभी धर्मों का आदर करती थीं और उन्होंने अनेक मुसलमानों को महत्त्वपूर्ण ओहदों पर रखा था। जिस जगह उन्होंने अपने जीवन का बलिदान किया, स्वतंत्रता सेनानियों के लिए वह जगह महान् प्रेरणास्रोत बन गई है।

सन् 1983 में मध्य प्रदेश सरकार ने जबलपुर यूनिवर्सिटी का नाम बदलकर 'रानी दुर्गावती विश्वविद्यालय' कर दिया, ताकि उनका नाम अमर रहे। भारत सरकार ने साहसी रानी दुर्गावती की शहादत की स्मृति में 24 जून, 1988 को एक डाक-टिकट जारी करके उनके प्रति श्रद्धांजलि अर्पित की। रानी दुर्गावती की उपलब्धियों ने साहस और कला-संरक्षण की उनकी कुल-परंपरा को और भी गौरवान्वित किया है।

रानी दुर्गावती महान् वीरांगना थीं। उनका व्यक्तित्व अलग तरह का था। वे शूरवीर

और साहसी थीं। उनमें नेतृत्व एवं प्रशासन की महान् क्षमताएँ थीं। उन्हें अपने आत्मसम्मान की इतनी चिंता थी कि उन्होंने अपने दुश्मन के आगे सिर झुकाने के बजाय लड़ते-लड़ते मर जाना बेहतर समझा। उनकी शहादत का दिन 'बलिदान दिवस' के रूप में मनाया जाता है।

□

रानी लक्ष्मीबाई

उत्तर भारत में मराठा-शासित शाही राज्य झाँसी की रानी लक्ष्मीबाई की गणना सन् 1857 के प्रथम स्वाधीनता संग्राम की प्रमुख हस्तियों में की जाती है। वे उन अग्रणी नेताओं में से एक थीं जिन्होंने भारत में अंग्रेजी शासन के खिलाफ हथियार उठाए।

रानी लक्ष्मीबाई का जन्म 19 नवंबर, 1835 को वाराणसी में एक मराठी ब्राह्मण परिवार में हुआ था। जन्म के समय उनका नाम 'मणिकर्णिका' रखा गया था। उनके पिता मोरोपंत तांबे एक कर्हाड़े ब्राह्मण थे और उनकी माँ भागीरथीबाई एक सभ्य, बुद्धिमती और धार्मिक स्त्री थीं। मणिकर्णिका को परिवार में प्यार से 'मनु' कहा जाता था। चार साल की आयु में उनके सिर से माता का साया उठ गया और इसके बाद उनको पालने-पोसने, बड़ा करने की जिम्मेदारी उनके पिता पर आ गई। मनु ने बचपन में ही अपनी शिक्षा और सामरिक प्रशिक्षण पूरा कर लिया, जिसमें घुड़सवारी, पटेबाजी और निशानेबाजी का प्रशिक्षण शामिल था।

सन् 1842 में झाँसी के महाराज राजा गंगाधर राव निवलकर के साथ रानी का विवाह हो गया और मनु झाँसी की रानी बन गईं। विवाह के उपरांत उन्हें 'लक्ष्मीबाई' नाम दिया गया। उनका विवाहोत्सव गणेश मंदिर में संपन्न हुआ। यह गणेश मंदिर झाँसी के पुराने शहर में था। रानी ने सन् 1851 में एक पुत्र को जन्म दिया, लेकिन दुर्भाग्यवश चार माह का होने से पहले ही उसकी मृत्यु हो गई। सन् 1853 में गंगाधर राव बहुत बीमार हो गए और उन्हें एक पुत्र गोद लेने की सलाह दी गई। उन्होंने दामोदर राव को अपने पुत्र के रूप में अपना लिया। अगले दिन 21 नवंबर, 1853 को महाराजा गंगाधर का देहांत हो गया।

जब उनके पति का निधन हुआ, रानी केवल अठारह वर्ष की थीं। उन्होंने हिम्मत नहीं हारी और अपनी जिम्मेदारियों को हमेशा ध्यान में रखा। उस समय लॉर्ड डलहौजी भारत का गवर्नर जनरल था। हिंदू परंपरा के अनुसार छोटा दामोदर राव झाँसी के सिंहासन

का वारिस और उत्तराधिकारी बन गया, लेकिन अंग्रेज शासकों ने रानी के इस दावे को खारिज कर दिया कि दामोदर राव उनका कानूनी उत्तराधिकारी है। लॉर्ड डलहौजी ने इस आधार पर झाँसी राज्य को अपने साम्राज्य में मिलाने का निर्णय किया कि महाराजा गंगाधर राव ने कोई कानूनी वारिस नहीं छोड़ा है। अंग्रेजों ने अपने साम्राज्य का विस्तार करने हेतु झाँसी के इस दुर्भाग्य का फायदा उठाया।

रानी को लंदन में अधिकारियों से अपील करनी पड़ी। इस कार्य में एक अंग्रेज वकील तथा ईस्ट इंडिया कंपनी के एक अधिकारी रॉबर्ट एलिस ने उनकी मदद की। इन अपीलों पर बहस हुई, लेकिन अपीलों को रद्द कर दिया गया। स्पष्ट था कि ब्रिटेन के भारतीय प्राधिकारियों ने रानी को उसके हद से बढ़े व्यवहार के लिए दंड देने का इरादा कर लिया था। उन्होंने राज्य के गहनों-जेवरातों पर कब्जा कर लिया और रानी की 60,000 रुपए की वार्षिक पेंशन से उनके पति का कर्ज काट लिया। उन्होंने रानी को यह आदेश भी दिया कि वह झाँसी का किला छोड़कर झाँसी शहर में स्थित 'रानी महल' में चली जाएँ। रानी के लिए यह स्थिति विस्फोट से पहले खामोश ज्वालामुखी जैसी थी। उन्होंने अपने निश्चय से पीछे न हटने की ठान ली। यह देशभक्ति और आत्मसम्मान का एक संकेत था। अंग्रेजों ने इस देश की स्वतंत्रता को नष्ट करने का हर प्रयास किया, जबकि रानी ने अंग्रेजों से पीछा छुड़ाने का निश्चय कर लिया था।

रानी ने झाँसी को बचाने का प्रण किया। उन्होंने अपना निर्णय इन मराठी शब्दों में व्यक्त किया, 'मी माहजी झाँसी नाही देहनार' जिसका अर्थ है 'मैं अपनी झाँसी नहीं छोड़ूँगी।' सन् 1857 में हिंसा भड़कने पर झाँसी बगावत का केंद्र बन गई। रानी लक्ष्मीबाई ने झाँसी की रक्षा के उपायों को मजबूत करना आरंभ कर दिया और स्थानीय लोगों में से स्वयंसेवकों को जुटाकर एक सेना तैयार की। भरती की गई स्त्रियों और पुरुषों को विशेष सैनिक प्रशिक्षण दिया गया। उन्हें गुलाम गौस खान, दोस्त खान, खुदाबक्श, लाला भाऊ बक्शी, मोती बाई, सुंदर-मुंदर, काशी बाई, दीवान रघुनाथ सिंह और दीवान जवाहर सिंह जैसे अपने बहादुर योद्धाओं का साथ मिला। झाँसी की स्थानीय प्रजा ने अपने धर्म और जाति का विचार न करते हुए इन योद्धाओं के साथ-साथ युद्ध करने और स्वतंत्रता तथा अपनी प्रिय रानी की खातिर खुशी से अपने जीवन की आहुति देने का निर्णय किया।

सितंबर और अक्तूबर 1857 में रानी ने आस-पास के राज्यों—दतिया तथा ओरछा—के राजाओं की आक्रमणकारी सेनाओं से झाँसी को बचाने के लिए सफल नेतृत्व किया। जनवरी 1858 में ब्रिटिश सेना ने झाँसी की ओर बढ़ना शुरू किया और मार्च में उन्होंने शहर पर हमला कर दिया। रानी ने अपने स्वामिभक्त योद्धाओं के साथ हथियार न डालने का निर्णय लिया।

दो सप्ताह तक युद्ध चलता रहा। अंग्रेजों ने नगर पर कब्जा कर लिया, लेकिन रानी अभी भी साहस और हिम्मत से भरपूर थीं। रानी ने मरदाना वेश बनाया, हथियार उठाए और अपने बेटे दामोदर राव को पीठ पर कसकर बाँध लिया। उन्होंने अपने घोड़े की रास मुँह में दबा ली। उस प्रचंड युद्ध में रानी ने अपने दोनों हाथों से तलवारें चलाईं। जब स्थिति बेकाबू हो गई, तब वह अपने कुछ योद्धाओं को साथ लेकर कालपी की तरफ चली गईं।

कालपी पहुँचने पर बहुत सी दूसरी मित्र सेनाएँ उनके साथ हो गईं। उनमें कालपी के तात्याँ टोपे भी थे। रानी ने कालपी छोड़ दिया और ग्वालियर के लिए प्रस्थान किया, फिर एक भीषण युद्ध हुआ। इस युद्ध के दौरान रानी का घोड़ा बुरी तरह घायल हो गया था। उसकी जगह दूसरा जवान और अधिक फुरतीला घोड़ा लाया गया, किंतु वह घोड़ा उतना सधा हुआ नहीं था जितना कि पहलेवाला था।

रानी जब युद्ध से बच निकलने की कोशिश कर रही थीं तो एक नाले पर जा पहुँचीं। वह कम सधा घोड़ा उस नाले को पार नहीं कर सका। अंग्रेजी सैनिक पहले ही रानी को घेरने की ताक में थे। अब रानी के पास घोड़े से कूद जाने के अलावा कोई उपाय नहीं बचा था। बुरी तरह से घायल रानी एक ब्राह्मण आश्रम में मूर्च्छित पड़ी हुई थीं। रानी को जब होश आया, उनके मुँह से केवल दो शब्द निकले 'जयहिंद!' 18 जून, 1858 को रानी लक्ष्मीबाई का देहांत हो गया। उस समय उनकी आयु केवल 23 वर्ष थी।

ग्वालियर के युद्ध के बाद जनरल ह्यूरोज ने कहा कि विद्रोह करनेवालों में रानी सबसे बहादुर और सबसे श्रेष्ठ थीं। रानी ने अपूर्व वीरता, साहस और बुद्धिमानी का परिचय और 19वीं सदी के भारत में नारी सशक्तीकरण पर उनके प्रगतिशील विचारों तथा स्वाधीनता के लिए दिए गए उनके बलिदान ने उन्हें भारतीय राष्ट्रवादी आंदोलन का प्रतीक बना दिया। उनकी स्मृति को अमर बनाने के लिए झाँसी और ग्वालियर दोनों जगह उनकी कांस्य प्रतिमाएँ स्थापित की गईं। उन्हें घोड़े पर सवार दिखाया गया है। उनकी वीरता ने उन्हें एक राष्ट्रीय वीरांगना तथा भारत में स्त्रियोचित वीरता की मूर्ति बना दिया। 'भारतीय राष्ट्रीय सेना' (इंडियन नेशनल आर्मी) ने जब अपनी पहली महिला टुकड़ी बनाई, उसका नाम रानी के नाम पर ही रखा गया।

कुछ प्रसिद्ध लेखकों ने उनके प्रति श्रद्धांजलिस्वरूप उपन्यास लिखे हैं, कहानियाँ और कविताएँ लिखी हैं। उन कृतियों में से कुछ इस प्रकार हैं—महाश्वेता देवी द्वारा लिखित 'दि क्वीन ऑफ झाँसी', सुभद्रा कुमारी चौहान द्वारा रचित 'झाँसी की रानी' और जॉर्ज मैक्डोनाल्ड द्वारा लिखी गई पुस्तक 'फ्लैशमैन इन दि ग्रेट गेम', माइकल डि ग्रीस द्वारा फ्रैंच में लिखित 'लॉ फेम सैकरी' और जयश्री मिश्र द्वारा सन् 2007 में लिखा गया

एक उपन्यास 'रानी'। उनके जीवन पर आधारित दो फिल्में भी बनीं। सन् 1953 में सोहराब मोदी ने 'झाँसी की रानी' बनाई थी और केतन मेहता द्वारा 'दि रिबेल' (झाँसी की रानी) बनाई गई थी।

रानी जीवन भर झाँसी को अंग्रेजों के शासन से सुरक्षित रखना चाहती थीं। इसी उद्देश्य के लिए उन्होंने भारत में लगभग हर जगह विभिन्न क्रांतिकारियों से भी संपर्क किया। उन्होंने यहाँ तक कहा कि शेष भारत के लिए झाँसी एक मिसाल कायम करेगी। □

लक्ष्मी सहगल

डॉ. लक्ष्मी सहगल—भारत के लोग पीढ़ियों से जिन्हें 'कैप्टन लक्ष्मी' के नाम से जानते हैं—भारत के उस महान् ऐतिहासिक संक्रांति-काल का हिस्सा रही हैं, जब भारत औपनिवेशक दासता से मुक्ति पाने के लिए संघर्ष कर रहा था। एक स्वतंत्रता सेनानी, एक मेडिकल डॉक्टर, भारत में महिला आंदोलन की एक उत्कृष्ट नेता और सन् 2002 में 87 वर्ष की आयु में राष्ट्रपति पद की एक प्रत्याशी कैप्टन लक्ष्मी सहगल न केवल स्वतंत्रता आंदोलन की प्रगतिशील एवं धर्मनिरपेक्ष परंपराओं का प्रतिनिधित्व करती हैं बल्कि मुक्त भारत में वे लोकतंत्र, महिलाओं के उद्धार एवं समाजवाद के लिए संघर्ष का जीता-जागता उदाहरण भी हैं।

उनका पहला नाम 'लक्ष्मी स्वामीनाथन' था और उनका जन्म 24 सितंबर, 1914 को चेन्नई में हुआ था। उनके पिता एस. स्वामीनाथन चेन्नई में एक वकील थे और उनकी माँ ए.वी. अम्मुकुट्टी एक सामाजिक कार्यकर्ता तथा महिलाओं के अधिकारों की प्रचारक थीं। लक्ष्मी छोटी उम्र में ही स्वतंत्रता आंदोलन में कूद पड़ीं। उन्होंने विदेशी वस्तुओं की होली जलाने और शराब की दुकानों के आगे धरना देने जैसे राष्ट्रवादी कार्यक्रमों में पूरे जोश के साथ हिस्सा लिया। उन्होंने डॉक्टरी की पढ़ाई की और सन् 1938 में मद्रास मेडिकल कॉलेज से एम.बी.बी.एस. की डिग्री प्राप्त कर ली।

सन् 1940 में लक्ष्मी सिंगापुर गई, जहाँ उन्होंने खुद को एक सफल एवं संवेदनशील डॉक्टर के रूप में स्थापित कर लिया, तब उन्हें इस बात का कतई भान नहीं था कि उनके जीवन का अत्यंत महत्त्वपूर्ण समय निकट आ गया है। सन् 1942 में ब्रिटेन ने सिंगापुर जापानियों के हवाले कर दिया। वे 'इंडियन नेशनल आर्मी' (आजाद हिंद फौज) में शामिल हो गईं और बाद में सुभाष चंद्र बोस ने उन्हें महिला सैन्य दल गठित करने और उसका नेतृत्व करने का कार्य सौंपा। इस महिला सेना का नाम 'रानी झाँसी रेजीमेंट' रखा गया।

महिला रंगरूटों के सुप्रशिक्षित लड़ाकू दल का नेतृत्व करते हुए उन्हें बर्मा सीमा पर निगरानी रखने की सक्रिय जिम्मेदारी दी गई। उन्हें बंदी बना लिया गया और मार्च 1946 में भारत लाया गया, जहाँ एक वीरांगना के रूप में उनका स्वागत किया गया।

सन् 1970 में कैप्टन लक्ष्मी ने वामपंथी राजनीति में सक्रिय रूप से भाग लेना शुरू कर दिया। पहले तो उन्होंने ट्रेड यूनियन आंदोलन में हिस्सा लिया और फिर महिला आंदोलन में। सन् 1981 में जब 'अखिल भारतीय लोकतांत्रिक महिला संगठन' (ए.आई.डी.डब्ल्यू.ए.) की स्थापना की गई, वे उस संगठन की उपाध्यक्ष बन गईं। उसी समय से वे भारत में महिलाओं के सबसे बड़े संगठन के समर्थन में कार्य कर रही हैं तथा महिलाओं के अधिकारों के लिए और महिला आरक्षण विधेयक पेश करने हेतु आवाज उठा रही हैं।

सन् 2002 में कैप्टन लक्ष्मी ने राष्ट्रपति पद हेतु निर्वाचन में राष्ट्रीय लोकतांत्रिक गठबंधन (एन.डी.ए.) द्वारा समर्थित प्रत्याशी ए.पी.जे. अब्दुल कलाम के विरुद्ध वामपंथी दलों के प्रत्याशी के रूप में चुनाव लड़ना स्वीकार कर लिया। देश के उच्चतम संवैधानिक पद के लिए चुनाव में खड़ी होनेवाली वे पहली महिला उम्मीदवार थीं। उन्होंने इस चुनाव के दौरान अखिल भारतीय मंच पर उन्हीं विषयों को प्रचार का मुद्दा बनाया, जो उनके दिल के बहुत करीब थे, जैसे सामाजिक और आर्थिक न्याय, महिला सशक्तीकरण, देश की धर्मनिरपेक्ष परंपराएँ और आत्मनिर्भरता।

96 वर्ष की आयु में कैप्टन लक्ष्मी आज भी कानपुर में अपने क्लीनिक में रोजाना मरीजों को देखती हैं। उनका प्रेरणादायी धर्मयुद्ध अभी समाप्त नहीं हुआ है।

□

लता मंगेशकर

लता मंगेशकर भारत की सर्वाधिक विख्यात बॉलीवुड पार्श्वगायिका हैं। उन्होंने गायन की शुरुआत सन् 1942 में की। अपनी गायन-कला का वर्चस्व बनाए हुए उन्हें साठ साल से अधिक हो चुके हैं। उन्होंने बॉलीवुड की 980 फिल्मों में बीस से अधिक भारतीय भाषाओं में गाने गाए हैं।

गिनीज बुक ऑफ वर्ल्ड रिकॉर्ड्स के मुताबिक, सन् 1974 से सन् 1991 तक विश्व में सबसे अधिक गाने लता मंगेशकर के रिकॉर्ड किए गए। इस पुस्तक के सन् 1987 संस्करण में दावा किया गया है कि सन् 1948 और सन् 1974 के बीच लता के कम-से-कम 25,000 एकल, युगल और कोरस-युक्त गीत 20 भारतीय भाषाओं में रिकॉर्ड हुए।

लता मंगेशकर का जन्म 28 सितंबर, 1929 को मध्य प्रदेश में हुआ था। उनके पिता पंडित दीनानाथ मंगेशकर एक शास्त्रीय गायक और रंगमंच के अभिनेता थे। मौलिक रूप से परिवार का उनका नाम 'हर्दिकर' था, लेकिन उनके पिता ने उसे बदलकर 'मंगेशकर' कर दिया, क्योंकि उनका जन्म मंगेशी नामक शहर में हुआ था और वे अपने नाम के साथ उसे जोड़े रखना चाहते थे। बचपन में लता का नाम 'हेमा' था, किंतु उनके माता-पिता ने बाद में उनका नाम 'लता' रख दिया, जो उनके पिता के एक नाटक में 'लतिका' नाम की एक महिला पात्र के नाम पर आधारित था।

लता के प्रथम संगीत गुरु उनके पिता थे और उन्होंने पाँच वर्ष की आयु में अपने पिता के संगीतमय नाटकों में बतौर अभिनेत्री काम करना शुरू कर दिया था। उनके पिता के गायन और सीख ने उनके मन पर अमिट छाप छोड़ी है।

हृदय रोग के कारण सन् 1942 में उनके पिता का देहांत हो गया, तब उनकी आयु मात्र तेरह वर्ष थी। परिवार पर पड़ी घोर विपत्ति की उस घड़ी में उनके पिता के एक घनिष्ठ मित्र एवं 'नवयुग चित्रपट मूवी कंपनी' के मालिक मास्टर विनायक दामोदर कर्नाटकी ने उन्हें सहारा और आश्रय दिया। विनायक ने इस युवा लड़की को देश में सबसे बड़ी

गायिका के रूप में स्थापित करने में बहुत मदद की। वे ही उसे सिनेमा की दुनिया में लेकर आए।

विनायक की सहायता से लता ने वसंत जोगलेकर की मराठी फिल्म 'कीति हसाल' (1942) में 'नाचू या गदे, खेलू सारी मनि हौस भारी' गीत गाया (फिल्म से यह गीत निकाल दिया गया)। उन्होंने लता को 'नवयुग चित्रपट' की मराठी फिल्म 'पहिली मंगला-गौर' (1942) में एक छोटा सा रोल भी दिया, जिसमें उन्होंने 'नतली चैत्राची नवलाई' गाना गाया।

सन् 1945 में मास्टर विनायक की कंपनी का मुख्यालय बंबई आ गया और लता को भी यहीं आना पड़ा। इस फिल्म ने उनके जीवन को एक नया मोड़ दिया। बंबई में उन्होंने उस्ताद अमानत अली खान भेंडी बाजारवाले से हिंदुस्तानी शास्त्रीय संगीत सीखा और सन् 1946 में बनी फिल्म 'आपकी सेवा' में उन्होंने बहुत ही सुरीले सुर में 'पा लागूँ कर जोरी' गाकर हिंदी फिल्मों में गाने की शानदार शुरुआत की। लता ने अपनी छोटी बहन आशा भोसले के साथ मास्टर विनायक की पहली हिंदी फिल्म 'बड़ी माँ' (1945) में छोटी-छोटी भूमिकाएँ भी निभाईं। इस फिल्म की अभिनेत्री नूरजहाँ थीं। लता ने इस फिल्म में एक भजन भी गाया—'माता तेरे चरनों में।' इसके बाद तो प्रगति के सोपान पर उनके कदम बढ़ते चले गए। विनायक की दूसरी हिंदी फिल्म 'सुभद्रा' (1946) के लिए गाने की रिकॉर्डिंग के दौरान उनका परिचय संगीत निर्देशक वसंत देसाई से कराया गया।

संगीत जगत् में लता ने अभी बुलंदियों को छूना शुरू ही किया था कि सन् 1947 में देश का विभाजन हो गया और उनके गुरु उस्ताद अमानत अली खान भेंडी बाजारवाले उनसे दूर पाकिस्तान चले गए। उसके बाद लता ने अमानत खान देवासवाले और पंडित तुलसीदास शर्मा से हिंदुस्तानी संगीत की शिक्षा लेनी शुरू की।

उन्हें एक और झटका लगा। जब सन् 1948 में मास्टर विनायक का निधन हुआ। वे आँसू बहाने के सिवा कुछ नहीं कर सकीं। इस बार मशहूर संगीत निर्देशक गुलाम हैदर उनकी मदद करने के लिए आगे आए। हैदर ने लता को गायिका बनाने का बीड़ा उठाया। वे लता को फिल्म-निर्माता शशिधर मुखर्जी से मिलाने ले गए, जो उस समय 'शहीद' (1948) बना रहे थे, लेकिन मुखर्जी ने उनकी आवाज को बहुत बारीक कहकर खारिज कर दिया। वे नूरजहाँ, शमशाद बेगम और जौहरबाई अंबालेवाली से गवाना अधिक पसंद करते थे; क्योंकि वे अकसर भारी एवं नासिक्य आवाज में गाती थीं। इस नामंजूरी से नाराज होकर हैदर ने लता को वचन दिया कि वह दिन दूर नहीं जब फिल्म निर्माता और निर्देशक उनके पैरों पर गिरेंगे और अपनी फिल्मों में गाने के लिए उनसे प्रार्थना करेंगे। हैदर ने उसी वर्ष अपना वचन निभाया। उन्होंने लता को फिल्म 'मजबूर' में 'दिल मेरा

तोड़ा' गाना दिया और इसके साथ ही उनकी गायिकी की लंबी यात्रा आरंभ हो गई।

1950 के दशक में लता हिंदी फिल्मों की सबसे अधिक लोकप्रिय एवं ख्यातिप्राप्त गायिका बन गईं। लगभग सभी प्रसिद्ध संगीत-निर्देशक और फिल्म-निर्माता उनसे संपर्क करने के लिए दौड़ पड़े, जैसे कि अनिल बिस्वास, शंकर-जयकिशन, नौशाद, एस.डी.बर्मन, सी.रामचंद्र, हेमंत कुमार, सलिल चौधरी, खय्याम, रवि, सज्जाद हुसैन, रोशन, कल्याणजी-आनंदजी, वसंत देसाई, सुधीर फड़के, हंसराज बहल और उषा खन्ना।

'बैजू बावरा' (1952), 'मुगल-ए-आजम' तथा 'कोहिनूर' जैसी फिल्मों में नौशाद के लिए राग-आधारित अनेक गीत गाने के बाद शंकर-जयकिशन ने लगभग सभी, विशेषकर राजकपूर की फिल्मों में गाने के लिए लता को गायिका के रूप में चुना। महान् संगीतकार एस.डी.बर्मन ने सन् 1957 से पहले अपनी अनेक फिल्मों में अभिनेत्रियों पर फिल्माए जानेवाले गानों के लिए गायिका के रूप में मुख्यतः लता को ही चुना। इनमें 'सजा' (1951), 'हाउस नं. 44' (1955) और 'देवदास' (1955) जैसी फिल्में शामिल थीं।

1950 के दशक में लता मंगेशकर हिंदी सिनेमा में अविवादित रूप से सर्वोच्च महिला पार्श्वगायिका बन गईं। अब उन्होंने फिल्म जगत् में लगभग हर बड़े संगीत लेखक के लिए गाने रिकॉर्ड कराए, जिनमें से अनेक गाने हमेशा के लिए मशहूर हो गए।

1962 में उन्हें हेमंत कुमार द्वारा संगीतबद्ध किए गए गीत 'कहीं दीप जले कहीं दिल' के लिए दूसरा 'फिल्मफेयर पुरस्कार' प्राप्त हुआ। 27 जून, 1963 को लता मंगेशकर ने तत्कालीन प्रधानमंत्री जवाहरलाल नेहरू की मौजूदगी में 'ऐ मेरे वतन के लोगो' गीत गाया, जिसे सुनकर नेहरूजी की आँखों में आँसू आ गए।

इस दशक में लता मंगेशकर के एक और संगीतकार थे मदनमोहन, जिनके कुछ गीत जैसे कि 'आपकी नजरों ने समझा' (1962), 'लग जा गले' और 'नैना बरसे रिम झिम' (1964) तथा 'तू जहाँ-जहाँ चलेगा' (1966) अमरगीत बन गए।

इसी दशक के दौरान वे महान् संगीत निर्देशक लक्ष्मीकांत-प्यारेलाल के संपर्क में आईं, जिनके लिए उन्होंने अपने जीवन में सबसे अधिक गाने गाए हैं। लता ने उस समय के सभी महान् गायकों—मुकेश, मन्ना डे, मोहम्मद रफी और किशोर कुमार आदि के साथ भी युगल गीत रिकॉर्ड कराए।

सत्तर के दशक में लता के संगीत-जीवन में एक नया महत्त्वपूर्ण क्षण आया, जो उन्हें बड़ी ऊँचाई पर ले गया। 'पाकीजा' जब रिलीज हुई, उसमें लता के गाए 'चलते-चलते' और 'इन्हीं लोगों ने' गानों ने सर्वत्र धूम मचा दी और साबित हो गया कि लता की आवाज दुनिया भर में सबसे अधिक मधुर है। लता ने एस.डी.बर्मन की अंतिम फिल्मों में बहुत से लोकप्रिय गाने रिकॉर्ड कराए, जैसे कि 'रंगीला रे' (प्रेम पुजारी, 1970), 'खिलते हैं गुल यहाँ '(शर्मीली, 1971), और 'पिया बिना' (अभिमान, 1973)। फिल्म

'छोटी सी बात' (1974) में उन्होंने सदाबहार गाने गाए हैं।

लक्ष्मीकांत-प्यारेलाल (एल-पी) और राहुल देव बर्मन ने उस दशक में लता के गाए बहुत से विशेष उल्लेखनीय एवं शानदार गीतों की रचना की। लता ने राहुल देव बर्मन के साथ 'अमर प्रेम' (1971), 'कारवाँ '(1971), 'कटी पतंग' और 'आँधी' (1975) जैसी फिल्मों में अनेक सफल गाने रिकॉर्ड कराए।

उन्हें सन् 1973 में 'बीती ना बिताई' गाने के लिए और सन् 1975 में 'रूठे-रूठे पिया' गाने के लिए सर्वश्रेष्ठ पार्श्वगायिका का 'राष्ट्रीय फिल्म पुरस्कार' प्रदान किया गया। सन् 1975 में बनी फिल्म 'मौसम' में उन्होंने भूपेंद्र के साथ शास्त्रीय गीत 'दिल ढूँढता है' गाया।

1970 के दशक में लता मंगेशकर ने भारत और विदेश में मंच पर अनेक संगीत कार्यक्रम प्रस्तुत किए, जिनमें कई चैरिटी शो भी शामिल थे। विदेश में उनका पहला कार्यक्रम 'रॉयल अलबर्ट हॉल' लंदन में प्रस्तुत किया गया था।

1980 के दशक में लता फिल्मों में अपने पार्श्वगायन को लेकर चयनात्मक हो गईं। उन्होंने मुख्यत: जाने-माने फिल्म-निर्माताओं के लिए गाने रिकॉर्ड कराए, जैसे कि 'यशराज फिल्म्स' और 'राजश्री प्रोडक्शंस'। हालाँकि उन्होंने रवींद्र जैन, बप्पी लाहिड़ी, शिव-हरी, राम-लक्ष्मण और ए. आर. रहमान जैसे कुछ चुनिंदा नए संगीत-निर्देशकों के साथ भी काम किया।

लता मंगेशकर ने सन् 1990 में अपनी निजी फिल्म निर्माण कंपनी आरंभ की, जिसके द्वारा प्रस्तुत पहली फिल्म थी 'लेकिन'। उस फिल्म में उनके गीत 'यारा सिलि सिलि' के लिए उन्हें सर्वश्रेष्ठ पार्श्वगायिका के रूप में तीसरी बार 'नेशनल अवार्ड' प्रदान किया गया। 1990 के दशक में उन्होंने जतिन-ललित, नदीम-श्रवण और राजेश रोशन जैसे संगीत-निर्देशकों के लिए बहुत बार गीत गाए। उन्होंने अनेक गैर-फिल्मी गाने भी रिकॉर्ड कराए, जिनमें जगजीत सिंह के साथ गाई गजलें भी शामिल हैं।

इस अवधि के दौरान ए.आर.रहमान ने भी लता मंगेशकर के साथ कई गाने रिकॉर्ड करके ख्याति अर्जित की। इनमें से कुछ अत्यंत लोकप्रिय गाने इस प्रकार हैं—'जिया जले' (दिल से), 'खामोशियाँ गुनगुनाने लगीं' (वन टू का फोर) और 'ओ पालन हारे' (लगान)।

जैसाकि पहले उल्लेख किया जा चुका है, लता का व्यक्तित्व बहुमुखी है। गायन तो उनके जीवन का एक पहलू है। एक कलाकार की हैसियत से वे संगीत रचना भी करती हैं। उन्होंने फिल्मों में अभिनय किया है और फिल्म-निर्माण भी। उन्होंने पहली बार सन् 1955 में 'राम राम पव्हाणे' फिल्म के लिए संगीत दिया था और उसके बाद 1960 के दशक में भी कई मराठी फिल्मों के लिए छद्म नाम 'आनंद घन' के तहत

संगीत-रचना की थी। ये मराठी फिल्में इस प्रकार थीं—'तितुका मेल्वाव' (1963), 'मोहित्यांची मंजुला' (1963), 'साधी मनसे' (1965), 'तंबाडी मारी' (1969) और 'शबास सुनबई' (1989)।

'साधी मनसे' फिल्म के लिए उन्हें महाराष्ट्र राज्य सरकार का 'सर्वश्रेष्ठ संगीत निर्देशक पुरस्कार' प्रदान किया गया। इसी फिल्म के गीत 'ऐरानिच्या देव तुला' को सर्वश्रेष्ठ गीत का पुरस्कार प्रदान किया गया।

लता ने कई फिल्मों में अभिनय भी किया है, जिनमें ये फिल्में शामिल हैं—'पहिली मंगलगौर' (1942, मराठी), 'चिमुक्ला संसार' (1943, मराठी), 'माझे बाल' (1943, मराठी), 'गजभौ' (1944, मराठी), 'बड़ी माँ' (1945, हिंदी), 'जीवन यात्रा' (1946), 'सुभद्रा' (1946), 'मंदिर' (1948), 'छत्रपति शिवाजी' (1952, हिंदी-मराठी) और 'पुकार' (2000)।

लता मंगेशकर ने चार फिल्में भी बनाई हैं, जो इस प्रकार हैं—'वाडल' (1953, मराठी), 'झांझर' (1953, हिंदी सी. रामचंद्र के सहयोग से निर्मित), 'कंचन' (1955, हिंदी) और 'लेकिन' (1990, हिंदी)। फिल्म जगत् और राष्ट्र के प्रति समर्पित सेवा के लिए उन्हें राज्यसभा के मानद सदस्य के रूप में भी मनोनीत किया गया।

अद्वितीय गायन प्रतिभा की धनी लता मंगेशकर को अनेक पुरस्कारों एवं सम्मानों से अलंकृत किया जा चुका है, जिनमें से कुछ प्रमुख पुरस्कार इस प्रकार हैं—पद्मभूषण (1969), पद्मविभूषण (1999), दादा साहेब फालके अवार्ड (1989), भारतरत्न (2001), तीन राष्ट्रीय फिल्म पुरस्कार और 12 बंगाल फिल्म पत्रकार संगठन अवार्ड भी उन्होंने जीते हैं। सन् 1993 में उन्हें 'फिल्मफेयर लाइफटाइम अचीवमेंट अवार्ड' से भी सम्मानित किया गया।

इस महान् गायिका के सम्मान में मध्य प्रदेश राज्य सरकार ने सन् 1984 में 'लता मंगेशकर पुरस्कार' आरंभ किया और उसके आठ साल बाद सन् 1992 में महाराष्ट्र सरकार ने भी हर वर्ष एक 'लता मंगेशकर पुरस्कार' देने की घोषणा की।

लता का हृदय उनकी मधुर आवाज जितना ही कोमल है और वे अपने संगी-साथियों के बारे में बहुत चिंतित रहती हैं। सन् 2001 में उन्होंने 'दीनानाथ मंगेशकर अस्पताल' स्थापित किया, जिसका संचालन 'लता मंगेशकर मेडिकल फाउंडेशन' (अक्तूबर 1989 में मंगेशकर परिवार द्वारा संस्थापित) द्वारा किया जाता है, जो इस बात का ठोस प्रमाण है कि वे मानवता की सेवा के लिए किस सीमा तक समर्पित हैं! उन्होंने सन् 2005 में पाकिस्तान भूकंप राहत के लिए भी एक बड़ी रकम दान की थी।

□

विजयलक्ष्मी पंडित

एक जानी-मानी भारतीय कूटनीतिज्ञ विजयलक्ष्मी नेहरू पंडित का जन्म 18 अगस्त, 1900 को इलाहाबाद में हुआ था। उनका बचपन का नाम स्वरूप कुमारी नेहरू था, जिसका अर्थ होता है खूबसूरत राजकुमारी! उनके पिता मोतीलाल नेहरू एक वकील थे। उनके भाई जवाहरलाल नेहरू भारत के प्रथम प्रधानमंत्री थे और विजयलक्ष्मी पहली महिला थीं, जो संयुक्त राष्ट्र महासभा की अध्यक्ष (प्रेसीडेंट) बनीं।

उन्हें सुख-संपन्नता में रहने की आदत थी और उनकी शिक्षा भी कुछ भिन्न थी। उन्हें घर पर प्राइवेट गवर्नेंस और शिक्षकों द्वारा पढ़ाया गया था और बाद में उन्होंने इलाहाबाद विश्वविद्यालय में तथा विदेश में पढ़ाई की। सन् 1921 में उन्होंने रणजीत सीताराम पंडित से विवाह कर लिया, जो काठियावाड़ के थे और एक विदेश-शिक्षित ब्रिटिश वकील थे। उस समय उन्होंने अपना नाम बदलकर विजयलक्ष्मी पंडित रख लिया। पंडित दंपती की तीन पुत्रियाँ थीं, जिनमें से एक प्रसिद्ध उपन्यासकार नयनतारा (पंडित) सहगल थीं। 14 जनवरी, 1944 को उनके पति का निधन हो गया।

विजयलक्ष्मी पंडित की भारत के स्वाधीनता संग्राम में काम करने में रुचि थी और वे इस काम में तल्लीन हो गईं। उनकी राजनीति आधिकारिक रूप से सन् 1934 में शुरू हुई, जब इलाहाबाद नगरपालिका बोर्ड के लिए उनका चुनाव हुआ। अगले दो वर्षों में, अर्थात् सन् 1936 में वे संयुक्त प्रांतसभा के लिए निर्वाचित हुईं और सन् 1937 में स्थानीय स्व-शासन एवं लोक स्वास्थ्य मंत्री बन गईं। कैबिनेट मंत्री बननेवाली वे पहली भारतीय महिला थीं। इस पद पर वे लगातार दो वर्षों तक रहीं।

उन्होंने और उनके कांग्रेस पार्टी के पदाधिकारियों ने सन् 1939 में ब्रिटिश सरकार की इस घोषणा के खिलाफ यह विरोध जताते हुए पद से इस्तीफा दे दिया कि भारत दूसरे विश्वयुद्ध में साझेदार है। कांग्रेस द्वारा अगस्त 1942 में 'भारत छोड़ो संकल्प' पारित किए जाने के बाद कांग्रेस के अन्य नेताओं के साथ उन्हें भी जेल भेज दिया गया। पति की

मृत्यु के बाद उन्हें अपने जीवन में बदलाव लाना पड़ा। विजयलक्ष्मी ने सन् 1944 से सन् 1946 के आरंभ तक विदेशों में में भ्रमण किया; यह मुख्यतः एक लेक्चर टूर था। सन् 1946 में भारत लौटने पर उन्हें वापस उसी पद पर चुन लिया गया, जिस पद पर वे पहले थीं। सन् 1946 के पतझड़ के मौसम में वे संयुक्त राष्ट्र महासभा में भाग लेने के लिए भेजे गए भारतीय शिष्टमंडल की नेता की हैसियत से अपने पहले शासकीय राजनयिक मिशन पर गईं। उन्होंने सन् 1947, 1948, 1952, 1953 और 1963 में भी महासभा में भारत के शिष्टमंडलों का नेतृत्व किया।

जहाँ तक राजनीति का संबंध है, वे मोहनदास गांधी से बहुत प्रभावित थीं, जिन्हें 'राष्ट्रपिता' कहा जाता था और स्वाधीनता संघर्ष जिनकी पहचान बन गई थी। अंग्रेजों ने उन्हें तीन अवसरों पर, सन् 1932-1933, 1940 और 1942 में बंदी बनाया। अंग्रेजों के शासन से मुक्ति पाने के बाद वे राजनयिक सेवा में भरती हो गईं और कई देशों में भारत की राजदूत बनीं। सन् 1947 में उन्हें सोवियत संघ के लिए राजदूत नियुक्त किया गया। वे दो वर्ष इस पद पर रहीं; फिर सन् 1949 से सन् 1951 तक यू.एस. और मैक्सिको में और सन् 1955 से सन् 1961 तक आयरलैंड में। इसी समय उन्होंने सन् 1958 से सन् 1961 तक यूनाइटेड किंगडम तथा स्पेन में भारतीय उच्चायुक्त के पद पर भी कार्य किया। सन् 1946 और सन् 1968 के बीच उन्होंने संयुक्त राष्ट्र में भारतीय प्रतिनिधिमंडल का भी नेतृत्व किया।

एक राजनीतिज्ञ होने के नाते कैबिनेट-स्तरीय मंत्रिपद पानेवाली वे पहली भारतीय महिला थीं। भारत में उन्होंने सन् 1962 से सन् 1964 तक महाराष्ट्र के राज्यपाल के रूप में काम किया, जिसके बाद वे अपने भाई के पहले निर्वाचन-क्षेत्र फूलपुर से भारतीय लोकसभा के लिए निर्वाचित हो गईं। सन् 1964 से सन् 1968 तक वे संयुक्त राष्ट्र के एक प्रतिनिधि के पद पर रहीं। उनकी भतीजी इंदिरा गांधी, जब सन् 1966 में भारत की प्रधानमंत्री बनीं, न्यायिक निर्णयों ने उनकी सत्ता को चुनौती दी और इंदिरा गांधी ने सन् 1975 में आपातस्थिति लागू कर दी, जिसके कारण प्रेस तथा अन्य लोकतांत्रिक संस्थानों की स्वतंत्रता पर रोक लग गई।

विजयलक्ष्मी पंडित आपातस्थिति के बहुत खिलाफ थीं और इसी कारण उन्होंने 'इंदिरा-प्रभावी कांग्रेस' छोड़ दी तथा जनता पार्टी से नाता जोड़ लिया, जहाँ उन्होंने इंदिरा गांधी के विरुद्ध प्रचार किया। इंदिरा गांधी की कांग्रेस पार्टी मार्च 1977 के चुनावों में बुरी तरह हार गई और जब उनके बीच संबंध बहुत बिगड़ गए, तो उन्होंने सक्रिय राजनीति से संन्यास ले लिया। स्वैच्छिक अवकाश ग्रहण करने के पश्चात् वे शांतिपूर्ण नगर, देहरादून चली गईं और सन् 1979 में उन्हें संयुक्त राष्ट्र मानवाधिकार आयोग का भारतीय प्रतिनिधि नियुक्त कर दिया गया। इसके बाद उन्होंने सार्वजनिक जीवन से अवकाश ले

लिया। उन्हें लेखन में रुचि थी। उनकी कृतियों में 'दि इवोल्यूशन ऑफ इंडिया' (1958) और 'दि स्कोप ऑफ हैप्पीनेस : ए पर्सनल मैमोयर'(1979) शामिल हैं।

सितंबर 1953 में उन्हें संयुक्त राष्ट्र महासभा का अध्यक्ष निर्वाचित किया गया। इस पद को सुशोभित करनेवाली वे पहली महिला और पहली एशियन थीं।

विजयलक्ष्मी पंडित एक भारतीय राजदूत थीं। 1 दिसंबर, 1990 में भारत में उनका देहांत हो गया। उनकी मृत्यु के अवसर पर राष्ट्रपति रामास्वामी वेंकटरमन ने श्रीमती पंडित को 'भारत के स्वतंत्रता संघर्ष के परदे पर एक चमकता तंतु' बतलाया और कहा कि सुरुचि, साहस और समर्पण में विशिष्ट श्रीमती पंडित का राष्ट्रीय आंदोलन में महत्त्वपूर्ण स्थान था।

श्रीमती पंडित के महत्त्वपूर्ण उद्धरण—"शिक्षा केवल जीविका कमाने का एक साधन या धन-दौलत अर्जित करने का एक जरिया नहीं है, अपितु, शिक्षा जीने की शक्ति से परिचय कराती है, सत्य की खोज करने तथा सद्‍गुणों को अपनाने अथवा उनके अनुसार आचरण करने की सीख देती है। हम शांति के वातावरण में जितनी अधिक मेहनत करते हैं, युद्ध में हमें उतना ही कम खून बहाना पड़ता है।"

वे भारतीय स्वाधीनता संग्राम में सक्रिय थीं और उन्होंने राष्ट्रीय एवं अंतरराष्ट्रीय स्तर पर कई उच्च पदों को सुशोभित किया। मंत्रिमंडल में प्रतिष्ठा का पद पानेवाली वे पहली महिला थीं। श्रीमती पंडित सन् 1941 से सन् 1943 तक 'अखिल भारतीय महिला सम्मेलन' की अध्यक्ष रहीं और वे 'अखिल भारतीय बाल संरक्षण सोसायटी' की संस्थापक थीं। उन्होंने भारत की नई सरकार में बहुत वर्षों तक कार्य किया—महिलाओं के अधिकारों में हमेशा उनकी दिलचस्पी रहती थी। उन्होंने देश की राजनीति में एक अग्रणी भूमिका निभाई तथा नागरिक अवज्ञा आंदोलनों के सिलसिले में उन्हें तीन बार कारावास भोगना पड़ा। राष्ट्रीय उद्‍देश्यों के लिए सदैव संघर्षशील विजय लक्ष्मी पंडित की गणना भारत की महत्त्वपूर्ण महिला विभूतियों में की जाती है और देश की सेवा में उनके द्वारा दिए गए बहुमूल्य योगदान को हमेशा याद किया जाता रहेगा।

□

शकुंतला देवी

अत्यंत प्रतिभावान गणितज्ञ शकुंतला देवी का जन्म 4 नवंबर, 1939 को बैंगलोर में एक सुविख्यात ब्राह्मण परिवार में हुआ था। उनके पिता एक सर्कस में झूला-कलाबाज और तनी रस्सी पर नट का खेल दिखानेवाले के रूप में काम करते थे। बाद में वे मानव तोपगोला बनकर निकलने का तमाशा दिखाने लगे थे। उन्होंने ही ताश-पत्तों की बाजीगरी के जरिए शकुंतला को गणित की दुनिया से परिचित कराया। वे जान गए कि उनकी पुत्री की स्मरणशक्ति अद्‌भुत है। तीन वर्ष की कोमल आयु में ही यह बच्ची संख्याओं अर्थात् अंकों में असाधारण रुचि लेने लगी थी। शकुंतला देवी पलक झपकते ही किसी भी संख्या की गणना करने का हुनर जानती हैं।

शकुंतला की गणन-प्रतिभा उस समय सामने आई, जब वे तीन वर्ष की आयु में अपने पिता और उनके कुछ दोस्तों के साथ पत्तों की चालबाजी कर रही थीं। वे बताते हैं कि शकुंतला ने हाथ की सफाई के बजाय सभी पत्तों को याद करके उन्हें हरा दिया। शकुंतला ने गणित में आरंभिक शिक्षा अपने दादा से ग्रहण की। वे पाँच साल की आयु में ही जटिल मानसिक अंकगणित में निपुण हो गई थीं।

पाँच साल की होने तक शकुंतला को एक विलक्षण बच्चा और जटिल मानसिक अंकगणित में निपुण माना जाने लगा था। एक वर्ष बाद शकुंतला ने अपनी प्रतिभा का प्रदर्शन मैसूर विश्वविद्यालय में बड़ी संख्या में उपस्थित छात्रों एवं प्रोफेसरों के सामने किया। आठ साल की उम्र में अपना यही कमाल अन्नामलाई विश्वविद्यालय में दिखाया। शकुंतला की असाधारण योग्यता एवं प्रतिभा के सार्वजनिक प्रदर्शन दुनिया भर में भिन्न-भिन्न संस्थाओं में होने लगे, जिन्हें देखकर वहाँ मौजूद सभी विद्यार्थी और शिक्षक चकित रह जाते। उनके प्रदर्शन में बहुधा ट्रूमैन हेनरी सेफोर्ड जैसे दूसरे प्रतिभावान् लोग भी मौजूद रहते थे। अपनी तीव्र बुद्धि के कारण शकुंतला देवी अंकगणितीय समस्याओं को सुलझाने में प्रवीण हो गई थीं। वे जटिल परिकलन-प्रक्रिया और वैदिक गणित के साथ-

साथ जोड़, गुणा, भाग, वर्ग और घनमूल निकालने जैसे सभी सवालों के जवाब क्षण भर में प्रस्तुत कर देती थीं। पिछली शताब्दी में किसी भी सप्ताह के किसी भी दिन की तारीख वे कुछ पल में ही बता सकती थीं। शकुंतला देवी उस समय के कुछ तीव्रतम कंप्यूटरों से भी बढ़कर थीं।

गणित के क्षेत्र में अद्‌भुत प्रतिभासंपन्न महिला शकुंतला देवी को अनेक देशों ने आमंत्रित किया। जनवरी 1977 में शकुंतला देवी ने उलास, टेक्सॉस में स्थित 'सदर्न मेथॉडिस्ट यूनिवर्सिटी' में 201 अंकों की संख्या का 23 वाँ मूल पचास सेकंड में निकाल दिया, जिसका सही उत्तर '546372891' था। उन्होंने उस समय के तीव्रतम कंप्यूटर 'यूनिलैक' को भी पछाड़ दिया, जिसने 62 सेकंड का समय लिया और 13,000 अनुदेशों का सहारा लिया। 18 जून, 1980 को शकुंतला देवी ने इंपीरियल कॉलेज, लंदन के कंप्यूटर विभाग द्वारा यों ही चुनी गई 13 अंकों की दो संख्याओं '7,686,369,774,870x 2,465,099,745,779' का गुणनफल सिर्फ 28 सेकंड में निकाल दिया। इस घटना का उल्लेख सन् 1995 की 'गिनीज बुक ऑफ वर्ल्ड रिकॉर्ड्स' के पृष्ठ 26 पर है। शकुंतला ने 332812557 का घनमूल एक मिनट से भी कम समय में निकाल दिया।

आज शकुंतला देवी एक अत्यंत कुशल गणितज्ञ के रूप में प्रसिद्ध हैं। उनकी रुचियों में फलित ज्योतिष का रहस्यपूर्ण विषय भी शामिल है। भविष्य में वे कई 'गणित अनुसंधान केंद्र' स्थापित करना चाहती हैं। उन्होंने कई किताबें भी लिखी हैं, जिनमें से कुछ इस प्रकार हैं—'पजल्स टू पजल यू', 'फन विद नंबर्स', 'एस्ट्रोलॉजी फॉर यू' और 'मैथ एबिलिटी'।

शकुंतला देवी को आमतौर पर 'मानव कंप्यूटर' कहा जाता है, क्योंकि वे किसी भी यांत्रिक सहायता के बिना जटिल-से-जटिल गणितीय समस्याओं को हल करने की अद्‌भुत क्षमता रखती हैं। कंप्यूटरों के युग में शकुंतला देवी एक ऐसी प्रतिभा हैं, जो कभी कंप्यूटर का इस्तेमाल नहीं करतीं। उनके अनुसार, ''किसी भी बच्चे को यूनिवर्सिटी पहुँचने तक कंप्यूटर नहीं दिया जाना चाहिए, तब तक उसकी मानसिक क्षमताओं को विकसित होने देना चाहिए।'' शकुंतला देवी ने इंगित किया कि ''आज के बच्चे उतने कुशाग्र बुद्धि नहीं हैं जितने 20 से 30 साल पहले हुआ करते थे।''

''मानसिक तत्परता में इस कमी के लिए बहुत हद तक टेक्नॉलॉजी जिम्मेदार है,'' उन्होंने कहा।

उनका यह भी कहना है, ''अगर आप किसी मांसपेशी या शरीर के किसी भाग का उपयोग नहीं करते हैं, तो वह क्षीण होने लगता है। मस्तिष्क के साथ भी यही होता है। आप इसका जितना अधिक प्रयोग करते हैं, यह उतना ही बेहतर होता है।'' शकुंतला देवी को यह पता नहीं है कि उनका जन्म किस वर्ष में हुआ, लेकिन वे 10वीं कक्षा पास

न करने के बावजूद घनमूल का सवाल अपने दिमाग में ही हल कर लेती हैं। "मेरे जैसा दिमाग करोड़ों में किसी एक के पास होता है, लेकिन बच्चों को पढ़ने के लिए प्रोत्साहित किया जाना चाहिए।" शकुंतला देवी का कहना है।

बच्चों को गणित से डर क्यों लगता है? "इसका कारण यह है कि गणित को एक कठिन विषय के रूप में देखा जाता है।" वह कहती हैं, "गणित जीवन है, हर चीज में गणित होता है, जन्म से लेकर खाने में जो आप खाते हैं और जिस हवा में आप साँस लेते हैं, उसमें भी गणित होता है।" शकुंतला देवी यह भी कहती हैं कि बच्चों को गणित की शिक्षा छह साल की उम्र से दी जानी चाहिए।

आज शकुंतला देवी को एक अत्यंत कुशल गणितज्ञ माना जाता है और मानव-बुद्धि के सामान्य सिद्धांतों को चुनौती देने की उनकी योग्यताएँ खोज का विषय रही हैं। उन्होंने अपनी अद्भुत प्रतिभा से विश्व को चुनौती दी है।

गणित की कुछ विलक्षण प्रतिभाओं की तुलना में शकुंतला देवी एक सामान्य, सुसंतुलित महिला हैं। वे देश-विदेश में लगातार दौरों पर जाती रहती हैं और अपनी प्रतिभा का प्रदर्शन करती हैं तथा लोगों को प्रोत्साहित करती हैं कि वे अपनी सामर्थ्य, क्षमताओं का विकास करें, जो हर व्यक्ति के अंदर छिपी रहती हैं। वह हमारे समय की एक सच्ची वीरांगना हैं। उन्होंने गणित के सवालों को विश्व में बढ़िया-से-बढ़िया कंप्यूटरों से भी ज्यादा तेजी से हल करने में अपनी श्रेष्ठता का परिचय दिया है और नाम कमाया है।

उन्हें 'ह्यूमेन कंप्यूटर' कहलाना पसंद नहीं है। उनकी पक्की धारणा है कि व्यक्ति का दिमाग किसी भी कंप्यूटर से श्रेष्ठ होता है। मानव-मन की सीखने की क्षमता का पता लगाने और उसका विस्तार करने में उनकी गहरी रुचि का ही परिणाम था कि उन्होंने स्मरणशक्ति संबंधी गति-बिलान (माइंड डाइनामिक्स) की संकल्पना का प्रतिपादन किया।

अंकों से उनका अगाध प्रेम उनके लिए विश्व-भ्रमण का सबब बना। वे दुनिया भर में छात्र समुदाय, राष्ट्रपतियों, राजनीतिज्ञों, प्रधानमंत्रियों, शिक्षाविदों आदि के लिए अपनी अद्भुत प्रतिभा का प्रदर्शन करती रही हैं। अपनी विशिष्ट प्रतिभा का प्रदर्शन करने के साथ-साथ वे युवाओं को गणित के संसार को जानने-समझने के लिए भी प्रोत्साहित करती हैं। 'वैदिक मैथ फोरम इंडिया' शकुंतला देवी से जुड़ा है और वे उनके साथ एक कार्यशाला आयोजित करने का कार्यक्रम बना रहे हैं।

□

संतोष यादव

शताब्दी की चर्चित महिला संतोष यादव का नाम पर्वतारोहण के क्षेत्र में इसलिए अग्रणी है कि उन्होंने विश्व की सबसे ऊँची चोटी एवरेस्ट को अपने पैरों से दो बार नापकर नया इतिहास रचा। यही नहीं, दूसरी बार उन्होंने चीन की तरफ से कांगशुंग के कठिन मार्ग को चुना, जो बहुत चुनौती भरा कदम माना जाता है।

28 मई, 1999 की सुबह, नेपाली समय के अनुसार 7.10 पर, उनके अभियान दल के कुल 10 सदस्यों में से 3 ने एवरेस्ट चोटी पर पहुँचकर भारतीय ध्वज तिरंगा फहराया। इन तीनों में संतोष यादव न केवल अकेली महिला थीं, पुरुष-महिला मिलाकर कुल 10 सदस्यीय अभियान दल का नेतृत्व भी वे ही कर रही थीं।

लगभग 8,848 मीटर की ऊँचाई पर, जहाँ तापमान सामान्य से 40-50 डिग्री सेल्सियस से कम था, संतोष यादव ने अपनी चिंता छोड़कर प्रसन्नता व उत्साह से भरे दिल से राष्ट्रीय ध्वज फहराने के बाद सबसे पहले उपहार में प्राप्त अपने इरीडियम सैटेलाइट फोन से भारत के तत्कालीन प्रधानमंत्री श्री अटल बिहारी वाजपेयी को विजय समाचार दिया। उत्तर में वाजपेयीजी ने संतोष यादव व उनके दल को बधाई देते हुए कहा, "देश आपकी इस उपलब्धि पर गर्व करेगा।"

अभियान में सहयोग करनेवाले अपने साथियों, सहयोगियों और देशवासियों को भी संतोष यादव ने संदेश भेजे कि दुःस्वप्न की तरह बहुत खराब मौसम के दो दिन झेलने के बाद अब सब ठीक है और हम उपलब्धि हासिल कर चुके हैं। गर्व के इस क्षण को मैं आप सबके साथ बाँटना चाहती हूँ और सबके प्रति आभार व्यक्त करती हूँ। और फिर पर्यावरण-प्रेमी संतोष यादव ने कई पूर्व दलों द्वारा चोटी पर छोड़े गए लगभग 500 कि.ग्रा. कचरे को समेटा और अपने दल की सहायता से उसे नीचे तक ढोकर लाईं। यह कोई आसान काम न था, पर इस पर कई बार अपनी चिंता व्यक्त कर चुकीं सुश्री यादव को यह गवारा नहीं हुआ कि उसे वहाँ छोड़ आतीं। कम-से-कम उनके

अभियान के समय एक बार तो चोटी पर सफाई हो ही गई, जिसका अतिरिक्त श्रेय न लेकर वह समाचार-पत्रों के माध्यम से संबंधित संस्थाओं और पर्वतारोहियों का ध्यान इस ओर आकृष्ट करती रहीं।

संतोष यादव का जन्म दक्षिण-पश्चिम दिल्ली के एक गाँव जेनियावास में हुआ था। पाँच भाइयों सहित उनके परिवार को शीघ्र ही आभास हो गया था कि यह लड़की सामान्य से कुछ हटकर है। माँ-बाप के दिए नाम 'संतोष' को नकारते हुए बालिका संतोष अपनी स्थिति से संतुष्ट न थी। सामान्य ग्रामीण लड़कियों की तरह ही माता-पिता उसे गाँव के स्कूल में जरूरत भर की शिक्षा दिलाकर उसकी शादी कर देना चाहते थे। पर संतोष सामान्य लड़की न थी। भाइयों की देखा-देखी वह भी लड़कों के खेल खेलने में रुचि लेती थी। फ्रॉक पहनने के बजाय नेकर-शर्ट पहनना पसंद करती थी। उसके धनी व्यापारी पिता उसे किसी अच्छे पब्लिक स्कूल में पढ़ाने की सामर्थ्य रखते थे, पर उसे पढ़ने के लिए घर से दूर शहर भेजने के लिए तैयार न थे। गाँव में ही शिक्षा दिलावाकर आम लड़कियों की तरह पंद्रह-सोलह की उम्र में उसकी शादी कर देना चाहते थे। पर संतोष ने विद्रोह का हथियार उठा लिया। उसने घोषणा कर दी कि अपनी पसंद की पूरी शिक्षा लिये बिना वह विवाह हरगिज नहीं करेगी और इसके साथ ही उसने घर छोड़ दिया। समीप के शहर दिल्ली में एक अच्छे पब्लिक स्कूल में दाखिला ले लिया और घर से कोई मदद लिए बिना अपने पढ़ाई खर्च के लिये अंशकालिक रोजगार खोजने लगी। उसके इस कदम पर पिता झुके और उसे उसकी पसंद की शिक्षा दिलाने के लिए राजी हो गए।

संतोष यादव के अपनी प्रगति के लिए किए गए प्रयत्न को यहीं विराम नहीं लगा। वह पर्वतारोहण का सपना देखते हुए पास की पहाड़ियों पर चढ़ने और इस तरह के स्केच बनाने में रुचि लेने लगीं। जयपुर यात्रा के बाद उनके चित्रों में जयपुर के निकट की अरावली पहाड़ियों की और उनके आस-पास रहनेवाले लोगों की छवियाँ उतरने लगीं। इसी यात्रा में एक संयोग बना। उनकी भेंट एक पर्वतारोही छात्र दल से हुई तो उन्होंने दल के नेता से पूछा, "क्या लड़कियाँ भी पर्वतारोहण कर सकती हैं?" और उत्तर "हाँ, क्यों नहीं" मिलने पर वह उत्साह से भर उठीं। इसी प्रेरणा से अभिभूत हो उन्होंने पर्वतारोहण के एक स्थानीय स्कूल में दाखिला ले लिया। कुछ दिनों बाद उनके साथ उनकी कुछ सहेलियाँ भी आ मिलीं और संतोष का पर्वतारोहण का सपना एक शौक, एक हॉबी से आगे बढ़कर एक कैरियर तक की यात्रा करने लगा।

माता-पिता के लिए संतोष का यह स्वतंत्र निर्णय एक सदमे से कम न था। जब तक पिता को पता चला, तब तक वह अपने इस शौक के लिए अपनी सारी बचत-राशि खर्च कर 'उत्तरकाशी नेहरू इंस्टीट्यूट ऑफ माउंटेनरिंग' में प्रवेश ले चुकी थीं। गुस्से से

भरे पिता ने बेटी की पढ़ाई छुड़वाकर उसे घर वापस ले आने का मन बना लिया। पर तभी वे सीढ़ी से गिरकर अपने पैर की हड्डी तुड़वा बैठे और संतोष को अपनी मनचाही दिशा में आगे बढ़ने का मौका मिल गया। अगले वर्ष उन्होंने पर्वतारोहण में अगला कोर्स भी कर लिया और कक्षा में सर्वोच्च स्थान प्राप्त कर सबका मन जीत लिया। जहाँ चाह, वहाँ राह! आगे बढ़ते कदमों को कब, कौन रोक पाया है? साहस की विजय होनी थी, सो हुई। संतोष यादव का संकल्प रंग लाया। वह पर्वतारोही बन गईं।

प्रतिवर्ष पर्वतारोहण के अभ्यास से अब संतोषजी ने पर्याप्त तकनीकी योग्यता व शारीरिक क्षमता हासिल कर ली थी। छोटे अभियानों के बाद उनका एवरेस्ट-विजय का सपना सामने था, जिसे साकार करने में वह जुट गईं और जल्द ही उसमें सफल भी हो गईं। एवरेस्ट-विजय करनेवाली सर्वाधिक कम उम्र की महिला होने के नाते उन्होंने सारे देश का ध्यान अपनी ओर खींचा और लोकप्रियता हासिल की। इससे अगले ही वर्ष उन्होंने दूसरे अभियान की तैयारी कर ली। इस बार दल की नेत्री के रूप में 19 मार्च, 1999 को प्रधानमंत्री के हाथों राष्ट्रीय ध्वज लेकर वे अपने 10 सदस्यीय दल के साथ अभियान के लिए निकल पड़ीं। मार्ग की अनेक बाधाओं (विशेष रूप से चुनौती भरा कठिन मार्ग चुनने के कारण) को पार करतीं, खतरों का सामना करतीं अंततः चोटी से निचले बेस तक पूरे दल के साथ और चोटी पर तीन सदस्यों के साथ। 28 मई, 1999 को उन्होंने प्रधानमंत्री को अपनी विजय का समाचार भेज दिया। यह उनकी भारी सफलता थी।

इसके बाद देश-विदेश के लगभग सभी समाचार-पत्रों ने उन्हें 'पहली महिला' के नाते इस रूप में याद किया—

- एवरेस्ट-विजय करनेवाली सबसे कम उम्र की पहली पर्वतारोही महिला।
- एवरेस्ट को दो बार विजय करनेवाली पहली महिला।
- दूसरी बार खतरों भरे रास्ते को चुनने की चुनौती स्वीकार करनेवाली पहली महिला, जिसने अपने साहस से सफलता भी प्राप्त की और उसी साहस, धीरज व मानवीय परदुःख-कातरता से दल के अपने साथियों का मनोबल भी बनाए रखा।
- अभियान दल की नेत्री के रूप में प्रथम महिला।
- पुलिस अधिकारी बननेवाली प्रथम महिला पर्वतारोही।

पर्वतारोहण में रिकॉर्ड बनाने के बाद संतोष यादव सिविल सर्विस की परीक्षा में सफल होकर दिल्ली में पुलिस अधिकारी बन गई थीं। अपने इन सभी रूपों में उन्होंने अपार ख्याति व लोकप्रियता अर्जित की, जिसके बाद उन्हें खेल जगत् के प्रतिष्ठित 'अर्जुन पुरस्कार' और राष्ट्रीय अलंकरण 'पद्मश्री' से सम्मानित किया गया।

सफल पर्वतारोही और सफल पुलिस अधिकारी बनने के बाद 25 वर्ष की उम्र में उन्होंने विवाह किया और एक समर्पित पत्नी व सफल माँ बन गईं। पुलिस सेवा में आने के बाद भी उन्हें छुट्टियों के दौरान पर्वतारोहण की छूट मिली हुई थी। विवाह के बाद उन्होंने स्वेच्छा से इस छूट का मोह त्याग दिया और पुलिस अधिकारी, माँ व पत्नी की तिहरी (समाज-सेविका के रूप में चौथी भी) भूमिका निभाने लगीं। उनके अनुसार, 'यह चुनौती क्या किसी एवरेस्ट-विजय से कम है ?'

□

सरोजिनी नायडु

सरोजिनी नायडु का जन्म 13 फरवरी, 1879 को हैदराबाद में हुआ था। अघोरनाथ चट्टोपाध्याय और वरदा सुंदरी देवी के आठ बच्चों में वे सबसे बड़ी थीं। उनके पिता एक वैज्ञानिक, शिक्षक तथा दार्शनिक होने के साथ-साथ निजाम कॉलेज, हैदराबाद के संस्थापक भी थे। सरोजिनी नायडु की माँ वरदा सुंदरी देवी एक कवयित्री थीं और बँगला भाषा में कविताएँ लिखा करती थीं।

सरोजिनी नायडु बचपन से ही एक प्रतिभावान छात्रा थीं। उन्होंने मद्रास विश्वविद्यालय में मैट्रिकुलेशन परीक्षा में प्रथम स्थान प्राप्त किया। उस समय उनकी आयु केवल बारह वर्ष थी। उसी साल उन्हें राष्ट्रीय प्रसिद्धि प्राप्त हुई। वे उर्दू, तेलुगु, अंग्रेजी, बँगला और फारसी सहित अनेक भाषाएँ धाराप्रवाह बोल सकती थीं। अध्ययन के लिए इंग्लैंड जाने के पहले उन्होंने मद्रास यूनिवर्सिटी में पढ़ाई की।

सरोजिनी के पिता चाहते थे कि उनकी बेटी एक गणितज्ञ या वैज्ञानिक बनें, लेकिन सरोजिनी को काव्य में अधिक रुचि थी। काव्य में उनकी रुचि को देखते हुए उनके पिता ने उन्हें उसी दिशा में जाने के लिए प्रोत्साहित किया जिसमें उनकी सबसे अधिक रुचि थी। अपने पिता से प्रोत्साहन मिलने पर उन्होंने फारसी भाषा में 'माहेर मुनीर' नामक नाटक लिखा। डॉ. चट्टोपाध्याय ने उस नाटक की एक प्रति हैदराबाद के नवाब को भेज दी। नवाब सरोजिनी द्वारा लिखित नाटक से बहुत प्रभावित हुए। सरोजिनी को पढ़ाई हेतु विदेश जाने के लिए नवाब ने स्कॉलरशिप मंजूर की।

16 वर्ष की आयु में अध्ययन करने के लिए उन्होंने इंग्लैंड की यात्रा की। पहले वे किंग्स कॉलेज, लंदन गईं और फिर गिर्टन कॉलेज, कैंब्रिज। वहाँ उन्होंने अपने समय के अनेक मशहूर और महान् लोगों से भेंट की, जैसे कि आर्मर साइमन और एडमंड गौस। गौस ने ही सरोजिनी को समझाया कि काव्य के माध्यम से अपने विचारों की अभिव्यक्ति के लिए उन्हें भारत के विषयों को ही लेना चाहिए, जैसे कि भारत के विशाल पहाड़,

नदियाँ, भव्य मंदिर, सामाजिक वातावरण आदि।

सरोजिनी जब पंद्रह वर्ष की थीं, उनकी मुलाकात डॉ. गोविंदराजुलु नायडु से हुई, जो एक गैर-ब्राह्मण और पेशे से एक डॉक्टर थे। उन दोनों में प्यार हो गया। जब सरोजिनी की पढ़ाई पूरी हो गई, तो उन्होंने 19 साल की आयु में डॉ. नायडु से विवाह कर लिया। उन दिनों अंतरजातीय विवाह करने की अनुमति नहीं थी। यह एक क्रांतिकारी कदम था, लेकिन सरोजिनी के पिता ने उनके निर्णय का पूरा समर्थन किया। उनका वैवाहिक जीवन बहुत खुशहाल था। उनके चार बच्चे हुए जिनके नाम हैं—जयसूर्य, पद्मज, रंधीर और लीलामणि।

सन् 1905 में बंगाल के विभाजन के परिणामस्वरूप सरोजिनी भारत के राष्ट्रीय आंदोलन से जुड़ गईं और उनका राजनीतिक जीवन आरंभ हो गया। वे गोपाल कृष्ण गोखले, रवींद्रनाथ टैगोर, मुहम्मद अली जिन्ना, एनी बेसेंट, सी.पी. रामास्वामी अय्यर, गांधीजी और जवाहरलाल नेहरू जैसे प्रसिद्ध स्वतंत्रता सेनानियों के संपर्क में आईं। उन सबका सरोजिनी पर बहुत प्रभाव पड़ा और उन्होंने भारत के स्वतंत्रता आंदोलन के लिए पूरे दिल से काम करना शुरू कर दिया।

एक स्त्री होने के नाते उन्होंने देश की महिलाओं के लिए बहुत अधिक कल्याणकारी कार्य किया। उन्होंने भारत की महिलाओं को जाग्रत् किया कि वे रसोईघर से बाहर आएँ। इसी उद्देश्य को लेकर उन्होंने एक राज्य से दूसरे राज्य, एक शहर से दूसरे शहर का भ्रमण किया और महिलाओं के अधिकारों के लिए आवाज उठाई। वे भारत की महिलाओं के अंदर आत्मसम्मान जगाना चाहती थीं। सन् 1915 से 1918 तक उन्होंने भारत भर में युवाओं के कल्याण, श्रमिकों की मान-मर्यादा, महिला उद्धार और राष्ट्रवाद पर भाषण दिए।

सन् 1925 में सरोजिनी नायडु ने कानपुर में 'भारतीय राष्ट्रीय कांग्रेस' के वार्षिक अधिवेशन की अध्यक्षता की और वे 'भारतीय राष्ट्रीय कांग्रेस' (इंडियन नेशनल कांग्रेस) की पहली अध्यक्ष बनीं। 'नागरिक अवज्ञा आंदोलन' के दौरान उन्होंने महत्त्वपूर्ण भूमिका निभाई और उन्हें गांधीजी तथा अन्य नेताओं के साथ जेल जाना पड़ा। सन् 1942 में सरोजिनी नायडु को 'भारत छोड़ो आंदोलन' के दौरान गिरफ्तार किया गया। गांधीजी के साथ उन्होंने जेल में बीस महीने बिताए। गांधीजी के साथ उनके घनिष्ठ संबंध थे और वे उन्हें 'मिक्की माउस' कहा करती थीं।

सरोजिनी पहली भारतीय महिला थीं, जो 'भारतीय राष्ट्रीय कांग्रेस' की अध्यक्ष बनीं। सन् 1947 में जब भारत स्वाधीन हो गया, सरोजिनी नायडु को उत्तर प्रदेश का राज्यपाल नियुक्त किया गया। इस तरह उन्हें उत्तर प्रदेश की पहली राज्यपाल होने का सम्मान प्राप्त हुआ।

सरोजिनी नायडु एक प्रतिष्ठित कवयित्री, विख्यात स्वतंत्रता सेनानी और अपने समय की एक महान् वक्ता थीं। काव्य के क्षेत्र में उनके योगदान के लिए उन्हें बहुत प्रशंसा प्राप्त हुई। उनके काव्य में सुंदर शब्दों का संयोजन होता था और उनकी रचनाओं को गाया भी जा सकता था। उन्होंने समकालीन भारतीय जीवन और घटनाओं को अपने काव्य में पिरोया। सन् 1905 में उनका पहला काव्य-संग्रह 'दि गोल्डन थ्रेशोल्ड' शीर्षक से प्रकाशित हुआ। उसके कुछ ही समय बाद उन्हें 'बुलबुले-हिंद' या 'नाइटिंगल ऑफ इंडिया' 'भारत कोकिला' उपनाम दिया गया।

उसके बाद उनकी रचनाओं के दो खंड और प्रकाशित हुए—सन् 1912 में 'दि वर्ड ऑफ टाइम' और सन् 1917 में 'दि ब्रोकन विंग'। भारतीय और अंग्रेजी पाठकों ने इन्हें बहुत पसंद किया। बाद में 'दि मैजिक ट्री', 'दि पिजार्ड मास्क' और 'ए ट्रैजरी ऑफ पोइम्स' प्रकाशित हुए। जवाहरलाल नेहरू और रवींद्रनाथ टैगोर को उनकी कविताएँ बहुत पसंद आईं। कवियों में पी.बी. शेले उनके प्रिय कवि थे।

सन् 1916 में सरोजिनी ने मुहम्मद अली जिन्ना की जीवनी 'दि एंबेसेडर ऑफ हिंदू-मुसलिम यूनिटी' शीर्षक से प्रकाशित की। सन् 1919 में वे इंग्लैंड में 'होमरूल लीग' की राजदूत बनीं। सन् 1925 में उन्हें कांग्रेस का प्रेसीडेंट अर्थात् अध्यक्ष निर्वाचित किया गया और अक्तूबर 1928 में उन्होंने न्यूयॉर्क की यात्रा की तथा कांग्रेस आंदोलन के बारे में वहाँ भाषण दिए। 'इंडियन नेशनल कांग्रेस' की ओर से 'ईस्ट अफ्रीकन-इंडियन कांग्रेस' में भाग लेने के लिए भेजे गए दो सदस्यों में से एक सरोजिनी नायडु थीं। साहित्य जगत् में उनके योगदान के सम्मानस्वरूप उन्हें 'रॉयल सोसायटी ऑफ लिटरेचर' का फैलो चुना गया।

'नमक कानून' तोड़ने के लिए महात्मा गांधी के साथ उन्होंने भी डाँडी तक पैदल यात्रा की और फिर गांधीजी, अब्बास तैयबजी और कस्तूरबा गांधी की गिरफ्तारी के बाद उन्होंने 'धरासन सत्याग्रह' का नेतृत्व किया। भारत की महिलाओं में स्वाभिमान स्थापित करने के लिए भी उन्होंने बहुत काम किया।

'भारत कोकिला' (नाइटिंगल ऑफ इंडिया) ने उत्तर प्रदेश के राज्यपाल की गद्‌दी पर रहते हुए 2 मार्च, 1949 को लखनऊ में अपने कार्यालय में इस संसार से अंतिम विदा ली। वे अपने पीछे भारत के लोगों के लिए ढेरों स्मृतियों एवं किए गए महान् कार्यों की थाती छोड़ गईं। उनका विशाल काव्य-संग्रह युगों-युगों तक भारत की भावी पीढ़ियों को प्रेरणा प्रदान करता रहेगा। उनके प्रति श्रद्धांजलि के रूप में 13 फरवरी को सरोजिनी नायडु का जन्मदिन भारत में 'महिला दिवस' के रूप में मनाया जाता है।

□

साइना नेहवाल

साइना नेहवाल भारत की जानी-मानी बैडमिंटन खिलाड़ियों में से एक हैं और इस समय निर्विवाद रूप से वह सर्वाधिक उदीयमान भारतीय महिला बैडमिंटन खिलाड़ी हैं। बैडमिंटन जगत् में शीर्ष की कुछ नामचीन खिलाड़ियों को परास्त करने के अलावा साइना को ओलंपिक खेलों में बैडमिंटन मुकाबलों के क्वार्टर फाइनल में पहुँचनेवाली पहली भारतीय महिला खिलाड़ी होने का भी श्रेय प्राप्त है।

साइना नेहवाल का जन्म 17 मार्च, 1990 को हिसार, हरियाणा में हुआ था।

बैडमिंटन की दुनिया में कदम रखने की प्रेरणा उन्हें अपने पिता डॉ. हरवीर सिंह, वैज्ञानिक, तिलहन अनुसंधान निदेशालय, हैदराबाद और अपनी माँ उषा नेहवाल से प्राप्त हुई। वे दोनों हरियाणा में पहले बैडमिंटन चैंपियन रह चुके हैं।

दिसंबर 1998 में साइना के पिता साइना को लाल बहादुर स्टेडियम, हैदराबाद में बैडमिंटन कोच नानी प्रसाद से मिलाने ले गए। लड़की में कुछ कर दिखाने की संभावना पाकर प्रसाद ने श्री सिंह से कहा कि साइना का नाम ग्रीष्मकालीन शिविर में प्रशिक्षण के लिए दर्ज करवा दें।

हरवीर सिंह अपनी पुत्री आठ वर्षीय साइना को रोजाना सुबह 6 बजे उठाते और साथ लेकर स्टेडियम चले जाते, जो करीब 20 कि.मी. दूर था। दो घंटे के अभ्यास के बाद हरवीर सिंह साइना को स्कूल छोड़ते हुए अपने दफ्तर निकल जाते। इतनी दूर जाने-आने के दौरान साइना को अकसर नींद आ जाती थी। इस कारण उनकी माँ ने अगले तीन माह तक उनके साथ जाना शुरू कर दिया।

प्रशिक्षण के लिए निर्धारित समय पर पहुँचने के लिए उन्हें प्रतिदिन करीब 50 कि.मी. का सफर करना पड़ता था, जिसे देखते हुए सिंह दंपती ने सन् 1999 में स्टेडियम के निकट घर लेने का निर्णय किया। इसके बावजूद जाने-आने की तकलीफ कम नहीं हुई, क्योंकि साइना को शाम के समय भी प्रशिक्षण में आने के लिए कहा गया। अतिरिक्त

प्रशिक्षण-सत्रों के कारण यात्रा-खर्च बहुत अधिक बढ़ गया। उसके साथ-साथ शटल, रैकिट, जूतों, आवश्यक कपड़ों, रैकिटों की मरम्मत आदि का खर्च मिलाकर, हर माह का व्यय करीब 12000 रुपए तक पहुँच गया।

उनके प्रशिक्षण के बढ़ते खर्च से पार पाने के लिए साइना के पिता ने अपनी बचत और भविष्य निधि से रकम निकाली। यह कठिन दौर सन् 2002 तक चलता रहा, तब जाकर स्पोर्ट्स ब्रांड 'योनेक्स' ने साइना की किट का खर्च उठाने का प्रस्ताव किया। जैसे-जैसे उनका दरजा बढ़ा और रैंकिंग ऊपर हुई, स्पॉन्सरशिप भी बढ़ने लगी। सन् 2004 में बी.पी.सी.एल. ने इस उभरती सितारे को अपने यहाँ वेतन पर रख लिया और सन् 2005 में 'मित्तल चैंपियंस ट्रस्ट' का ध्यान उनकी तरफ गया।

साइना 19 वर्ष से कम आयु वर्ग में सबसे ऊपर और नेशनल चैंपियन रही हैं। सीनियर सर्किट में भी वे नियमित रूप से खेलती हैं, जहाँ वे भारत की भूतपूर्व नंबर एक खिलाड़ी अपर्णा पोपट से हार गई थीं, किंतु बाद में दो बार एशियन सैटेलाइट बैडमिंटन टूर्नामेंट (इंडिया चैप्टर) जीतकर इतिहास रच दिया। इस उपलब्धि को हासिल करनेवाली वे पहली खिलाड़ी बनीं।

सन् 2006 में साइना वैश्विक दृश्य पर नजर आईं, जब पहली भारतीय महिला खिलाड़ी के रूप में एक 4-सितारा प्रतियोगिता, 'फिलिपींस ओपन' जीती।

86वें मानांकित खिलाड़ी की हैसियत से टूर्नामेंट में प्रवेश करके साइना ने चोटी के कई खिलाड़ियों को चौंका दिया, जिनमें हुआइवेन जू भी शामिल थीं। साइना ने आखिरकार मलेशियाई खिलाड़ी जलिया जियानपेई वाँग को हराकर खिताब पर कब्जा कर लिया। इसी वर्ष साइना 'बी.डब्ल्यू.एफ. वर्ल्ड जूनियर चैंपियनशिप' मुकाबलों में रनर-अप (उपविजेता) बनीं, जहाँ एक कड़े मुकाबले में वे उच्चतम दरजा प्राप्त चीनी खिलाड़ी वैंग सिहान से हार गईं। सन् 2008 में उनका प्रदर्शन और भी अच्छा रहा, जब साइना ने जापान की नौवें मानांकित खिलाड़ी सयका सातो को हराकर 'वर्ल्ड जूनियर बैडमिंटन चैंपियनशिप' जीती। यह सफलता हासिल करनेवाली वे पहली भारतीय खिलाड़ी बनीं।

वे पहली भारतीय महिला खिलाड़ी हैं जिसने हाँगकाँग की विश्व में पाँचवें और चौथे नंबर की खिलाड़ी वैंग चेंग को तीन खेलों के रोमांचक मुकाबले में हराकर ओलंपिक गेम्स के क्वार्टर फाइनल में पहुँचने में सफलता पाई। क्वार्टर फाइनल मुकाबलों में साइना विश्व की 16 नंबर की खिलाड़ी मारिया क्रिस्टीन यूलियांति से हार गईं। हालाँकि 3 दौर के इस मुकाबले में आखिरी क्षण तक साइना ने उसे कड़ी चुनौती दी। सितंबर 2008 में साइना ने मलेशिया की ली या लीडिया चीह को हराकर योनेक्स चाइनीज ताईपेई ओपन-2008 स्पर्धा में जीत हासिल की।

साइना को सन् 2008 में 'दि मोस्ट प्रॉमिसिंग प्लेयर' घोषित किया गया। दिसंबर, 2008 में वे विश्व की सुपर सीरीज के सेमीफाइनल मुकाबलों में पहुँच गईं।

21 जून, 2009 को साइना ने 'इंडोनेशिया ओपन' जीतकर विश्व की अत्यंत महत्त्वपूर्ण बैडमिंटन सीरीज 'बी.डब्ल्यू.एफ. सुपर सीरीज' का खिताब हासिल करनेवाली पहली भारतीय होने का गौरव प्राप्त किया। उन्होंने फाइनल में चीन की लिन वैंग को हराया। टूर्नामेंट जीतने पर साइना ने कहा, ''मैंने ओलंपिक में क्वार्टर फाइनल में अपने प्रवेश के समय से ही एक सुपर सीरिज टूर्नामेंट जीतने की इच्छा पाली हुई थी।'' साइना ने प्रकाश पादुकोण और अपने परामर्शदाता पुलेला गोपीचंद की बराबरी कर ली है, क्योंकि इन दोनों ने ऑल इंग्लैंड चैंपियनशिप प्रतियोगिताएँ जीती थीं जिनका दरजा सुपर सीरीज के समान है।

अगस्त 2009 में वे विश्व चैंपियनशिप मुकाबलों के क्वार्टर फाइनल में पहुँच गईं थीं, किंतु दूसरे नंबर की मानांकित खिलाड़ी लिन वैंग से हार गईं।

साइना नेहवाल को अगस्त 2009 में 'अर्जुन पुरस्कार' प्रदान किया गया और उनके कोच श्री गोपीचंद को भी उसी समय 'द्रोणाचार्य पुरस्कार' से सम्मानित किया गया।

साइना ओलंपिक स्वर्ण पदक जीतने का अपना सपना पूरा कर सके, इस उद्देश्य से उन्हें बढ़ावा देने के लिए उनका नाम 'ओलंपिक गोल्ड क्वेस्ट' में दर्ज कर लिया गया है।

साइना को जनवरी 2010 में 'पद्मश्री' सम्मान प्रदान किया गया। वे 'डेकन क्रॉनिकल' द्वारा खरीदी गई 'इंडियन प्रीमियर लीग' की एक टीम 'डेकन चार्जर्स' की ब्रांड एंबेसेडर भी हैं।

नई दिल्ली में आयोजित 'एशियन बैडमिंटन चैंपियनशिप-2010' में साइना ने अपेक्षाकृत एक नई और परखी न गई युवा चीनी खिलाड़ी ली जुएरुई को पछाड़ा और अंतत: खिताब की हकदार बनीं।

साइना नेहवाल ने एक दिन बाद सन् 2010 में अपना बीसवाँ जन्मदिन मनाया और विश्व बैडमिंटन रैंकिंग में साइना का नाम चोटी के पाँच खिलाड़ियों में शामिल हो गया। इस मुकाम पर पहुँचनेवाली वे पहली भारतीय महिला हैं। साइना ने इन दिनों विश्व की दूसरे नंबर की बैडमिंटन खिलाड़ी मानी जाती हैं। अब उनका सपना पहले नंबर की खिलाड़ी बनना है।

साइना के विश्वसनीय परामर्शदाता और भारतीय टीम के कोच पुलेला गोपीचंद को साइना की उपलब्धि पर कोई आश्चर्य नहीं है।

□

सानिया मिर्जा

भारतीय टेनिस खिलाड़ी सानिया मिर्जा का जन्म 15 नवंबर, 1986 को मुंबई में हुआ था, लेकिन उनका पालन-पोषण हैदराबाद में हुआ। उनके पिता इमरान मिर्जा एक टेनिस कोच हैं। पिता ने उन्हें बचपन से ही टेनिस खेलने का प्रशिक्षण देना शुरू कर दिया था। सानिया ने आरंभिक शिक्षा हैदराबाद में नस्र स्कूल में पूरी की और उसके बाद सेंट मैरी कॉलेज से स्नातक की डिग्री प्राप्त की।

सानिया मिर्जा ने छह साल की उम्र से टेनिस खेलना शुरू कर दिया था। उन्होंने सिकंदराबाद स्थित 'सिन्नेत टेनिस अकादमी' से व्यावसायिक टेनिस का प्रशिक्षण प्राप्त किया और फिर यूनाइटेड स्टेट्स में 'एस टेनिस अकादमी' में सीखने चली गईं। उनके प्रोफेशनल कॅरियर की देखभाल महेश भूपति से संबद्ध एक कंपनी 'ग्लोबल स्पोर्ट्स' द्वारा की जाती है और उसने एक विशेष सलाहकार के रूप में बॉब ब्रेट को नियुक्त किया है, जो पहले बोरिस बेकर के कोच थे।

सानिया ने सन् 1999 से अंतरराष्ट्रीय खेल प्रतियोगिताओं में खेलना आरंभ किया, जब जकार्ता में 'वर्ल्ड जूनियर चैंपियनशिप' में पहली बार भारत का प्रतिनिधित्व किया। उसके बाद सानिया ने पेस के साथ 'एशियन गेम्स' में हिस्सा लिया, जहाँ उन्होंने कांस्य पदक जीता। सानिया ने अपने देश भारत को पुन: गौरवान्वित किया, जब लड़कियों के 'डबल्स जूनियर विंबलडन टेनिस टूर्नामेंट' में उन्हें एक 13 वर्ष की रूसी खिलाड़ी अलीसा क्लेबनोवा की जोड़ीदार बनाकर खेलना पड़ा और 'ग्रैंड स्लैम' जीत लिया। इस प्रकार सानिया मिर्जा इस खिताब को हासिल करनेवाली पहली और सबसे युवा भारतीय खिलाड़ी बन गईं।

सन् 2003 में वे एक व्यावसायिक टेनिस खिलाड़ी बन गईं। उसी वर्ष सानिया ने अलीसा क्लेबनोवा को जोड़ीदार बनाकर 'विंबलडन जूनियर्स डबल्स चैंपियनशिप' जीत ली। इस मैच में सानिया सबसे युवा भारतीय खिलाड़ी और पहली भारतीय महिला थीं

जिसने 'जूनियर ग्रैंड स्लैम' का खिताब हासिल किया। 'एफ्रो-एशियन गेम्स' में उन्होंने भिन्न-भिन्न प्रतियोगिताओं में भाग लेकर चार स्वर्ण पदक जीते। सन् 2004 में आयोजित 'हैदराबाद ओपन डबल्स' में उन्होंने लाइजेल ह्यूबर की साझेदारी में टूर्नामेंट जीत लिया। इस प्रकार उन्होंने एक डब्ल्यू.टी.ए. या ए.टी.पी. टूर खिताब जीतनेवाली सबसे युवा भारतीय और पहली भारतीय महिला खिलाड़ी होने का गौरव प्राप्त किया।

जनवरी 2008 में सानिया ने कहा कि वह खेलना छोड़ने के बारे में विचार कर रही हैं, क्योंकि उनके कार्य-व्यवहार को लेकर अनुचित एवं अवांछित विवाद उठाए जा रहे हैं। सन् 2008 'हॉपमैन कप' में प्रेस-सम्मेलन के दौरान मिर्जा को एक भारतीय ध्वज के निकट अपने पाँव रखे हुए दिखाया गया। किसी सामान्य नागरिक द्वारा इस बारे में शिकायत किए जाने के बाद 'राष्ट्रगौरव अपमान निवारण अधिनियम' के तहत उन पर मुकदमा चलाया जा सकता था। सानिया ने यह कहते हुए विरोध प्रकट किया, "मुझे अपने मुल्क से प्यार है, अन्यथा मैं 'हॉपमैन कप' नहीं खेल रही होती।" और कहा कि 'देश के सम्मान को ठेस पहुँचाने का उसका कोई इरादा नहीं था।'

सानिया ने टेनिस में अनेक खिताब जीते हैं। सन् 2005 में वह जापान में महिलाओं के एकल मुकाबलों के सेमीफाइनल और शैहर पियर की साझेदारी में युगल मुकाबलों के सेमीफाइनल में भी पहुँच गईं तथा डबल्स रैंकिंग में उनका स्थान 114 हो गया, जो उसका तब तक का उच्चतम रैंक था। 'यू.एस. ओपन' में वे चौथे राउंड में पहुँच गईं। खेल के तीसरे दिन पैरों की उँगलियों से खून निकलने के बावजूद, दूसरे राउंड का मैच जीतने के बाद उन्हें 'बेस्ट प्लेयर ऑफ द डे' घोषित किया गया।

'एक्यूरा क्लासिक' में सानिया ने विश्व रैंकिंग में 8वाँ स्थान प्राप्त नाडिया पेट्रोवा को दूसरे चक्र में हरा दिया, लेकिन तीसरे चक्र में वे हार गईं। विश्व रैंकिंग में पहली बार वे शीर्षस्थ-50 में जगह बनाने में सफल हुईं फिर 'हैदराबाद ओपन एकल' मुकाबलों में मैच जीत लिया और 'डब्ल्यू.टी.ए. एकल' का खिताब जीतनेवाली पहली भारतीय महिला बनीं। 'आस्ट्रेलिया ओपन एकल' यानी सिंगल्स मुकाबलों में वे तीसरे राउंड में पहुँच गईं और किसी ग्रैंड स्लैम टूर्नामेंट के तीसरे दौर में पहुँचनेवाली वे पहली भारतीय महिला बनीं।

सन् 2006 में सानिया ने कुछ महत्त्वपूर्ण मैच खेले। 15 वें एशियाई खेलों में उन्होंने मिश्रित युगल मुकाबलों में लिएंडर पेस की साझेदारी में भारत के लिए स्वर्ण पदक जीता। एकल प्रतियोगिता में उन्होंने रजत पदक जीता और टीम टेनिस में शिखा ओबेराय के साथ मिलकर भारत के लिए एक रजत पदक हासिल किया। 'सनफीस्ट कोलकाता ओपन डबल्स' में उन्होंने लाइजेल ह्यूबर की साझेदारी में टूर्नामेंट जीता और 'बंगलौर ओपन डबल्स' में भी वे जीत गईं। 'कतर एशियन गेम्स' में महिलाओं के एक एकल

मुकाबले में रजत पदक जीता और मिश्रित युगल मुकाबलों में लिएंडर पेस की साझेदारी में स्वर्ण पदक हासिल किया।

2007 'यू.एस. ओपन' में वे अन्ना चक्वेताद्जे से तीसरी बार हारने से पहले तीसरे चक्र में पहुँच गई थीं। सानिया ने डबल्स में बहुत बेहतर प्रदर्शन किया और मिश्रित युगल मुकाबलों में वे अपने जोड़ीदार महेश भूपति के साथ क्वार्टर फाइनल में पहुँचीं और महिलाओं के डबल मुकाबलों में बिथनी मटेक के साथ क्वार्टर फाइनल मुकाबलों में पहुँचने में सफल रहीं। इस दौरान उन्होंने नंबर दो जोड़ी लीसा रेमंड और सामंथ स्तोसुर को हराकर एक जीत भी हासिल की।

सानिया ने 'ईस्ट वेस्ट बैंक क्लासिक' में दूसरे राउंड में मार्टिना हिंगिस को लगातार दूसरी बार हराया। 'एक्यूरा क्लासिक' में वे दो टॉप 20 प्लेयर्स को हराकर क्वाटर फाइनल में पहुँचीं। उसी वर्ष उन्होंने 'वेस्टर्न ऐंड ईस्टर्न फाइनेंशियल ग्रुप वीमेंस ओपन' में शैहर पियर के साथ मिलकर डबल्स मुकाबला जीता।

सन् 2008 में 'ऑस्ट्रेलियन ओपन' में उन्हें टूर्नामेंट में 31वाँ स्थान दिया गया था, लेकिन तीसरे दौर में वे वीनस विलियम्स से हार गईं, किंतु मिश्रित डबल्स में महेश भूपति के साथ वे फाइनल मुकाबलों में पहुँच गईं। विंबलडन में 32वाँ स्थान प्राप्त सानिया को अनुभवी खिलाड़ी मारिया जोस मार्टिनेज सांचेज ने परास्त कर दिया। सन् 2008 'बीजिंग ओलंपिक' में उन्हें पहले राउंड में उस समय बाहर कर दिया गया, जब वे सीधे हाथ की कलाई में चोट के कारण मैच छोड़कर चली गईं।

सन् 2009 में सानिया ने 'ऑस्ट्रेलियन ओपन' में अपना पहला ग्रैंड स्लैम खिताब जीता। महेश भूपति की साझेदारी में उन्होंने मिश्रित युगल मुकाबला जीता। तत्पश्चात् बैंकॉक में 'पताया वीमेंस ओपन टूर्नामेंट' में हिस्सा लिया, जहाँ वे कुछ अच्छे प्रदर्शनों के बाद फाइनल मुकाबलों में पहुँचीं। उसी टूर्नामेंट में वे डबल्स के सेमीफाइनल में पहुँचने में भी सफल रहीं। दूसरे टूर्नामेंटों में उनका प्रदर्शन बहुत खराब रहा।

सानिया मिर्जा के खेल कॅरियर में उच्चतम रैंकिंग एकल (सिंगल्स) मुकाबलों में 27 और डबल्स में 18 है।

सानिया ने सन् 2010 में अनेक विवादों के बीच, पाकिस्तानी क्रिकेट खिलाड़ी शोएब मोहम्मद से हैदराबाद (भारत) में निकाह कर लिया। पहले उनकी सगाई, उनके बचपन के दोस्त सोहराब मिर्जा से हुई थी।

□

सितारा देवी

विख्यात नृत्यांगना सितारा देवी का जन्म सन् 1927 में धनतेरस के दिन हुआ था। उनके पिता बनारस के प्रसिद्ध नृत्याचार्य एवं संगीतज्ञ सुखदेव महाराज थे। वे नेपाल दरबार के अंतर्गत दरबारी संगीतज्ञ थे, साथ ही प्रसिद्ध नर्तक तथा नृत्य गुरु कालिका-बिंदादीन के वंशजों से संबद्ध थे। उनकी दूसरी शादी नेपाल दरबार के राजगुरु की पुत्री मत्स्यकुमारी से हुई थी। सितारा की माता यही मत्स्यकुमारी थीं। सुखदेव महाराज ने अपनी दो पुत्रियों अलकनंदा और सितारा को अपने ब्राह्मण परिवार की रूढ़िवादिता के विरोध का सामना करते हुए कत्थक नृत्य की शिक्षा दी। जब उनकी आयु लगभग बारह वर्ष की थी, तब उन्हें प्रसिद्ध कत्थक नृत्यकार शंभू महाराज से नृत्य की शिक्षा प्राप्त करने का सुअवसर प्राप्त हुआ। पिता ने अच्छन महाराज से भी सितारा को शिक्षा देने की याचना की। कालांतर में उन्होंने लच्छू महाराज से लास्य अंग की शिक्षा प्राप्त की। कत्थक के अलावा अन्य गुरुओं के सान्निध्य में उन्होंने भरतनाट्यम तथा मणिपुरी नृत्यों की शिक्षा ग्रहण कर उसमें दक्षता प्राप्त की।

भारतीय शास्त्रीय नृत्य के उत्तरी एवं दक्षिण शैलियों के अलावा उनकी रुचि पाश्चात्य नृत्य कला की ओर भी रही। कुछ समय के बाद फिल्म और कला नगरी बंबई में वे स्थायी तौर पर रहने लगीं। बंबई में उनकी विशेष अभिरुचि फिल्म अभिनेत्री बनने की थी, अतः इस क्षेत्र में उन्होंने अपने भाग्य की आजमाइश करनी शुरू की। इस प्रकार क्रमशः सिने जगत् में भी एक लोकप्रिय अभिनेत्री के रूप में स्थापित हो गईं। धार्मिक फिल्म 'उषा हरण' से उन्होंने फिल्म जगत् में अभिनेत्री के रूप में प्रवेश किया, तत्पश्चात् 'होली', 'धीरज', 'रोटी', 'हलचल', 'फूल' आदि कई फिल्मों में कार्य कर प्रसिद्धि के शिखर को छूने लगीं।

सन् 1948 के लगभग सिताराजी अपने पिता के परामर्श के अनुसार एवं शास्त्रीय नृत्य की ओर जनता की अभिरुचि का खयाल करते सिने जगत् से कुछ सिमटकर पुनः

नृत्य कला की दिशा की ओर मुड़ीं तथा नृत्य की साधना काफी परिश्रम के साथ शुरू कर दी। नृत्य के प्रदर्शन हेतु उन्होंने लगभग समस्त यूरोपीय देशों का भ्रमण किया और अपने नृत्य का प्रदर्शन कर लाखों विदेशी दर्शकों पर भारतीय नृत्य कला की गहरी छाप छोड़ी। विदेश में एक खुले थिएटर हॉल में उन्हें एकत्रित पचहत्तर हजार दर्शकों के मध्य नृत्य प्रस्तुत करने का अवसर प्राप्त हुआ, जो उनकी लोकप्रियता एवं सफलता के स्वर्णिम क्षण का प्रतीक है। देश के विभिन्न भागों में नृत्य का सफल प्रदर्शन कर उन्होंने संगीत जगत् में नृत्य कला को गौरवान्वित किया है।

उनके नृत्य में नृत्य की शास्त्रीयता के साथ भावपूर्ण अभिनय का एक अद्‌भुत संयोग देखने को मिलता है। अपने घराने की समग्र विशेषताओं को सुरक्षित रखते हुए उन्होंने कत्थक नृत्य में अनेक प्रयोग किए और अपना स्वतंत्र अस्तित्व कायम किया। सन् 1969 में नृत्य-सम्राज्ञी सितारा देवी ने बारह घंटे तक अविरल नृत्य प्रस्तुत कर एक नया कीर्तिमान स्थापित किया। अभिनेता नजीर के साझे में एक फिल्म कंपनी 'हिंद पिक्चर्स' प्रारंभ कर कुछ फिल्मों का भी निर्माण किया।

इन्होंने अपने नृत्यों का प्रदर्शन पौराणिक कथानकों की पृष्ठभूमि में कुशलतापूर्वक किया है। उनके द्वारा राम-कृष्ण की लीला एवं रामायण का पूरा नृत्य-अभिनय अकेले ही करना अपने में एक मौलिक प्रयोग है, जो दर्शकों के बीच अति लोकप्रिय है। यद्यपि इनकी अधिकांश शिक्षा शंभू महाराज द्वारा लखनऊ घराने की परंपरा के अंतर्गत हुई, किंतु उनकी अपनी शैली उनकी वैयक्तिक विशेषताओं के परिणामस्वरूप भिन्न है।

नृत्यांगना सितारा देवी का प्रथम विवाह 'मुगले आजम' फिल्म के प्रमुख निर्माता के. आसिफ के साथ हुआ। बाद में एक इंजीनियर श्री बारौत से उनकी दूसरी शादी हुई, इंजीनियर पति से एक पुत्र का जन्म हुआ, जिसका नाम रंजीत है। रंजीत अंतरराष्ट्रीय 'जाज ग्रुप' में ताल वाद्यों को प्रस्तुत करनेवाले एक प्रमुख तालवादक (ड्रमर) हैं।

संगीत के क्षेत्र में सेवाओं के सम्मान-स्वरूप सितारा देवी को सन् 1969 में संगीत नाटक अकादमी का पुरस्कार दिया गया, साथ ही उत्तर प्रदेश तथा महाराष्ट्र सरकार की ओर से भी पुरस्कृत किया गया। भारत सरकार ने सन् 1974 में 'पद्‌मश्री' के अलंकरण से विभूषित किया। सन् 1978 में इंदिरा कला संगीत विश्वविद्यालय ने मानद डॉक्टरेट की उपाधि प्रदान की। गुरुदेव रवींद्रनाथ ठाकुर ने उनके नृत्य से प्रभावित होकर उन्हें 'क्वीन ऑफ कत्थक डांस' की उपाधि से विभूषित किया था।

□

सिमोन टाटा

एक लंबी पारी खेलनेवाली सिमोन टाटा एक ऐसी शख्सियत हैं, जिन्होंने एक छोटी व अज्ञात कॉस्मेटिक कंपनी को, जो टाटा ऑयल मिल्स की एक सहायक थी, भारत की अग्रणी कॉस्मेटिक कंपनियों में से एक बना दिया। लक्मे नामक इस कंपनी ने भारतीय फैशन और कॉस्मेटिक का चेहरा हमेशा के लिए बदल दिया। अपनी इसी सफलता की वजह से सिमोन एम. टाटा भारत की कॉस्मेटिक सम्राज्ञी के रूप में जानी जाती हैं।

युद्ध से प्रभावित बचपन

अपने में ही केंद्रित रहनेवाली सिमोन को न तो चर्चा में रहना पसंद है, न ही साक्षात्कार देना। अपने जीवन को वह सार्वजनिक बनाने से परहेज करती हैं। जन्म से फ्रांसीसी सिमोन का बचपन व युवावस्था जेनेवा में बीती। उस समय प्राइवेट स्कूलों की संख्या बहुत कम थी और इसलिए बच्चे गाँवों के स्कूलों में पढ़ने जाया करते थे। सिमोन टाटा का बचपन द्वितीय विश्व युद्ध और युद्ध के तनाव के बीच गुजरा, क्योंकि स्विट्ज़रलैंड जैसे देश भी उसके प्रभाव से अछूते नहीं थे। सिमोन के परिवार को खाने, कपड़े, पेट्रोल की कमी सहते हुए जीने की आदत हो गई थी।

अपने बचपन के दिनों को याद करते हुए वह कहती हैं, ''स्विट्ज़रलैंड में एक जगह से दूसरे जगह जाना बहुत कठिन था और किसी के पास कार नहीं थी। हम साइकिल पर आते-जाते थे। वास्तव में युद्ध की स्थितियों ने हमें बहुत जल्दी ही जिम्मेदारियों का बोध करा दिया था।''

अनुभवों ने सिखाया

भारत में कॉस्मेटिक बिजनेस को व्यावसायिक रूप देनेवाली पहली महिला के रूप

में गौरव प्राप्त करनेवाली सिमोन टाटा ने फैशन और कॉस्मेटिक क्षेत्र के मानकों को उसी दृढ़ता से पुन: परिभाषित किया, जैसे वर्षों पहले उन्होंने स्विट्जरलैंड में पहाड़ से गिरने पर स्वयं को सँभाला था।

अधिकांश उच्च स्तरीय फैशन उद्यमी, जो विश्व भर में प्रसिद्धि प्राप्त कर चुके हैं, उन्होंने जीने के सलीके को परिष्कृत करने व अपने सामाजिक व व्यावसायिक संबंधों तथा लोगों से संवाद स्थापित करने की निपुणताओं को तराशने के लिए फिनिरिंग स्कूलों का सहारा लिया। स्विट्जरलैंड के फिनिरिंग स्कूल तो खासतौर पर इन सबके लिए बहुत प्रसिद्ध हैं, जहाँ जाना किसी के लिए भी गौरव की बात हो सकती है। लेकिन वहाँ रहने के बावजूद सिमोन ने किसी फिनिरिंग स्कूल में दाखिला लेना अनिवार्य नहीं समझा, क्योंकि उन्हें लगता था कि ये उन माता-पिता के लिए उपयुक्त थे, जो समझ नहीं पा रहे थे कि स्कूली पढ़ाई पूरी होने के बाद उनकी बेटियों को आगे क्या करना चाहिए।

सिमोन ने केवल कॉलेज की पढ़ाई की और बिजनेस से जुड़ी कोई डिग्री उनके पास नहीं थी, जिसका उन्हें आज भी अफसोस होता है। वह कहती हैं, "मुझे उन लड़कियों को देखकर ईर्ष्या होती है, जिनके पास एम.बी.ए. की डिग्री है। मैंने तो केवल अपने अनुभव से ही सीखा है।"

एक नाटकीय मोड़

एक पर्यटक की तरह सन् 1955 में भारत आने और उद्योगपति नवल टाटा से शादी करने के बाद सिमोन भारत में ही बस गईं। अपने बेटे के जन्म के बाद जब वह दिल्ली में थीं तो उनकी त्वचा में खुश्की हो जाने की वजह से पपड़ियाँ-सी उतरने लगीं। दिल्ली के सर्द मौसम में अपनी सूखी और संवेदनशील त्वचा को ठीक करने के लिए उन्हें कोई क्रीम या लोशन नहीं मिला। तब उन्होंने सोचा कि 'जब टाटा के पास लक्मे है तो हम क्रीम व लोशन क्यों नहीं बना सकते?'

यह प्रश्न, जो उन्होंने बाद में टाटा से जुड़े लोगों के सामने रखा और उसने उनकी जिंदगी को एक नाटकीय मोड़ दे दिया। जब लक्मे ने उन्हें नौकरी दी तो उन्होंने उसे स्वीकार कर लिया और इस तरह से वह लक्मे के बोर्ड से जुड़ गईं। भारत में ब्यूटी सैलून और 100 प्रतिशत प्राइवेट लेबल स्टोर खोलनेवाली वह पहली महिला भी हैं।

एक महीने में प्रत्येक दिन दो घंटे यह काम करने के लिए पर्याप्त होंगे, सोचकर उन्होंने शुरुआत की। सिमोन के इस निर्णय ने उनके सामने विकल्पों, संभावनाओं का असीम विस्तार खोल दिया और नए-नए प्रयोग करने एवं सीखने की अदम्य लालसा ने उन्हें अन्वेषण करने को प्रेरित किया। दिन के दो घंटे आधे दिन में परिवर्तित हो गए।

सिमोन ने तब भी नहीं सोचा था कि उन्हें गंभीरता से इस क्षेत्र में अपना कॅरियर

बना लेना चाहिए, क्योंकि वह अपने को किसी भी कोण से प्रोफेशनल होने के खाके में फिट होते नहीं देख पाती थीं। सन् 1964 में उन्हें लक्मे का मैनेजिंग डायरेक्टर नियुक्त किया गया। तब भी शौकिया उन्होंने बिना वेतन के काम करने के लिए उस पद को स्वीकार कर लिया। उधर नियति उनसे बड़ा काम करवाना चाहती थी, इसलिए यह सब रच रही थी।

समझा भारतीय बाजार को

लक्मे ने पहले स्किन केयर उत्पाद बनाए। कुछ चले, कुछ नहीं चले। सिमोन भारतीय बाजार की नस को समझने के लिए सर्वेक्षण करने में जुट गईं, ताकि पता चल सके कि भारतीय महिलाओं की जरूरतें क्या हैं और कंपनी कहाँ चूक रही है। 'गोरे होने की चाह' जो उस समय भारत में बुरी तरह से व्याप्त थी, उसे भुनाने के लिए उन्होंने टेल्कम पाउडर बाजार में उतारा। हालाँकि यह वह समय था जब भारतीय महिलाएँ सौंदर्य उत्पादों के प्रति बहुत अधिक सचेत नहीं थीं और उन्हें इस्तेमाल करना आम मध्यम वर्गीय स्त्रियों में अच्छा भी नहीं माना जाता था।

जब महिलाओं ने बाहर निकलकर काम करना शुरू किया और आर्थिक आजादी पाई तो सौंदर्य उत्पादों की जरूरत महसूस की गई। उनकी कंपनी ने तब विभिन्न कॉलेजों और क्लबों में महिलाओं को सजने-सँवरने व अच्छा दिखने के विभिन्न पहलुओं की महत्ता समझाने के लिए सौंदर्य विशेषज्ञों को भेजा। उनका यह तरीका कारगर सिद्ध हुआ।

उत्कृष्ट कार्य-शैली

सिमोन की कार्य-शैली ऐसी थी कि बहुत जल्दी ही लक्मे भारत का अग्रणी कॉस्मेटिक उद्यम बन गया और अनेक विदेशी बाजारों में उसकी पहुँच हो गई।

सन् 1989 में टाटा इंडस्ट्रीज की डायरेक्टर नियुक्त किए जाने से पहले 1982 में उन्होंने कंपनी की चेयरपर्सन के रूप में कार्यभार सँभाला। वह कहती हैं, "टाटा इंडस्ट्रीज के बोर्ड में अनुभवी लोगों के साथ बातचीत करना एक नया अनुभव था। इस दौरान मुझे चीजों को नए सिरे से सीखने व देखने का अवसर भी मिला।"

अलग-अलग तरह के विषयों पर अपने-अपने क्षेत्रों में महारत हासिल किए लोगों के विचार सुनना सीखने की एक ऐसी प्रक्रिया होती है, जो दूसरों के लिए भी कामयाबी का मार्ग प्रशस्त कर देती है। सन् 1996 में सिमोन टाटा ने लक्मे कॉस्मेटिक हिंदुस्तान लीवर लि. (एच.एल.एल.) को 200 करोड़ रुपए में बेचकर 93 करोड़ रुपए का मुनाफा कमाया।

मिली चुनौतियाँ

पति नवल टाटा उनकी सफलता से बेहद खुश थे और उन्हें एक-दूसरे से प्रेरणा व ताकत मिलती थी। नवल टाटा की मृत्यु के बाद टूट-सी गई। सिमोन ने पुन: अपनी दृढ़ता को संचित करने में बहुत वक्त नहीं लगाया। बेशक उन्होंने एक समय में अपने कार्य को गंभीरता से नहीं लिया था, पर चुनौतियों का सामना तो उन्हें भी करना ही पड़ा, खासकर पति की मृत्यु के बाद।

अपना कॅरियर शुरू करने के 30 साल बाद जब उन्होंने लक्मे को बेचा तो सबसे बड़ी चुनौती का सामना उन्हें तब करना पड़ा, जब जिस कंपनी को अपनी मेहनत और ऊर्जा से उन्होंने सींचा था और एक नई दिशा दी थी, उसे बेचने व ट्रेंट को खड़ा करने के बीच उन्हें कई तरह के परिवर्तनों से गुजरना पड़ा।

ट्रेंट (टाटा रिटेल एंटरप्राइज) कंपनी में रेडीमेड कपड़ों को 'वेस्टसाइड' के लेबल के साथ उतारा गया, जो आज एक जाना-माना नाम बन चुका है और युवाओं की खास पसंद भी।

रिटेलिंग में उनकी दिलचस्पी बहुत समय से थी और वह बिजनेस की एक धारा से जुड़ने को उत्सुक भी थीं। लक्मे के बाद 'वेस्टसाइड' के माध्यम से रिटेलिंग से जुड़ना उनके लिए एक अद्‌भुत अनुभव था। संयोग की बात है कि ब्रिटेन स्थित डिपार्टमेंटल स्टोर शृंखला 'लिटिलवुड्स इंटरनेशनल' बंगलौर, भारत से अपना संचालन बंद करने की सोच रही थी 1998 में टाटा ने उसे अधिग्रहण कर 'लिटिलवुड्स' को 'वेस्टसाइड' की तरह लॉञ्च किया।

उड़ान को मिले पंख

आधुनिक युवा को अपने परिधानों के माध्यम से रंगीन कल्पनाएँ बुनने तक पहुँचाकर ही सिमोन संतुष्ट होनेवाली नहीं थीं, क्योंकि अब तक कुछ नया करने की उनकी उड़ान को असंख्य पंख लग चुके थे और वह हर ट्रेंड पर पूरी तरह से व्यावसायिक दृष्टि रखने लगी थीं। अपनी कल्पनाशीलता को विस्तार देने के लिए वह फूड रिटेलिंग बिजनेस में उतरीं और 'स्टार इंडिया बाजार' से बड़े-बड़े बाजार बनाए गए, जहाँ कम मूल्यों व डिस्काउंट पर रोजमर्रा की जरूरत की हर चीज उपलब्ध कराई गई।

उनके बेटे नोएल टाटा ने इस नए काम में अपनी माँ को पूरा सहयोग दिया। इस 52 वर्षीय ट्रेंट लि. के मैनेजिंग डायरेक्टर में माँ की ही तरह हर चीज को समझाने की पारखी नजर है। सिमोन टाटा के मार्गदर्शन में 'वेस्टसाइड' के सारे बड़े शहरों में लगभग 150 से अधिक आउटलेट्स खुल चुके हैं। सन् 1988 में उन्हें 'वूमैन ऑफ डिकेड' से सम्मानित किया गया और 'उद्योग रत्न' अवार्ड भी दिया गया। सन् 2003

में रिटेलिंग में नए विचारों को समाहित करने के लिए मुंबई मैनेजमेंट एसोसिएशन द्वारा उन्हें 'स्पेशल अवार्ड फॉर इनोवेशन' दिया गया। भारत में रिटेल फैशन के बिजनेस में असाधारण प्रदर्शन के लिए उन्हें सन् 2003 में ही 'विजनरी ऑफ द ईयर' अवार्ड से भी सम्मानित किया गया।

संवेदनशील महिला

सिमोन टाटा की प्रखरता न केवल उद्योग जगत् में प्रसिद्ध है, वरन् किसी भी विषय पर एक पैनी पकड़ रखने के लिए भी जानी जाती है। उन्हें पढ़ने का बहुत शौक है और बहुत कम उम्र से ही वह राजकीय व अंतरराष्ट्रीय खबरों एवं विकास कार्यक्रमों पर नज़र रखती आ रही हैं। यही वजह है कि आप उनके सामने कोई भी विषय छेड़ दें, वह बिना रुके उस पर अपनी राय दे सकती हैं। भारतीय कला के प्रति सम्मान होने के कारण उन्होंने 'भारतीय कला में सौंदर्य-शास्त्र' का कोर्स भी किया।

जेनेवा में छुट्टियाँ बिताना पसंद करनेवाली सिमोन टाटा को अकसर सफेद रंग की ड्रेस पहने देखा जा सकता है। हर सफलता और असफलता को वक्त की गति के साथ लेनेवाली सिमोन बहुत ही संवेदनशील प्रवृत्ति की महिला हैं।

विभिन्न एन.जी.ओ. की सहायता करने के लिए वह उनके द्वारा बनाई चीजों को खरीदती रहती हैं। ट्रेंट ने बच्चों की कई संस्थाओं के साथ एक रिश्ता कायम कर लिया है। वह सर रतन (TRENT) टाटा इंस्टीट्यूट की चेयरमैन और चिल्ड्रन ऑफ द वर्ल्ड (इंडिया) ट्रस्ट, मुंबई की ट्रस्टी भी हैं। 73 वर्षीय सिमोन आज भी बिना रुके निरंतर आगे बढ़ने को प्रयत्नशील हैं।

सिमोन टाटा को अपने काम के सिलसिले में बहुत यात्राएँ करनी पड़ती हैं। उनकी योजनाएँ असीम हैं और वे चाहती हैं कि कंपनी काफी स्थानों पर रिटेलिंग शुरू करे। एक सच्ची व्यावसायिक की तरह वह भी काम को पूर्णता से करने में यकीन रखती हैं। बहुत ज्यादा महत्त्वाकांक्षी न होने के बावजूद उनके ऊपर जब एक के बाद एक जिम्मेदारियाँ आती गईं तो उन्हें निभाने में वह तन्मयता से जुट गईं।

आज वह सोचती हैं कि एक समय ऐसा था, जब उन्होंने कॅरियर वूमैन बनने की बात सोची तक नहीं थी और आज लगता है कि अगर वह काम नहीं कर रही होतीं, तो क्या करतीं। वह मानती हैं कि हर औरत को जीवन में किसी-न-किसी चीज में दिलचस्पी होनी चाहिए और उन्हें स्वयं का विकास करने का प्रयत्न करना चाहिए।

□

सिस्टर निवेदिता

जन्म से एंग्लो-आयरिश मार्ग्रेट एलिजाबेथ का जन्म 20 अक्तूबर, 1867 को हुआ था। इन्हें 'सिस्टर निवेदिता' के नाम से अधिक जाना जाता है। उनकी माता का नाम मैरी ईसाबेल था। उनके पिता सेमुअल रिकमंड नोबल एक प्रचारक थे, जिनके लिए गरीब लोगों की सेवा करना धर्म का काम था। निवेदिता बचपन से ही बहुत समझदार और कठोर परिश्रमी थीं। संगीत, कला और प्राकृतिक विज्ञान में उनकी गहरी रुचि थी। आठ वर्ष की होने तक निवेदिता को इतना ज्ञान हो गया था कि धर्म का मतलब केवल सिद्धांतों में विश्वास करना नहीं, बल्कि एक दिव्य ज्योति तथा शाश्वत् सत्य (डिवाइन लाइट ऐंड इटर्नल ट्रुथ) की खोज करना है।

ज्ञान प्रदान करने की योग्यता उनमें जन्मजात थी। अपनी शिक्षा पूरी करने के बाद उन्होंने सन् 1884 से 1894 तक दस वर्ष का समय अपने विद्यार्थियों को शिक्षा देने और प्रेरित करने में बिताया। उन्हें संगीत एवं कला से बहुत लगाव था और वे एक स्वाभिमानी, उदार, आवेगशील और उत्साही महिला होने के साथ-साथ एक सामाजिक कार्यकर्ता, लेखक, शिक्षक और स्वामी विवेकानंद की शिष्या भी थीं।

निवेदिता का परिवार लोगों के कल्याण के प्रति समर्पित था। उन्होंने असीम साहस और अंतहीन देशभक्ति अपने दादा से पाई थी, जबकि गरीबों के लिए अपार अनुकंपा उन्होंने अपने पिता से ग्रहण की थी। इसके अलावा सुंदरता, अनुराग और सहानुभूति का भंडार उन्हें अपनी माँ से विरासत में मिला था।

मार्ग्रेट अकसर अपने दादाजी और अपने पिता के साथ गरीब लोगों के घर जाया करती थीं और उनकी सेवा करने में हाथ बँटाती थीं। एक दिन मार्ग्रेट के पिता के कोई मित्र उनसे मिलने के लिए आए। वे भी एक प्रचारक थे और भारत में पुरोहित का काम करने के लिए जा रहे थे। छोटी मार्ग्रेट को देखते ही वे उनकी ओर आकर्षित हो गए; मार्ग्रेट की बुद्धि जितनी तीव्र थी, उतनी ही वे सुंदर भी थीं। जब उस मित्र ने जाते हुए

'गुडबाई' कहा तो अपनी इस छोटी सी मित्र से यह भी कहा, "मेरी प्रिय नन्हीं बच्ची, भारत तुम्हें पुकार रहा है। जैसे उस देश ने एक बार मुझे बुलाया, उसी तरह किसी दिन संभवतः तुम्हें भी बुलाएगा। उसकी पुकार सुनने के लिए हमेशा तैयार रहना।" इन उत्तेजक शब्दों को सुनकर कमसिन मार्ग्रेट का दिल रोमांच से भर उठा और उनकी आँखों में चमक आ गई।

निवेदिता के पिता ने उन्हें हमेशा सिखाया था कि मानवजाति की सेवा ही ईश्वर के प्रति सच्ची सेवा है। उनके इन शब्दों से निवेदिता का मन बहुत प्रभावित था। सेमुअल जब मृत्यु के निकट थे, उन्होंने अपनी पत्नी को बुलाया और उनके कान में फुसफुसाकर कहा, "जब निमंत्रण आए, मार्गेट को जाने देना। वह बच्ची अपनी प्रतिभा प्रकट करेगी और बड़े-बड़े काम करेगी।" 34 वर्ष की अल्प आयु में ही वे चल बसे। पति की मृत्यु के बाद मैरी अपने बच्चों को लेकर आयरलैंड में अपने माता-पिता के घर रहने चली गईं। उनके वृद्ध माता-पिता ने अपनी बेटी के अनाश्रित बच्चों को बहुत प्यार से रखा और उन्हें कड़े अनुशासन में पाला-पोसा।

सन् 1895 में एक प्रसिद्ध हिंदू संन्यासी स्वामी विवेकानंद ने 'विश्व धर्म संसद्' में अपने प्रभावशाली व्याख्यान से सर्वत्र ख्याति अर्जित की। वे पहले भारतीय गुरु थे जिन्होंने पश्चिम की यात्रा की और वेदांत के प्राचीन सिद्धांतों का संदेश फैलाया। इसी दौरान निवेदिता उनसे मिलीं और हिंदू दर्शन में रुचि लेने लगीं। विवेकानंद के सिद्धांतों और उपदेशों का उनके मन व हृदय पर गहरा प्रभाव पड़ा और इसके फलस्वरूप जीवन के प्रति उनका दृष्टिकोण बदल गया। उन्होंने ही निवेदिता को भारत की महिलाओं के कल्याण के लिए कुछ करने की प्रेरणा दी।

समाज का स्वरूप बदलने के लिए निवेदिता के अंदर जबरदस्त जोश और मजबूत भावना को देखकर स्वामी विवेकानंद भारत में उसकी भावी भूमिका को समझ सकते थे। स्वामी विवेकानंद के बुलावे के प्रत्युत्तर में निवेदिता ने इंग्लैंड छोड़ दिया और वह 28 जनवरी, 1898 को कलकत्ता पहुँच गईं। 25 मार्च, 1898 को स्वामी विवेकानंद ने उन्हें अपनी शिष्या बना लिया और एक नया नाम दिया 'निवेदिता' जिसका मतलब है—ईश्वर को समर्पित! निवेदिता ने 'गीता' का अध्ययन और चिंतन करना शुरू कर दिया और वे पूरी तरह भारतीय संस्कृति में रच-बस गईं। वे भारतीय लोगों की सेवा करने लगीं और हिंदू धर्म का पालन करने लगीं।

निवेदिता ने आत्म-त्याग और भारतीय लोगों की सेवा में समर्पण की भावना से यहाँ के लोगों के दिल जीत लिये। अंग्रेज संस्कृति में उनका जो अहंकार था, मिट गया और वे विनम्र हो गईं। उनके मन में मूलतः दो बातें थीं, जिनका वे पूरी ईमानदारी से पालन करती थीं। एक, शाश्वत सत्य को जानकर ज्ञान की खोज करना और दूसरी बात,

विश्व-कल्याण के लिए प्रयास करना। इस उददे्श्य के लिए निवेदिता ने सीधा-सादा, शुद्ध और पवित्र जीवन अपना लिया, ताकि वे ईश्वर को पा सकें और लोगों के कल्याण हेतु विनम्रतापूर्वक कार्य कर सकें।

स्वभाव से वे आशावादी थीं, लेकिन कभी-कभी ऐसे अवसर भी आए, जब मौजूदा परिस्थितियों से उन्हें निराशा महसूस हुई। उन्होंने भारत को प्यार और पूजा का विषय बना लिया। 4 जुलाई, 1902 को स्वामी विवेकानंद का देहांत हो जाने पर उन्होंने यह महसूस किया कि भारत और भारत के लोगों के प्रति अब पहले से अधिक जिम्मेदारी उनके ऊपर आ गई है। उन्होंने समझ लिया कि समानता, प्रगति और न्याय की दिशा में सबसे पहला आवश्यक कदम होगा—भारत की राजनीतिक स्वतंत्रता। उन्होंने अपने भाषणों एवं लेखों के माध्यम से सभी वर्गों व व्यवसाय के लोगों को प्रेरित किया।

उनका सदैव यह मानना था कि एकता के बिना भारत एक महान् एवं शक्तिशाली देश नहीं बन सकता। इस सच्चाई के प्रति सबका ध्यान दिलाने के लिए वे हरसंभव प्रयास करती थीं तथा इसके बारे में बोलने से वे कभी थकती नहीं थीं। भारतीय स्वाधीनता के उद्‍देश्य के लिए काम करते हुए उन्हें बारंबार गिरफ्तारी का खतरा बना रहता था। उनका घर लेखकों और राजनीतिज्ञों के मिल-बैठने का अड्‍डा बन गया। इस दौरान उनकी मुलाकात स्वतंत्रता आंदोलन की कुछ महत्त्वपूर्ण हस्तियों से हुई, जैसे कि श्री अरविंद, महात्मा गांधी तथा अन्य बहुत से लोग। वे बहुत अधिक परिश्रम करती थीं और उतना भी विश्राम नहीं करती थीं जितना स्वस्थ रहने के लिए आवश्यक था। अनेक वर्षों तक अथक परिश्रम करने का उनके स्वास्थ्य पर बुरा असर पड़ा और 13 अक्तूबर, 1911 को उनका देहावसान हो गया।

अपने जीवनकाल में उन्होंने नवंबर 1898 में लड़कियों के लिए एक स्कूल आरंभ किया। इन स्कूलों को अब 'रामकृष्ण शारदा मिशन', 'सिस्टर निवेदिता गर्ल्स हाई स्कूल' कहा जाता है। उन्होंने भारत की सभी जातियों की स्त्रियों का जीवन सुधारने के लिए काम किया। उन्होंने किताबें भी लिखीं, जो पाँच खंडों में सुलभ हैं। इनमें से पहले खंड में 'कंप्लीट वर्क्स ऑफ सिस्टम निवेदिता' के रूप में कुछ घुमक्कड़ी के विवरण; केदारनाथ और बद्री नारायण; माँ काली; दूसरे खंड में भारतीय जीवन का मकड़जाल; प्रेम और मृत्यु का एक भारतीय अध्ययन; व्याख्यान एवं लेख; तीसरे खंड में भारतीय कला; क्रेडॅल टेल्स ऑफ हिंदुइज्म; रिलीजन और धर्म; आक्रामक हिंदूवाद; चौथे खंड में भारतीय इतिहास की पगध्वनि; नागरिक आदर्श एवं भारतीय राष्ट्रीयता; भारत में राष्ट्रीय शिक्षा संबंधी संकेत; भेड़ियों के बीच मेमने; और पाँचवें खंड में शिक्षा के विषय में हिंदू जीवन, चिंतन और धर्म के विषय में राजनीतिक, आर्थिक और सामाजिक समस्याओं पर उनके लेख; जीवनी-संबंधी रेखाचित्र और समीक्षाएँ संकलित हैं।

निवेदिता ने जीवन की शुरुआत में ही सेवा का हाथ पकड़ लिया था। वे भारतीय स्वतंत्रता और भारतीय महिलाओं की मुक्ति के प्रति पूर्णतया समर्पित थीं। भारत के हित को उन्होंने अपना समझा, यही कारण था कि भारतीय लोग उनके प्रति बहुत श्रद्धा रखते थे। नोबेल पुरस्कार विजेता रवींद्रनाथ टैगोर उनका बहुत आदर करते थे। उनके अंदर एक असाधारण आत्मा का निवास था।

उन्होंने अपने जीवन को एक प्रेम-गीत के रूप में भारत माता के चरणों में चढ़ा दिया। उनका जीवन प्यार-भरे गीत जैसा ही था। प्यार अंधा होता है, क्योंकि प्रेमी जिससे प्रेम करता है उसके दोषों को नहीं देखता और निवेदिता ने भारत में कभी कोई दोष नहीं देखा। सिस्टर निवेदिता के जन्मदिन की 100वीं वर्षगाँठ सन् 1967 में संपूर्ण भारत में मनाई गई।

□

सुचेता कृपलानी

सुचेता कृपलानी का जन्म सन् 1908 में हरियाणा के अंबाला शहर में एक बंगाली परिवार में हुआ था। वे भारत की एक प्रमुख स्वतंत्रता सेनानी और राजनीतिज्ञ थीं। वे पहली महिला थीं जिन्हें भारत में किसी राज्य का मुख्यमंत्री बनाया गया। उनके पिता एस.एन. मजूमदार सरकारी डॉक्टर होते हुए भी एक राष्ट्रवादी थे।

उन्होंने इंद्रप्रस्थ कॉलेज और सेंट स्टीफेंस कॉलेज, दिल्ली में शिक्षा ग्रहण की। शिक्षा पूरी करने के बाद वे बनारस हिंदू विश्वविद्यालय में प्राध्यापक हो गईं। सन् 1936 में उनकी भेंट उस समय के महान् समाजवादी नेता आचार्य कृपलानी से हुई, जिन्हें 'दादा कृपलानी' भी कहा जाता था। सुचेता ने उनसे विवाह कर लिया। तत्पश्चात् वे 'इंडियन नेशनल कांग्रेस' में शामिल हो गईं और स्वतंत्रता आंदोलन में सक्रिय रूप से भाग लेने लगीं। उनका विवाह-पूर्व नाम सुचेता मजूमदार था।

सुचेता सन् 1942 में 'भारत छोड़ो आंदोलन' के दौरान पहली बार स्वतंत्रता सेनानी बनीं। उन्होंने अरुणा आसफ अली और उषा मेहता के साथ आंदोलन में हिस्सा लिया। सन् 1946 में गांधीजी की सलाह पर उन्हें 'कस्तूरबा गांधी नेशनल मेमोरियल ट्रस्ट' का संगठन सचिव नियुक्त किया गया। इस नियुक्ति के कारण उन्हें ट्रस्ट के सचिव पद पर नियुक्त किए गए ठक्कर बापा के साथ पूरे भारत का भ्रमण करना पड़ा।

उसी वर्ष गांधीजी ने दादा कृपलानी को नोआखाली भेजा, जहाँ सांप्रदायिक दंगों के कारण बड़ी तबाही हुई थी। सांप्रदायिक हिंसा के दौरान सुचेता कृपलानी गांधीजी के साथ नोआखाली के दौरे पर गईं। सुचेता ने स्वयं उनके साथ जाने का आग्रह किया और जब 'दादा' वहाँ से वापस आ गए, तब भी वे नोआखाली में ही डेरा जमाए रहीं और एक माँ की तरह अत्याचार पीड़ितों की सेवा-शुश्रूषा में लग गईं।

15 अगस्त, 1947 को संविधान सभा के स्वाधीनता सत्र में उन्होंने राष्ट्रीय गीत 'वंदे मातरम्' गाया, जो बंकिमचंद्र चटर्जी ने लिखा था।

भारत को जब ब्रिटिश शासन से मुक्ति मिल गई, उसके बाद सुचेता कृपलानी उत्तर प्रदेश की राजनीति में सक्रिय हो गईं। सन् 1952 में उनके पति दादा कृपलानी ने भारत के प्रधानमंत्री जवाहरलाल नेहरू के साथ मतभेद के कारण कांग्रेस अध्यक्ष पद से त्याग-पत्र दे दिया। दादा ने सन् 1952 में आम चुनाव से पहले 'कृषक मजदूर प्रजा पार्टी'(के. एम.पी.पी.) बनाई। सुचेता कांग्रेस में ही बनी रहीं। वे नई दिल्ली लोकसभा सीट से जीत गईं और फिर उन्होंने लघु उद्योग राज्य मंत्री के रूप में काम किया।

सन् 1962 में वे उत्तर प्रदेश विधानसभा के लिए निर्वाचित हुईं। सन् 1963 में वे भारत में एक राज्य उत्तर प्रदेश की पहली महिला मुख्यमंत्री बनीं। उनके कार्यकाल के दौरान उनकी सबसे बड़ी एक उपलब्धि यह रही कि उन्होंने राज्य कर्मचारियों की 62 घंटों तक चली हड़ताल को बड़े ही कारगर ढंग से सँभाला। कर्मचारियों के नेतागण बात भी करने के लिए तैयार नहीं थे। वे टस-से-मस नहीं हुईं। आखिरकार कर्मचारियों के नेताओं को झुकना ही पड़ा। सुचेता ने उनकी वेतन बढ़ोत्तरी की माँग को ठुकराकर एक दृढ़ प्रशासक के रूप में अपनी प्रतिष्ठा बचा ली।

एक प्रशासक के रूप में उन्होंने बहुत अच्छा कार्य किया और स्वयं को एक कुशल प्रशासक एवं योग्य राजनीतिज्ञ सिद्ध कर दिखाया। वे बुद्धिमान, परिश्रमी एवं बहुत पढ़ी-लिखी थीं। इसके अलावा वे बहुत ईमानदार और सत्यनिष्ठ थीं। इस कारण पुराने लोग आज भी उन्हें उत्तर प्रदेश का अब तक का सर्वश्रेष्ठ मुख्यमंत्री कहकर याद करते हैं; क्योंकि उनकी जीवन-शैली भी बहुत सादा थी। एक राजनीतिज्ञ होने के अलावा, सुचेता एक बहुत अच्छी संगठनकर्ता भी थीं। कांग्रेस छोड़ने के बाद दादा जिन-जिन पार्टियों में उलझे, उन्हें संगठित करने में सुचेता ने उनकी मदद की। सन् 1969 में कांग्रेस-विभाजन के बाद वे कांग्रेस में ही रहीं, जबकि आचार्य कृपलानी इससे दूर रहे। सन् 1974 में जब छात्र-आंदोलन शुरू हुआ, तो सुचेता ने इसमें सक्रिय रुचि ली। चूँकि पति-पत्नी दोनों अलग-अलग पार्टियों में थे, अतः उनका व्यवहार बहुत व्यावसायिक था। सुचेताजी अपने पति के लिए वोट माँगने या प्रचार करने कभी नहीं गईं, लेकिन उनकी सुख-सुविधा और उनकी सेहत का ध्यान रखने में वे हमेशा उनके साथ रहीं।

सन् 1971 में उन्होंने राजनीति से संन्यास ले लिया। उन्होंने एक योग्य एवं सुचिंतित गृहिणी के रूप में अपने कर्तव्यों का भली-भाँति निर्वाह किया। किफायत की दृष्टि से वे खाने की वस्तुएँ हमेशा घर पर बनाती थीं और नई-नई चीजें बनाने-खिलाने का उन्हें शौक भी था।

उन्होंने 'इलेस्ट्रेटिड वीकली ऑफ इंडिया' के लिए तीन या चार आत्मकथात्मक लेख लिखे, जिनमें उनके आरंभिक जीवन का वर्णन था। दुर्भाग्यवश उन्होंने अपनी आत्मकथा पूरी नहीं की। उन्होंने अपनी सारी जमा-पूँजी 'लोक कल्याण समिति' में

लगा दी, जिसे उन्होंने दिल्ली में गरीबों एवं जरूरतमंद लोगों की सेवा के लिए स्थापित किया था। 'लोक कल्याण समिति' द्वारा प्रदत्त स्वास्थ्य सेवाएँ तथा अन्य कल्याणकारी सेवाएँ उत्कृष्ट प्रकार की थीं।

वे सदैव राजनीति और सामाजिक क्रियाकलापों में सक्रिय रूप से व्यस्त रहती थीं, लेकिन अपने स्वास्थ्य के प्रति हमेशा लापरवाही बरतती थीं। शिमला की पहाड़ियों में सुचेताजी के साथ एक गंभीर दुर्घटना हुई इसके कारण उनकी रीढ़ की हड्डी में चोट आ गई, हालाँकि उनकी चोट कुछ समय बाद पूरी तरह ठीक हो गई थी। सन् 1972 में पहली बार दिल की बीमारी के लक्षण प्रकट हुए और उन्हें दिल के दो दौरे पड़े। वे फिर पूर्णतया स्वस्थ हो गईं। सन् 1974 में दादा को ब्रोंकाइटिस हो गया और लगातार खाँसी रहने लगी, जिसके कारण वे बहुत चिढ़चिढ़े हो गए। सुचेताजी ने मन लगाकर उनकी देखभाल की। जब वे कुछ ठीक हुए, सुचेताजी ने उनकी देखभाल के लिए एक नर्स रख दी, फिर भी वे रात में उठकर यह देख लेती थीं कि उन्हें किसी चीज की जरूरत तो नहीं है। अगर दादा नौकर को बुलाने के लिए घंटी बजाते तो वे स्वयं पहुँच जातीं। वे हर तरह से अपने पति की सेवा करने में लगी रहती थीं। उन्होंने दिल के दर्द के बारे में अपने पति को कभी नहीं बताया।

29 नवंबर, 1974 को सुचेता को पुनः दिल का दौरा पड़ा। इस बार यह काफी गंभीर हृदयाघात था और उन्हें एम्स अस्पताल में भरती कराना पड़ा। सुचेता कृपलानी, जिन्होंने भारत की स्वाधीनता में अपार योगदान दिया था, 1 दिसंबर, 1974 को संसार से विदा हो गईं और दादा को अकेला छोड़ गईं।

सुचेताजी उन गिनी-चुनी महिलाओं में से एक थीं, जो संविधान सभा के लिए निर्वाचित हुई थीं। वे उस उप-समिति का भी हिस्सा बनीं, जिसने भारतीय संविधान का प्रारूप तैयार किया था। वे संयुक्त राष्ट्र भेजे गए शिष्टमंडल में भी शामिल थीं।

□

सुधा मूर्ति

करिश्माई महिला सुधा मूर्ति का जन्म सन् 1950 में उत्तरी कर्नाटक में शिगाँव में हुआ था। विवाह-पूर्व उनका नाम सुधा कुलकर्णी था। उन्होंने 'बी.वी.बी. कॉलेज ऑफ इंजीनियरिंग ऐंड टेक्नॉलॉजी', हुबली से इलेक्ट्रिकल इंजीनियरिंग में स्नातक की उपाधि ग्रहण की। वे राज्य में प्रथम आईं, जिसके लिए उन्हें कर्नाटक के मुख्यमंत्री से एक रजत पदक प्राप्त हुआ। सन् 1974 में उन्होंने अध्ययन में और भी उन्नति की, जब उन्होंने 'इंडियन इंस्टीट्यूट ऑफ साइंस' से कंप्यूटर साइंस में मास्टर्स डिग्री ग्रहण की। उन्होंने अपने वर्ग में प्रथम स्थान प्राप्त किया और 'इंडियन इंस्टीट्यूट ऑफ इंजीनियर्स' से इस उपलब्धि के लिए उन्हें स्वर्ण पदक मिला।

वे एक सामाजिक कार्यकर्ता, इंजीनियर, एक संवेदनशील शिक्षक तथा एक अत्यंत कुशल लेखिका भी हैं। अन्य कामों के साथ-साथ उन्होंने कर्नाटक में सभी सरकारी स्कूलों में कंप्यूटर तथा पुस्तकालय सुविधाएँ मुहैया कराने का भी कदम उठाया है। वे कंप्यूटर साइंस भी पढ़ाती हैं तथा कथा-साहित्य लेखन भी करती हैं। उन्होंने 'डॉलर बहू' नाम से कन्नड़ भाषा में एक पुस्तक लिखी थी, कन्नड़ भाषा में जिसका अर्थ होता है 'डॉलर पुत्र-वधू'। बाद में इसे अंग्रेजी में अनूदित किया गया और इसे 'डॉलर बहू' शीर्षक दिया गया। सन् 2001 में इस पुस्तक पर आधारित एक टी.वी. धारावाहिक भी बना। सन् 1974 से सन् 1981 तक वे पुणे में रहीं और उसके बाद बंबई चली गईं।

स्नातक की उपाधि प्राप्त करने के बाद उन्होंने जे.आर.डी. टाटा को पोस्टकार्ड लिखा था और उसमें यह शिकायत की थी कि 'टाटा मोटर्स' में लिंग पक्षपात किया जाता है, क्योंकि वहाँ केवल पुरुषों को ही नौकरी दी जाती है। इस शिकायत के कारण 'टाटा मोटर्स' के अधिकारियों ने उन्हें इस विषय पर लंबी चर्चा के लिए बुलाया। सुधा ने 'टेल्को' (अब टाटा मोटर्स) में एक ग्रेजुएट ट्रेनी के रूप में अपना कॅरियर आरंभ किया। एक अविवाहित लड़की सुधा कुलकर्णी कंपनी के शॉप-फ्लोर अर्थात् कारखाने में पहली महिला इंजीनियर

बनीं। बाद में उन्होंने 'वालचंद उद्योग समूह' (दि वालचंद ग्रुप ऑफ इंडस्ट्रीज) में काम किया।

सुधा ने श्रेष्ठतम शिक्षा पाई थी। उन्होंने जब क्राइस्ट कॉलेज के कैंपस में एम.बी.ए. और एम.सी.ए. विभाग के लिए एक प्रोफेसर की हैसियत से कदम रखा, तो उन्हें अपने छात्र जीवन की याद आ गई, जब वे एक मेधावी छात्रा थीं और कंप्यूटर साइंस में सबसे आगे थीं। वे उन अग्रणी लोगों में से एक थीं जिन्होंने भारत में 'बौद्धिक क्रांति' का सूत्रपात् किया।

सुधा ने सॉफ्टवेयर उद्योगपति एन.आर. नारायण मूर्ति से विवाह किया। 'टेल्को' में काम करने के कुछ समय बाद दो बच्चों की माँ बन चुकी सुधा 'इंफोसिस' स्थापित करने में अपने पति की मदद करने में व्यस्त हो गईं। नारायण मूर्ति ने उस छोटी सी प्रारंभिक राशि से 'इंफोसिस' की शुरुआत की थी, जो सुधा ने दु:ख-विपत्ति के समय के लिए बचाकर रखी थी। वे बचे-खुचे पैसों को रसोई की अलमारी में छिपाकर रखती थीं। नारायण मूर्ति बड़े गर्व से बताते हैं कि यह उसी की बचाई हुई धनराशि थी, जो बेंगलुरु में 'इंफोसिस' स्थापित करने में सहायक बनी।

बेंगलुरु में 'इंफोसिस फाउंडेशन' के तृतीय तल पर स्थित कार्यालय में सुधा के विविधरूपी व्यक्तित्व को देखा जा सकता है; वे एक शिक्षक, इंजीनियर, लेखिका, मानव-प्रेमी और व्यवसायी महिला के रूप में सामने आती हैं। वे याद करते हुए कहती हैं, ''यह वास्तव में व्याकुलता भरा दौर था। मैं रिसेप्शनिस्ट-कम-क्लर्क-कम-प्रोग्रामर थी और मुझे यह भी देखना पड़ता था कि सबकुछ ठीक-ठाक चल रहा है, लेकिन उस स्वप्न को साकार करने की दिशा में काम करना बहुत अच्छा लगता था। जब 'इंफोसिस' अस्तित्व में आ गया, मैं बेंगलुरु के एक कॉलेज में कंप्यूटर साइंस पढ़ाने लगी। पढ़ाने और छात्रों के बीच रहने में मुझे हमेशा सबसे ज्यादा खुशी मिलती है।''

''प्रत्येक भूमिका में सफलता का सार सदैव एक ही रहा है,'' सुधा कहती हैं— ''आप जो भी काम करें, अच्छी तरह से करें। प्रत्येक कार्य में मेरा उद्‌देश्य एक ही रहा है—जब आप एक अधीनस्थ हों, तो अपने व्यवसाय के प्रति ईमानदार और निष्ठावान रहें तथा व्यावसायिक बनें, लेकिन जब आप बॉस की हैसियत में हों, अपने अधीनस्थों का ध्यान रखें। ठीक उसी तरह, जैसे जब बच्चे घर पर हों, माँ को उनके साथ होना चाहिए, क्योंकि उन्हें माँ की जरूरत होती है।''

''मैंने अपने जीवन में सबसे महत्त्वपूर्ण बातें 'टेल्को' में काम करते हुए सीखी हैं, जैसे कि अनुशासन और समय का पाबंद होना,'' सुधा कहती हैं, ''टेल्को में मेरा बॉस एक जर्मन था, जो समय की पाबंदी के मामले में बहुत सख्त था। मैंने समय का महत्त्व समझा और डायरियों में काम का विवरण लिखने की आदत डाल ली।''

19 नवंबर, 2004 को 'श्री राजा लक्ष्मी फाउंडेशन,' चेन्नई द्वारा उन्हें 'राजा-लक्ष्मी

पुरस्कार' प्रदान किया गया। उन्हें यह पुरस्कार सामाजिक कार्य में उनके उत्कृष्ट योगदान के लिए दिया गया। उन्होंने अनेक लघु कहानियाँ भी लिखी हैं, जिनमें से अधिकतर 'पेंगुइन' द्वारा प्रकाशित की गई हैं। उनकी कहानियाँ सामान्य लोगों के जीवन और दान, आतिथ्य-सत्कार तथा उपलब्धि के बारे में उनके विचारों पर प्रकाश डालती हैं। उनमें से कुछ कहानियाँ इस प्रकार हैं—'स्वीट हॉस्पिटैलिटी', 'वाइज ऐंड अदरवाइज' आदि। उनका ध्यान सामाजिक कार्यों और अपने पति नारायण मूर्ति की उपलब्धियों पर भी लगा रहता है।

सन् 2006 में उन्हें भारत सरकार के विशिष्ट नागरिक पुरस्कार 'पद्मश्री' से सम्मानित किया गया, 'सत्यभाभा यूनिवर्सिटी' ने उन्हें डॉक्टरेट की मानद उपाधि प्रदान की। इसके अलावा अध्यापन के लिए उन्हें अनेक पुरस्कार प्राप्त हुए.हैं। एक अध्यापक के रूप में उनकी सफलता का रहस्य छात्रों के प्रति उनका अनवरत् समर्पण और निस्स्वार्थ व्यवहार रहा है। इसके बदले में उन्हें अपार आदर-सम्मान मिला है। इसके लिए उन्हें कभी चीखना-चिल्लाना नहीं पड़ा। छात्रों के लिए उनका आदेश ही पर्याप्त था।

अंग्रेजी और कन्नड़ में एक प्रबुद्ध लेखक के रूप में उन्होंने नौ उपन्यास, चार तकनीकी पुस्तकें और तीन यात्रा-वृत्तांत लिखे हैं। इसके अलावा उन्होंने एक कहानी-संग्रह, तीन उपन्यासेत्तर पुस्तकें (नॉन-फिक्शन) और दो पुस्तकें बच्चों के लिए भी लिखी हैं। उनकी पुस्तकों का सभी प्रमुख भारतीय भाषाओं में अनुवाद हुआ है और देश भर में इनकी तीन लाख से भी अधिक प्रतियाँ बिक चुकी हैं। उन्होंने 'महारानी लक्ष्मी अम्मन्नी महिला कॉलेज' आरंभ किया, जो बेंगलुरु यूनिवर्सिटी के अधीन एक श्रेष्ठतम कंप्यूटर साइंस विभाग के रूप में विकसित हुआ है।

सुधा का जीवन में एक ही लक्ष्य है कि उन्हें एक नेक इनसान के रूप में याद किया जाए। वे छोटी-छोटी चीजों में खुशी खोजती हैं और मानती हैं कि सरल होना और दिल का धनी होना महत्त्वपूर्ण है।

सुधा मूर्ति का जीवन अध्यवसाय और कर्मठता का प्रमाण रहा है। वे दूसरों से मीलों आगे निकल गई हैं। उनका जीवन एक आदर्श है। सामान्य महिलाओं को उनकी पुस्तकों से यह सबक लेना चाहिए। सुधा मूर्ति ने अर्नेस्ट हेमिंग्वे के इस कथन को साकार कर दिखाया है कि 'अँधेरे में रहने से बेहतर है कि एक मोमबत्ती जला लें।'

सुधा की जीवन-यात्रा ठीक ऐसी ही रही है। यह बात वे लोग अवश्य समझेंगे जो उनसे परिचित हैं। उन्होंने जीवन के हर मोड़ पर ऐसा कुछ किया, जो इतिहास बन गया। वे एक समर्पित पत्नी हैं और एक समर्पित माँ भी। एक लेखक और लोकोपकारी संगठन 'इंफोसिस फाउंडेशन' की अध्यक्ष होने के अलावा वे एक शिक्षक एवं सामाजिक कार्यकर्ता के रूप में भी प्रसिद्ध हैं।

□

सुनीता विलियम्स

अंतरिक्ष-यात्री सुनीता विलियम्स का जन्म 19 सितंबर, 1965 को यूक्लिड, ओहयो में हुआ था। उनके पिता डॉ. दीपक एक मशहूर तंत्रिका-विज्ञानी हैं और माँ का नाम श्रीमती बोनी पांड्या है। वे फाल्माउथ, मेसाच्यूसेट्स में रहते हैं। उनके पिता का पैतृक गाँव झुलसन, गुजरात में है। सुनीता संयुक्त राष्ट्र की एक नौसेना अधिकारी और 'नासा' अंतरिक्ष यात्री हैं। उन्हें 'अंतरिक्ष खोज-यात्रा-14' के एक सदस्य के रूप में इंटरनेशनल स्पेस स्टेशन के लिए नियत किया गया था और फिर वे 'अभियान-15' में शामिल हो गई। अंतरिक्ष में भ्रमण करने के अलावा उन्हें दौड़ना, तैरना, साइकिल चलाना, ट्राइथलॉन्स, हवा में तैरना (विंडसर्फिंग) बर्फ पर चढ़ना (स्नोबोर्डिंग) और इंद्रधनुष की तलाश (बो हंटिंग) करना अच्छा लगता है।

सुनीता ने अपनी शिक्षा नीधम, मेसाच्यूसेट्स में स्थित 'नीधम हाई स्कूल' से ग्रहण की। सन् 1987 में उन्होंने 'यू.एन. नेवल अकादमी' से भौतिक विज्ञान में विज्ञान-स्नातक की डिग्री प्राप्त की और सन् 1995 में 'फ्लोरिडा इंस्टीट्यूट ऑफ टेक्नॉलॉजी' से इंजीनियरिंग मैनेजमेंट में मास्टर ऑफ साइंस की डिग्री ली। सुनीता को मई 1987 में 'यू.एस. नौसेना अकादमी' से यू.एस. नौसेना में एक ध्वजधारी के रूप में नियुक्ति मिल गई। सन् 1989 में उनका पदनाम 'पोत विमान-चालक' (नेवल एविएटर) कर दिया गया और सन् 1993 में उन्होंने 'नेवल टेस्ट पायलट स्कूल' से स्नातक की उपाधि ग्रहण कर ली।

सुनीता ने माइकेल जे. विलियम्स से विवाह किया है, जो ऑरैगन में एक फेडरल पुलिस ऑफिसर हैं। उनकी कोई संतान नहीं है, किंतु उनके पास 'गॉर्बी' नाम का एक पालतू जैक रसैल टेरियर है। इसने उनके जीवन को बहुत रोमांचक बना दिया है। दोनों की शादी हुए 16 वर्ष हो गए हैं। सुनीता 'बोस्टन रेड फॉक्स' की उत्कट प्रशंसक हैं। उनके पिता भारत में गुजरात से थे। वह अपने पिता के परिवार से मिलने भारत आ चुकी

हैं। सुनीता की माँ स्लोवाकिया से संबंध रखती हैं।

मई 1987 में विलियम्स को 'संयुक्त राष्ट्र नौसेना अकादमी' में अधिकारी पदाधिकार (कमीशन रैंक) प्राप्त हुआ। छह माह तक अस्थायी रूप से कार्य करने के बाद सुनीता को बेसिक डाइविंग ऑफिसर बना दिया गया और फिर उन्होंने 'लेवल एविएशन ट्रेनिंग कमान' को रिपोर्ट दी। जुलाई 1989 में उनका पदनाम 'नेवल एविएटर' कर दिया गया। तत्पश्चात् उन्होंने आरंभिक 'एच-46' के लिए हेलीकॉप्टर कॉमबट सपोर्ट स्क्वेड्रन-3 को रिपोर्ट किया और उन्हें 'सी-नाइट प्रशिक्षण' के लिए भेज दिया गया। इस प्रशिक्षण को पूरा करने के बाद उन्हें नॉरफॉक, वर्जीनिया में हेलीकॉप्टर कॉमबट सपोर्ट स्क्वेड्रन-8 में तैनात कर दिया गया, फिर 'डेजर्ट शील्ड' और 'ऑपरेशन प्रोवाइड कंफर्ट' की मदद के लिए भूमध्य सागर, रैड सी और फारस की खाड़ी में दूर-दूर तक समुद्री-सीमाओं पर सेना के साथ पंक्तिबद्ध किया गया।

सितंबर 1992 में उन्हें 'एच-46' के एक प्रभारी अधिकारी के रूप में मियामी भेज दिया गया। विलियम्स का चयन 'यूनाइटेड स्टेट्स नेवल टेस्ट पायलट स्कूल' के लिए हो गया। जनवरी 1993 में उन्होंने कोर्स शुरू कर दिया। उस कोर्स को पूरा करने के बाद उन्हें एक 'एच-46 प्रोजेक्ट ऑफिसर' की हैसियत से 'रोटरी विंग एयरक्राफ्ट टेस्ट डायरेक्टरेट' में और 'वी-22 चेज पायलट' के रूप में 'टी-2' में नियुक्त कर दिया गया। वहाँ रहते हुए उन्हें वॉड्र सेफ्टी ऑफिसर का कार्यभार भी सौंप दिया गया और वे एस.एच-60 बी.एफ., यूएच-1, एएच-1 डब्ल्यू, एसएच-2, वीएच-3, एच-46, सीएच-53 और एच-57 में परीक्षण उड़ानों पर भी गईं। दिसंबर 1995 में वह 'नेवल टेस्ट पायलट स्कूल' में रोटरी विंग विभाग में एक प्रशिक्षक और स्कूल के सुरक्षा अधिकारी का कार्यभार सँभालने के लिए वापस चली गईं। वहाँ उन्होंने यूएच-60, ओएच-6 और ओएच-58 विमान उड़ाए। वहाँ से उन्हें 'एयरक्राफ्ट हैंडलर' और 'असिस्टेंट एयर बॉस' के रूप में यू.एस.एस. सेपैन (एल.एच.ए.-2), नारफॉक, वर्जीनिया का कार्यभार सौंप दिया गया। विलियम्स को 'यू.एस.एस. सेपैन' पर उस समय तैनात किया गया था, जब अंतरिक्ष यात्रा कार्यक्रम के लिए उनका चयन हो चुका था।

'नासा' द्वारा सुनीता का चयन जून 1998 में किया गया था और अगस्त 1998 में वे प्रशिक्षण के लिए चली गईं। एस्ट्रोनॉट कैंडीडेट ट्रेनिंग (अंतरिक्ष-यात्रा प्रत्याशी प्रशिक्षण) में प्रशिक्षार्थियों को अन्य बातों के साथ-साथ नई स्थिति के अनुकूल होने का अभ्यास कराया जाता है और भ्रमण पर ले जाया जाता है। उन्हें अनेक वैज्ञानिक एवं तकनीकी विवरण दिए जाते हैं, शटल और इंटरनेशनल स्पेस स्टेशन पद्धतियों में गहन प्रशिक्षण दिया जाता है, शारीरिक अभ्यास कराया जाता है और 'टी-38 उड़ान प्रशिक्षण' के लिए तैयार होने की बुनियादी शिक्षा दी जाती है, उन्हें पानी और बीहड़ में खुद को

जिंदा रखने की तकनीकें सिखाई जाती हैं।

प्रशिक्षण की अवधि पूरी करने और मूल्यांकन के बाद सुनीता ने मास्को में 'रशियन स्पेस एजेंसी' के साथ 'इंटरनेशनल स्पेस स्टेशन' (आई.एस.एस.) के प्रति रूसी योगदान पर और आई.एस.एस. से संबद्ध 'प्रथम अभियान कर्मीदल' (एक्सपीडिशन क्रू) के साथ काम किया। 'अभियान-1' से वापस आने के बाद विलियम्स ने आई.एस.एस. रोबोटिक आर्म संबंधी 'रोबोटिक्स ब्रांच' के अंदर काम किया और फिर 'स्पेशल पर्पस डेक्सटरस मनिप्यूलेटर' के रूप में। 'नीमो-2' (एन.ई.ई.एम.ओ.-2) के कर्मीदल के एक सदस्य के रूप में उन्हें 9 दिनों तक पानी के नीचे 'जलजीवों के प्राकृतिक निवास' (एक्वेरियस हैबिटेट) में रहना पड़ा।

10 दिसंबर, 2006 को सुनीता ने 'ए.टी.एस.-116' के कर्मीदल के साथ इंटरनेशनल स्पेश स्टेशन की ओर प्रस्थान किया, और वे 11 दिसंबर, 2006 को स्टेशन पर पहुँच गए। अप्रैल 2007 में कर्मीदल के रूसी सदस्य बारी-बारी से 'अभियान-15' पर जाते रहे। सुनीता अपने साथ 'भगवद्‌गीता' की एक प्रति, गणेशजी की एक छोटी सी मूर्ति और कुछ समोसे आई.एस.ए. में ले गई थीं। अनेक अंतरिक्ष यात्रियों की तरह विलियम्स भी एक लाइसेंसशुदा शौकिया रेडियो ऑपरेटर हैं। उन्होंने सन् 2001 में तकनीशियन श्रेणी लाइसेंस परीक्षा उत्तीर्ण कर ली थी और 'फेडरल कम्युनिकेशंस कमीशन' द्वारा 13 अगस्त, 2001 को उन्हें कॉल चिह्न 'के.डी.-5 पी.एल.बी.' जारी किया गया था।

सितंबर 2007 में जब वे भारत आईं, 'विश्व गुजराती समाज' द्वारा उन्हें 'सरदार वल्लभभाई पटेल विश्व प्रतिभा पुरस्कार' प्रदान किया गया। यह पुरस्कार पानेवाली वे पहली अनिवासी भारतीय थीं। 4 अक्तूबर, 2007 को विलियम्स ने अमेरिकन एंबेसी स्कूल के छात्रों एवं उपस्थित लोगों को संबोधित किया और फिर वे भारतीय राष्ट्रपति से मिलने राष्ट्रपति भवन गईं। उन्हें अनेक सम्मान और पुरस्कार प्राप्त हुए हैं। इनमें 'नेवी कमेंडेशन मेडल' शामिल हैं, जो उन्हें दो बार मिले; इनमेंनेवी एंडमरीन अचीवमेंट मेडल, ह्यूमेनिटेरियन सर्विस मेडल और विभिन्न दूसरे सर्विस अवार्ड भी शामिल हैं। उन्हें 30 से अधिक भिन्न प्रकार के विमान उड़ाने का 2770 घंटों का अनुभव प्राप्त है।

सुनीता भारतीय कुल-परंपरा की दूसरी महिला हैं जिन्हें कल्पना चावला के बाद 'नासा' द्वारा स्पेस मिशन के लिए चुना गया और रोनाल्ड एम. सेगा के बाद स्लोवेनिया-कुल की वे दूसरी अंतरिक्ष यात्री हैं। 16 अप्रैल, 2007 को सुनीता ने आकाशीय कक्षा का बहुत लंबा चक्कर लगाया और ऐसा करनेवाली वे पहली अंतरिक्ष यात्री बनीं। सुनीता विलियम्स ने 'बोस्टन मैराथन' 4 घंटे और 24 मिनट में समाप्त की। उन्होंने चार बार अंतरिक्ष की सैर करने में 29 घंटे और 17 मिनट बिताए हैं। वे जब 'एस.टी.एस.-117' के मिशन से 22 जून, 2007 को धरती पर वापस आईं, तो उनके नाम अनेक प्रथम

कीर्तिमान दर्ज हो चुके थे। यह विख्यात वैज्ञानिक पहली अंतरिक्ष यात्री बनीं जिन्होंने 195 दिनों की सबसे लंबी एकल अंतरिक्ष उड़ान पूरी की है। पृथ्वी पर लौटने के बाद 41 वर्षीय सुनीता को 'ए.बी.सी. टेलीविजन नेटवर्क' द्वारा 'पर्सन ऑफ दि वीक' चुना गया।

प्रसिद्ध वैज्ञानिक सुनीता वह पहली अंतरिक्ष यात्री हैं जिनके नाम 195 दिनों की सबसे लंबी अंतरिक्ष यात्रा करने और अंतरिक्ष में चार बार सैर करने (स्पेस वॉक) में 29 घंटे 17 मिनट का समय बिताने का रिकॉर्ड है। उन्होंने 'आई.एस.एस.' पर दो शौकिया रेडियो स्टेशनों के जरिए स्कूल के बच्चों के साथ बात की। उनके लंबे बाल काट दिए गए थे, ताकि उनकी लटों को उन लोगों की मदद के लिए दान किया जा सके जिनके बाल किसी बीमारी के कारण पूरी तरह झड़ गए हैं। सुनीता विलियम्स एक अनिवासी भारतीय हैं और उन्होंने भारत का सिर गर्व से ऊँचा किया है।

□

सुभद्रा कुमारी चौहान

सुभद्रा कुमारी चौहान का जन्म सन् 1904 में इलाहाबाद जिले के निहालपुर गाँव में हुआ था। वे एक कवयित्री थीं और अपने भावोत्तेजक हिंदी गीतों के लिए प्रसिद्ध थीं। सन् 1919 में खंडवा के ठाकुर लक्ष्मण सिंह से उनका विवाह हुआ और वे जबलपुर चली गईं। वे अपने पति की समर्पित पत्नी और अपने बच्चों की समर्पित माँ बन गईं।

अन्य अनेक स्वतंत्रता सेनानियों की तरह सुभद्रा कुमारी भी राष्ट्रपिता महात्मा गांधी के विचारों से प्रेरित थीं। सन् 1921 में वे महात्मा गांधी द्वारा चलाए गए 'असहयोग आंदोलन' में शामिल हो गईं और नागपुर में गिरफ्तारी देनेवाली वे पहली महिला सत्याग्रही बनीं। अंग्रेजी शासन के विरुद्ध विरोध प्रदर्शनों में हिस्सा लेने के कारण उन्हें दो बार जेल हुई।

स्वतंत्रता सेनानी होने के अलावा उन्होंने एक ऐसी कविता लिखी जिससे प्रेरित होकर देश के युवक अंग्रेजों के खिलाफ स्वतंत्रता-आंदोलन में स्वेच्छा से शामिल होने लगे। बाद में उन्होंने 'झाँसी की रानी' शीर्षक से एक अत्यंत प्रेरणाप्रद एवं राष्ट्रभक्ति से ओत-प्रोत कविता लिखी। यह एक वर्णनात्मक कविता है, जो देशभक्ति की भावना और उत्साह से भरी हुई तथा उत्कृष्ट वाणी-प्रवाह, लय-ताल और प्रशंसनीय सरलता के साथ लिखी गई थी। भारत के स्वतंत्रता संग्राम के दौरान यह रचना अत्यंत लोकप्रिय हुई। हर किसी की जुबान पर इसके बोल थिरकने लगे और हिंदी साहित्य में इसका स्थान अमर हो गया।

सुभद्रा कुमारी चौहान हिंदी की खड़ी बोली में लिखती थीं। उनका लहजा सरल और शैली स्पष्ट थी। उन्होंने हिंदी काव्य में कई पुस्तकें लिखी हैं। उनकी सबसे प्रसिद्ध रचना 'झाँसी की रानी' है, जिसमें रानी लक्ष्मीबाई के जीवन को बहुत ही खूबसूरती से, भावनाओं से ओत-प्रोत शब्दों में लिखा गया है। 'वीरों का कैसा हो वसंत' भी उनकी अनेक सराहनीय रचनाओं में शामिल है। इसके अतिरिक्त 'राखी की चुनौती' और

'विदा' जैसी रचनाओं में स्वतंत्रता आंदोलन का खुला वर्णन है।

सुभद्रा कुमारी ने अपने जीवनकाल में अनेक कविताओं एवं लघु कहानियों की रचना की। वीरता से भरपूर कविताओं के अलावा उन्होंने बच्चों के लिए भी गीत लिखे हैं। बचपन की गतिविधियों के बारे में लिखी गई उनकी कविताओं में मातृ-सुलभ भावनाओं को बड़ी खूबसूरती से व्यक्त किया गया है। उन्होंने मध्यमवर्गीय लोगों के जीवन पर आधारित कुछ कहानियाँ भी लिखी हैं। वे हिंदी की एक महान् कवयित्री थीं। उनकी रचनाओं में 'जोन ऑफ आर्क' की देशभक्ति और उनके व्यक्तित्व में मीरा की गेयता अर्थात् 'गीत-वैशिष्ट्य' के दर्शन होते हैं।

उनके कुछ काव्य-संग्रह इस प्रकार हैं—'त्रिधारा', 'मुकुल' और 'यह कदंब का पेड़'। उनके कहानी-संग्रहों में 'बिखरे मोती', 'उन्मादिनी' और 'सीधे-सादे चित्र' शामिल हैं।

वे मूलत: देशभक्ति की और उत्साहवर्द्धक कविताएँ लिखती थीं। उनकी रचनाओं में प्रभावशाली भावनाओं को अत्यंत सरलता के साथ अभिव्यक्त किया गया है। उनकी स्मृति में भारत सरकार ने एक भारतीय तटरक्षक पोत का नामकरण उनके नाम पर किया है।

□

सुलज्जा फिरोदिया मोटवानी

26 अगस्त, 1970 को जनमी सुलज्जा फिरोदिया मोटवानी एक व्यवसायी परिवार से संबंध रखती हैं और एच.के. फिरोदिया की पोती हैं, जिन्होंने 'काइनेटिक इंजीनियरिंग' की स्थापना की थी। उनके पिता अरुण फिरोदिया ने 'काइनेटिक ग्रुप' की नींव रखी। वे अपने माता-पिता की दूसरी संतान हैं और उनकी दो बहनें हैं। उनकी बड़ी बहन, किमाया, यू.एस. में हैं और छोटी बहन विस्मय, एक इंजीनियर हैं तथा इस ग्रुप के निर्यात विभाग एवं जनसंपर्क विभाग की प्रभारी हैं तथा उनका भाई अजुक्य यू.एस. में काम करता है।

सुलज्जा फिरोदिया मोटवानी ने सन् 1990 में पुणे यूनिवर्सिटी से बी.कॉम. किया। सन् 1992 में कार्नेगी मेलॉन यूनिवर्सिटी, पिट्सबर्ग से एम.बी.ए. की पढ़ाई पूरी करने के बाद उनकी नियुक्ति 'बर्रा'(बी.ए.आर.आर.ए.) इंटरनेशनल केलिफोर्निया में हो गई, जो यू.एस. में एक निवेश परामर्शी फर्म है।

वे कंपनी का कारोबार भारत में जमाने में सक्रिय रही हैं। अपने विद्यार्थी जीवन में वे हमेशा उच्च स्थान प्राप्त करती रही हैं। परीक्षाओं में वे हमेशा विशिष्ट योग्यता के साथ उत्तीर्ण हुई हैं। एस.एस-सी. और एच.एस-सी. परीक्षाओं में उनका नाम सर्वोच्च स्थान पानेवालों की सूची में था। उन्होंने पुणे विश्वविद्यालय से स्नातक की डिग्री प्राप्त की। उसके बाद वे आगे की पढ़ाई के लिए अमेरिका चली गईं। उन्होंने पिट्सबर्ग में स्थित कार्नेगी मिलॉन यूनिवर्सिटी से एम.बी.ए. की डिग्री हासिल की है।

वे निर्भीकता और साहस का उत्कृष्ट उदाहरण हैं। अपने दृढ़ संकल्प और साहस से उन्होंने कंपनी के लिए व्यवसाय जगत् में एक खास जगह बनाई है। उनके कार्यकाल के दौरान कंपनी का जबरदस्त विस्तार हुआ है। जो कंपनी शुरू में केवल मोपेड बनाया करती थी, वहाँ आज मोपेड से लेकर स्कूटर एवं मोटरसाइकिल सहित सभी तरह के दुपहिया वाहनों का निर्माण होने लगा है।

उनके पति, मनीष मोटवानी 'काइनेटिक कम्युनिकेशंस लि.' के प्रबंध निदेशक हैं। उन दोनों का एक बेटा है, सिद्धांत। सुलज्जा को कई भाषाएँ आती हैं और वह मराठी, हिंदी, राजस्थानी, फ्रेंच तथा अंग्रेजी में धाराप्रवाह तथा कुछ-कुछ सिंधी भी बोल लेती हैं।

सुलज्जा की श्रेष्ठता पढ़ाई और व्यवसाय की दुनिया तक ही सीमित नहीं रही है। उन्होंने राष्ट्रीय स्तर पर बैडमिंटन में भी अपनी श्रेष्ठता का परिचय दिया है। उन्होंने लंबी दौड़ में भी हिस्सा लिया है और एक सामाजिक उद्देश्य के लिए रैंप पर चलकर भी दिखाया है अर्थात् फैशन-शो में भी भाग लिया है।

व्यवसाय में निर्भीक कदम उठाने के लिए प्रसिद्ध सुलज्जा फिरोदिया मोटवानी ने भारत के अग्रणी बिजनेस चैनल, जी बिजनेस के सहयोग से एक कार्यक्रम का सह-निर्माण, एक विशेष टी.वी. शो 'लिजेंड्स एंज लेगॅसीज' की मेजबानी का भी ऐलान किया।

अपनी नई भूमिका के बारे में टिप्पणी करते हुए सुलज्जा फिरोदिया मोटवानी ने कहा, "यह मेरी एक प्रिय परियोजना है। मैं भारत और व्यवसाय के बारे में बहुत भावुक हूँ और यह प्रयास है बड़ा योगदान लानेवाले भारत के प्रसिद्ध व्यवसाय-गृहों की सफलताओं का अभिलेखागार बनाने का। हमारे परिवार का व्यवसाय के प्रति जो दृष्टिकोण है, उसमें एक सशक्त मूल्य व्यवस्था हमारा मार्गदर्शी सिद्धांत रही है। वास्तव में फिरोदिया परिवार ने व्यवसाय में इसी उद्देश्य से कदम रखा था कि लाखों-करोड़ों भारतीय लोगों को गतिशील बनाया जा सके तथा हमारे ऑटो उद्योग में आत्म-निर्भरता लाई जा सके। मुझे हमेशा उन मूल्यों की छानबीन करने की जिज्ञासा रहती थी जिन पर दूसरे प्रमुख भारतीय उद्योग-गृहों की नींव रखी गई थी। ऐसे व्यक्तित्वों के साथ विचार-विमर्श करना एक दुर्लभ अनुभव होता है और उनकी अनकही जीवन-यात्राओं से न केवल सीख मिलती है, बल्कि उनकी सफलता की कहानियाँ व्यवसाय खड़ा करने की अभिलाषा रखनेवाले दूसरे लोगों के लिए प्रेरणास्रोत भी बन जाती हैं।"

वे अपने स्वास्थ्य के बारे में बहुत सतर्क रहती हैं। स्वयं को चुस्त-दुरुस्त एवं सक्रिय बनाए रखने के लिए वे किसी-न-किसी गतिविधि में लगी रहती हैं। खेल-कूद, विशेषकर बैडमिंटन को लेकर उनमें हमेशा जोश आ जाता है। उन्होंने राष्ट्रीय स्तर पर बैडमिंटन खेला है। उन्हें स्कीइंग और स्कूबा डाइविंग जैसे साहसिक स्पोर्ट्स में हिस्सा लेने का बहुत शौक है। वे अपने पाँच वर्षीय पुत्र सिद्धांत के साथ अधिकाधिक समय बिताने का प्रयत्न करती हैं।

□

स्वाति पिरामल

कई महिलाओं में नेतृत्व करने की क्षमता जन्मजात होती है और यह बात स्वाति पिरामिल पर पूर्णतया सटीक बैठती है। स्ट्रेटेजिक एलाइंसेस एड कम्युनिकेशंस, निकोलस पिरामल इंडिया लि. की डायरेक्टर और भारत की सर्वश्रेष्ठ महिला उद्यमियों में से एक स्वाति पिरामल का सौम्य व शालीन व्यक्तित्व, शांत व्यवहार, अभिभूत करनेवाली मुसकान और कुशल प्रबंधकीय निपुणताओं ने उन्हें देश की प्रभावी महिलाओं की गिनती में ला खड़ा किया है। स्वाति में बच्चों जैसी ऊर्जा व उत्साह निहित है, जो उन्हें एक काम के बाद दूसरा काम करने को प्रेरित करता है, पर पहला काम पूरा करने के बाद।

28 मार्च, 1956 को मुंबई के शाह परिवार में जनमी स्वाति का बचपन संयुक्त परिवार में गुजरा। अपने दादा-दादी, चाचा-चाची आदि के बीच लाड़-प्यार और देखभाल में पली-बढ़ीं स्वाति इतने लोगों के बीच भी अकसर कहीं अकेली किसी कोने में बैठी किताब पढ़ती नजर आतीं। घर में चहल-पहल सदा रहती, पर वह हमेशा चुप ही रहतीं। अपने पिता की पढ़ने की आदत और माँ की खाना बनाने में महारत के इर्द-गिर्द उनकी धुरी घूमती रहती। उनके पिता उन्हें अपने साथ किताबें खरीदने बाजार ले जाते। वह उन्हें साथ लाइब्रेरी ले जाते, ताकि वह सबसे अच्छी दोस्त किताबों को छूकर महसूस कर सकें। अपने खाली समय में उनके पिता उन्हें 'रामायण' और 'महाभारत' की कहानियाँ सुनाते। भगवत्कथा ने उनके बाल मन के अंदर ऐसे मूल्य रोप दिए, जिन्होंने उनके बड़े होने पर एक अच्छा और न्यायप्रिय इनसान बनने में मदद की।

उनके पिता हमेशा उन्हें यही सिखाते कि अपने आसपास की दुनिया के प्रति एक कौतूहल रखो और इस तरह से ज्ञान प्राप्त करो मानो 'कल' का अस्तित्व विद्यमान ही नहीं है। यही वजह थी कि हर चीज को जानने की उत्सुकता स्वाति की आदत व जीने का ढंग बन गया। आज भी उनके अंदर वह बच्चा विद्यमान है, जो हर खिलौने को

खोलकर देखना चाहता है, ताकि जान सके कि वह चलता कैसे है। एक तरफ उनके पिता ने अगर उनकी बौद्धिकता को तराशा तो दूसरी ओर उनकी माँ ने उन्हें घर के कामकाज में निपुण कर उनके अंदर एक अच्छी गृहिणी के गुण विकसित किए।

बहुमुखी प्रतिभा की धनी स्वाति के लिए पूरा ब्रह्मांड एक प्रयोगशाला है और जीवन एक गिलास, जिसे निरंतर भरते और खाली करते रहने पर भी वह कभी रिक्त नहीं होता। उनकी शिक्षा मुंबई के बालसिंघम स्कूल से आरंभ हुई। ज्ञान को प्राप्त करने की उनकी अदम्य चाह और पुस्तकों के प्रेम ने न सिर्फ उन्हें पढ़ाई को गंभीरता से लेने के लिए प्रेरित किया वरन् वाद-विवाद प्रतियोगिता, कविता, संगीत व नाटकों में भी वह बढ़-चढ़कर हिस्सा लेती थीं।

बचपन से ही उनके अंदर डॉक्टर बनने की इच्छा पलने लगी थी। मुंबई के सेंट जेवियर कॉलेज में उन्होंने अपने प्री मेडिकल के वर्ष बिताए। फिर यूनिवर्सिटी ऑफ मुंबई के किंग एडवर्ड मेमोरियल हॉस्पिटल से मेडिसिन की पढ़ाई की। उस दौरान उनकी मुलाकात अजय पिरामिल से हुई, जिनसे उनकी मुलाकात स्वाति के स्कूल में पढ़नेवाले अजय के चचेरे भाई ने करवाई थी। कॉलेज में आने तक उनकी दोस्ती काफी गहरी हो गई थी। वह उस समय मात्र 16 वर्ष की थीं; लेकिन वक्त बीतने के साथ उन्हें एहसास हुआ कि अजय के साथ वह पूरा जीवन बिताना चाहती हैं। अजय उस समय बिजनेस का अध्ययन कर रहे थे, जब दोनों की शादी हो गई।

नियति ने ही शायद उन दोनों का मेल कराया था, तभी तो जब उन्होंने फार्मा बिजनेस की शुरुआत की तो स्वाति का मेडिसिन और अजय का वित्तीय ज्ञान काम आया। स्वाति मानती हैं कि अजय और वह हर स्तर पर एक-दूसरे के पूरक हैं। वह कहती हैं कि अजय स्त्रियों की आजादी के पक्षधर हैं। वह मानते हैं कि स्त्रियाँ भारत के लिए एक शक्तिशाली ताकत का निर्माण कर सकती हैं। वह कहती हैं, ''अजय के सहयोग के बिना मेरा उपलब्धियों के शिखर को छूना मुमकिन नहीं था।''

जीवन की गुणवत्ता में सुधार की चाह

सन् 1984 में अपनी मेडिकल निपुणताओं को और प्रखर बनाने के लिए स्वाति ने मुंबई के कॉलेज ऑफ फिजिशियंस ऐंड सर्जन्स, इंडस्ट्रियल मेडिसिन में प्रवेश ले लिया। विवाह से पहले स्वाति अपनी मेडिकल की पढ़ाई पूरी करना चाहती थीं, पर अजय के पिता चाहते थे कि वे दोनों जल्दी से विवाह-सूत्र में बँध जाएँ। अजय के पिता स्वर्गीय गोपालकृष्ण पिरामिल टेक्सटाइल उद्योग के सम्राट् थे और चाहते थे कि उनका बेटा जल्दी-से-जल्दी उनका काम सँभाल ले। स्वाति से भी उन्होंने वादा किया कि वह उन्हें एक अस्पताल बनाकर देंगे, ताकि वह अपने कॅरियर को ऊँचाइयों तक ले जा सकें।

पर नियति का चक्र विपरीत दिशा में घूम गया और असमय ही उनके पिता की मृत्यु हो गई और तब उनके भाई अशोक पिरामिल ने स्वाति के लिए अस्पताल बनवाने का उनका वह वादा पूरा किया। सन् 1988 में अस्पताल बनने के बाद मेडिसिन में प्राप्त थोड़े से ज्ञान और बिना किसी अनुभव के वह मुंबई के गोपालकृष्ण पिरामिल मेमोरियल अस्पताल को सँभालने में जुट गईं। मुंबई से पोलियो को जड़ से उखाड़ना उनका लक्ष्य था और उसके लिए उन्होंने नई-नई चिकित्सा-पद्धतियाँ विकसित कीं। वह चाहती हैं कि दुनिया भर के लोगों की जिंदगी में सुधार हो सके। वह मानती हैं कि अगर आप दवाइयों के माध्यम से यह कोशिश करते हैं तो जीवन की गुणवत्ता में सुधार किया जा सकता है।

एक युवा छात्रा के रूप में उन्होंने मुंबई के परेल के पोलियोग्रस्त बच्चों की स्थिति को देख स्वयं से वादा किया था कि वह जड़ से पोलियो का उन्मूलन करके रहेंगी। और 22 वर्ष की उम्र में जब उन्होंने अपना खुद का अस्पताल खोला तो इस अभियान में पूरी तरह से उनका जुड़ जाना स्वाभाविक ही था। निकोलस से पूरी तरह से जुड़ जाने के बाद उन्होंने बायोटेक्नोलॉजी डिवीजन की शुरुआत की और ड्रग डिस्कवरी रिसर्च में निवेश किया।

जारी रहे प्रयास

गोपालकृष्ण पिरामिल मेमोरियल अस्पताल में, जहाँ शारीरिक रूप से विकलांग बच्चों का इलाज किया जाता था, एक खास शैली अपनाई गई। इसके अंतर्गत उन्होंने यह ताकीद दी कि वहाँ काम करनेवाला हर व्यक्ति मरीज को बाँहों में भरेगा या उसकी पीठ थपथपाएगा या फिर उसे गोदी में उठाकर इस बात का एहसास दिलाए कि उसकी दूसरों को भी जरूरत है। स्नेह और प्यार का यह तरीका बहुत ही कारगर साबित हुआ। पर स्वाति केवल इतने भर से ही संतुष्ट होनेवालों में से नहीं थीं, क्योंकि वह चाहती थीं कि कमजोर वर्ग के लोगों को भी वैसा ही इलाज मिलना चाहिए, जो बड़े-बड़े अस्पतालों में किसी करोड़पति को मिलता है। इसलिए वह जापानियों के क्वालिटी स्टैंडर्ड को सीखने व कायजेन को अस्पताल की कार्यशैली में लागू करने में जुट गईं। भारत का पहला चैरिटेबल अस्पताल बन जाने और एशिया में कुछ गिने-चुनों में से आई.एस.ओ. 9002 सर्टिफिकेशन प्राप्त करने के बाद भी स्वाति के प्रयासों में कमी नहीं आई।

सन् 1992 में 37 वर्ष की उम्र में हार्वर्ड में पब्लिक हैल्थ में मास्टर्स करने के लिए उन्होंने दाखिला ले लिया। उस समय तक वह दो बच्चों आनंद और नंदिनी की माँ बन चुकी थीं। वह अकाउंटिंग, मार्केटिंग, कम्युनिकेशन और ऑटोमेशन की सही तरह से

जानकारी प्राप्त करना चाहती थीं, ताकि मैनेजमेंट की बारीकियों को भी बेहतर ढंग से समझ सकें। वहाँ उन्हें महिला व स्वास्थ्य विषय पर बोलने का अवसर भी मिला।

भारत लौटने पर स्वाति निकोलस पिरामिल से जुड़ गईं, जिसे अजय ने ऑस्ट्रेलिया की फार्मा कंपनी निकोलस लेबोरेटरीज पर अधिग्रहण करने के बाद गठित किया था। स्वाति ने अब अपनी योग्यता व क्षमताओं को कंपनी का विकास करने में लगाना आरंभ कर दिया। निर्माण में अमेरिका के एफ.डी.ए. मानकों पर खरा उतरने के लिए, एंटरप्राइज रिसोर्स प्लानिंग सॉल्यूशंस को लागू करने के लिए उन्होंने एक टास्क फोर्स तैयार की। फिर कंपनी में बहुत अधिक कार्य-कुशलता निर्मित करने के लिए उन्होंने डेटा वेयर हाउसिंग सॉल्यूशंस तैयार किए, कंपनी ने ई-बिजनेस की शुरुआत की। कंपनी की आई.टी. संरचना में उन्होंने आमूलचूल परिवर्तन कर दिया, परिणामत: उन्हें बेहतर बिजनेस मिलने लगा।

सन् 1998 में गठित निकोलस लेबोरेटरीज, जो अब लाइफ साइंसेज और हैल्थकेयर बहुराष्ट्रीय पिरामल ग्रुप बन चुका है—भारत, अमेरिका व यूरोप में फैले इसके ऑपरेशंस के तहत अगर एक तरफ 10,000 से भी अधिक लोग काम करते हैं तो वहीं यह 100 से भी अधिक देशों में अपने उत्पाद बेचता है। डॉ. स्वाति पिरामल का लक्ष्य भारत में हैल्थकेयर को सबके लिए उपलब्ध करनेवाले क्षेत्र बनाने पर केंद्रित करने के कारण ही आज पिरामिल डायग्नोस्टिक पैथोलॉजी व इमेजिंग सेंटर देश भर में 100 से अधिक शहरों में खुले हुए हैं। निकोलस ग्रुप ने मुंबई के एच.एम.आर. रिसर्च सेंटर को भी अधिकार-क्षेत्र में ले लिया। उसके बाद वेलस्प्रिंग क्लीनिक सुविधाएँ आरंभ कीं। इस तरह से स्वाति लगातार नए विभाग व नए प्रोडक्ट्स तथा नई दिशाओं में कदम रखती गईं।

कला-प्रेम

स्वाति का कला के प्रति प्रेम कभी डांस ओपेरा के रूप में तो कभी मुंबई के निकोलस पिरामिल रिसर्च सेंटर में होनेवाले सांस्कृतिक कार्यक्रमों के माध्यम से अभिव्यक्त होता है। रिसर्च सेंटर में लगे म्यूरल, मूर्तियाँ, वहाँ का वास्तुशिल्प व इंटीरियर सब उनकी कलात्मक अभिरुचि को अभिव्यक्त करते हैं। यही नहीं, वहाँ की प्रत्येक प्रयोगशाला में किसी-न-किसी तरह की कलाकृति लगी है। लेकिन उनकी रचनात्मकता और हर पल कुछ नया करने की चाह केवल यहीं तक सीमित नहीं है, उनकी कला के प्रति यह जिजीविषा किचन में भी परिलक्षित होती है। केवल परिवार के सदस्यों व विदेशों से आनेवाले खरीदारों के लिए नई-नई और अलग-अलग तरह की डिशेज बनाकर अपनी पाक कला का प्रदर्शन करने से ही जब उन्हें संतुष्टि नहीं मिली तो उन्होंने मुंबई में 'बिस्कोटी' नामक इटालियन रेस्तराँ खोला। यही नहीं, उन्होंने पाक कला विशेषज्ञ तरला

दलाल के साथ 'ईट योअर वे टू गुड हैल्थ' नामक एक पुस्तक भी लिखी। अपनी व्यस्त जीवन-शैली के बावजूद उन्होंने दो किताबें और भी लिखी हैं—'डांस ऑफ लाइफ' और 'द लाइट हैज कम टू मी'।

संगीत और विज्ञान दोनों भिन्न विधाओं में बराबर दिलचस्पी ने उन्हें रवींद्रनाथ टैगोर के साइंस गान की पुन: संरचना करने के लिए प्रोत्साहित किया, जो मूलत: कोलकाता के बोस इंस्टीट्यूट के उद्घाटन के लिए लिखा गया था, पर कहीं कागजों में दबकर रह गया था। उसे डिस्क रिकॉर्ड की तरह संगृहीत किया गया। मशहूर गीतकार जावेद अख्तर को उसका हिंदी अनुवाद करने के लिए कहा गया और निकोलस पिरामिल ने पंडित जसराज द्वारा गाए इस गान को राष्ट्र को समर्पित किया।

आध्यात्मिकता का समावेश

विज्ञान की बारीकियों से जूझती स्वाति के जीवन में आध्यात्मिकता का समावेश तब हुआ जब वह पहली बार मदर टेरेसा से मिलीं। वह कहती हैं, "वह हमारे अस्पताल में पेड़ लगाने आई थीं। जिस ढंग से उन्होंने लकवाग्रस्त बच्चों को छुआ और उस समय जो ममता व दया उनके चेहरे से परिलक्षित हो रही थी, उससे मैं अभिभूत हो गई और उन्होंने मुझे सिखाया कि जब किसी की मदद करने और इस दुनिया को रहने की एक बेहतर जगह बनाने की इच्छा मन में जाग्रत् होती है तो ईश्वर हमारे साथ होता है।"

मुंबई के हरे कृष्ण मंदिर के पुजारी राधानाथ महाराज ने उन्हें जीवन व दया का वास्तविक अर्थ समझाया। एक वर्ष तक स्वाति ने अजय के साथ 'गीता' का अध्ययन किया। परिणामत: गीता में सिखाए गए ज्ञानयोग, कर्मयोग और भक्तियोग के बारे में वह ज्यादा बेहतर ढंग से समझ पाए। 'गीता' में छिपे भावार्थों ने उनके दृष्टिकोण को तो निखारा ही, साथ ही मैनेजमेंट के सिद्धांतों में गहन अर्थों का समावेश करने में मदद की।

बौद्ध, सूफी, वेद पढ़ने में अपना खाली समय व्यतीत करनेवाली स्वाति खुद लेखन से भी जुड़ गई हैं। वह फिल्म बनाना चाहती हैं। नित नई तरह की दवाइयों की खोज में लगी रहनेवाली स्वाति का सपना ऐसी दवाई बनाने का है, जो लोगों की जिंदगी बचा सके।

संतुलन व धैर्य को अपनाया

एक भारतीय एम.एन.सी. का हिस्सा होने के कारण, जो 100 से ज्यादा देशों में बिकता है और जिसके चार देशों में संयंत्र हैं, स्वाति को देश-विदेश की बहुत यात्राएँ करनी पड़ती हैं। वह कहती हैं, "एक कामकाजी महिला के जीवन की सबसे बड़ी सच्चाई यही है कि उसे काम, घर, रिश्ते और बच्चों को सँभालने के लिए धैर्य की

आवश्यकता होती है। अगर आप यह सीख जाएँ कि हर पल का आनंद कैसे उठाना है; हर भूमिका जो आपको निभानी है, उसका आनंद उठाना आप सीख जाएँ तो कोई वजह नहीं कि हार का सामना करना पड़े।'' निजी व प्रोफेशनल जीवन में संतुलन कायम रखने की उनकी सफलता ने उन्हें इस बात का यकीन दिला दिया कि जो औरतें अपना मूल्यांकन खुद करती हैं, वे असाधारण ऊँचाइयों को छू सकती हैं। लेकिन इसके लिए उन्हें अपनी क्षमताओं व योग्यताओं पर यकीन करना होगा। भाग्यवश भारतीय महिलाओं में ऐसा करने की अंतर्निहित क्षमता है।

सन् 2009 में एसोचैम (ASSOCHAM) की पहली महिला प्रेसीडेंट बननेवाली स्वाति के लिए जीवन एक बेहतरीन संतुलन से अधिक और कुछ नहीं है। उन्हें कई बार खुद पर आश्चर्य होता है कि आखिर वह कैसे कुशलता से यह संतुलन कायम कर पाती हैं। इंडियन चैंबर्स ऑफ कामर्स, एसोचैम के 90 वर्ष के इतिहास में पहली महिला प्रेसीडेंट के रूप में मनोनीत होकर स्वाति सुर्खियों में आईं। इसके तुरंत बाद उन्होंने चैंबर्स की राष्ट्रीय उप-समितियों की अध्यक्षता करने के लिए 100 महिलाओं का चयन किया।

एक पहलू यह भी

एसोचैम के द्वारा 10 हैंडलूम साड़ी बुनकरों के काम की प्रदर्शनी लगाकर उन्होंने उनके काम को दुनिया के सामने लाने में मदद की। बुनकरों के काम को देखने के लिए वह लगातार दो-तीन महीनों तक देश के 10 विभिन्न राज्यों की यात्रा पर रहीं। साड़ियों के प्रति आकर्षण ने ही उन्हें इस तरह की प्रदर्शनी लगाने को प्रेरित किया। वह कहती हैं, ''देश भर में घूमना और बुनकरों को काम करते देखना एक अनोखा अनुभव था। मैंने बहुत तरह की साड़ियाँ खरीदीं।'' साड़ियाँ एकत्रित करने के अतिरिक्त वह पुरानी किताबों को भी संगृहीत करने का शौक रखती हैं। मुंबई के चोर बाजार व पुरानी दिल्ली के जामा मसजिद में अकसर जानेवाली स्वाति के घर में किताबों का भंडार है। कविताएँ लिखने व पढ़ने की शौकीन स्वाति हमेशा अपने साथ एक नोटबुक रखती हैं, ताकि जब भी चाहें, कविता लिख सकें। पिछले एक-दो साल से उनके अंदर बागबानी का शौक विकसित हुआ है और वह मानती हैं कि उससे बहुत सुकून मिलता है।

दूसरों की मदद से मिलती है ताकत

भारत के प्रधानमंत्री ने उन्हें सी.एस.आई.आर. (काउंसिल ऑफ साइंटिफिक ऐंड इंडस्ट्रीयल रिसर्च बोर्ड) साइंटिफिक एडवाइजरी कमेटी के एक सदस्य के रूप में मनोनीत किया है। प्रधानमंत्री की साइंटिफिक एडवाइजरी काउंसिल में वही एकमात्र महिला सदस्य हैं। सन् 2009 में उन्हें 'राजीव गांधी अवार्ड' से सम्मानित किया गया। सन् 2010

में उन्हें राष्ट्रपति श्रीमती प्रतिभा पाटिल ने भारत में कॉरपोरेट गवर्नेंस को बढ़ावा देने के लिए अवार्ड प्रदान किया। यह अवार्ड उन्हें सारी एसोचैम सदस्य कंपनियों में अच्छी गवर्नेंस को बढ़ावा देने में योगदान के लिए दिया गया। मई 2010 में लंदन में ग्यारहवें एशियन वूमैन ऑफ एचीवमेंट अवाड्‌र्स में विशेष अवार्ड से सम्मानित किया गया।

उन्हें फ्रांस की सरकार ने दवाई व व्यापार के क्षेत्र में भारत-फ्रांस के संबंधों को विकसित करने में योगदान के लिए सबसे उच्च नागरिक सम्मान 'शेवेलियर द ल ऑर्डर नेशनल ड्यू मेरिटे' से भी सम्मानित किया। स्वाति कॉन्फेडरेशन ऑफ इंडिया (सी.आई.आई.) की नॉलेज इंडस्ट्रीज काउंसिल की भी सदस्य हैं।

वह मानती हैं कि औरतें नेटवर्क बनाने में बहुत बेहतर होती हैं और हमेशा टीम की तरह काम करने की बात पर जोर देती हैं। दूसरे, ज्ञान बहुत अनिवार्य है और आज की महिला अपने क्षेत्र से जुड़े विषय के बारे में स्वयं को हमेशा अपडेट रखती हैं। साथ ही महिलाएँ ही दूसरों के लिए एक अच्छी रोल मॉडल बनने की क्षमता रखती है। हम भारतीय महिलाएँ केवल भारत में ही नहीं, दुनिया भर में अपनी पहचान बनाने की ताकत रखती हैं।

स्वाति के लिए ताकत का अर्थ है—लोगों की जिंदगी में खुशहाली और बदलाव लाना। वह बीमारियों के बोझ को कम करने में मदद करने को ही वास्तविक ताकत मानती हैं। वह कहती हैं कि प्रेरणा आपको अंदर से मिलती है और इसके लिए सपने देखें। क्योंकि जो सपने आप देखते हैं, वे आपकी इच्छा पर आधारित होते हैं। और जो इच्छा आप करते हैं, वह आपके कार्य पर आधारित होती है और जो आपके कार्य होते हैं, वही आपकी नियति बन जाती है।